소비 문명에서

생태 문명으로

소비 문명에서 생태 문명으로

기독교 신학의 관점에서

김선하 김준우 김정숙 송순재 양명수 이은선
이정배 장왕식 정애성 최순양 한인철 함께 씀
변선환아키브 엮음

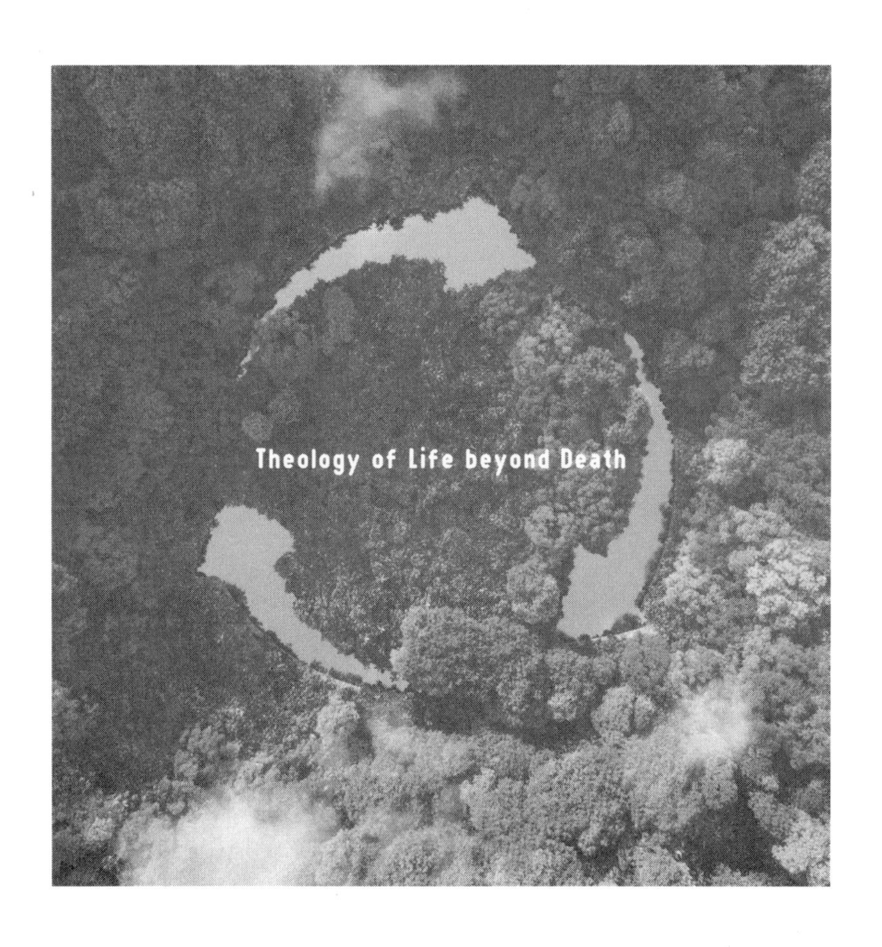

동연

머리말

'세상에는 이런 일이 일어날 수도 있는 거구나. 절대로 일어나서는 안 되는 일, 결코 일어날 수 없는 일, 그 어떤 일이라도 언제라도 일어날 수 있겠구나.'

코로나-19가 처음 발생했을 때 받은 충격은 수많은 생각으로 머릿속을 가득 채웠다. 중세 말에 발생해 유럽 전역에 퍼졌다는 흑사병, 그 페스트가 그저 과거의 전설이 아닌 오늘의 현실이 된 것만 같았다. 코로나가 처음 발생한 첫 주일 교회 성가대원들이 마스크를 쓴 채로 찬양을 하는 모습이 너무도 신기해서 사진을 찍어 두었다. 조만간 사라질 희귀한 광경일 것이기에 역사적인 기록을 남겨야겠다는 마음에서였다. 그러나 기대와는 달리 코로나-19의 기세는 꺾이지 않았고, 급기야 전 세계로 확산되어 수없이 많은 사람이 매일 죽어가는 도저히 끝날 것 같지 않은 팬데믹의 현실이 두려움과 공포로 다가왔다.

전 세계 사람들이 마스크로 얼굴을 가리고 모두가 거리를 두자 서로 간의 대화가 끊어졌으며 집 앞의 놀이터에는 아이들의 모습과 함께 웃음소리도 사라졌다. 대학에 입학한 학생들은 캠퍼스도 밟지 못하고 친구들의 얼굴도 보지 못한 채 군대를 가거나 휴학을 해야만 했다. 코로나-19 팬데믹 시기에 태어난 아기들이 처음 본 세상은 모두가 마스크로 얼굴을 가린 세상, 적막이 감도는 회색빛 세계였을 것이다. 어린아이들이 살아갈 미래가 염려되었고, 과연 미래 세대가 이어질 수 있을 것인가, 묵시록적 종말론이 대두될 수밖에 없었던 그 시대 그 상황이 연상되었다.

그러나 비록 규모와 피해 정도는 비교할 수 없을 정도로 달랐고, 발병의 원인과 전염의 방법은 달랐을지라도 코로나-19가 시초는 아니었다. 그리 멀지 않은 2002년에도 코로나-19와 유사한 중증급성 호흡기 증후군으로 알려진 사스(SARS)를 경험한 바 있고, 2012년 중동호흡기 증후군으로 알려진 메르스(MERS)도 경험한 바 있다.

코로나-19의 원인이 중국 우한연구소 실험실에서 유출되었는지, 박쥐의 식용에서 비롯되었는지, 팬데믹이 종식된 지금도 발생의 원인이 공식적으로 발표되지 않았기에 그저 회자되는 여러 시나리오에 근거해 짐작만 할 뿐이다. 그럼에도 학자들의 공통된 의견은 코로나-19 팬데믹은 모든 사건과 현상으로부터 단절된 독단적 원인으로부터 발생된 것이 아니라 더 큰 맥락에서 과거로부터 진행되고 있는 일련의 사태 가운데 그저 하나의 현상으로 드러났을 뿐이라는 것이다. 산업혁명, 과학기술의 발달, 이에 더해 시장 자본주의가 세계화로 확대되면서 급격하게 자연이 파괴되고 생태계가 붕괴되면서 급기야 지구촌 모든 생명체의 생존이 위협받는 공멸의 한 현상 가운데 코로나-19 팬데믹이 한자리 잡고 있다는 것이다. 앞으로는 더 크고 더 심각한 사태가 벌어질 것이라는 합리적 추측에 시간이 촉박함을 느낀다.

지구 온난화로 인한 이상 기후 현상을 탐구하는 김준우 박사는 우리에게 주어진 기간이 7년이라고 경고한다. 변하지 않으면, 변화시키지 않으면 이 사태는 더 악화될 것이고, 우리에게 남은 시간은 더욱 단축될 것이라는 위기의식과 그리스도인이 해야 할 책임 의식 속에서 신학 강좌를 기획하게 되었다.

감리교신학대학교 조직신학 공동체의 일원들이 머리를 맞대고 고민하여 결정한 신학 강좌의 주제는 "생태 문명으로의 전환과 코로나-19 이후의 기독교"였다.

변선환아키브와 감리교신학대학교 조직신학 분야 세 분의 교수들 그리고 감신대 학부, 대학원, 박사원에서 조직신학을 전공하는 학생들이 주체가 되어 하나가 된 마음과 열정으로 신학 강좌를 기획하고 준비의 과정을 가졌으며, 마침내 2021년 6월 28일 감리교신학대학교 국제회의실에서 감리교 목회자와 신학생 그리고 평신도를 위한 열린 신학 강좌를 개최하였다.

강연자는 존경받는 선배들이자 명망 있는 기독교대한감리교회의 학자들, 김준우, 양명수, 이정배, 장왕식, 한인철 교수님을 모셨고, 모든 순서는 감리교신학대학교 조직신학 분야 교수들, 학생들이 모두 함께 순서 진행과 토론 - 토의에 참여하였다.

강연의 내용은 코로나-19의 현상에 대한 현실 규명과 진단, 교회와 사회의 책임 등 다양한 주제와 내용으로 이루어졌지만 강연자들이 더욱 강조했던 핵심 내용은 단지 코로나-19의 현 사태, 현상에 있었다기보다는 오히려 변화되고 새로워져야 할 코로나-19 이후의 교회, 기독교, 사회 그리고 세계에 대한 전망에 있었다. 모두의 문제이기에 누구의 문제가 아니라는 환경 문제, 생태 파괴의 문제, 삼한사온, 사계절의 경계가 없어지며 급격하게 늘어난 자연 재해 속에서도 기후 변화로 인해 무너져 가는 생태계를 회복하기 위한 새로운 신학적 제안들이 발표되었고, 생태 문명으로의 전환은 더 이상 선택이 아닌 운명적인 결단이어야 한다는 현실을 촉구하는 예언자적 목소리가 강연장을 넘어 실시간 동영상을 통해 모두에게 전달되었다.

"생태 문명으로의 전환과 코로나-19 이후의 기독교" 신학 강좌는 하나의 행사로 멈추지 않았다.

감리교 목사들이자 학자들인 다섯 분의 강연에 이어 계속된 노력과 작업으로 다섯 분의 감리교 여성학자들의 연구 논문으로 이어졌고, 감리교신학대학교의 교육철학자이며 기독교교육학자인 송순재 교수님의 글도 함께 더해져 『소비 문명에서 생태 문명으로 — 기독교 신학의 관점에서』라는 책으로 출판되는 하나의 작은 열매가 맺게 되었다. 모두가 함께 계속해서 노력하고 실천해서 반드시 이루어 가야 할 생태 문명으로의 전환을 향한 첫걸음임을 우리 모두 알고 있다.

한 권의 책으로 엮어져 나올 수 있도록 강연해 주시고 원고를 제출해 주신 열한 분의 선생님들께 깊은 감사를 드린다. 지금도 여전히 학문의 자리에서 사역과 삶의 자리에서 묵묵히 열심히 생태 전환을 위해 힘쓰는 감리교신학대학교 학부, 대학원, 박사원 학생들과 원우들께 늦은 감사의 인사와 격려를 보낸다. 그리고 언제나 신학의 대중운동, 생태 전환의 운동을 이끄는 주역으로서 희생적으로 신학 책을 출판해 주시는 동연출판사의 김영호 사장님께도 깊은 감사의 마음을 전한다. 그리고 마지막으로 얼마 전 우리의 곁을 떠나 하늘나라로 옮겨간 故 정애성 박사의 옥고에 깊은 감사와 사랑의 마음을 전한다.

『소비 문명에서 생태 문명으로 — 기독교 신학의 관점에서』, 이 책은 열한 분의 글을 두 부분으로 나누어 실었다.

1부는 "포스트 코로나와 생태 문명"의 주제하에 구체적인 사태와 사건을 중심으로 생태 문명을 다루는 글들로 엮었다: 이상 기후의 문제, 코로나-19 바이러스에 대한 신학적 해석과 교회 그리고 동물권과 육식의 문제, 코로나바이러스의 기원에 관한 시나리오 그리고 코로나-19와 기독교에 관한 글들이다. 이어서 2부는 "생태 문명으로의 전환을 위한 세계관의 전복"을 주제로 한 글들로 이루어진다: 자유와 자연, 성례전적 존재론, 포스트 코로나 시대의 생태 기독교, 코로나 팬데믹 이후의 종교교육, 레비나스 철학에서의 자연, 집, 노동의 의미, 인간 중심주의를 넘어 연결된 존재로서의 여성으로 거듭나기, 등의 생태 문명을 향한 세계관으로의 전환에 대한 일련의 글들로 이어진다.

이어서 목차의 순서에 따른 글들의 내용을 간략하게 소개한다.

"우리가 죽게 되었습니다(마가 4:38) ― 0.3도 상승에 달린 인류의 운명"(김준우)은 코로나-19 팬데믹과 기후 위기에 대한 신학적 고찰과 함께 생태 문명으로의 전환을 촉구한다. 저자는 막 3:38에서 "우리가 죽게 되었습니다"라고 외치는 예수님 제자들의 절규를 인용하여, 현재 기후 위기로 전 지구적 "장기 비상사태"라는 임계점에 처한 인류의 현실을 분석하고, 그 근본 원인과 이를 극복하기 위한 대안적 실천을 촉구한다. 인류 전체의 운명이 0.3도 상승에 달려 있는 급박한 위기 상황에서 기후 위기를 악화시키는 전쟁 경제 체제와 시장 자본주의 문명에서 생태 문명으로 전환을 요청하며, 이를 위해 화석원료 사용 억제와 온실가스 감축을 위한 국제적 차원에서 정치적 대응이 필요하다고 지적한다. 이미 기후 변화의 직격탄을 경험하고 있는 대한민국의 현실도 역시 "백척간두의 위기 상황"임을 일깨운다. 기후 위기를 이대로 방치할 경우 불가피하게 식량 폭동과 사회적 갈등 그리고 더 나아가 파시즘 체제가 등장할 것이며, 이는 급기야 인류 문명의 총체적 붕괴와 대멸종의 파국으로 이어질 것을 경고한다. 저자는 우리에게 시간이 촉박하다고 말한다. 파국적 재앙을 피할 마지막 기회는 단지 7년 남았다고 경고하면서 강력한 기후 대책을 세워야 할 것을 촉구한다. 저자는 종말론적 위기의 상황에서 예언자적 시각과 목소리로 범 교회적인 운동을 통해 온 힘을 다해야 할 시기라고 경종을 울린다. 7년이라는 마지막 기회가 인류의 멸망이 아닌 생명으로 소생하는 희망과 기적은 그 누구도 아닌 바로 우리의 결단과 실행에 달렸다고 촉구한다.

"문명 비판적으로 본 코로나바이러스, 그 신학적 재해석과 교회"(이정배)는 중국에서 시작하여 전 세계를 강타한 코로나-19 팬데믹의 상황을 다름 아닌 생태 위기로 인해 나타난 일련의 한 양상으로 판단하며, 그 대안으로서 생태 문명으로의 전환이 필요하다고 주장한다. 생태 문명으로의 전환은 자연의 신비로운 존재론적 가치와 자연 자체의 깊은 신비에 눈 뜬 새로운 문명과 함께 새로운 신학의 요청으로 가능하다고 말한다. 현 코로나바이러스의 특징은 이전과는 달리 인간을 숙주로 삼아 확산되고 있으며, 자연 환경의 파괴와 인간 자신이 바이러스의 변종과 확산의 요인이 되고 있기 때문에 이전과는 다른 비관적 시각이 강하다고 지적한다.

저자에 따르면, 자본주의와 신자유주의 가치관의 영향으로 지구가 홀로세에서 "자본세"로 변질되었고, 이로 인해 환경 파괴와 문명의 위기가 가속화되었다는 것이다. 코로나바이러스는 자본주의 시장경제의 취약성을 드러내고 있다고 지적하며 자본주의의 한계와 문제점을 고찰한다. 저자는 이에 새로운 기독교적 접근 방식과 함께 다양한 종교들의 원리를 통합하는 새로운 신학적 접근을 제안한다. 또한 코로나-19 바이러스로 인한 변화가 뉴노멀의 도래로서 경제, 정치, 교육, 종교

및 일상생활 등 다양한 측면에서 소개한다.

저자는 이 글을 통해 교회와 종교가 현대 사회에서 어떻게 변화해야 하는지에 대해 중요한 제안을 하고 있으며, 다양한 관점에서 토론과 토의를 유발하고 있다.

"여성, 동물권, 육식 이야기"(정애성).

이 글은 동물을 먹고, 입고, 신고, 감금하고, 실험하는 인간 중심적인 시각과 태도로 모든 동물을 애완동물, 식용동물, 모피 동물, 실험동물 등으로 분류하여 인간의 소비와 실험의 대상으로 지배하는 현실을 폭로하며, 동물의 보호와 복지 그리고 동물의 권리를 주장하는 동물 신학을 소개한다. 저자는 인간과 동물의 관계에 대한 시각이 역사적으로 변화되어 왔다는 것을 설명하기 위해 유대교와 기독교, 르네상스 그리고 현대의 예시를 들며 시대에 따라 동물에 대한 인간의 관계가 지금처럼 획일적이지 않음을 주장한다. 특별히 근대 과학의 등장과 함께 형성된 "동물 기계론"으로 인해 잔혹한 동물 실험과 도살이 강화되었다는 사실과 함께 1957년 "틸리도마이드" 사건을 통해 동물 실험의 효용성에 대한 의문이 제기되었다는 사실을 보여준다. 이어서 저자는 동물의 고유한 권리를 주장하며 윤리적 채식주의의 필요성을 역설한다. 더 나아가 동물 학대를 규제하는 방안을 제안한 피터 싱어(Peter Singer), 동물 신학을 통해 동물의 생명과 권리를 존중하며 책임감 있게 대우해야 한다는 앤드류 린지(Andrew Linzey)를 소개하며 동물의 권리와 동물 복지에 관한 주요 개념과 관점을 제시한다.

더 나아가 저자는 린지의 육식 문화와 남성주의의 유사성을 설명하며 동물 지배와 고기 소비의 육식 문화는 성차별과 계급주의, 인종주의와 밀접하게 연관되어 있다는 근거를 소개한다. 따라서 여성주의적 관점에서 동물권의 문제는 온 생명의 평화와 회복을 바라는 신적 요청이라고 주장한다.

"탐사 저널리즘의 시선으로 본 코로나바이러스(Covid-19)의 기원 — 두 개의 시나리오"(송순재).

저자는 이 글이 COVID-19의 기원과 대응에 대한 탐사 저널리즘적 관점을 다루고 있다고 밝힌다. 2020년 신년 초부터 시작되어 전 세계적으로 확산된 코로나-19의 팬데믹 현상이 2023년에 이르러 종식되었다고 하나, 확진자 677,229,315명, 사망자 6,807,353(+42)명 발생국 230개 국가라는 역대 기록으로 여전히 아물지 않고 해결되지 않은 문제와 비극적 상흔을 남겼다는 사실을 지적한다. 지금도 종종 주변 사람들이 코로나에 확진되었다는 소식을 듣고 있지만 여전히 코로나-19가 왜 어떻게 어디서 발생되었는지 그 기원을 알지 못한다.

따라서 저자는 탐사 저널리즘의 발표에 근거해 코로나-19 기원에 관한 두 가지의 가능성, 즉 자연발생설과 실험실 유출설에 대한 두 개의 시나리오를 소개한다. 기후 변화, 환경 파괴와 관련된 자연발생설에 대한 시나리오는 상대적으로 간단할 것으로 보이나 실험실 유출설의 경우 훨씬 복잡하고 더 복잡하고 많은 문제점을 내포한다고 설명한다. 저자는 먼저 실험실 유출설에 대해 탐사저널리스트의 역할, 내부 고발자의 증언, 에너지부의 증언, 트럼프 행정부와 바이든 행정부의 입장, 파우치 박사의 관련 의혹, 유명 제약회사들의 관련성, WHO의 입장 변화 등의 자료 등을 토대로 추적된 중국 우한연구소 유출설에 관한 시나리오를 소개한다. 저자는 코로나-19의 기원에 대한 자연발생설과 실험실 유출설 두 시나리오의 주요한 공통점은 결국 생태 문제라는 점을 지적하며 생태 문제에 대한 관심과 노력을 촉구한다.

"코로나-19와 기독교의 미래"(한인철)는 코로나-19 팬데믹 상황에 대한 한국 개신교회의 대응과 이에 대한 비개신교 대중들의 부정적 인식 그리고 교회의 변화와 역할 등을 분석하고 진단하며 그 원인과 기독교 미래를 위한 대안을 제시하고 있다. 팬데믹이라는 전 지구적 위기의 상황에서도 한국 개신교회의 대응은 주로 자체 교회의 생존에만 집중했으며, 코로나-19 감염을 바이러스에 의한 질병이라기보다는 인간의 죄로 인한 하나님의 심판과 처벌로 해석하는 경향을 보인 반면 교회의 본래적 사명인 코로나 확진자와 사망자, 유가족들의 고통 그리고 의료진들의 수고와 고통에 대한 관심과 배려 그리고 실질적인 도움은 매우 제한적이었음을 지적한다.

저자는 이러한 개신교회의 부정적 모습의 원인을 한국교회에 만연해 있는 삼박자 신앙, 곧 "예수를 믿고, 구원받고, 천당 가기"라는 소위 사영리 기독교가 형성한 한국 개신교인들의 자기 신앙 논리에 기인한다고 분석한다. 즉, 예수의 가르침과 삶은 삭제한 예수의 죽음과 부활에 대한 강조는 예수는 믿지만 예수를 따라 살지 않는 한국 개신교인들의 편리한 신앙 논리에서 원인을 찾는다. 이에 저자는 한국 개신교의 새로운 정체성을 나사렛 예수의 가르침과 삶의 토대 위에 세우는 신앙 논리로 근본적인 전환을 할 때에야 비로소 코로나-19 이후 새롭게 신뢰받는 기독교가 될 수 있을 것이라고 주장한다.

2부는 "생태 문명으로의 전환을 위한 세계관의 전복"을 주제로 여섯

분 필자의 글로 구성하였다.

"자유와 자연 — 코로나 이후의 교회"(양명수)는 코로나-19 팬데믹 이후 한국교회의 상황을 조명하며 교회의 본질과 역할 그리고 자연과의 관계에 대해 고찰한다. 저자는 팬데믹 상황에서 강조했던 '사회적 거리두기'라는 개념을 다루며, 이를 바벨탑 사건과 연결시켜 해석하여 현대 문명에 대한 경고라고 지시한다. 저자는 개개인이 자기 정체성을 잃어가고 모방욕망에 사로잡히는 현대 사회 현상을 지적하며, 교회의 본질과 역할을 다시 정립해야 한다고 지적한다. 교회와 교회의 구성원은 모방욕망과 경쟁에 휩쓸린 세계의 대중과 군중의 영향으로 벗어나 하나님 앞에선 단독자로서 자기 수용과 함께 개인의 변화를 촉진하며 자유롭게 서로 교통하며 구원을 이루는 곳이어야 한다고 강조한다. 또 저자는 종교개혁과 근대 시대의 인간 중심적 사고 그리고 자유와 자연의 관계를 탐구하면서 자연과 종교성의 상실에 대해 논의한다. 종교개혁 후 개신교 신앙은 자연에서 하나님의 영광을 발견할 수 없게 되었고, 이로 인해 현대 사회는 종교적 독단에서 벗어나고 탈종교적 세계로 이동하였으며, 과학 기술은 과도한 욕망의 충족을 추구하여 인류의 미래를 위협하고 있다는 것이다. 이로 인해 삶 속에서 감사와 겸손이 상실되고 물질주의와 공격성의 증가로 이어지고 있는 현실도 지적한다. 저자는 이를 치유하는 대안적 신학으로서, 중세 신학에서 자연법에 근거한 공유 개념과 절제를 회복하여야 할 것과 더 나아가 한국의 전통과 자연주의의 감각과 미학 등을 회복시켜서 새로운 신학의 구성을 제시한다.

"성례전적 존재론 — 생태학적 위기의 시대에 제안하는 생태·여성 신학적 세계관"(김정숙)은 "코로나 이후 시대에 제안하는 생태·여성신학적 세계관으로서 성례전적 존재론"의 주제를 다루고 있다.

현 지구촌 거주민들이 직면한 기후 변화와 생태적 문제를 종말론적 공멸의 위기로 판단하며, 이를 치유할 수 있는 대안으로 세계관에 대한 인식론적 전환으로서 생태·여성 신학의 관점에서 "성례전적 존재론"을 제안하고 있다.

궁극적 진리를 추구하는 종교와 공공의 선을 추구하는 도덕 그리고 법과 윤리를 가지고도 '왜 인간은 종말론적 공멸의 상황을 초래할 수밖에 없었을까' 하는 질문 앞에, 인류 문명의 거대한 한 축을 담당하고 있는 그리스도교는 생태적 재앙에 어떤 영향력으로 작동했는지에 대해 종교 문명사적인 측면에서 검토하고자 한다. 따라서 원시 종교와 제도적 종교 그리고 현대 세속화 속에 감추어진 종교성을 검토하면서 시대의 변천에 따라 종교적 형태와 유형 그리고 그 내용은 다소 달라졌음에도 불구하고 여성과 자연의 억압과 착취라는 공통적인 특징이 있다는 점을 지적하고 있다. 이렇게 남성지향적인 종교적 특성으로 차별화되어 이원론적으로 구조화된 원시 종교, 제도적 교회의 역사 그리고 세속화 속에 숨겨진 유사 종교의 공통적인 특징인 자연과 여성의 억압이 결과적으로 오늘 종말론적 공멸의 위기 상황을 초래했으며, 이에 대한 대한으로 성례전적 존재론을 대안으로 제시한다.

성례전적 존재론은 자연의 일부이며 한 구성원인 인간을 포함한 전 지구적 공동체는 하나님의 피조물로서 성사적 존재이며, 하나님의 은총과 현존의 상징이고 신호이며 전달자의 위상을 갖는 존재임을 주장하면서 성례전적 존재론이 갖는 전복적 가치를 증명하고자 한다.

"포스트 코로나 시대의 생태 기독교 — 종교철학적 접근"(장왕식)에서 저자는 코로나 이후 시대를 탈근대주의의 연장선상에서 조명하며 코로나 이후 시대의 문제를 해결할 수 있는 포스트 코로나 시대의 대안적 신학으로 생태 기독교, 곧 자연주의적 유신론을 제안한다.

저자는 팬데믹으로 인한 문제들은 탈근대주의가 배태한 문제들의 일환으로서 미래 시대를 예측하기 위해서는 무엇보다도 탈근대주의가 전제하는 문화적 가치를 재점검해야 한다고 주장한다. 즉, 탈근대주의가 전제하는 최고의 가치는 "실용적 자기-우선주의"로서 자신의 개인적 이익을 추구하는 태도가 자연 생태계를 착취하고 파괴하여 이로 인해 코로나 팬데믹에 이르게 되었다는 것이다.

따라서 인류의 바람직한 미래상을 제시하기 위해서는 인간 중심적인 관점을 넘어서는 그리고 자연 중심적인 것을 넘어서는 생태 기독교가 필요함을 역설하며, 이를 위해 대화의 파트너로서 차이 생성의 철학을 제안한다. 생태 기독교란 자연주의와 초월적 신의 상호작용을 강조하는, 자연과 인간과 신의 조화롭고도 유기체적 관계 속에서 자기중심적 인간이 자신을 초월할 수 있는 존재론적 근거이자 변혁적인 힘으로서 신이 요청되는 자연주의적 유신론이 중요하다는 것이다. 저자는 이러한 자연주의적 유신론에 근거한 생태 기독교를 통해 인간의 주체성과 신의 목적을 조화시킴으로 신자유주의적 자본주의의 예속을 벗어날수 있을 것이라고 주장한다.

비록 어렵지만 코로나 이후 보다 성숙한 자연주의적 유신론, 생태 기독교를 위해서는 차이 생성의 철학을 비롯해 새로운 철학들과 꾸준히 대화하는 자기 변혁의 노력과 과정이 필요하다고 주장한다.

"코로나 팬데믹 이후 종교와 교육 — 한국 信學과 仁學의 관점에서" (이은선)는 코로나 팬데믹 이후 한국 사회와 인류 문명의 나아갈 길을 찾고자 하는 의미로 특히 종교와 교육에 중점을 두고서 어떠한 뉴노말의 삶이 가능한지를 탐색한다.

저자는 오늘 21세기 인류 문명이 당면한 팬데믹 현실이 있기까지 주도적인 역할을 해온 종교 사고는 서구 유대-기독교였다는 말한다. 그것은 특히 인류 근대 이후 그러한데, 그 상황을 타개하기 위해서 동아시아적 내재 종교 영성을 불러온다. 그중에서도 한국 신유교 사상가 퇴계 선생은 인간과 세계 이해가 '오래된 미래'로서 중요한 메시지를 담고 있다고 본다. 그의 「성학십도」(聖學十圖)를 오늘의 독일 포스트모더니스트 철학자 페터 슬로터다이크의 '인간공학'(Anthropotechnik)과 대비시키면서 팬데믹 이후 한국 종교와 교육이 나아갈 방향을 모색한다.

여기서 이 글은 지금 우리가 당면한 현실은 더는 어떤 "외면적인 초월자(神) 이름을 어떻게 정하는가"의 문제가 아니라 더 근본적으로 "그러한 초월의 실제를 우리가 믿을 수 있는지", "여기 지금의 한계를 넘어서 어떤 더 높은 초월이 있다고 믿는지"의 인간 인식과 믿음의 문제와 더 깊이 연결되어 있다고 보면서 그에 대한 탐색을 한국 '신학'(神學)과 '인학'(仁學)의 이름으로 살핀다.

그러면서 지금까지 통상적으로 서로 나뉘어 있던 종교와 교육, 정치, 문화 등을 통합적으로 살피면서 그것이 하나의 '믿음을 위한 통합학문'(Korean Integral Studies for Faith)이 되어 코로나 이후 시대를 위한 '초월적 백신'으로 역할을 할 수 있기를 희망한다.

"레비나스 철학에서 자연, 집, 노동의 의미"(김선하).

레비나스의 철학은 자연(타자)을 대하는 근대적 사고방식을 넘어서는 전혀 다른 관점을 가지고 있다. 이 글은 그 점에 주목하여 이를 부각시켜 보고자 하는 의도로 시작되었다.

구체적으로, 현대 자본주의 사회에서 물질로 환원되지 않는 삶의 양식이란 어떤 것인지, 집을 가진다는 것이 어떤 의미를 갖는지, 노동한다는 것이 인간에게 무슨 의미인지를 레비나스의 통찰을 통해 살펴보고자 한다. 이러한 논의들은 레비나스의 철학에서 자아(나)와 타자(세계)의 관계에 대한 설명으로부터 출발할 수 있다. 레비나스가 보는 세계는 내 욕망의 대상이 아니라 나와 관계 맺음으로써 소유할 수 있는 대상이다. 자연 세계의 불확실한 요소들이 사물로서 실체성을 갖는 것은 나와 소유 관계를 형성하면서부터이다. 그런데 사물을 소유하기 위해서는 노동을 해야 한다. 신체적, 의식적 활동으로서의 노동은 우리가 자유로울 수 있는 세계를 건설하는 것이다. 이러한 노동은 집에 거주하는 거주자에게만 가능한 일이다. 이때 집은 땅 위에서 나와 세계의 경계를 형성하고, 내가 세계와 관계 맺는 것을 가능하게 하는 장소이다. 요컨대, 세계 요소(존재자의 존재)의 독립성을 중지시키고 그 요소를 포획(prise) 또는 파악(compréhension)하여 세계 속에 사물을 출현케 하는 것은 거주와 노동을 통해서이다. 거주와 노동은 모든 거주자의 자발적이고 이론에 앞서는 préthéorique 활동이다.

"인간 중심주의를 넘어 연결된 존재로서의 여성으로 거듭나기"(최순양)에서 필자는 여성과 자연을 남성의 타자로 부정적으로 바라보았던 이분법적 인식론을 극복하면서 여성을 '되어가는' 존재로 제안하고

자 한다. 이를 위해 그동안 인간을 정의 내려왔던 형이상학적 인간 이해에 대해 비판하고, 인간이 어떻게 비인간 존재들과 연결된 존재로 새롭게 인식할 수 있을 것인가에 대한 논의할 것이다. 이러한 이분법적 인간 이해들은 해방신학, 여성신학, 생태여성신학 등에서도 반복되어 나타났다.

이 글에서는 이러한 비판을 위해 먼저 생태여성주의가 상정하고 있는 여성의 특징이 여전히 이분법적 차이를 근거로 여성을 본질화하고 있음을 지적하고 이에 따라 배태되는 문제가 무엇인지에 대해 살펴보았다. 그리고 이러한 휴머니즘적 이분법을 극복하기 위해 등장한 차이의 페미니즘에 대해서 이야기한다. 소위 포스트휴먼 페미니스트라고 할 수 있는 로지 브라이도티와 도나 해러웨이의 논의들을 통해서 여성들이 어떻게 인간 중심주의적 인식론을 넘어 인간과 비인간의 경계를 흐트러뜨리고 연결된 존재로 스스로를 자각해 나갈 수 있는지에 대해서 서술하고자 하였다. 그리고 이러한 인간 중심주의를 넘어 연결된 존재로 우리를 인식하기 위해 어떤 신학적 상상력을 가져야 할지에 대해서 제안하였다.

필자를 대표하여 김정숙 씀

차례

2부 | 생태 문명으로의 전환을 위한 세계관의 전복

1부

포스트 코로나와 생태 문명

"우리가 죽게 되었습니다"(마가 4:38)
— 0.3도 상승에 달린 인류의 운명

김준우

생태문명연구소, 감리교신학대학교 은퇴 교수

시장 자본주의와 산업 문명이 초래한 생태계 파괴는 코로나-19 팬데믹 사태뿐 아니라 전대미문의 기후 위기를 통해 여섯 번째 대멸종을 초래했다. 6천 5백만 년 동안 찬란하게 꽃피웠던 신생대를 끝장내는 원인은 과거 다섯 차례의 대멸종처럼 소행성 충돌이나 화산 폭발이 아니라 화석연료에 의존한 경제 성장주의를 뒷받침하는 금권 정치 구조이다. 극소수 억만장자들에 의존하는 정치인들은 자멸을 향한 질주에서 속도를 더욱 높이고 있다. 인류 대다수는 에너지 가격과 식품비 상승으로 인해 고통을 받지만, 에너지 재벌 등 억만장자들의 초과이윤(windfall profits)은 계속 증가하고 있다. 세계 젊은이들의 절반 이상이 '인류의 멸망'을 믿을 정도로 심각한 기후 불안에 사로잡혀 있는 지금은 예수가 '하느님 나라'를 가르쳤던 당시나 수운 선생과 소태산 선생이 '개벽'을 가르쳤던 시대보다 훨씬 더 절망적이며 절박한 순간이다.

지구 평균기온은 산업화 이전(1850~1900년) 대비 섭씨 1.2도 상승했다. 1.5도 이내로 제한하기 위해 남은 탄소 예산은 2023년 현재 250기가톤이다. 매년 54기가톤씩 사용하기 때문에 앞으로 5년 내에 모두 소진되어 '기후 지옥'의 문턱(1.5도 상승)을 넘게 되는 것이 불가피하다. 2022년 현재 대기 중 온실가스 농도는 523ppm CO_2e인데, 매년 3~4ppm CO_2e씩 증가하고 있다.[1] 따라서 현재 추세로는 2030년에 550ppm CO_2e에 도달할 것이다. 그 수준에서는 점차(보통 10여 년 정도 지나) "3도 이상 4도 미만 상승할 확률은 66%가 넘는다"는 것이 보수적인 IPCC(기후변화에 관한 정부 간 협의체)의 예측이다(2014년 5차 보고서). '기후 지옥'의 문턱(1.5도 상승)을 훨씬 넘어선다는 뜻이다. IPCC 6차 보고서(2023)는 2100년까지 2.8~3.2도(최고 4.4~5.2도) 상승을 예상한다. 6도 상승하게 되면 '인류 멸종의 문턱'을 넘게 되는 것이다.[2]

I. "우리가 죽게 되었습니다"

코로나-19 팬데믹 사태로 인해 매일 수만 명씩 사망하던 2020년 3월 27일 저녁, 프란치스코 교황은 텅 빈 베드로 광장에서 행한 특별한 축복(*Urbi et Orbi*)과 강론에서 폭풍을 만난 예수의 제자들처럼(마가 4:35-41) "우리가 죽게 되었습니다!"라고 외치게 된 근본 이유를 밝힌다. 우리의 '에고(ego)에 대한 집착,' 특히 '언제나 겉모습만 걱정하던 우리들의 자아라는 가면과 고정관념으로 뒤덮인 기만,' '이윤을 위한 탐욕,' '세계 전역의 전쟁과 불의에도 깨어나지 않았던' 안일함, '가난한 이들과 아픈 지구의 울부짖음을 듣지 않았던' 우리 '영혼의 마비'를 고백한다.[3] 마스크조차 부족하여 노약자들의 죽음을 방치하는 적자생존과 각자도생의 논리가 팽배한 세계에서 교황은 모든 피조물과 함께 아파하시는 생명과 평화의 하느님 대신에 안락(comfort)과 안전(security)의 신을 믿는 우리의 죄를 고백하고, 인간의 존엄성과 공동선에 호소함으로써 수백만 명의 TV 시청자들에게 위로와 희망을 주었다. 코로나-19는 우리의 에고(ego) 중심주의라는 집단최면에서 깨어나 에코(eco) 중심적 삶의 방식으로 바꾸도록 철저한 회개와 믿음을 요청한다.[4]

또 다른 팬데믹 가능성이 있지만,[5] 팬데믹으로 인한 경기침체에서 벗어나기 위해 세계 각국은 다시 경제 성장에 더욱 박차를 가하며 해외 관광을 허용하기 시작했기 때문에 생태 위기는 장기간에 걸쳐 더욱 악화될 것이 분명하다. 큰 재난을 겪고도 그 재난의 근본 원인인 "생태계 파괴를 극복할 수 있는 구체적 방법들"에 관한 논의가 교회 안에서 별로 없다는 점에서[6] "생태 문명으로의 전환과 코로나-19 이후의 기독교"라는 오늘의 주제는 매우 긴박한 주제이다. 오늘의 논의 주제를 위한 상황을 설정하기 위해 전 지구적인 '장기비상사태'[7] 가운데 기후 위기와 그 정치적 대책에 초점을 맞출 것이다.[8] 이 글의 목적은 (1) 왜 우리들의 자녀들과 손주들을 포함해서 인류 전체의 운명이 0.3도 상승에 달려 있을 만큼 현재의 기후 위기 상황이 매우 위태로운지, 다시 말해서 산유국 출신 과학자들까지 합의해야 하는 매우 보수적인 IPCC가 왜 파리협약(2015년)에서 2도 상승으로 제한했던 것을 2018년에 1.5도 낮출 수밖에 없었는지,[9] (2) 대표적인 기후학자 마이클 만(Michael Mann) 교수의 최신 저작인 『신 기후대전』(*The New Climate War*, 2021)에 근거해서 우리의 적들이 누구이며 그들의 전략이 무엇인지를 살펴봄으로써, (3) "생태 문명으로서의 전환과 코로나-19 이후의 기독교"라는 논의의 배경을 설정하고, 오늘의 신학적 논의가 왜 급진적인 정치적 행동으로 나아가야만 하는지를 밝히려는 것이다. 인류가 탄소중립을 얼마나 신속하게 달성하는가에 따라서 0.1도라도 낮출 수 있으며, 생존자를 그만큼 늘릴 수 있다. 빌 매키븐에 따르면 0.1도 낮출수록 생명체 1억 4천만 개체를 살릴 수 있다고 한다.[10]

II. 백척간두(百尺竿頭)의 기후 위기

코로나-19 사태가 "앞으로 다가올 기후변화에 대처하기 위한 '총연습'"이라고 지적한 슬라보예 지젝은 우리가 팬데믹 이전의 "일상으로 다시 돌아갈 길은 없고," '새로운 일상'과 '이미 조짐이 선명하게 보이는 새로운 야만' 사이의 갈림길에 서 있다고 말한다.[11] 지젝은 기후 위기의 병원체는 '바이러스가 아니라 인류'이며 자유주의적 자본주의 시스템이기 때문에 '새로운 독재체제'와 결합한 '야만적 자본주의가 득세'하지 않도록 '정말 필사적으로 새로운 대본,' 즉 시장 자본주의를 대체할 초국가적 지구정치가 요구된다고 주장한다.[12]

군사비로 매년 1조 8천억 달러씩 쓰는 전쟁 경제체제와 시장 자본주의 문명에서 생태 문명[13]으로 전환하기 위해 우리가 '정말 필사적으로' 맞붙어야 할 가장 중요한 우선적 과제는 2050년까지 1.5도 상승에서 억제해야만 하는 매우 어려운 과제이다. 인류의 운명이 0.3도 상승에 달려 있기 때문이다. 인류가 사용하는 에너지의 90%가 화석연료이다. 2030년까지 2010년 대비 최소 45% 감축해야만 한다. 그러나 국제에너지기구(IEA)는 2030년까지 세계 에너지 소비가 50% 증가할 것으로 예상하며,[14] 196개 국가의 파리협약 이행계획에도 불구하고 실제로는 "2040년까지 이산화탄소 방출량은 전혀 줄지 않고 오히려 360억 톤으로 증가할 것"으로 예상한다.[15] '정말 필사적으로' 온실가스를 감축하지 않으면, 기후 파국과 인류문명의 붕괴를 피하기 어려울 만큼 여러 임계점에 거의 도달했다[도표 3].[16]

[도표 3] 그린란드 빙상의 임계점: 1.5도 상승하면 돌이킬 수 없다

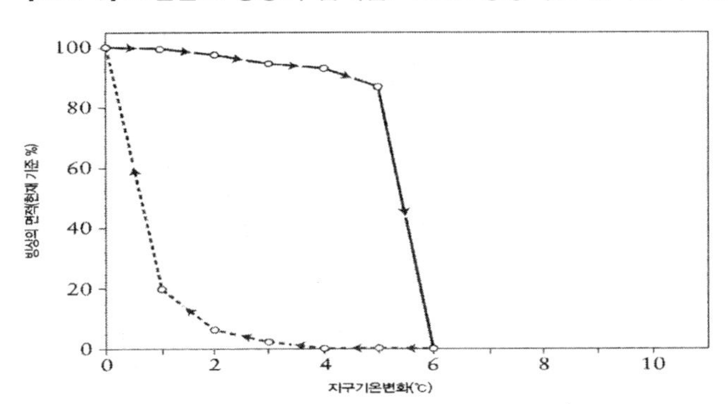

기후 위기의 희생자들은 국제적십자사가 추산한 2억5천만여 명의 기후난민들처럼[17] 주로 가난한 사람들과 수많은 동식물 그리고 우리의 다음 세대들로서, 최악의 경우에는 21세기 말까지 수십억 명이 죽을 수 있다.[18]

20세기의 위대한 예언자 토마스 베리 신부의 지구적 관점에서 보면, 신생대의 마지막 단계를 살고 있는 우리는 지금 가난한 사람들에 대한 종족학살(genocide)뿐 아니라 종자학살(biocide)과 지구학살(geocide)을 목격하고 있다.[19] 앞으로 5년 동안 온실가스를 2010년 대비 최소 45% 감축하는 과제의 성공 여부에 따라 인류는 '생태대를

향해 출애굽'(토마스 베리)을 할 것인지, 아니면 야만의 시대를 거쳐 결국에는 공멸하고 말 것인지 판가름 날 것이다. 즉, "다음 몇 년이 인류 역사에서 가장 중요한 기간이 될 것이다"(IPCC, 2018 특별보고서).

한마디로 말해, 우리는 인류 역사상 계속된 '탐욕과 독점과 죽임의 권세'와 '공생과 양생의 생명의 영' 사이의 전쟁이 지금은 전대미문의 기후 대전으로 나타나는 전초전에 서 있다. 현재까지는 슬프게도 전자가 승리하고 있다. 1970년 이후 세계 야생동물들은 이미 평균 68%가 감소했으며 곤충은 75% 감소했다.[20] 지구는 이미 기후 위기로 인해 생명체들이 살기에 매우 힘든 행성이 되어버렸다. 지구 평균기온이 산업혁명 이후 섭씨 1.2도 상승한 결과, 전 세계적으로 살인적인 폭염, 기록적인 산불, 사막화,[21] 가뭄, 홍수, 폭풍, 병충해, 해수면 상승, 식량과 물 부족으로 인해 해마다 수십만 명의 사상자가 발생하고 있다.

기후 위기의 가장 큰 재앙은 식량난이다. 미증유의 폭염, 가뭄, 홍수, 산불로 인해 전 세계 식량 생산이 줄어들고 있으며, 굶주리는 인구는 현재 8억 명이지만 더욱 증가할 것이다. "2050년까지 증가할 인구는 오늘날보다 50% 더 많은 식량을 필요로 하지만, 식량 생산은 거의 1/3이 감소할 수 있다"는 것이 기후 위기 평가기관인 채텀하우스가 최근 발표한 예측이다.[22]

그러나 러시아의 기록적 폭염과 동남아시아 홍수, 중동지방의 식량 폭동이 일어난 2010년이 부정적 의미에서 '기후 붕괴의 원년'이었다면, 2018년은 적극적 의미에서 IPCC가 지구 온도 상승을 섭씨 1.5도 이하로 억제하자는 특별보고서를 내고, 그레타 툰베리가 등교 거부를 시작해서 전 세계 청소년들의 가슴에 불을 질러 결국 세계 각국이 '기후비상사태'를 선포하도록 만들었고, 마침내 '그린 뉴딜'(불평등 타파, 온실가스 감축, 일자리 창출[23])이 정치적 토론장에 진입함으로써 '기후 대응의 전환점'이 되었고, '실질적인 기후 대책의 원년'이 되었다.

그러나 2030년까지 2010년 대비 최소 45% 감축하는 과제는 매우 어려운 과제이다. 한국은 2018년 기준 이산화탄소 배출량 세계 7위, 2017년 기준 온실가스 배출량으로는 OECD 국가 중 4위, 10년간 증가율로는 세계 2위를 기록하여 몇 년째 '기후 악당 국가'에 속해 왔을 정도이기 때문이다. 또한 한국은 1인당 이산화탄소 배출량 세계 2위를 차지하고 있으며,[24] 전 세계 1인당 석탄 사용률 1위, 해외 석탄 투자 3위, 석탄 수입량 4위 국가이기 때문이다.[25] 또한 현재 58기의 석탄화력 발전기가 운전 중인데 7기를 더 건설 중이라서 그것들이 모두 완공되는 2022년이면 '기후 폭탄'이 훨씬 더 막강해질 것이기 때문이다.[26] 이런 점에서 지금은 최악의 기후 파국을 막기 위한 '백척간두의 위기 상황'이다. 그러나 시장 자본주의 체제는 노동과 자원에 대한 무한약탈을 통한 자본의 무한 축적을 목표로 하기 때문에 노동착취와 생태계 파괴를 멈출 가능성이 없다는 점에서 결코 지속 가능한 문명이 아니다.[27] 따라서 우리들의 가치관과 생활방식의 철저한 변화 그리고 그린 뉴딜(한국은 2025년까지 73조4천억 원 투자계획)의 '공정한 전환'을 통해 생태 문명으로 전환해야만 인류의 생존과 평화가 가능하다.

III. 신속하고 단호한 정치적 행동의 필요성

그동안 필자는 기후 위기에 대응하기 위한 온실가스 감축(mitigation)과 적응(adaptation) 가운데서 기후 위기의 위급성에 대한 기후과학자들의 경고를 통해 감축의 긴박성을 강조하는 한편, 2008년에 발생한 37개 국가에서의 식량 폭동과 2010년의 중동지방의 동시다발적 식량 폭동처럼 조만간 불가피할 것으로 예상되는 기후재난과 식량 폭동에 대한 적응 방법을 모색해 왔다.[28] 특히 2010년 시리아를 비롯한 중동지방의 식량 폭동 기회를 틈타서 조직화된 ISIS 같은 정치종교적 근본주의자들의 극단주의적인 폭력을 막아낼 신학적 방파제를 어떻게 쌓을 것인지를 암중모색해 왔다.[29] 집단학살에 앞장섰던 나치 친위대와 서북청년단이 모두 세례받은 기독교인들이었다는 사실은 한국의 대다수 근본주의적 기독교인들의 혐오와 폭력성을 폭로하고 경계하도록 만들었기 때문이다.[30]

그동안 필자가 주로 의존했던 '기후변화의 할아버지' 제임스 핸슨(2009)과 '행성 의사'를 자처하는 제임스 러브록(2008, 2009) 그리고 사회윤리학자 클라이브 해밀턴(2010)[31]의 기후 위기 분석, 특히 '기후변화의 시한폭탄'인 툰드라 지역 메탄가스(이산화탄소보다 86배의 온실효과)의 대탈주 가능성,[32] 지구 역사상 대멸종 당시의 기후에 대한 분석과 '금성 신드롬'(Venus syndrome)[33] 같은 '최악의 시나리오'였다. 이들과는 달리, 최근에 기후학자 마이클 만은 『신 기후대전』(*The New Climate War*, 2021)에서 상대적으로 낙관적인 전망을 하고 있다(물론 제임스 핸슨과 제임스 러브록, 클라이브 해밀턴 그리고 마이클 만 모두 시민들의 즉각적이며 단호한 정치적 행동의 필요성을 강조한다). 또한 현재로서는 파리협약을 철저하게 이행하도록 정부를 압박하는 과제가 너무 시급하기 때문에 우선은 적응보다는 감축에 초점을 맞출 필요가 있겠다.

"한 아이가 그들을 이끌 것이다"(이사야 11:6)라는 예언처럼[34] 열다섯 살 소녀 그레타 툰베리가 절망적인 현실 속에서 희망을 되살리기 시작한 것은 '탐욕과 독점과 죽임의 권세'에 맞선 '공생과 양생의 생명의 영'의 활동이었다. 생명의 영은 "지구와 우리가 하나"이며 "삼라만상 전체와 인류는 한 몸이다"라는 문명사적인 정신 혁명을 일으키고 있다. 시장 자본주의 체제를 생태사회주의 체제로 대체하기에는 시간이 부족한 상황에서[35] 기후재앙을 줄이고 동시에 '공정한 전환'을 이루기 위해서는 매우 강력한 정책들, 즉 (1) 탄소세 신설, (2) 2030년대 초로 계획된 석탄화력발전소(2017년 전체 온실가스의 52% 배출) 폐지를 7년 내 전면 폐지, (3) 기후 위기가 국가안보의 매우 중요한 요소가 되었기 때문에 남북평화협정 체결과 국방비 10%씩 감축, (4) 식량자급률 46.7%를 높이고 친환경농법을 위한 농민기본소득(최소 월 30만 원)을 요구할 필요가 있다. 우선 신규 석탄화력발전소 건설에 책임이 있는 정부 관리들부터 파리협약을 근거로 시민소송을 제기할 필요가 있다.[36] 이처럼 기후정의와 사회정의를 동시에 추구하는 과제는 기독교가 예수보다는 플라톤의 영향을 더욱 많이 받아서 성육신 종교가 탈육신 종교가 되어 육신, 물질, 여성, 자연을 멸시하게 되었다는 리처드 로어 신부의 비판에 따라 성육신 종교의 회복을 위한 것이기도 하다.[37]

Ⅳ. 문명 전환의 필요성에 대한 논의의 배경 : 임계점이 임박했다

1988년 IPCC가 창립된 후 여러 차례 국제회의를 개최했음에도 불구하고 정치 지도자들이 전혀 실질적 변화를 이끌어 내지 못했을 정도로 기후 위기는 각국의 이해관계가 얽힌 난제이다. 미국의 안보전문가들이 예상하는 것처럼 기후변화 때문에 2020년대부터 미국 중부와 멕시코 남부의 많은 지역에서 농업이 '실질적으로 붕괴할 것'에 대한 예상,[38] 그리고 2040년대부터 시작될 '북반구의 동시다발적인 식량 폭동,'[39] 극심한 사회적 갈등과 파시즘 체제의 등장, 지구 평균기온 상승보다 2배 높은 극지방 툰드라의 메탄가스 방출로 인한 피드백(되먹임) 때문에 인류문명의 총체적 붕괴와 대멸종의 파국으로 이어질 가능성이 있다는 우울한 전망과 생태적 비관주의가 팽배하게 되었다. 그러나 국제사회가 2018년 지구 평균기온 상승을 1.5도 이내로 억제하기로 결정함으로써 일단 인류의 미래에 대한 그런 비관주의에서 벗어날 수 있게 되었다. 2018년에는 그레타 툰베리가 항의 시위를 벌이기 시작해서 전 세계 청소년 세대의 폭발적인 저항운동을 이끌게 되자, 2019년 5월부터 영국과 아일랜드 의회를 비롯해서 유럽 각국이 '기후비상사태'를 선포했다. 이어서 2019년 11월 5일, 전 세계 153개국 1만 1,258명의 과학자들은 "지구가 기후비상사태에 직면해 있다"고 선포했다. 그들은 "이제는 허비할 시간이 없다. 위기는 이미 우리 앞에 도달해 있고, 과학자들 대부분의 예상보다 빠르고 심각하게 진행돼 인류와 생태계의 운명을 위협하고 있다"[40]고 지적했다.

다음 [도표 1]이 보여주는 것처럼 a. 대기 중 이산화탄소 농도, b. 메탄가스 농도, c. 아산화질소 농도, d. 지표 온도 변화는 지난 40년 동안 매우 가파르게 상승하고 있는 반면에, 아래쪽의 e. 북극 빙하 크기, f. 그린란드 빙하 크기, g. 남극 빙하 크기, h. 빙하 두께는 매우 빠르게 줄어들고 있는 것을 알 수 있다.

[도표 1] 최근 40년간 기후변화 관련 지표

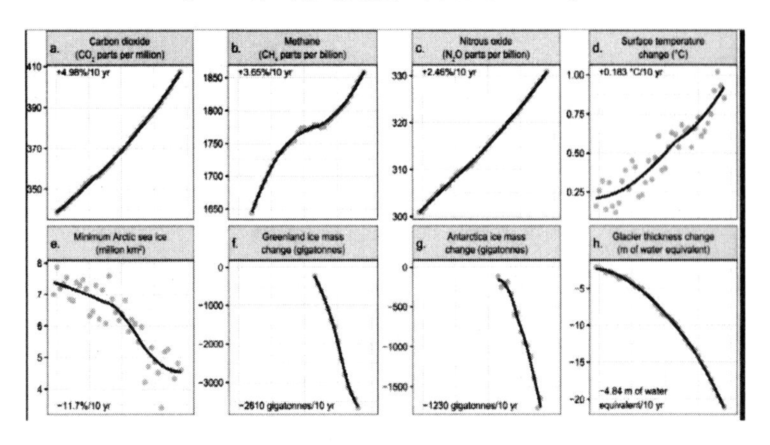

대기 중 온실가스 농도가 급격하게 증가하고 있는 반면, 이산화탄소를 흡수하는 숲은 엄청나게 파괴되고 있으니 빙하가 급격하게 줄어들 수밖에 없다. 위의 도표에 나타난 모든 급경사는 마치 침몰하는 배가 복원력을 상실하기 시작해서 빠르게 침몰하기 직전과 마찬가지로 기후위기가 돌이킬 수 없는 임계점에 거의 도달해서 더 이상 수백 년 이내에 회복하기 어려울 정도로 매우 위급한 상태임을 보여준다. 즉, 약 3,400만 년 전부터 형성된 남극 빙하와 약 1,000만 년 전부터 형성된 북극 빙하를 우리 세대가 급속도로 녹아내리도록 만든 엄청난 지질학적 변화를 초래하고 있다는 사실[도표 2], 특히 서남극 빙상과 그린란드 빙상이 이미 섭씨 1.2도 상승에서 그 임계점에 도달했을 것이라는 점[41]은 기후를 다시 안정시키는 과제가 앞으로 수백 년 동안 국제사회가 '정말 필사적으로' 달려들어 총력을 기울여야 할 만큼 절박한 과제라는 뜻이다.[42]

[도표 2] 450ppm에서 남극 빙하 형성 시작

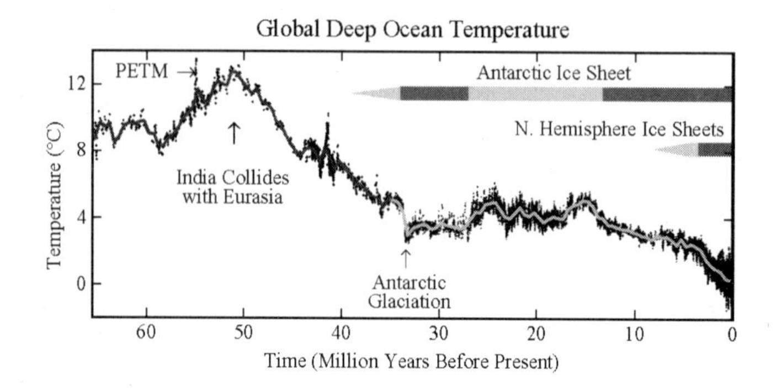

해수면 상승만으로도 이처럼 위태로운 현재 상태의 '기후 폭탄'의 규모에 대해 대기학자 조천호는 "산업혁명 이후 증가한 이산화탄소로 인해 1초마다 히로시마 원자폭탄 네 개의 폭발 에너지, 즉 하루 동안 약 35만 개의 원폭 에너지가 대기에 방출된다. 하지만 그 에너지 양에 비해서는 지구온난화가 크지 않다. 이 에너지는 바다에 90% 이상, 육지에 5% 정도 흡수되고, 대기에는 2% 미만만 남기 때문이다"[43]라고 설명한다.

이런 전대미문의 '기후 폭탄'을 퍼부어 많은 생명체를 학살하고 또한 다음 세대들을 위태롭게 만드는 책임은 상당 부분 우리 세대에게 있다. 왜냐하면 "대기 중 이산화탄소의 절반 이상은 지난 30년 동안 화석연료를 태워 방출한 것"[44]이기 때문이다. 지난 30년 동안 인류는 기후 위기의 위험성을 알면서도 파괴했다는 말이다.

대기 중 이산화탄소 농도는 산업혁명이 시작될 1750년에는 280ppm이었으나 1988년에는 안전선 350ppm을 넘어섰고, 2012년에는 마지노선 400ppm을 넘어 2021년 5월 현재 419ppm에 이르렀다. 침몰의 임계점이 코앞에 다가오고 있다.

[도표 5] 지난 14만 년 동안의 지구 평균온도

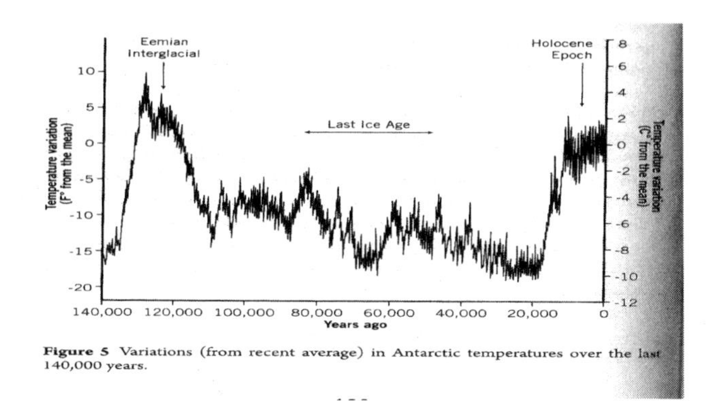

Figure 5 Variations (from recent average) in Antarctic temperatures over the last 140,000 years.

지난 80만 년 동안 300ppm을 넘었던 적이 없었다. 제임스 핸슨에 따르면 약 14,000년 전, 마지막 빙하기가 끝나고 20~25년마다 해수면이 평균 1미터씩 급격하게 상승한 후, 지난 7천 년 동안 해수면이 안정되어 강과 바다 근처에 도시 문명을 발전시킬 수 있었던 것은 지구 역사에서 매우 이례적인 일이었다.[45] 마지막 빙하기 때보다 평균온도가 섭씨 5도 높았기 때문이다[도표 5].

지난 6,500만 년 동안의 신생대의 기후를 분석해 보면 450ppm은 신생대 기후의 대전환점이 되었다. 즉, 신생대 초기부터 3,400만 년 전까지는 지구상에 큰 빙상이 없었다가 3,400만 년 전부터 남극대륙이 빙상으로 덮이기 시작했는데, 이것이 대기 중 이산화탄소 농도가 450ppm에 도달했을 때였다는 사실 때문에[도표 2], 450ppm은 신생대 기후의 대전환점이라는 점에서 제임스 핸슨은 반드시 350ppm 이하로 낮춰야 한다고 주장한다.[46] 20만 년 전에 등장한 호모 사피엔스는 7만 년 전 빙하기 때, 기후변화로 인해 2,000명 정도만 살아남았다. 이처럼 기후변화는 "뉴욕 센트럴파크에 꽃밭을 만들거나 1km 두께의 얼음으로 덮거나 할 정도로 엄청나기 때문"[47]에 인류의 생사가 걸린 엄청난 문제라는 것이 제임스 핸슨 교수의 경고이다.[48] 우리는 지금 419ppm에 도달해 있으며 해마다 평균 2.3ppm씩 증가하고 있기 때문에 450ppm에 도달하는 것은 14년 후(2035년)가 될 것이다.

V. 파국적인 재앙을 피할 마지막 기회는 5년 남았다

기후재난은 이미 해마다 수십만 명의 사상자뿐 아니라 세계 경제에 매년 1조 달러의 경제적 피해를 입히고 있는데, 지구 온도가 2도 상승할 경우에는 무려 69조 달러의 피해가 발생할 것이다.[49] 2050년에 탄소중립(넷제로)을 기적적으로 달성할 경우에도 이미 방출한 "이산화탄소는 대부분 대기 중에 천 년 이상 머물러"[50] 계속 영향을 미치기 때문에 기온은 상당 기간 동안 계속 상승할 수밖에 없다는 점에서[도표 4] 재난은 더욱 악화될 수밖에 없다. 특히 위도 30~40도 지역의 곡창지대를 점차 건조하게 만들어 가뭄으로 인한 식량난과 대규모 기후난민은 더욱 증가할 것이 분명하다. 스페인은 국토의 1/3이 사막화되고 있으며, 중국 정부는 식량 생산이 "앞으로 50년에 걸쳐 1/3이 감소할 것"으로 예상한다. 가장 큰 원인은 중국 과학원의 발표처럼 "티베트고원의 빙하들이 10년마다 절반씩 줄어들고 있기 때문이다."[51]

기후 위기가 식량 폭동으로 이어질 수밖에 없는 이유는 2010년의 사태처럼 기후재앙이 거의 전 지구적으로 발생하기 때문이다. 그래서 미 국방성은 30년 내에 물, 식량, 전력 체계가 붕괴할 가능성을 경고하고 있다. 기후 위기가 단순히 환경위기만이 아니라 '공중보건과 경제와 국가안보에 대한 위협'이 되는 복합적인 '위기 증폭제'(multiplier)가 되어 '최악의 악몽'이 되었기 때문이다.[52]

[도표 4] 2030년부터 온실가스를 줄여도 기온은 계속 상승한다

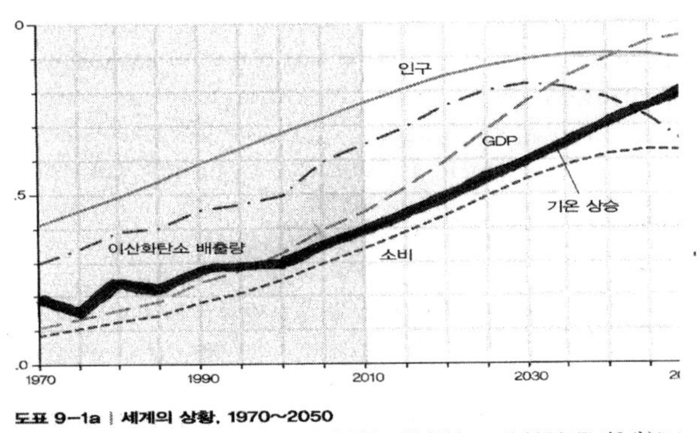

도표 9-1a | 세계의 상황, 1970~2050

위: 인구(0~90억 명), GDP 및 소비(연간 0~150조 달러), 이산화탄소 배출량(연간 0~500억 이산화탄소톤), 기온 상승(0~

2021년 5월 현재 대기 중 이산화탄소 농도는 419ppm으로서 산업혁명 이전의 농도보다 50%가 증가했으며, 해마다 평균 2.3ppm씩 증가하고 있다.[53] 기후학자 마이클 만에 따르면 현재 지구 평균온도는 산업혁명 이전보다 섭씨 1.2도 상승했으며, 현재 10년마다 섭씨 0.2도씩 상승하기 때문에 1.5도 상승까지는 앞으로 15년(2036년) 남았으며, 2도 상승까지는 앞으로 40년(2060년) 남은 것으로 예상된다.[54]

1.5도 상승할 때보다 2도 상승할 경우, 대기오염만으로도 1억 5천만 명이 더 죽게 될 것이다. IPCC 역시 1.5도와 2도 상승의 차이가 수억 명의 목숨을 더 위태롭게 할 것이라고 예측했다.[55] 1억 5천만 명은 홀로코스트 희생자의 25배에 해당된다. 따라서 현재 추세로 15년 후(2036년) 섭씨 1.5도 상승에서 억제하기 위해서는 앞으로 10년 동안

매해 7.6%씩 감소시켜야 한다. 코로나-19로 인해 경제 활동이 위축되고 해외여행이 급감함에 따라 2020년에 전 세계적으로 이산화탄소 배출량이 전년 대비 6.4% 감소했다.[56] 그러나 지금처럼 전 세계적으로 화석연료에 기반한 경제성장과 해외여행이 늘어나기 시작하면, 매해 7.6% 감축은 거의 불가능한 목표이다.[57] 신속하게 탄소중립을 이루지 못하면, 2100년까지 기온상승 제한 목표와 온실가스 배출 격차[도표 6]를 줄이지 못하게 되어 인류의 멸종 위험성을 높이게 된다.

[도표 6] 2100년까지 기온상승 제한 목표와 온실가스 배출 격차

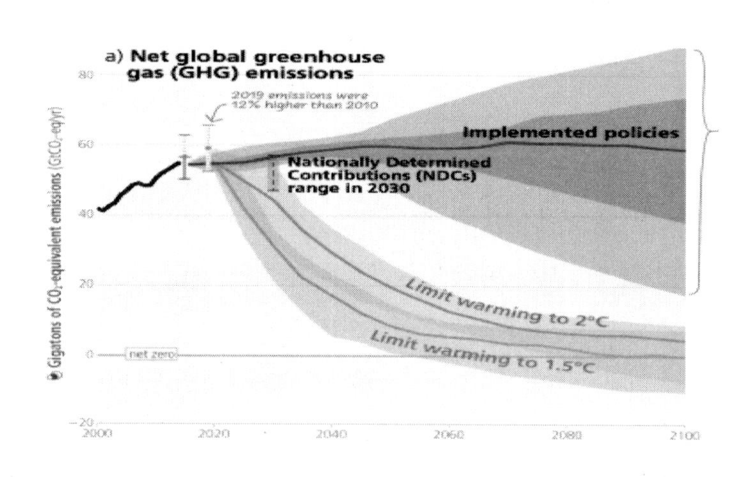

VI. '신 기후대전'

1992년 리우회의 이후 기후과학자들의 계속된 경고에도 불구하고 이렇게 위태롭게 된 근본 원인에 대해 『신 기후대전』(*The New Climate War*, 2021)의 저자 마이클 만은 우리가 인류 역사상 가장 막강한 자금을

갖고 있으며 가장 잘 조직된 적들과 싸우고 있기 때문이라고 설명한다. 다시 말해서 지난 30년 동안 '기후 대전의 적들,' 즉 산유국들과 세계 굴지의 석탄 석유 재벌들, 우파 정치인들과 보수적인 매스컴들이 기후변화에 관한 과학을 실제로는 1970년대부터 잘 알고 있었음에도 불구하고 국방과학자들을 동원해서 기후변화의 사실 자체를 전면 부인하고, 엄청난 자금을 동원해서 가짜뉴스를 홍보하고 환경에 대한 규제를 가로막음으로써 최대한 이윤을 축적해 왔던 것이다.

그러나 사람들이 전 지구적인 이상기후를 목격할 뿐 아니라 실제로 기후재난을 겪으면서 더 이상 기후변화를 부인할 수 없게 되자, 그들은 전략을 바꾸어 기후 위기를 과소평가해서 "아무 걱정하지 말라"며 기후 행동을 지연시키거나, 또는 과대평가해서 "이미 너무 늦어서 행동할 필요가 없다"고 '기후 허무주의'(climate nihilism)와 패배주의를 조장하거나, 아니면 왜곡된 정보를 제공하여 환경단체들끼리 서로 싸우도록 만들거나, 개인들의 책임과 행동 변화에 집중함으로써 화석연료 재벌들의 책임을 은폐하고 있다.[58] 마이클 만은 특히 기후 파국이 불가피하다는 '파멸주의'(doomism)는 적들이 좋아하는 희망 포기와 행동 포기로 이어진다는 점에서 기후 위기의 위급성(urgency)과 동시에 정치적 해결 가능성(agency)을 강조한다. 그레타 툰베리처럼 정책 입안자들이 총력을 기울이도록 압박할 필요성을 강조한다. 기후 대전의 최전선에서 싸우고 있는 사람들은 주로 세계 각국의 청소년 기후 활동가들이다. 적들이 갖고 있는 망각한 무기는 엄청난 자금 이외에 왜곡, 속임수, 분열, 연기, 절망감, 파멸주의 등이다.[59] 그에 반해 우군이 갖고 있는 무기는 기후 위기에 대한 정확한 지식, 헌신, 연대, 희망이다. 마이클 만은 레스터 브라운처럼[60] 제2차 세계대전 당시 전시내각을 구성해서

총력전을 펼쳤던 것과 같이 기후 대전에서도 전시 동원령의 필요성을 제안한다.[61]

VII. 강력한 기후 대책을 요구할 필요성

역사상 가장 막대한 자금을 동원하고 있는 적들과 싸우고 있는 기후 대전에서 우리가 총력전을 펼치기 위해서는 탄소세 신설, 앞으로 5년 내에 석탄화력발전소 전면 폐지, 남북평화협정 체결과 국방비 10%씩 감축, 농민기본소득을 요구해야 한다. 이유는 기후 위기와 관련된 몇 가지 현실적 관건들 때문이다.

(1) 시장 자본주의 체제에서는 코로나-19 방역과 달리 정부의 획기적인 기후 대책들에 대한 반발 때문에 기업들과 시민들의 적극적인 협조를 기대하기 어려울 뿐만 아니라, 정치인들 자신이 임기 중에 투표권자들의 단기적인 이해관계를 배반하는 정책을 채택하기 어렵다. 구체적으로 (2) 화석연료를 재생가능 에너지로 전환하기 위한 탄소세 신설, 화석연료에 대한 보조비(세계적으로 매년 5조 달러)[62] 중단, 내연기관 자동차 판매 금지, 전기요금 인상 등의 조치는 기후 대전의 적들, 특히 석유 석탄 재벌들에게는 생사가 걸린 문제이기 때문에 수단 방법을 가리지 않고 막아냄으로써 마지막까지 이윤 추구에 몰두하고 있다.[63] (3) 현재 전 세계 에어컨 대수는 약 16억 대이지만, 폭염의 증가로 인해 2030년까지 7억 대가 늘어날 것이며,[64] 2050년에는 50억 대 이상으로 증가할 것이며,[65] 육류 소비 또한 2050년까지 95% 증가할 것으로 전망된다. (4) 평균기온이 섭씨 1도 상승할수록 곡물 생산량은

10~17%씩 감소하며, 또한 잦은 가뭄과 홍수, 병충해로 인해 2040년대부터 시작될 것으로 예상되는 북반구의 동시다발적 식량 폭동은 피하기 어려울 것이다.[66] (5) 2060년에 대기 중 이산화탄소 농도가 500ppm에 도달할 경우, 이산화탄소를 흡수해서 냉각 효과를 일으키는 바닷말(algae)의 급격한 소멸로 인해 급격히 기온이 상승할 수 있다.[67] (6) 기후 파국의 임계점을 최소한 섭씨 3도 상승으로 계산하는 것의 위험성과 관련해서 마이클 만은 "섭씨 2도 상승한 채 몇십 년 계속되면, 막대한 변화 그리고 아마도 자체적으로 강화시키는 변화를 실제로 초래할 수 있다"[68]는 데 동의함으로써 2도 상승은 임계점에 매우 근접하는 것으로 보고 있다.[69] (7) 툰드라 지방의 급격한 기온상승으로 인한 메탄의 탈주 가능성에 대해서 마이클 만은 IPCC 제5차 보고서(2014)에 의거해서 "섭씨 4도나 5도 상승해도 (메탄) 대탈주 시나리오에 대한 증거는 없다"[70]고 말한다. (8) 지구에 증가하는 열의 90%를 흡수하는 바다의 표면은 이미 30% 산성화되어 식물성플랑크톤이 1950년 이후 40%가 줄었는데,[71] 이미 상당히 산성화된 바다는 이산화탄소를 덜 흡수하게 되어 특히 광합성작용을 통해 이산화탄소를 흡수하고 "지구 산소의 2/3를 만들어 내는 식물성플랑크톤을 2100년까지 대량으로 죽게 만들 수 있다"[72]는 산소 부족 사태에 대한 전망은 가장 치명적인 요소이다.[73] (9) 지구 역사상 대멸종을 일으킨 조건들에 대한 설명에서 제임스 핸슨은 2억 5천만 년 전에 페름기가 끝날 때 해양 및 육상 종의 95%가 멸종한 것은 지구 평균온도가 수천 년에 걸쳐 섭씨 6도 상승한 때문이며, 5,500만 년 전의 대멸종도 수천 년에 걸쳐서 섭씨 5~9도 상승한 때문이었으며, 또한 7만 년 전 빙하기 때에 인류가 2천 명 정도만 살아남고 거의 멸종 단계에 들어갔던 때는 지금보다 섭씨 5도 낮아졌기

때문이라는 것이 오늘날 '과학계의 정설'이라고 설명함으로써 섭씨 5도나 6도 상승이 초래할 대멸종을 경고한다.[74] 그러나 마이클 만은 2억 5천만 년 전의 대멸종은 섭씨 14도 상승한 때문이며, 5,600백만 년 전의 대멸종 역시 섭씨 7도 상승한 때문으로 설명한다.[75] (10) 기후 변화 문제를 선거 이슈로 내세워 당선된 오바마 대통령과 캐나다의 트뤼도 총리마저 실질적 변화를 이끌어 내기는커녕, 오히려 쉐일 가스와 타르 샌드 채굴을 계속함으로써 기후 위기를 더 악화시킨 이유는 온실가스 감축 정책들에 반대하는 '성난 중앙위원회들, 성난 재벌들, 유가 상승에 성내는 군중들'을 두려워했기 때문이다.[76] 특히 에너지 재벌들은 2천 명이 넘는 에너지 로비스트를 고용하여 정치인들에게 막대한 정치헌금을 제공하기 때문이다. 결국 기후 위기는 "도미노처럼 한 번 넘어지면 중간에 정지하는 것은 불가능하기"[77] 때문에 시민단체들과 교회들이 주도해 획기적인 온실가스 감축 대책을 강력하게 요구할 필요가 있다. 0.3도 상승에 인류의 운명이 달려 있는 현재 상황에서 강력한 기후 대책들을 요구하고, 범교회적인 Simple Happiness 운동을 통해 기후 대전에서 총력전을 펼쳐야만 할 때이다.[78]

결론: 기적은 우리에게 달려 있다

기후 위기는 엄밀한 화학반응의 필연성이 크게 작용한 결과다.[79] 생명체들의 공동의 집에 불이 붙어 이미 현관과 거실까지 불길에 휩싸였고, 이제 곧 우리의 자녀들과 손주들이 자는 방에 옮겨붙을 기세이다. 우선 이 불부터 꺼야만 생태 문명으로 전환할 수 있다. 그러나 한국 개신교인들이 기후 위기의 치명적인 심각성을 잘 모르는 것[80]은 "인류 역사상 최초로 제 핏줄 제 후손에게 아무런 보호본능도 아무런 책임감도 느끼지 못하는 세대가 되었다"[81]는 이유보다는 당장 현실이 너무 힘겹고 분주해서 2~30년 뒤를 내다보지 못하고, 또한 너무 멀게 느껴지거나 암담해서 무기력을 느끼기 때문일 것이다. 코로나-19 이후 교회에서 기후 위기를 비롯한 생태교육과 정치적 참여가 절실한 현실이다.[82]

해마다 더욱 심각해지는 기후 위기 앞에서 "우리가 죽게 되었습니다"(마가 4:38)라고 부르짖던 제자들처럼 우리는 두려워한다. 그러나 예수는 "도대체 너희가 언제부터 이런 겁쟁이들(*deiloi*)이 되었느냐?"라며 질책한다. 이 본문을 포이어바흐의 관점에서 제자들의 메시아에 대한 투사(projection)를 예수가 꾸짖는 것으로 해석한 월터 윙크는 "명백히 예수는 이런 위기를 제자들 스스로 해결할 수 있었어야 한다고 생각한다"[83]고 말한다. 경제적 양극화와 환경재앙들이 더욱 악화될수록 폭력도 더욱 증가하고 있다. 사람들의 불만과 절망을 이용하는 것은 탈레반과 ISIS와 같은 강경파 극단주의자들, 말세론자들과 메시아 신봉자들이다.

그러나 출애굽 사건이나 예수의 부활 사건처럼 역사의 기적들은 '죽임의 권세'에 맞서는 '생명의 영'에 대한 철저한 헌신과 연대를 통해 일어나는 기적들이다. 나손 아비나답이 목숨을 걸고 마지막으로 한 발 더 깊이 내딛었을 때 비로소 홍해가 갈라졌다는 전설처럼 죽음의 수용소 아우슈비츠를 '하느님이 거하실 거룩한 땅'으로 만드는 것이 믿음이다.[84] 마후트하우젠 수용소의 '죽음의 계단'을 오르던 소녀처럼 삶의 "경이로움 자체를 생의 가장 마지막 순간까지 살아 있게"[85] 하려는 것이 믿음이다.

정치종교적 근본주의자들이 기대하는 초자연적인 메시아는 오지 않는다. 우리가 인간의 존엄성을 잃지 않고 서로 섬기면서 당당하게 고난을 견딜 희망의 근거는 예수가 "폭력이 구원한다"(redemptive violence)는 메시아주의를 반대한 '안티 메시아'(anti-Messiah)였다는 사실이다.[86] 초자연적 메시아에 대한 기대 때문에 유대전쟁에서 수십만 명이 학살당한 후, 메시아주의를 정면으로 맞받아친 인간 예수의 자비의 길이 마가복음이다.[87] 예수의 길은 우주론적 차원에서 볼 때 '지구의 꿈,' 그 우주적 원리인 다양성, 서로 주체성, 친교/양생[88]을 실현하기 위해 '탐욕과 독점과 죽임'의 체제에 맞서 마지막까지 책임적으로 행동하는 급진적인 사랑이며 구원의 길이다.

남아프리카 공화국의 인종차별정책을 철폐하도록 이끈 것은 UC 버클리 학생들의 투자철회운동에서 시발되어 미국 전역의 대학들로 확산되었듯이, 2014년에 UC 버클리 대학생들은 화석연료 기업에 대한 투자철회운동을 시작하여 미국 내 천여 개 대학들이 11조 달러의 철회를 이끌어 냈다.[89] 열다섯 살 툰베리의 급진적인 저항을 통해 대부분 국가가 '기후비상사태'를 선포하게 되었듯이 2019년 9월, 툰베리를 따르는 전 세계 기후파업에서 600~750만 명의 청소년들이 '살 권리'를 부르짖고, 특히 유럽연합과 미국에서는 노동조합이 앞장서서 공정한 전환을 적극 추진하고 있고, 화석연료 회사들의 주가가 하락하기 시작한 지금은 기독교인들이 강력한 기후 대책들을 촉구할 때이다. '정신의 비관주의, 의지의 낙관주의'(그람시)[90] 외에는 다른 대안이 없다.

문명 비판적으로 본 코로나바이러스, 그 신학적 재해석과 교회*

이정배

顯藏아카데미 소장, 감리교신학대학교 은퇴 교수

생태학자들은 2020년부터 향후 30년간을 지구 생존을 위한 남은 시간으로 경고해 왔다. 산업 체제를 바꿔 이산화탄소 발생량을 급격하게 줄여야(최소한 40% 정도) 미래가 가능하다고 본 것이다. 이 점에서 2020년 신년 벽두에 중국에서 시작, 전 세계로 전파된 코로나바이러스는 인류가 맞을 생태(문명) 위기의 한 양상(樣相)이자 징조라 생각한다. 주지하듯 지난 세기 아프리카 적도 원시림 속 람바르네병원서 일하던 A. 슈바이처는 두 차례에 걸친 세계대전을 목도하며 진보적 세계관을 추동한 서구 문명의 종말을 적시했다. 생명 외경을 토대로 그의 문화 철학이 생성된 배경이었다. 하지만 동시대에 발생한 변증법적 신학으로 슈바이처의 생명 외경론은 정작 주류 기독교(신학) 내부에서 크게 주목받지 못했다. 생명(자연) 의지를 긍정하는 인생관, 문화 철학이

* 이 글의 초안은 「씨올의 소리」 270호와 272호에 실려 있다. 주요 내용을 전한 학자들의 이름과 저서를 각주 대신 본문 곳곳에서 언급한 경우가 더러 있다.

소위 말씀 신학의 타자(초월)성의 이름으로 부정된 결과였다. 국가 사회주의(히틀러) 체제 부정을 위해 자연신학 일체가 거부되었던 것이다. 하지만 2020년 코로나 위기를 겪으며 우리는 슈바이처를 두 가지 이유로 다시 소환할 수밖에 없다. 우선은 오늘의 교회가 이런 신적(초월적) 속성 자체를 표현할 능력을 잃었으며, 더욱 근본적으로 신적 타자성이란 말 자체가 상호 의존된 초(超)연결 사회에서 그 의미를 상실한 까닭이다. 아울러 기독교 서구 문명이 홀로세를 인간세로 변질시켜 자본세로 몰아갔기에 다른 문명, 최소한 '다른' 기독교가 요구되기 때문이다. JPIC 이래로 생태적 위기로 '사실적' 종말론이 말해지는 현실에서 구속사적 말씀 신학의 입지는 거듭 축소될 것이며, 오히려 '자연 신비'에 눈뜬 새 문명, 새 신학이 요구될 수밖에 없다.

1. 코로나바이러스, 도대체 '왜'?

금번 코로나바이러스는 인간을 숙주(宿住) 삼았기에 화근이었다. 자연(야생) 바이러스가 원자폭탄보다 무섭다는 사실을 여실히 경험 중이다. 본래 자연에서 동·식물과 벗 삼아 존재해야 할 바이러스가 자신들 서식지의 붕괴로 인간에게로 삶의 터전을 옮긴 결과였다. 현재 코로나바이러스가 쥐를 비롯하여 밍크, 호랑이, 사자들 또한 감염시켰다고 하니 인수 공통 감염병에 대한 우려가 더 깊고 크다. 이에 더해 동토층의 해빙으로 많게는 40~50만 종 이상의 미지 바이러스가 속출할 것인바, 미래가 불안하다. 인간을 숙주 삼을 경우, 이런 바이러스가 향후 어떻게 변종되어 인류를 위험에 빠트릴지 쉽게 예상할 수조차 없다. 목하 경험 중인 인도 변종 코로나바이러스보다 전파력 강한 것들이 속출할 듯싶다. 자연 파괴적 삶의 양식이 지속되는 한 이들 변종 속도를 과학과 의학이 따라잡기 어려울 것이다. 물론 인간 기술력을 신뢰하는 과학자 중에서 변종 바이러스에 대한 최종 승리자가 인간일 것을 장담하는 학자들도 있다. 사람 사는 집에 모기, 파리는 물론 낯선 벌레, 지네, 개미 혹은 벌 심지어 뱀이 들어왔을 경우를 상상해 보라. 놀라서 쫓아내거나 죽이고자 하지 않겠는가? 자신들 서식지를 빼앗긴 바이러스들의 공격도 이처럼 더한층 가열차 질 것을 예상해야 할 것이다. 그렇기에 낙관은 금물이며 비관적 접근에 무게가 실려야 옳다. 그렇기에 성서(창세기)는 애당초 인간과 동물의 생존법을 달리 가르쳤다. 땅을 경작하는 인간과 야생에서 절로 나는 풀을 먹는 동물 간의 구별이 그것이다. 생존 양식의 차이는 서식지의 구별을 전제로 했다. 이 구별을 지키며 살라는 것이 "땅을 지배하라"*(Dominium Terrae)*는 신적 명령의 본뜻이었다는 것이 성서학자들의 가르침이다. 하지만 인간 종(種)의 무한 증식과 이들 탐욕이 자신들 경계를 인정치 않았기에 야생에서 인류에게로 질병이 전이 되었다. 이는 땅의 지배를 포기한 것으로서 신학적으로는 신적 형상*(Imago Dei)*이 파괴된 실상을 방증한다. 경제학적으로 코로나바이러스는 인구 증가와 경제 발전의 혹독한 대가라 말해도 좋겠다. 여하튼 인수(人獸) 혼합된 바이러스의 지속된 변종으로 인류는 위험 사회를 벗어날 수 없을 것이다. 그럴수록 이를 생태 위기, 기후 붕괴의 전조이자 징조로 수용하여 다른 삶, 다른 문명을 꿈꿀 일이다. 예수만 십자가에 달린 것이 아니라 유일한 생명 공간인 지구 역시도 지금 십자가 고통을 감내하고 있음을 상상해야 하겠다.

2. 홀로세가 자본세로!

주지하듯 지질학적으로 지구는 생존 가능한 홀로세 말기에 처해 있다. 하지만 지구 시스템 전체에 가한 인간의 과도한 영향 탓에 인류세로 기억될 것이다. 자본주의, 신자유주의 가치관을 추동한 결과 이에 더해 자본세라 일컬어지기도 한다. 탈(脫) 결핍을 축복이자 문명이라 여긴 인류가 몰(沒)가치적 시장만능주의에 영혼을 빼앗긴 결과였다. 자본세에 이른 지금 우리는 과거 슈바이처가 아프리카 원시림에서 서구 문명을 바라봤듯이 코로나바이러스로 카오스에 이른 시장 자본주의의 실상을 바라보아야 한다. 『2050년 거주 불가능한 지구』[1] 란 책이 양치는 목동의 거짓말이 아니라 우리가 경험할 현실이 될 공산이 너무도 크다. 고비를 넘겼으나 코로나바이러스가 전대미문의 봉쇄와 격리를 통해 일상을 실종시켰으니 '초연결 사회'란 말 대신 오히려 '초장벽 사회'란 말이 더 어울려 보인다.

신자유주의 체제를 떠받치느라 부가가치가 크고 많은 제품만 자국에 남기고 값싼 제조업을 가난한 나라에 하청 주듯 떠넘긴 탓에 마스크 없어 허둥대는 서구 선진국들 초기 모습이 많이 옹색했다. 지금은 코로나 백신 생산으로 거들먹거리나—이것도 경제적 가치로만 여기는—군산복합체 국가인 미국의 코로나 위기 대응 능력은 세계의 조롱거리였다.[2] 한국의 경우, 자체 생산된 수백만 개의 바이러스 진단 장비로 미국을 비롯한 유럽 그리고 전 세계에 도움을 주었으니 '생명 가치'에 대한 감수성에서 비롯한 것이었다. 세월호 아픔을 온몸으로 겪어 체화시킨 국가적 차원의 성찰의 열매였을 것이다. 코로나 백신 구입을 위한 정부의 늦장 대응에 시비가 없지 않았으나 서구 강대국들의 사재기

열풍, 자국 이기주의도 함께 살펴야 할 사안이겠다. 차제에 백신의 평등 분배를 위해 한국의 역할이 커질 것이다. 반도체 생산 대국인 한국이 백신 생산의 메카가 될 수 있다는 미래적 전망 때문이다.[3]

3. 우한 코로나, 음모론?

코로나 사태와 마주한 정부의 대응 능력에 국내외 찬사가 지속되었다. 특히 독일 언론의 연이은 평가가 가장 두드러졌다. 정보 투명성을 전제로 폐쇄 정책을 펴지 않았던 까닭이다. 사회주의 체제 하의 강제력을 동원한 중국은 물론 소위 선진 국가인 미국 및 유럽과도 달랐다. 민주주의 가치를 신봉하는 유럽 국가들에 봉쇄와 차단은 사실 언어도단이었다. 자유 훼손은 자기 정체성의 부정과 같았기 때문이다. 하지만 감염자 수가 확증하는 현실에서 프랑스와 독일이 급기야 이에 굴복했다. 하지만 우리 정부는 온갖 비난을 감수하면서 정보 투명성을 전제로 연결과 교류의 원칙을 힘껏 지켜냈다. 또한 집단 면역 상태에 이르기까지 방임한 스웨덴은 물론 노약자, 기저 질환자를 먼저 포기했던 실용적(?) 영국과도 달랐고—최근 방역 종사자들 자녀들을 정부가 집중 보호했다는 다른 평가도 들리는 중이다— 자신들 선거 정국과 올림픽 개최를 위해 사태의 위중함을 묵과한 미국이나 일본과도 크게 변별되었다. 더욱 '우한 코로나'란 말을 만들어 아시아인 혐오를 야기한 미국식 후진성이 세계의 웃음거리가 된 것에 주목한다. 우리 경우 정치에 부담되었음에도 진단키트를 통해 투명하게 확진자를 찾아냈고 개인 정보를 노출시켰다는 비판도 받았으나 이를 최소화시켜 끝까지 치료했다. 이는 세계가 평가하듯 국가 의료체제의 승리라 할 것인데 오롯이 의료

체제의 민영화를 거부한 결과였다. 지난 MB 정부 시절 의료 민영화의 요구가 얼마나 집요했었는지를 기억할수록 오늘의 현실이 고맙다. 동시에 위기 시마다 공(公)을 위해 사(私)를 죽인 뭇 시(평)민의 정서(우환의식) 역시 평가할 일이다. 주지하듯 IMF 시절 우리는 본인들 결혼반지, 자식들 돌 반지까지 내놓았다. 이런 행위를 유발한 공적 에토스는 금값 이상의 정서적 보물이라 할 것이다. 이렇듯 멸사봉공(滅私奉公) 정신은 과거 봉건 시대의 퇴물이 아니라 순간순간 우리의 DNA 속에서 생명력으로 되살아났다. 이번에도 수많은 민(民)들이 자기 삶을 희생했다. 의사, 간호사, 구급차 및 소방대원들을 비롯한 수많은 자원봉사자 덕분에 고비마다 팬데믹(Pendemic) 확산 위기를 넘긴 것이다. 단지 이들의 과도한 희생에 걸맞은 국가적 차원의 배려가 부족했던 것이 많이 안타깝다.

4. 미래를 포기한 교회

상대적으로 유감스럽게도 교회 역할은 퇴행적이었다. 예배를 이유로 집회를 강행했고, 사회적 거리두기란 정부 방침에 맞서기까지 했다. 주변 유흥업소들과 자신들을 비교하며 예배 중지를 교회 탄압으로 몰아갔고, 정권 비판에 초점을 맞췄다. 그럴수록 교회는 자신들이 비판하던 신천지와 차이 없는 집단으로 매도될 위기에 처했다. 스스로 고립을 자초했던바, 자신들 현재를 위해 '미래'를 포기한 결과였다. 안식일이 사람을 위해 있다는 예수 정신을 과감히(?) 실종시킨 탓이다. 한 가톨릭 신학자는 "질병시대의 그리스도교"란 글에서 작금의 교회가 '야전병원'처럼 역할할 것을 주문했다.[4] 그런데도 한국교회는 여전히 호화로운(?) 고립을 원하고 있었다. 성서, 교리 속에 갇혀 때론 영성의 이름 하에 혐오의 대상을 밖에 둔 채 자신들 위기를 세속주의 탓으로만 여겼다.

하지만 코로나 사태는 교회의 자기 합리화를 더 이상 용납하지 않을 것이다. 그들이 말하는 '성서적', '전통적'이란 말에 무비판적인 '아멘'으로 화답하는 이들 숫자가 급격히 줄어들었다. 교회라는 기존 울타리가 신성을 독점할 수 없고 오히려 삶의 현장에서 성육신의 신비를 더 잘 접할 수 있기 때문이다. 독일 가톨릭 신학자 이반 일리치가 말했듯이 '성육신의 신비'는 구체적 현장에서만 재현될 뿐이다.[5]

코로나 현실에서 일시적 예배 중지는 사람을 살리는 일로서 결코 안식 계명의 위반일 수 없다. 그토록 성수 주일을 강조했고, 신도들을 교회(예배) 중독자로 만들어 놓았으면서 몇 주, 몇 달의 공백기를 감내할 수 없다면, 신앙생활이 아니라 생활 신앙의 길, 흩어지는 교회의 모습을 옳게 보일 수 없다면 그간 목사들이 가르친 것이 도대체 무엇이란 말인가?

질병의 시대라지만 정작 자연은 정화되었고 기대 이상의 무한 생명을 품을 수 있었다. 세상이 멈춰 섰기에 바다 거북이가 돌아와 해변가에 알을 낳기 시작한 것이다. 그렇기에 코로나바이러스는 우리에게 비극만을 안겨준 것은 아니었다.[6] 물론 자본화된 종교, 즉 사람이 모여야 돈(헌금)이 생기는 구조에서 작은 교회들이 겪는 고통을 충분히 가늠할 수 있다. 하지만 이 고통은 교회, 교단 스스로 해결할 문제일 뿐 그것 자체가 본질일 수 없다. 코로나 질병 시대의 그리스도 교회, 이 현실에서 교회 내 빈익빈/부익부의 문제를 해결할 책임은 오롯이 교단 행정가들 몫이다. 자기 봉급을 줄이고 교단 건물을 팔아서라도 이 문제를 해결할 사람만이 자줏빛 옷을 걸칠 자격이 있다. 바이러스 대 유행은 결코 일회적이지 않을 것이기에 더욱 깊은 삶의 자리에서 교회의 본질을 되물어야 할 것이다. 부활한 주께서 우리보다 먼저 갈릴리로 가셨다고 성서가 말하였다. 예나 지금이나 갈릴리는 초월에 갇혀 스스로 고립된 이들에게는 낯선 장소일 뿐이다.

5. 새 문명을 위한 새로운 기독교

앞서 말했듯이 금번 코로나바이러스는 지구 생산 네트워크를 멈춰 세웠다. 전 세계적으로 마이너스 성장을 감수해야 할 위기에 처한 것이다. 수없는 기업이 도산되어 실업자를 양산시켰고 그럴수록 국가의 책무는 더욱 막중해졌다. 엄청난 돈(양적 완화)을 풀어 성장세를 잇고자 하나 그것은 근본 치유책이 될 수 없다. 과연 인류는 어떻게 코로나 이후를 대처해야 옳을 것인가? 중론은 트럼프식의 초(超)장벽 사회로는 난관을 해결할 수 없다는 사실이다. 지금보다 더욱 '연결'과 '펼쳐짐', '*Connection*'과 '*Unfolding*'[7]이 요구된다는 목소리가 대세이다. 물론 이전 상태로 되돌아가는 것만이 능사이자 답은 될 수 없겠다.

우리는 코로나 사태로 인해 인류가 쌓은 부(富)가 졸지에 신기루처럼 사라지는 경험을 했다. 1억 명 넘게 감염되었고 400만 명에 이른 희생자들이 졸지에 생겨났다. 인도의 경우 변이 바이러스로 인해 전국이 초토화되었다. 그렇기에 이전 상태로의 회귀를 목적하며 그를 해결이라 여길 경우 이런 코로나 사태가 반복, 재현될 것을 각오해야만 할 것이다. 그래서 글 모두에 필자는 새 문명, 새 종교 그리고 새 신학을 말한 것이다. 우리가 그간 정상(Normal)이라 생각했던 삶의 기본 좌표도 이동시키고 세계 구심점도 옮겨야 할 시점에 이르렀다. 자본주의 체제를 발달시킨 선진국의 붕괴를 보며 이전 문명, 세계관과의 단절을 선포하고 기독교의 미래를 달리 고민할 때가 된 것이다. 그럴수록 "모든 문명은 붕괴한다. 그것이 인간 조건이다"(H. 파르칭거)란 말을 기억하면 좋겠다.[8]

기독교도 결코 예외가 될 수 없다. 한국의 경우 20~30년 내에 기독교 인구가 500만 명 이하로 감소될 것을 예상한다. 주지하듯 서구 문명은 기독교와 동전의 양면을 구성했고 함께 굴러온 두 바퀴였다. 그렇기에 물질(자본)화된 서구 문명의 정신 축으로 역할했던 기독교의 쇠퇴 역시 목전에 있다. 말했듯이 기독교가 이 땅에서도 소수자의 종교로 전락할 시점이 멀지 않은 것이다. 종교학적 언어로 말하자면 민족의 기초 이념이 기독교적 데우스(Deus) 개념과 반목하여 이를 내칠 것이란 진단이자 예측이다.[9] 그럴수록 교회가 아니라 모든 것 안에서 하느님을 접하는 탈교회적 신비주의, 영성이 화급하다. 교회적 차원의 신앙/비신앙이 중요한 것이 아니라 생명 신비를 찾는 뭇 구도자들과의 사심 없는 대화가 더 요청될 것이다. 인도의 한 신학자는 기독교를 넘어 새로운 삼위일체를 요청했다.[10] 힌두교의 궁극성, 불교의 관계성(연기론) 그리고 기독교의 역사성(부정성)을 하나로 연결(귀일)시키자는 제안이었다. 기독교의 타자성과 인간 중심주의를 두 동양 종교를 통해 보완하고, 신비(궁극)성과 관계성을 기독교(역사)적 시각(십자가)에서 철저화시키고자 한 것이다. 부정적 현실 역사 속에서 신비와 궁극성을 찾기가 쉽지 않은 까닭이다. 그렇기에 이 셋을 하나로 이끄는 신학이 필요한 것인데 이를 다석 유영모의 언어로 귀일신학이라 명명해도 좋겠다.[11] 삼라만상 모든 곳에서 하느님을 찾는 우주 생명 공동체가 여기서 비롯할 수 있을 것이니 말이다.

6. 뉴노멀의 요청, 그것은 구원의 다른 이름이다

이처럼 코로나바이러스는 기존 '정상'이라 여겼던 것을 모두 붕괴시켰다. 인류는 지금 '뉴노멀'(New Normal), 즉 '새로운 정상'을 요청받고 있는 중이다. 경제를 비롯하여 정치, 교육, 종교 그리고 일상적 삶에 이르는 전 영역에서 말이다. 거듭 말하지만 코로나바이러스는 비교우위에 근거한 신자유주의적 생산 체계를 붕괴시켰다. 제조업을 중국에 의존한 채 군수산업에 몰두했던 미국식 경제가 더 이상 유효할 수 없게 된 것이다. 식량 주권을 포기한 채 산업화를 이루겠다는 꿈도 더 이상 유지될 수 없다. 이와 함께 실물경제에 비해 공룡처럼 커진 금융 체제의 허구성도 폭로되었다. 말했듯이 기축 화폐인 달러를 마구 찍어내 경기를 부양하는 방식은 필히 미래를 더 어렵게 할 것이다.[12] 코로나바이러스는 경제(자산) 가치로 환원될 수 없는 생명 가치의 중요성을 새삼 부각시켰다. 인간 생명을 비롯하여 어떤 것도 하찮은 것은 없다. 코로나바이러스는 향후 도시 문화의 붕괴를 초래할 수도 있을 것이다. 익명성, 효율성, 자율성에 바탕한 도시 문화의 태생적 한계로 위기에 처했다. 바이러스가 기생, 확산될 수 있는 최적의 장소인 까닭이다. 성서가 인류 최초로 도시(놋)를 건설한 사람을 가인이라 칭한 것도 이와 무관치 않다. 이는 『도시의 의미』를 썼던 자크 엘룰의 신학적 통찰이다.[13]

결국 코로나바이러스는 시장만능주의 폐해를 여실히 적시하며 국가의 역할을 상대적이지만 다시 강조할 수밖에 없다. 의료 체계를 비롯한 공공기관의 민영화 추세를 멈춰 세우기 위함이다. 그럴수록 공공성을 약화시킨 신자유주의 체제 하의 서구—일본 포함— 한계를 향후 반면교사로 삼을 일이다. 코로나 위기 속에서 심지어 미국까지 세계인들 모두가 일정 부분 사회주의자가 된 것이 흥미롭다. 엄청난 재정을 풀어 기본(재난)소득을 마련코자 한 까닭이다. 논쟁이 더 필요하겠지만 항차 우리 사회가 기본소득 나아가 자본주의 비판자인 피케티가 말했듯이 '기본 자산'이란 개념에 집중할 수밖에 없을 것이다. 내년 이 땅의 대선도 이 주제를 피해 갈 수 없을 것이다. 이 점에서 약화된 거버넌스(정부)는 다시 힘껏 소생되어야 옳다.[14]

하지만 걱정도 없지 않다. 이런 비상 상황이 거듭 상시화될 수 있다는 우려 탓이다. 지젝이 말했듯이 벌거벗은 생명, 곧 생명 주권을 담보로 인간 감시, 생체 감시, 곧 전체주의 국가가 탄생할 수도 있기 때문이다. 인간 자유를 소중하게 생각하는 서구 지성인들이 이점을 특히 염려했다. 진단키트를 맘껏 활용하여 확진자를 발견했고 동선을 추적하여 감염자를 격리시킨 한국의 성공사례조차 자유의 축소라 비판할 정도였다. 하지만 정보 투명성은 코로나 극복의 선결과제일 수밖에 없다.

이 점에서 『호모사피언스』 저자 하라리는 인간이 자기 몸의 주체인 것을 더욱 자각할 것을 권했다.[15] 본인 스스로가 병의 주체이자 치유의 주체란 사실을 말이다. 그래서 코로나바이러스 백신 중 최고는 생태 백신과 더불어 행동 백신이란 말도 나왔다.[16] 후술하겠으나 이 점은 종교의 경우에서도 유효하다. 인간이 안식일을 위해 있지 않고 안식일이 인간을 위해 있다는 자각과 소통된다. 율법적 종교의 종살이, 종교 중독에서 벗어나 주체적인 종교인이 될 수 있는 적기에 이른 것이다. 여하튼 '뉴노멀'이 권위주의 강화, 전체주의의 부활로 귀결될 수는 없는 노릇이다. 다행히도 종교적 권위주의는 이번 사태로 크게 후퇴하겠으

나 '빅브라더' 위치를 점유할 수도 있는 정치적 권위주의에 대한 염려는 지속할 수밖에 없을 것이다.[17]

7. 탈성장 시대의 도래 — 양적 완화가 능사는 아니다

코로나 사태로 전 세계가 마이너스 성장의 질곡에 들어섰다. 서구 대국 중에서는 수백, 수천만의 실업자가 생겨났다. 한국도 마이너스 1.2%로 하향 조정되었고 수백조를 풀어 경기 부양책을 쓰는 중이다. 다행히도 지난해와 달리 올해는 3% 성장을 예상하는 바 다행스럽다. 하지만 산업 구조가 재편되지 않은 현실에서 경제 양극화는 더 심해졌다. 양극화 해결 없는 경기부양은 더 큰 갈등만을 키울 뿐이다. 여하튼 정치의 근본이 백성을 먹이는 경제, 살림살이에 있으니 최선을 다해야 할 것이다. 하지만 이전 상태로의 회귀를 답이라 여겨 여전히 경제 우선주의를 표방한다면 코로나바이러스로 인한 세계적 희생을 무가치하게 만들 수 있다. 말했듯이 이번 사태가 우연히 발생한 것이 아니라 소위 인간세, 자본세의 잘못된 결과였다면, 더구나 향후 지속적으로 변종 발생할 개연성이 크고 많다면, 새로운 사회를 위한 '뉴노멀'을 찾는 일이 필요하다. 의학적 치료제, 백신을 만들어 대응하겠다는 논리는 목하 경험하듯 필요 충분한 답이 될 수 없다. 기존 체제를 유지, 존속시키겠다는 전제 하에서 수립되는 경제계획 또한 마땅히 재고되어야 옳다. 지속적 생산, 즉 GDP 위주의 경제 성장이나 국가 세력의 확장을 위한 출산율 증가를 전제로 할 경우, 코로나가 주는 값비싼 교훈은 폐기 처분될 것이다. 지금처럼 인간을 욕망 덩이로 여겨 '탈'결핍 사회를 추동하는 정책은 코로나바이러스와의 전쟁을 지속시킬 수밖에 없다. 한국 정부가 2050년 탄소중립 사회를 위해 내건 새로운 정책들, 소위 '그린 뉴딜'과 '디지털 뉴딜'이 비판받은 이유도 바로 여기에 있다. 여전히 예전처럼 자본 친화적 경제를 우선하는 까닭이다. 언어만 달라졌을 뿐 사람의 속생각, 삶의 제 습관, 생활 철학은 과거와 여전히 같다. 양대 뉴딜 계획 속에 정작 '뉴노멀'이 보이지 않아 걱정이 많다. 마치 출애굽 도상의 이스라엘 백성처럼 굶주림을 견디다 못해 애굽 땅에서의 끓는 고기 가마솥을 그리워하는 형상이다. 상상력(비전)을 제시할 종교의 역할이 중요하나 이 역시 시대 징표도 읽지 못하니 나라의 불행이고 인류의 비극이다. 코로나 위기 속에서 서구 자본주의 국가들이 일정 부분 사회주의자들이 된 것을 다시 주목하자. 보편적 복지가 확산되었고 오염 감소로 자연도 회복되었으니 말이다. 짧은 기간이었으나 대기질의 호전으로 영유아를 비롯하여 노인들 수만 명의 생명을 지킨 것도 코로나 사태의 결과였다. 그렇기에 하루 7명씩 죽는, 연간 2,000명 이상의 가장들을 집으로 돌아갈 수 없게 만든 이전 세계로 회귀할 수 없다. 향후 전통적 고용 방식 대신에 자유노동, 즉 플랫폼 노동, 온라인 노동 등, 산업 구조의 변동도 주목할 일이다. 이렇듯 코로나 사태는 많은 것을 변화시켰으며 과거로의 단순 복귀를 결코 허용치 않을 것이다. 기술 혁신만으로 코로나 이후를 낙관하는 것은 가능치도 않고 위험한 발상이다.[18] 무엇보다 피조물들이 기대하는 새로운 인간(롬 8:18-25), 곧 새로운 가치관을 지닌 포스트휴먼의 도래가 적극 요청된다. 코로나 시대의 비상 체제를 평시에도 지속시켜야 될 이유가 적지 않은 까닭이다. 가보지 않은 길이기에 혼란과 불편이 있겠으나 새 체제를 상상, 계획, 실현시킬 가치관이 요구된다.

8. 코로나바이러스, 악마의 화신인가 문명의 교정자인가?

이런 이유로 음모론(?)의 당사자로 내몰리기까지 했던 빌 게이츠는 코로나바이러스를 인류 문명을 위한 위대한 '교정자'로 일컫는 데 주저함이 없었다. 일상의 중요성을 일깨웠고 자아 도취된 인류의 허상을 직시케 했으며 코로나 앞에 만인 평등하며 그 해결을 위해 '연대' 이상의 백신이 없음을 코로나바이러스가 가르쳤기 때문이다. 최근 이혼 발표에 놀랐으나 세계를 위해 연대하겠다는 그의 다짐에 진정성이 있었다. 백신 치료제를 위해서 뿐 아니라 새 문명을 만드는 일을 위해서 자기 재산을 쓰겠다는 의지 표명이었다. 진단키트를 세계에 공급한 한국의 개방성과 연대에 세계적 대부호가 손을 맞잡고자 했다. 이런 차원에서 한 중국 철학자 또한 코로나바이러스를 '신적 메신저'로 일컫는 데 주저치 않았다.[19]

그래서 다시 묻고자 한다. 진실로 코로나가 인류 문명을 치유하는 교정자가 될 수 있을까? 필자는 이 말을 신앙적으로, 신학적으로 하느님의 '희년'법으로 수용할 생각이다. 코로나바이러스를 날 것으로 수용하기보다 신학의 언어로 재구성하는 것이 신학자의 책무인 까닭이다. 마침 NCCK는 지난해 2020년을 1995년에 이어 새롭게 희년으로 선포했었다. 희년의 해에 발생한 코로나-19 바이러스, 그것을 문명을 위한 위대한 '교정자'로 언급한 빌 게이츠, 뭔가 연결고리를 상상할 필요가 있지 않을까?

주지하듯 레위기에 언급된 희년법은 일종의 신적 폭력성(?)이라 말해도 과하지 않다. 세계 창조를 후회하며 대홍수를 계획했던 창세기 사건을 소환할 수도 있겠다. 물론 여기서 폭력은 하느님 사랑의 다른 쪽 일면일 것이다. 하지만 요구받은 자의 입장에선 감당키 어려운 강제였으리라. 홍수 이후 새 창조 되었음에도, 원하던 가나안에 입성했음에도 그곳은 점차 하늘 뜻과는 역방향으로 흘러갔다. 자연은 황폐해졌고, 배고픈 사람도 점차 많아졌으며, 불한당 숫자 역시 늘어만 갔고, 다수가 노예의 삶을 사는 세상이 되었다. 세상을 '보기 좋게' 만든 하느님 마음과는 동이 서에서 멀 듯 한없이 멀어진 현실이 된 것이다. 그렇기에 입성 50년 되는 해를 희년 삼아 '처음처럼' 살라고 명령했다. 말했듯이 혹자에게 이것은 의당 폭력적 언사였다. 자기 것이라 여겼던 일체를 토해내야 했던 까닭이다. 하지만 희년법은 실상 모두를 위한 것이자 미래를 위한 신적 조치였다. '보기에 좋았던' 세상을 재창조하고자 한 것이다. 일종의 '뉴노멀'로서 성서는 이를 구원이라 불렀다. 구약의 예언자들은 뭇 저항과 반발에도 불구하고 이 정신을 잇고자 했다.

예수가 전한 하느님 나라 선포 역시 이런 정신(에토스)에 기초했다. 굽은 길 곧게 하고 권력자를 내리치며 눈먼 자를 보게 하는 것이 메시아인 그가 감당할 일이었다. 예수 역시 당시로서 '뉴노멀'의 존재였던 것이다. 하지만 '뉴노멀'을 방해하는 세력들은 지금처럼 당시도 여전히 항존했다. 성서에 기록된 예수 탄생 당시를 회상해 보자. 하느님 나라의 임박성을 선포했던 예수, 그는 자신의 탄생 시점부터 기득권 세력(헤롯)과 갈등해야만 했다. 성서 기록대로라면 '뉴노멀'로서의 예수 탄생을 위해서 수만 명의 동년배 영아들이 죽어야만 했다. 이들을 희생 대가 삼아 예수는 '뉴노멀'의 선포자가 된 것이다. 그 때문에 예수는 어린 자신을 품에 안았던 현자 시므온의 예언대로 '핍박받은 자'의 모습으로 살아야만 했다.

예나 지금이나 '뉴노멀'의 탄생은 이처럼 어렵고 고통스러운 법이다. 그럴수록 1억 명 이상이 코로나 확진자가 되었고 거의 4백만 명을 희생시킨 바이러스, 그에게 문명의 교정자, 신적 메신저로서 이제 세상을 달리 만들 책임이 부여되었다.[20] 예수가 '뉴노멀'이 되었듯이 코로나 바이러스 또한 인류에게 '뉴노멀'을 선물할 수 있지 않을까? 솔직히 홀로세를 자본세로 변질시켜 거주 불능의 지구를 만든 인류 문명의 치유자로서의 역할을 그로부터 기대하고 싶다. 자본세 세상을 구할 구원자가 바이러스의 모습으로, 아니 바이러스로서 세상에 왔다고 말하면 너무도 불경스러운 언사가 될 것인가? 엄청난 숫자의 약자들, 노인들, 가난한 이들을 죽음으로 몰아갔고, 사회적 약자에게 모진 고통을 가중시켰으니 한 노 신학자처럼 이를 사탄, 마귀라 불러야 할 것인가?[21] 성서가 말하듯 예수의 탄생과 수만 명의 영아들 죽음이 교차된 것과 다시 비교해 보자. 희년 선포 시부터 지금까지 '뉴노멀'은 거듭 이런 방식으로 세상에 도래했다. 이를 신정론의 틀거지 하에서 논쟁하고 싶지 않다. 세상을 교정하려는 하늘의 뜻, 그것이 누구에겐 폭력이 될 수도 있겠으나 결국 종래와는 다른 방식으로 세상 모두를 품는 길인 것을 강조하고 싶을 뿐이다. 코로나 이후는 과거로의 회귀가 아니라 삶의 기준점을 달리하는 새로운 시작이어야 한다. 가보지 않은 길로 나가려는 상상력과 용기가 필요한 시점이다. 특정 종교, 그들만의 구원이 중요한 시대가 지났다. 그렇기에 왜 나를 죽은 자 가운데서 찾느냐는 부활의 예수 말씀이 더(한)없이 중요해졌다.

9. 탈성장 시대, 뉴노멀의 예시로서 '절뚝거리는 야곱의 메타포'

우리는 성서에서 새로운 기(표)준점을 위한 실마리를 얻을 수 있었다. 얍복강변서 하느님 천사와 씨름하다 환도뼈를 다친 야곱, 그래서 "절뚝이며 걸었다"는 야곱의 이미지가 모두가 공감하는 '뉴노멀'의 단초가 될 것이다. 한때 자신의 능력과 술수를 이용하여 남의 재산과 가솔 일체를 빼앗다시피 갈취했던 야곱, 그러나 지금 모든 재산을 형 에서에게 앞서 보내고 얍복강변에서 홀로 고뇌하는 야곱을 맘껏 상상해 본다. 약점을 이용하여 장자권을 탈취당했던 에서의 얼굴이 아른거렸고, 눈 어두운 아버지 이삭을 속여 먹었던 자신의 과거가 떠올라 차마 강을 건널 수가 없었다. 그 자리에서 야곱은 하느님 천사라 명명된 자신의 진짜(참) 자아와 씨름했던바, 참모습을 찾았고 용기를 낼 수 있었다. 그 과정에서 환도뼈를 다쳤기에 그는 예전처럼 빠르게 질주하는 인생을 살 수 없었다. '절뚝거리며 걷는 야곱'이란 새 이미지가 정립된 것이다. 느렸기에 그는 비로소 주변을 살필 수 있었고 급기야 형의 얼굴을 하느님처럼 대면할 수 있었다. 절뚝거렸기에 예전과 다른 기준점이 생겨났던 까닭이다. 그에게 '이스라엘'이란 새 이름이 주어진 것도 이런 선상에서 이해될 주제이자 내용이다.

여기서 필자는 코로나 사태 이후 인류세, 자본세로부터의 탈출(구원), 즉 홀로세로의 재진입을 위해 '절뚝거리는' 야곱의 삶, 그 이미지를 소환하고 싶다. 그동안 인류는 얍복강변 이전의 야곱처럼 속도(성장)를 최고 가치로 여기며 살아왔다. 자연과 이웃은 물론 급기야 하늘에 큰 해를 입히고 죄를 지으면서 말이다. 이기기(정복하기)만 했던 자연에 질 줄도 알아야 하고, 앞서고자 했던 이웃과 발걸음을 같이 하며 연대하는 법을 배울 때가 되었다.

흔히들 역사가 코로나 사태 이전과 이후로 나뉘어 생각될 것이라고들 한다. 혹자는 이 기준을 새로운 차원에서 AD/BC의 구별이라 일컬었다. 그럴 경우 얍복강변 이전과 변별된 이후의 야곱 상(삶)을 갖고서 인류의 삶을 걱정하고 행동 백신을 공급하는 것이 화급하다. 코로나 사태 하에서 이기적 모습을 보였던 다수 중대형 교회들, 세인들로부터 저들이 비판하던 신천지와 다를 것 없다 폄하 받던 기독교의 살길도 바로 여기서 찾을 수 있다.

10. 탈성장은 역성장이 아니다 — 한국적 '작은'교회론의 요청

'절뚝거리는' 야곱의 이미지, 그에 걸맞은 우리 사회의 새 기준점을 학자들은 '성장 신화'와의 이별, 곧 '탈'성장[22]이라 칭했다. 자본주의 체제하에서 난감한 화두이겠으나 생태 백신을 위한 문명 대 전환 차원에서 감당할 과제일 수밖에 없다. 주지하듯 인류 미래를 염려하는 사회 시스템으로서 '수축 사회'가 시험되고 있다. 돌봄(나눔)의 가치를 앞세우면서 말이다.[23] 교회 영역에서도 '작은교회'가 희망인 것을 역설한 지 수년은 족히 지났다. 출산율이 감소하는 시점에서 더 이상의 성장 신화는 가능할 수 없다. 더욱이 종교적 혐오로 자기 세(정체성)를 과시(유지)했던 교회는 향후 정직하게 성숙한 수축을 각오해야 할 것이다.

수축 사회의 특징 중 하나가 돌봄이자 그를 가능케 하는 '사회적 자본'의 확충이겠다. 경쟁이 아니라 협력과 연대의 가치 실현을 위해 기본소득 나아가 기본 자산과 같은 (복지) 제도가 뒷받침될 수밖에 없다. 인간과 자연, 뭇 사회적 생물학적 약자들과의 공감, 공생을 위해서이다. 여기서 역성장과 탈성장의 구별을 눈여겨볼 필요가 있다.

코로나 위기로 성장이 멈춘 것을 우리는 탈성장이라 명명치 않고 역성장이라 부른다.[24] 삶의 방향을 바꾸려는 의지와 노력 없는 수동적 상태, 그것이 역성장이다. 반면 존엄성을 해치지 않는 노동, 형평성 있는 관계, 연대에 기초한 공동체, 자연 생태계의 존중, 심지어 동물 복지 등 이런 가치 실현이 수반된 일체 경제 활동을 일컬어 '성숙한 수축', 곧 '탈성장'이라 한다. 장기적 차원에서 산업 구조를 바꿔야 하지만 그 과정에서 희생을 최소화하는 방식도 함께 모색할 수밖에 없다. 한마디로 탈성장은 시장 의존 경제 비중을 줄여 돌봄을 중심한 사회를 지향한다. 돌봄의 다차원적(하청, 여성 및 육아 노동자 등) 의미 실현이 바로 탈성장의 속뜻이다.

자연 생태계의 돌봄을 위해 현재처럼 소득에 부과하는 세금 이외에 탄소세를 비롯하여 오염물질 배출 불평등에 대한 세금도 물려야 마땅하다. 이 점에서 자연 전체를 의료(돌봄) 안전망 속에 편입시키자는 지젝의 말에 적극 동의하고 싶다. 심지어 그는 자본주의에 맞서 민족국가를 넘는 생태(재난) 공산주의를 역설하였다.[25] 한 독일 철학자 또한 대재난 상태의 지구가 지금 고통받는 신의 모습이 되어 인류에게 "너의 삶을 달리 만들 것"을 명령한다고 피력했다.[26] 고통받는 지구 생태계의 신음을 신의 목소리로 새겨듣자는 것이다. 이것만이 인류 모두를 위한 정언 명령이 될 수 있다는 뜻이다. 이들 최신 철학자들의 말은 사실 『책임원리』[27]의 저자 H. 요나스 생각의 변형일 뿐이다. 총체적인 생태 붕괴 현실을 현상학적으로 갓 태어난 어린아이 모습과 견줬던 그는 아이가 무한 책임 대상이듯 자연에 대해서도 무한 책임을 걸머질 것을 요구한 바 있다. 결국 종교가 말하는 거룩(Holiness) 혹은 구원(Salvation)은 인간과 자연 전체를 아우를 때 가능할 수 있는 개념들이다. 탈성장을 위한 인류 문명의 대전환은 이런 자각과 태도 변화 속에서만 가능할 수 있겠다.

11. 신앙의 다른 이름, 공감과 새로운 정언명령

이제 다시 신학적으로 글의 향방을 돌이켜야겠다. 『공감의 시대』[28]의 저자 J. 리프킨의 견해를 빌려, 코로나 사태 이후 기독교의 변화 방향을 서술할 생각이다.

주지하듯 중세기는 신앙을 근거로 타계적인 천국을 동경하며 살았던 시기였다. 이때 신앙은 현실을 부정, 극복하는 힘이었을 것이다. 공간적인 내세가 구원의 실상이자 목표였기 때문이다. 하지만 근대에 이르러 사람들은 이성의 힘을 신뢰하여 진보(시간)적 미래에 도취되었다. 과학 문명의 발전으로 낙관적 차안 세계를 유토피아로 여겼고, 그것을 구원이라 희망했던 것이다. 하지만 두 차례 세계대전을 겪으면서 차안적 발전 신앙 역시 초라, 무력해졌다. 이성에 대한 신뢰가 무너진 탓이다. 자연신학을 부정한 바르트 말씀(케리그마)의 신학은 이런 정황에서 비롯했다. 이 신학을 신정통주의라 칭한 것은 종교개혁 이후 시기 강조된 '말씀'에 재차 무소불위의 권위를 두었기 때문이다. 그 결과 자연과 이성이 동일한 것으로 여겨져 비판의 대상이 되었다. 하지만 인간 이성에 대한 부정이 여여한 자연 생명력에 대한 부정과 동의어가 될 수는 없을 것이다. 기독교 신학(칼 바르트)이 창조론을 말했으나 정작 자연을 실종시킨 누를 발생시켰음을 유념해야겠다. 알버트 슈바이처와 칼 바르트 간의 논쟁이 바로 여기서 비롯했다.[29]

자연신학을 퇴출시킨 칼 바르트의 신학의 전성기도 한때였다. 독일 국가사회주의와 맞선 바르멘선언에서 그 정점을 이뤘을 뿐이다. 하지만 지금은 자연 부정으로 인하여—오로지 그 탓만은 아니겠으나—전 지구가 사실적 종말의 위기에 처했다. 30년 전(1990년) 열렸던 JPIC

공의회는 이런 현실을 적시했다. 말씀 신학이 선포, 역설한 교회 중심의 기독교 구원이 아직 완성, 실현되지 못했음을 공식화한 것이다. 전쟁 위기(무기 경쟁), 빈부 격차 그리고 생태계 파괴가 현실인 한, 기독교는 구원을 말할 자격이 없다고 보았다.

그 선상에서 발생한 금번 코로나 사태로 인해 기독교는 더욱 침묵해야 될 듯싶다. 자연의 보복이 이렇듯 교회는 물론 세계를 무력화시킬 줄 상상도 못 했으니 말이다. 사람과 자연을 위한 종교가 되지 못하고 교회, 하느님(예배)만을 고집한 기독교(교회)의 자기 성찰이 필요한 시점이다. 역설적으로 금번 코로나 사태는 어느 시집의 제목처럼 『사람(인생관, 행동 백신)만이 희망인 것』을 여실히 가르쳤다. 현 사태에서 보듯 인간은 한없이 연약한 존재인 것이 틀림없다. 하지만 동시에 자신의 연약함을 갖고 타인의 연약함을 생각할 줄 아는 유일한 존재이기도 하다. 리프킨은 이런 인간을 일컬어 '호모 엠파티피쿠스'(*Homo Empatipicus*), 곧 공감하는 인간이라 칭했다. '약한' 존재란 말속에 중세적 신앙 요소가 담겼고 이웃과 '공감'할 수 있기에 근대 이성의 낙관성 또한 일정 부분이 속에 내포되었다. 인간 고통을 빌미 삼아 갈등, 혐오 그리고 배제를 조장하는 진짜 같은 가짜뉴스의 폐해(*Infodemic*) 속에서도 공감력으로 난관을 돌파할 수 있기를 바란 것이다. 이 점에서 공감하는 힘, 공감력 확장은 의당 '영성'의 다른 표현일 수 있겠다.[30] 따라서 리프킨은 자연에로까지 인간의 공감력을 확대시키려 했고 이를 토대로 종래의 '지정학적 정치' 대신 '생명권 정치학'을 역설했다.

생명권 정치학은 선불교 생태학자 게리 스나이더가 말한 생물 지역주의(bioregionalism)와도 무관치 않다.[31] 인간이 자의적으로 구분한 정치-지리적 지역성을 거부하고 기후 패턴, 식생대에 따른 최적의 거주 형태를 생명체에게 되돌려 주려는 일종의 정치 행위인 까닭이다. 이 점에서 생명권 정치학은 앞서 말한 지젝, 슬로터다이크 등과 취지와 맥락이 같다. 필자가 A. 슈바이처를 재차 소환한 것도 바로 이런 연유에서였다. 이 세상이 '살려고 하는 의지'로 가득 찼다는 생명 외경 사상의 자각, 거기서부터 생명권 정치가 비롯할 수 있는 까닭이다.

서식지를 잃었기에 자신 숙주를 찾고자 애쓴 바이러스의 생존 의지 탓에 우리 인류가 이처럼 고통을 당했다면 그 의지를 꺾는 백신을 만들기 전에 그 의지와 공존할 수 있는 새 세상을 만드는 정치가 급선무여야만 한다. 자신의 살고자 하는 의지로 인해 다른 의지를 꺾는 것이 허용될 경우라도 최소한의 것만 허용하는 문화와 정치를 일궈내야 할 것이다. 최소한의 물질로 사는 삶이 영성적 삶인 까닭이다. 이것이 노자『도덕경』이 말하는 '무위이무불위'의 현실(사실 적합)적 뜻일 수 있다. 이 점에서 슈바이처는 자연의 능동성(활력)을 말하지 않는 철학, 신학하고는 더 이상 말을 섞지 않겠다고 말했던 것이다.[32] 코로나 이후 우리의 기준점을 달리 잡고자 할 때 귀감되는 말이라고 확신한다. 이런 기준점을 갖고 사는 인간을 '포스트휴먼'의 탄생이라 명명할 수 있겠다. 성서 용어로 피조물(자연)이 고대하는 방식으로 존재하는 인간(*Sein in Christo*)이 되라는 것이다.

12. 코로나바이러스 — 문명과 문명의 대화를 요청한다

마음으로 단숨에 내려썼기에 두서없는 글이 되었다. 이에 근거한 새 논문을 좀 더 정교하게 다시 써볼 작정이다. 글을 맺기 전에 한 가지 내용(주제)을 더 살펴보고 싶다.

주지하듯 세계가 한국의 코로나 대처 능력을 주목했다. 독일의 저명한 잡지 *Die Welt*는 수차례 한국의 방역 사례를 추적했고, 급기야 "서구 문화 패권은 한국에 의해 끝났다"고 선언했다. 격리, 봉쇄 정책을 펴지 않는 중에, 즉 수천만 명 인구 이동을 보장하면서도 지난 총선을 성공적으로 치렀다는 점이 높게 평가되었을 것이다. 수십여 나라에 진단키트가 수출되었고 방역 노하우의 요청이 쇄도하고 있는 것도 경이롭게 지켜봤다. 중국의 경우 바이러스 진원지라는 오명을 벗기 위해 백신 개발에 선도적 역할을 하는 등 코로나 지원에 힘쓰고 있으나 정보 불투명성과 강압적 봉쇄로 세계적 차원의 불신을 키웠다. 공산 체제 하의 감시제도가 개인 자유를 억압한 것이 서구의 시각에선 많이 불편했을 것이다. 그럴수록 자율성에 호소한 한국이 주목받았고, 향차 방역의 '노멀'이 될 수 있다고 본 것이다. 한국의 대처 능력에 대한 서구인들의 이/저런 판단이 보도되었다. 한국의 경우 서구 민주주의를 가장 잘 배워 이식했기에 가능했다는 의견이 대세였다. 독재의 역사를 살면서도 민주 세상을 만든 한국에 대한 호평이었으나 사실은 서구 민주주의의 가치 우월성을 표방한 것에 불과했다. 중국의 체제, 즉 공산주의, 사회주의에 대한 불신의 간접적 표현인 셈이다.33

그러나 이로써 코로나 사태로 야기된 서구의 몰락이 설명되지 않는다. 민주주의를 표방한 서구 선진국의 폐해가 상상 불허의 지경에 이른 까닭이다. 개인 자유를 앞세운 결과라 좋게 이해할 수도 있을 것이다. 인간 존재의 핵심인 '얼굴', 그것을 가리는 마스크 착용 거부도 자유의 표현이라 여겼던 탓이다. 한국의 방역 체제가 시민의 기본적 권리와 자유를 침해했다는 비판도 무조건 거부하기 어렵다. 그럴수록 공익과 침(피)해 어느 쪽이 더 큰가를 물어야 할 것이다. 문제는 코로나바이러스

위력이 너무 커졌다는 현실에 있다. 1억 명 이상이 감염되었고, 4백만의 사람이 죽었으며, 일상을 붕괴시켰고 뭇 기업과 가정을 파탄에 이르게 했으니 말이다. 이 점에서 자유보다는 공익, 공동체성에 무게중심을 두는 것이 옳겠다.

혹자는 한국적 성공을 유교적 에토스에서 찾기도 했다. 소위 탈근대적인 경찰국가의 유교적 모델을 한국에서 찾고자 한 것이다. 자율을 포기하지 않았지만 통제하고 관찰, 감독하는 권력을 국가가 옳게 행사한 결과라 보았다. 하지만 이 역시도 답이 되기 어렵다. 유럽과 미국의 경우 우리보다 더욱 격리, 봉쇄가 쉽게 이뤄졌던 까닭이다. 심지어 교회조차도 폐쇄시킨 경우도 다반사였다. 이런 서구와 달리 우리는 전광훈의 교회조차 강제화할 수 없었다. 그렇기에 한국의 성공을 '모성적 돌봄'의 차원에서 이해하는 시각도 생겨났다. 서구 기독교의 부권적 명령 체제로서 국가가 아니라 벌거벗은 생명에 대한 모성(유교)적 돌봄 시스템의 작동 탓이란 것이다. 법 집행을 앞세우기보다는 지속, 반복적인 안내를 우선했으며 무차별적인 치료에 있어 그 헌신이 모성적으로밖에는 달리 표현할 수 없다고 본 것이다.

일리 있으나 이 역시도 전리(全理)가 될 수 없다. 오늘 이 땅의 유교에서 이런 심성을 찾을 수 없기 때문이다. 유교 문화의 본산지인 이 땅, 특히 경상도 지역의 정서는 이런 답에 고개를 젓도록 한다. 본 사안에 대한 답을 어떻게 찾아야 할지 궁금하다. 이를 위해 인습적 유교는 물론 서구적 기독교를 넘어서서 '다른 유교'와 '다른 기독교'를 모색하는 과정이 필요할 듯싶다. 자유와 공동체성, 개인과 사회, 인권과 국가, 부성과 모성, 역사와 자연, 이들 양면성을 품는 새로운 기독교를 기대하는 까닭이다.[34] 이는 유교 문명을 대표하는 중국과 기독교를 내세우는 미국 모두를 상대화할 때 가능할 수 있다. 유교 잔류량을 가장 많이 갖고 있는 이 땅의 기독교 그리고 민주주의가 유교 종주국인 전체(사회)주의적 중국과도 다르고, 민주주의 본류인 서구와도 다른 이유를 밝혀내야 할 것이다.

이렇듯 코로나 사태는 경제, 정치, 생태 영역에서뿐 아니라 그간 토착화신학이 관심해온 문명 간의 대화를 위해서도 중요해졌다. 이후 유교와 기독교의 대화는 종교 이론 차원에서만이 아니라 문명 전환의 차원에서 이뤄질 일이다. 종래의 자본주의를 비롯한 기독교 포함 서구 사상만으로는 전 지구적 재난을 치유할 능력은 단연코 없다. 그럴수록 제 종교의 궁극성, 관계성 그리고 역사(부정)성을 하나로 엮어 사유하는 일이 중요하다. 다른 유교, 다른 기독교를 통한 지구적 차원의 생명 공동체는 이런 과정에서 비롯할 수 있겠다.

13. 뉴노멀을 위한 교회의 변신

이런 전제 하에서 교회가 직면하여 풀어 갈 사안들을 다음처럼 나열해 본다. 코로나바이러스가 문명 비판적 메시지의 전달자라는 자각 하에서, 혹은 문명의 치유를 위해 새로운 노멀을 요구하는 현실에서 신학과 교회는 스스로를 재구성하고 역할을 달리 생각할 필요가 있다. 기독교는 여전히 교회라는 공간을 통해서 자신의 뜻을 펼칠 수밖에 없는 까닭이다. 필자가 소박하게 생각했던 코로나 사태 이후 한국교회의 신학적, 현실적 과제는 아래와 같다. 함께 풀어 갈 주제라 생각되어 큰 틀에서 거칠게 적어 보았으나 이후 활발한 토론을 통해 기독교(회)가 코로나 사태 이후 새 문명의 표준점을 찾는 데 일조했으면 좋겠다.

이를 위해 더욱 철저하게 '다른' 기독교가 여실히 필요하다. 코로나바이러스가 기독교와 교회에 알갱이와 쭉정이를 가릴 수 있는 계기로 작용할 것이다.

1) 예배의 첫 뜻은 천지를 짓고 난 후 자신이 만든 피조물들이 아름답게 조화를 이룬 것을 보고 '참 좋다'하신 하느님의 환호를 기억하고 실천하는 데 있다. 부활의 첫날 갈릴리로 가라는 그의 말씀 속에 예배의 본뜻이 담겼다. 성전 중심의 의례화에 치중 말고 조화가 깨진 삶의 현실(현장)에서 '참 좋다'는 첫 번째 환호를 지속되게 하는 것을 예배의 본질로 여겨야 할 것이다. 갈릴리 현장에서만 부활의 주님을 다시 만날 수 있다는 것이 예배의 정신이다. 이를 위해 우리 몸을 산 제물로 바치는 것(자속)이 코로나 이후 시대의 예배 행위라 할 수 있다.

2) 따라서 원죄보다 원 은총을 우선하는 기독교로 재구성되어야 옳다. 원죄를 우선했던 기독교는 결국 자연 능동성을 부정했고, 뭇 종교를 부정하는 혐오와 차별의 종교로 변질되었으며, 제도를 앞세우는 성직 종교로 퇴행했다. 원 은총을 내세워 모두를 보듬는 종교로 재탄생될 것을 기대한다. 날 때부터 소경된 자도 하느님 영광을 위한 것이라는 말씀에서 원 은총의 실상을 여실히 경험한다. 코로나바이러스도 악이 아니라 은총의 실상인 것을 증명할 책임이 우리 몫이 되었다.

3) 따라서 성서 속 다른 줄기, 다른 광맥을 캐내는 일이 화급해졌다. 지금껏 구속사 신학 위주의 기독교 신학은 늘상 출애굽기를 앞세웠지만, 코로나 상황은 이스라엘 역사를 넘어선 창조신앙(학)을 새롭게

요청한다. 이 선상에서 하느님과 노아와 맺은 새 약속에 잇대어 희년 사상을 핵심 삼고 지혜서를 소환할 뿐 아니라 서기관들의 반란의 결과인 묵시문학을 중히 여겨야 옳다. 예수의 하느님 나라 사상도 이 선상에서 독해되어야 할 것이고 바울이 말한 그리스도 안의 존재(*Sein in Christo*) 또한 세상(제국) 안에서 세상 밖을 사는 삶의 양식으로 이해되어야겠다. 한마디로 친희랍적/반유대교적 기독교 이해에서부터 탈희랍적/친유대적 기독교로의 전이가 필요한 것이다. 그럴 때 새로운 삼위일체를 위한 아시아 종교들과의 만남이 훨씬 용이할 수 있겠다.

4) 코로나 시대에 접어들며 생태 백신이 중요해졌다. 자연 살리는 길이 그와 공존하는 길인 까닭이다. 바이러스는 퇴치될 수 없고 백신으로 바이러스를 이길 수도 없다. 저마다 영역을 지키며 공존하는 것이 해결책이다. 이 점에서 교회는 녹색 은총의 감각을 더 많이 일깨워야 한다. 교회가 강조해온 적색 은총도 녹색 은총의 토대 속에서만 유의미하다. 예수만 십자가에 달린 것이 아니라 생명 공간인 지구 자체가 십자가에 달린 탓이다. 대재난에 처한 지구가 '신의 얼굴'을 하고 있다는 깨침은 녹색 은총의 감각에서 비롯할 수 있겠다. 십자가에 달린 지구는 지금 우리에게 달라질 것을 요구한다.

5) 결국 이것은 종교가 사람을 위한 것이라는 예수 말씀으로 이어진다. 자본주의가 경제 성장을 위해 인구(증가)를 필요로 했듯이 교회 역시 사람을 위한다는 명분 하에 자신들 조직과 제도의 살길로써 사람 모으는 일에 주력했다. 저마다 성장을 최고의 가치, 복음의 실상이라 여겼던 까닭이다. 종래의 기독교가 죄를 강조하며 은총을 남발한 것도

이와 무관치 않다. 하지만 안식일이 사람을 위해 있다는 이 말씀이 다시 정언명령이 되어야겠다. 제도로서의 종교는 쇠할 것이나 영성으로서, 삶의 가치로서 종교는 여전히 요구될 수밖에 없다.

6) 이제 교회는 그 원어, '에클레시아'가 말하듯 흩어지는 것을 본질로 삼아야 한다. 비대면이 일상인 현실에서 모이는 교회, 성수 주일 같은 말은 퇴출될 수도 있다. 흩어지는 삶의 자리마다 교회가 될 수 있고, 줌의 형식을 통해 얼마든지 영과 진리로 예배드릴 수 있기 때문이다. 사람을 모으기 위해 예배당 곳곳에서 영상 예배를 드리게 했으며 더욱이 지(支)교회(성전)를 세워 담임목사 설교만을 듣게 강요했던 기존 대형 교회들은 할 말을 잃었다. 자기 교회라는 폐쇄적 공간에서 행해진 기존 설교로는 더 이상 목사직을 유지할 수 없을지도 모른다. 대형 교회란 존재 양태가 쇄락할 것이다.

7) 종교개혁 전통 속에서 세 개의 '오직' 교리만 강조되어 왔을 뿐 정작 만인제사직론은 간과, 홀대 되었다. 가톨릭 사제보다 개신교 성직자들은 개교회 중심주의로 인해 실상 더 크고 많은 권위를 누렸고, 권력을 행사했다. 하지만 평신도 역시 하는 일만 다를 뿐 일상에서 사제의 자의식을 갖고 살아야 할 존재이다. 비대면이 일상화된 현실에서 이들에게 예배를 주관할 수 있는 기회가 주어져야 옳다. 나아가 삶의 터전에서 올바른 삶 자체가 예배인 것을 평신도 본인들 스스로 깨우쳐 알아야 할 것이다.

8) 주일 대예배라는 개념도 이제 버릴 때가 되었다. 비대면이 '노멀'

이 된 코로나 현실에서 예배 인원은 사실 적을수록 좋다. 주중 어느 날을 택하여 예배를 드릴 수 있도록 목회자는 예배 시간을 한 주 동안 펼쳐 놓아야 할 것이다. 어느 날 드려도 예배는 본질상 다를 수 없어야 한다. 이럴 경우 큰 공간 확보를 위한 교회 건축에 목숨 거는 일은 일어나지 않을 것이다. 이제는 건물로서의 교회가 이전만큼 의미를 지닐 수 없는 현실이 되었다. 나아가 교회는 자신들이 지닌 공간을 공적 자산으로 여겨 세상을 위한 활용 방도를 적극 모색해야 옳다.

9) 지금 세상은 인간종마저 멸종할 상황에 이르렀다. 따라서 성장이 더 이상 미덕이 될 수 있는 시기는 지났다. 기술력을 갖고 성장을 유지하겠다는 발상도 거짓일 수밖에 없다. 디지털 뉴딜도 탄소 제로 사회가 되지 못하면 유지, 존속이 불가능할 것이다. 우리 자신도 멸망할 수밖에 없는 약한 인간이란 자각이 중요하다. 자신의 약함을 미뤄 남의, 자연의 약함과 공감할 수 있는 능력이 신앙의 다른 이름이자 영성을 일컫는 새 말이 되었다. 자연을 이롭게 하는 것이 인간을 이롭게 하는 것임을 명심할 일이다. 자연과 인간에게 혐오적 기독교(교회)는 믿음 없는 자신의 자화상이겠다.

10) 이제는 성장이 아니라 성숙, 축소가 화두인 세상이 되었다. 지금껏 목사의 크기를 교회의 크기와 가늠하여 평가하는 세상은 지나갔다. 앞서 말했듯이 건물로서의 대형 교회는 시대착오적 발상이다. 조만간 이/저런 이유로 교인 수 감소—개신교인 500만 시대—는 눈앞의 현실이 될 것이다. 앞서 '야전병원'이라 비유했듯이 '작은교회' 운동이 요청된다. 여기서 '작다'는 단순히 숫자만을 말하지 않고 탈배타적,

탈획일성과 동시에 생태적, 지역적 가치를 담지한다. 교회의 다양성 역시 더 확장되어야 할 것이다.

11) 한국교회는 세상과 소통하지 않는 영적 자폐, 자신의 근본, 출처를 망각한 영적 치매 그리고 돈을 신처럼 숭배하며 성직을 권력으로 착각하는 영적 방종의 중병을 앓고 있다. 중증의 질고를 치유키 위해 교회는 거의 해체 수준에 이르기까지 자신을 돌아봐야만 한다. 예수만 빼고 모든 것을 바꾼다는 심정으로 자신을 재건할 시점이 된 것이다. 이것이 하느님이 세상을 통해 교회에 주시는 말씀이다. 하느님이 자신을 위해 존재하지 않는 것처럼 교회 또한 결코 교회를 위해서 존재하지 않아야 할 것이다.

12) 오늘의 교회가 구약 시대나 중세 시대의 교회가 아니라 근대 이후 시민사회 속의 일원으로 존재함을 잊지 않아야 할 것이다. 탈종교, 탈기독교 시대가 되었고 심지어 탈진실 시대에 이르렀다. 이런 상황에서 종교 자유와 시민의식 간의 균형이 요구된다. 기독교가 자신의 강화를 위해 거짓 뉴스를 만들어 확장시키는 것은 기독교 자신을 부정하는 처사이다. 기독교는 본래 자기 부정을 통해 존재하는 것일 뿐 그 역의 경우를 선택할 수 없다.

14. 결론을 대신하여: 수도원 영성과 거리의 영성

이 두 개념을 갖고 필자의 글 결론을 삼고자 한다. 결국 코로나 시대를 경험한 교회는 자신의 존재 양식을 '수도원'과 '거리'란 두 말로 정리할 필요가 있다. 전자는 종래의 자본주의적 욕망, 성장 욕구에 대한 혹독한 자기 성찰 및 자연 친화적 삶의 양식을 적시하는 키워드이고 후자는 성육신의 신비가 재현되는 공간으로서 삶의 현장을 일컫는다. 지금껏 교회는 수도원과 거리를 잊은 채 건물로서 교회를 절대화했다. 절뚝거리는 야곱의 삶, 그래서 이름이 이스라엘로 이름이 바뀌었던 삶의 현실, 바로 그것이 수도원을 상징하며 뭇 탄식이 난무하는 거리에서 그 소리를 듣고 응답하는 것을 성육신 체험과 견줄 수 있다. 신이 인간이 되었듯이 인간이 자신과 다른 이질적 존재와 하나 될 때 인류 최고의 신비가 지금 여기서 재현되는 까닭이다. 교회가 수도원의 존재양식을 지닐 때 거리로 나설 수 있고 그곳에서 성육신 신비 체험이 가능할 수 있겠다. 하지만 코로나 이후, 우리 기대와 달리 인간 삶의 양극화가 더없이 가중될 것 같아 걱정이다. 풀린 돈이 금리 상승으로 거둬질 때 몇 나라가 무너지고 얼마나 많은 가구가 거리로 내몰릴지 상상조차 버겁다.

수도원 영성으로 지구를 살리고, 거리의 영성으로 빈자를 구할 때 기독교는 비로소 이 땅에 존재할 이유를 갖게 될 것이다. 창조 신앙으로 변형된 코로나바이러스의 창궐을 막아야 할 것이며 구속 신앙으로 내몰린 자들이 고통을 보듬는 근본적 방향 전환이 화급한 이유이다. 코로나바이러스로 교회는 이미 한국 사회에서 사망 선고를 받았다. 그러나 아직은 죽지 않았다. 사망 선고를 되돌릴 은혜를 기다릴 시점이다. 그럴수록 '수도원'과 '거리', 두 화두가 중요하다.

여성, 동물권, 육식 이야기*

정애성

前 생태문명연구소, 前 감리교신학대학교 객원교수

I. 인간과 동물

'인간'과 '동물', 그 경계는 어디일까? 생물학적 의미로 동물이 동물계로 분류되는 생물의 총칭이라면 인간은 원숭이와 더불어 영장목(靈長目)에 속하는 포유동물을 칭하는 이름이다. 전혀 새로울 것 없지만, 인간은 동물이다. 인간과 침팬지가 98% 이상 동일한 DNA를 공유한다는 사실은 양자 간의 차이가 생각보다 크지 않다는 것을 보여준다. 실제로 그 차이는 지렁이와 사자 간의 차이보다 훨씬 미미하다.

역사적으로 인간과 동물은 태고부터 깊고 강하고 때로는 신성한 유대감을 형성하며 공존해왔다. 창세기의 저자는 창조주가 동물과 인간을 같은 날 창조했다고 말한다. 근대 문명 비평가 제레미 리프킨에

* 이 글은 고인이 2018년 쓴 글로 정애성의 유고집 『소피아의 방』(2023년 2월 23일 발간)에 실린 글임을 밝힙니다.

의하면, 서구 문명의 뿌리에는 수소와 암소가 있었다.[1] 인류에게 소는 생식, 다산, 풍요를 상징하는 창조의 신이었다. 팔레스타인의 신 '바알'은 폭풍과 다산을 관장하는 황소 신이었다. 생명과 다산의 신 디오니소스도 뿔 달린 황소, 암소의 아들로 묘사되었다. 그렇게 신성한 자연과 생산력의 대명사로 군림하던 소는 인간의 문명 변화 속에서 점차 통화와 상품의 위치로 바뀌었다.

'소'(cattle)라는 이름은 동산(chattel)과 자본(capital)에서 유래된 것이다. 알파벳의 첫 글자인 'A'는 황소의 머리 모양에서 유래된 것이고, 이탈리아(Italia)는 '소의 땅'을 의미하는 말이었다. 친족과 같던 동물을 사냥하고 죽여야 했던 고대인들의 죄책감과 불안심리 속에서 샤머니즘과 희생제가 생겨났다고 보는 학자들도 있다. 오랜 시간 동안 동물은 인간에게 식량과 의복, 거처, 생산력과 동력, 연료 등 생필품을 제공하는 수단으로 활용되었다.

인간과 동물의 관계가 본격적으로 문제가 된 것은 근대에 와서다. 근대에 들어 자연과 동물을 멋대로 사용하고 지배할 권리가 인간에게 있다는 사고와 행동 양태가 확고부동한 진리처럼 구축되고 실행되었다. 인간과 동물의 관계는 기술적인 시스템으로 급변했다. 가장 참혹한 폭력의 시대로 불리는 지난 20세기는 동물에게도 가장 잔혹한 억압과 도살의 시대였다. 1978년 노벨문학상 수상자인 미국의 유대계 작가 아이작 싱어는 "동물에 대한 태도에 관한 한 모든 사람은 나치다"라고 일갈했다. 2003년 노벨문학상 수상자 존 쿳시 역시 『동물로 산다는 것』(*The Lives of Animals*)이라는 작품에서 인간의 손에 잔인하게 도살당하는 소들을 나치에게 학살당한 유럽의 유대인들에 비유하는 과감성을 보임으로써 논란을 불러왔다. 2000년 이래 한국을 비롯한 세계 곳곳에서 끊임없이 발생하는 구제역 파동이 누군가에게는 단지 먹거리의 위협 정도로 비쳤겠지만, 수백만 마리의 돼지와 소, 닭 등을 잔혹하게 살처분, 생매장하고 불에 태우는 장면을 목도한 누군가에게는 피비린내 나는 '한국판 아우슈비츠'와 '제노사이드'의 현장이었다.[2]

무수한 동물들이 왜 죽어 가는가? 구제역, 광우병 및 사스와 에볼라, 메르스 등 신종 바이러스 공포의 정확한 원인은 아직 밝혀지지 않았지만, 많은 전문가는 그것이 오늘날 가공할만한 공장식 동물 사육시스템과 관계한다는 데 동의한다. 더 근본적으로 그것은 인간의 과도한 육식주의와 관련된 문제이다. 어쩌면 인간에게 집단적으로 희생되고 살육된 동물들의 반격이자 역습일지도 모른다.

다행스럽게도 아주 최근에 와서 멋대로 동물을 차별하고 도구로 삼아온 인간 중심주의를 반성하고 인간과 동물의 관계를 새롭게 모색하려는 움직임이 서서히 일고 있다.[3] 동물권 이야기가 그것이다. 동물철학자 피터 싱어는 "동물 해방이 인간 해방"이라고 역설했다.[4] 동물의 권리 담론은 하나의 동물로 다른 동물과 함께 살아가는 인간의 문제이기도 하다. 나는 이 글에서 그리스도인들, 특히 개개의 생명을 꽃피우는 일에 관여하는 여성 그리스도인들에게 동물권 및 육식과 관련된 문제의식을 단편적으로 드러내려고 한다. 또 다른 피조물인 동물들과 새로운 관계 맺음을 상상하는 일은 동시에 하나님과의 관계를 새롭게 회복하는 일이기도 하다.

II. 낯설고 불편한 진실 — 우리에게 동물은 누구인가?

오늘날 동물은 인간의 '필요'를 충족하기 위한 소비 대상이고, 소비 방식은 주로 감금과 학대, 폭력과 착취, 포식(捕食), 도살과 살처분이다. 인간의 소비 대상인 동물들은 용도에 따라 다양한 이름으로 불린다. 농장 동물, 실험 동물, 모피 동물, 전시 동물, 오락 동물, 희생제물, 애완동물, 식용 동물 등.

혹자는 개와 고양이와 같은 애완동물(pets)을 떠올리며 그들은 인간의 학대나 착취와는 거리가 멀다고 여길지 모르지만, 실상 애완동물과 유기 동물은 동전의 양면과 같은 한 짝의 개념이다. 애완(愛玩)동물은 그 이름이 의미하듯 자연권을 박탈당하고 인간의 쾌락을 위해 인간 옆에서 물건처럼 길들여진다는 점에서 여전히 논란거리이다. 1980년대 이후 '반려동물'(companion animals)이란 대체 개념이 동물을 인간의 동반자와 가족적 지위로 끌어올렸다고 하지만, 할 헤르조그는 동물을 대하는 인간의 모순적이고 비일관적인 태도를 문제 삼으면서 반려동물이란 이름은 동물을 인간의 소유물이 아닌 것처럼 포장하는 '언어적 환상'에 불과하다고 단언한다.[5]

동물을 애완용과 식용으로 구분하는 기준은 무엇이고, 그것은 당연한 것인가? 우리는 왜 개는 사랑하고, 돼지는 먹고, 소는 신을까?[6] 우리는 사물을 있는 그대로 보는 것이 아니라 우리의 주관대로 보기 때문이다. 인간이 각 동물을 느끼고 대하는 방식은 그 동물에 대한 우리의 인식과 인식 틀에 달린 문제이다.[7] 개고기를 둘러싼 동·서양의 인식 차이와 논란에서 알 수 있듯이 그 인식 틀은 자연적이라기보다는 구성적이다. 어떤 사람에게 A라는 동물은 무리 없이 식용 고기로 전화

(轉化)되지만, B라는 동물은 대신 혐오감을 낳는다. 인간의 육식 문화와 습관에는 특정 동물과 죽은 동물의 살(고기) 사이의 인식론적 단절을 허용하고 인간의 공감 능력과 불편함을 무감각으로 바꾸는 '정신적 마비'(psychic numbing)가 작용하고 있다(멜라니 조이). 이러한 인간의 정신적 마비 기제는 특정 동물의 대상화와 몰인식, 부정과 회피, 합리화를 양산하고,[8] 죽은 동물의 살(고기)에서 살아있는 동물을 비가시화하고 삭제해버린다.[9]

오늘날 미증유의 동물 학대와 집단적 도살, 동물 고통을 야기하는 최대 현장은 공장식 축산농장(factory farm), 혹은 동물 밀집 사육시설(concentrated animal feeding operations)이다. 해마다 전 세계에서 대략 500억 마리의 육지 동물이 공장식 축산 방식으로 사육된다. 공장식 축산농장의 유일한 목적은 최소 비용으로 제품을 생산하여 최대 수익을 남기는 것이다. 가령, 영리하고 예민한 동물인 돼지는 자연 상태에서는 무리 지어 살고 하루에 최대한 50km를 이동한다. 그러나 공장식 농장에서 돼지는 태어나자마자 꼬리와 송곳니를 잘리고, 운신하기도 힘든 비좁은 철제 공간에 갇혀 살다가 도축된다. 새끼 돼지는 출산 직후에 어미와 떨어져 분리, 감금된다. 소의 자연 수명은 20년이지만 공장식 농장에서는 기껏해야 4년이다. 젖소는 우유 생산을 위해 쉴 새 없이 임신해야 하고, 우유 생산량을 높이기 위해 유전자 조작 성장호르몬 주사를 맞고, 출산 후엔 새끼와 분리되어 사육되다가 4년 만에 도축되어 식용 분쇄육이 된다. 전 세계의 산란계 중 70~80%가 상자형 닭장에서 사육된다. A4용지 크기의 상자 안에서 평균 6마리가 사육되며 1년간 달걀 낳는 도구로 살다가 도축된다. 닭의 자연 수명은 10~15년이지만, 공장식 시스템에서는 고작 7~8주 만에 도살된다. 산란계가 낳은 암탉

은 부리를 절단한 채 갇히고 수컷은 태어나자마자 산채로 분쇄기에 들어가 비료나 닭의 사료가 된다.[10]

동물 (생체)실험 역시 무도한 동물 학대와 고통을 양산하는 주요 무대이다. 동물 실험은 의학 및 심리학 실험실, 군대 등에서 행해지고, 살충제, 부동액, 브레이크액, 표백제, 초, 방취제, 목욕용 발포제, 탈모제, 눈 메이크업, 잉크, 선탠오일, 손톱 광택제, 마스카라, 헤어스프레이, 페인트, 지퍼 윤활유 등 광범위한 신제품 개발과 상업적 용도로 활용된다. 동물 실험이 인간의 수명 연장과 건강 증진에 이바지한다고 생각하기 쉽지만, 동물 실험 결과가 인간에게 적용될 확률은 5~15%이고 그로 인한 사망률 감소율은 1~3.5%에 불과하다. 세간에 알려진 악명 높은 실험으로 드레이즈 검사와 LD-50 검사가 있다.[11]

모피 동물의 사육 환경과 사육 방식도 공포와 잔혹함의 산실이다. 모피(毛皮)가 피부와 피부에 달린 털을 아우르는 것처럼 털을 이용하려면 동물의 피부까지 벗겨 내야 한다. 여우 모피코트 한 벌에는 11마리의 여우가 필요하고, 밍크코트 한 벌엔 밍크 45마리~2백 마리가 필요하다. 전 세계 모피 제품의 75% 이상이 공장식 사육시설에서 생산된다. 우리에게 양가죽을 제공하는 양은 파리 꼬임을 막기 위해 양 다리 뒤쪽과 둔부 살점을 잘리고, 주름 잡힌 부분을 절단당하고, 꼬리 잘리기는 필수다. 밍크는 목을 부러뜨려 죽인다. 중국을 비롯한 세계 각지의 열악한 공장에서 살아있는 밍크의 피부와 털을 벗겨내는 끔찍한 동영상을 손쉽게 볼 수 있다. 운동화, 구두, 벨트, 지갑, 핸드백, 가방, 오리털·거위털 파카, 양모 이불 등 인간이 애용하는 피혁, 모피 제품들이 이렇듯 수많은 동물의 생명을 잔혹하게 빼앗은 대가이다.

최근에 동물원과 동물원에 감금된 전시 동물도 논란을 낳고 있다.

동물원은 19세기 초 영국에서 자연과 식민지 지배를 상징하는 시설로 처음 등장했다. 수많은 사람에게 동물원은 현장 체험과 휴식처일지 모르지만, 동물들은 야생과 고향을 떠나 그곳에 감금된 것이다. 몸을 앞뒤로 흔드는 코끼리, 8자 모양으로 움직이는 곰, 원 모양으로 유영하는 돌고래. 동물들의 그러한 행동은 고강도의 훈련 끝에 강제로 습득된 비정상적인 행동이다.

수년 전 반가운 소식이 들려왔다. 아메리카 대륙 중심에 위치한 작은 나라 코스타리카는 전 세계 다양한 동·식물이 군집한 보고(寶庫)의 하나로 꼽히는데, 2013년 코스타리카의 환경장관은 동물원과 보호센터에 살고 있는 60종 400마리 동물을 야생으로 돌려보내기로 했다고 밝혔다. 인간 편에서는 동물원을 보호정책으로 간주할 수도 있지만 동물을 어떤 형태로든 감금하는 것은 결국 올바른 처사가 아니라는 것이 이유였다.[12] 유럽연합(EU)에서도 2008년부터 공장형 배터리 닭장을 단계적으로 없애는 정책을 추진하겠다고 나선 바 있다.

분명하게도 동물들이 처한 비참하고 무서운 현실은 인간의 폭력적이고 소모적인 삶의 방식과 연동된 것이다. 이 낯설고 불편한 현실을 더 이상 외면하지 않으려면 우리에게 적잖은 용기가 필요할지도 모른다. 동물권 시대는 동물에 대한 인간의 사고와 삶의 방식의 근본적인 변화를 요청하기 때문이다.

III. 동물 지배와 인간 중심주의

인간이 동물과 맺어온 관계는 획일적이지 않으며 양가적이고 혼재

된 것이라고 볼 수 있다. 히브리 성서의 첫 책인 창세기에서 채식 및 인간과 동물 간의 조화로운 관계가 언급되기도 하지만 점차 동물 지배와 포식(捕食, predation), 희생제와 관련된 구절이 힘을 얻는다. 그렇다고 해서 동물에 대한 자비와 연민의 목소리가 전무한 것은 아니다. 여러 예언자가 산 동물을 제물로 바치는 것, 동물 학대를 비판했다. 또한 이사야서에서는 평화의 임금이 오실 때 인간과 온갖 짐승이 함께 어울려 살 것이라는 구원의 비전이 울려 퍼진다. 그렇지만 인간이 창조세계의 정점으로 여타 동물을 지배하고 포식할 권한을 부여받았다는 견해가 유대교 안에 널리 자리 잡았다.

고대 그리스 사상에서도 동물에 대한 상반된 태도를 엿볼 수 있다. 가령, 채식주의자였던 피타고라스는 동물에 대한 관심을 촉구했지만(사자[死者]의 영혼이 동물에게 들어간다는 믿음에 입각한 것으로 보인다), 서구 사상의 기틀을 마련한 사람은 노예제도를 옹호한 아리스토텔레스였으며, 그는 자연에 계층적, 목적론적 존재 질서가 있다고 보았다.

> 식물은 동물을 위해 존재하며, 야수는 인간을 위해 존재한다. 가축은 인간에게 사용되기 위해, 또는 식용으로 쓰이기 위해 존재하며, 야생동물은 식용 및 의복과 다양한 도구와 같은 여타 생활 부품으로 사용되기 위해 존재한다. 자연은 어떤 것도 아무 목적 없이, 또는 공연히 만드는 법이 없다. 때문에 자연이 모든 동물을 인간을 위해 만들었다는 것은 부정할 수 없는 사실이다.[13]

그리스도교는 유대교와 그리스의 사유 방식을 결합하고 로마제국의 질서를 기반으로 세워졌다. 정복 전쟁을 일삼은 로마제국 도심에서는 잔혹한 투기 경기가 성행했으므로 죄인, 전쟁포로, 동물 살해는 흔한 여흥 거리였다. 인간 투기장은 4세기 말에 사라졌지만, 동물 살육 관행은 이후에도 존속했다. 새들에게 설교하고 자연 친화적인 영성을 지녔던 성 프란시스코와 같은 이들이 더러 있었지만, 중세 가톨릭의 기류를 조성한 사람은 아리스토텔레스의 철학을 바탕으로 그리스도교 신학을 대집성한 토마스 아퀴나스였다. 『신학대전』에서 아퀴나스는 살인하지 말라는 그리스도교의 계명을 비인간 동물에게 적용할 수 있느냐고 묻고는 그렇지 않다고 대답했다.

> 어떤 사물을 그것이 지향하는 목적을 위해 사용하는 것은 결코 죄가 아니니다. 사물의 질서는 불완전한 것이 완전한 것을 위해 존재하도록 만들어졌다. … 식물처럼 단순한 생명을 가진 모든 것은 동물을 위해 존재한다. 그리고 모든 동물은 인간을 위해 존재한다. 따라서 '철학자'(아리스토텔레스)가 말한 것처럼, 사람들이 동물을 위해 식물을 사용하고, 인간을 위해 동물을 사용하는 것은 아무런 문제가 없다. 또한 인간의 선(善)을 위해 동물을 사용하는 것도 합당한 일이다.[14]

아퀴나스의 시각으로 보자면, 포식할 권한을 가진 존재가 더 완전하고 이성적인 존재므로 '이성이 없는 동물'을 학대하는 것은 문제될 것이 없다. 그는 비이성적 동물에게 자애를 베풀 수 없는 세 가지 이유를 제시한다. 첫째, 비이성적 존재는 선(善)을 소유할 수 없다. 선은 이성적 생물에게만 있다. 둘째, 인간은 비이성적 존재에게 동료 감정을 느낄 수 없다. 마지막으로, 자애란 영원한 행복을 공유할 때 생기는 것이다. 고로 이성이 없는 생물은 영원한 행복을 얻을 수 없다. 따라서 우리는 비이성적인 동물을 '신의 영광과 인간의 이용 목적'에 유익하게 사용할 따름이다. 우리가 칠면조에게 먹이를 주는 것은 칠면조가 허기져서가 아니라 칠면조가 성탄절의 풍성한 식사 메뉴가 될 수 있기 때문이다.

르네상스 시대는 인간의 존엄성을 칭송하며 인간을 우주의 중심으로 복원시켰으나 동물에는 무관심했다. 레오나르도 다빈치는 동물의 고통을 염려하여 채식주의자가 되었다가 친구들의 조롱거리가 되었고, 철학자 조르다노 브루노는 "인간은 무한(無限) 앞에서 개미에 불과하다"고 주장했다가 1600년에 화형을 당했다. 오랜 시간이 흘러 1988년에 와서야 교황 요한 바오로 2세는 사회 문제에 관한 회칙(*Solicitudo Rei Socialis*)에서 다음과 같이 선언함으로써 가톨릭의 강고한 인간 중심주의에 변화를 촉구했다. "창조주가 인간에게 허락한 지배권은 절대 권력이 아니다. 우리에겐 사물들을 '선용하고 악용'할 자유가 없고 이들을 임의로 사용할 자유도 없다."[15]

서구의 동물 지배와 인간 중심적 세계관은 근대 과학의 등장으로 더욱 강화되었다. 동물 생체 실험과 해부학은 기원전 500년 전부터 이어왔지만, 동물 실험이 과학 발전을 위한 중요한 과제로 부상한 것은 17세기 베이컨 시대의 일이다. 그는 1660년대까지 수많은 동물에게 독약 실험을 반복적으로 실행했다. 과학의 발전으로 타인을 괴롭혀 유흥을 즐기던 로마의 관행이 17세기에 잔혹한 동물 실험과 도살로 바뀌었다는 평가는 사뭇 일리 있는 말이다.[16]

베이컨의 과학철학이 실험을 통해 구체적인 사실을 이해하는 귀납적 방법이었다면, 연역적 방법을 취한 데카르트는 의심하고 생각하는 인간의 정신 외의 모든 것을 의심한 결과(코기토 에르고숨) 정신과 육체의 이원론적 분리로 이어졌다. 육체는 운반책('기계')에 불과했다. 데카르트에 따르면 이 세상을 인식하지 못하면서 반응하는 동물의 온갖 신호는 본능일 뿐이다. 개가 짖거나 신음하는 소리는 고통의 표현이 아니라 시계나 자명종 소리처럼 외부 자극에 대한 기계적인 반응이라는 것이다. 그에게 동물은 정신과 사고 능력이 없는 자동 장치, 고통을 느낄 수 없는 기계였다. 데카르트의 그러한 주장은 '동물 기계론'이라고 불렸다.

동물에게 이성이 없으므로 인간이 동물보다 우월하다고 정당화하면서 인간의 이익을 위해 동물 실험을 용인하던 관행은 1957년 탈리도마이드 사건으로 귀결되었다.[17] 동물 실험을 거쳐 투약된 약으로 인해 수많은 기형아가 태어난 일은 동물 실험이 인간의 삶에 필요하다는 기존의 믿음을 송두리째 흔드는 계기가 되었다. 조사 결과에 따르면 탈리도마이드로 인한 기형 증세는 사람과 일부 토끼에서만 발견되었고, 닭, 햄스터, 개, 고양이, 원숭이에서는 나타나지 않았다. 1980년 영국 보건경제청은 동물 실험의 확실한 존립 근거에 의문을 제기하며 그와 같은 실험은 굳건한 과학적 근거보다는 신념에 근거하고 있다는 성명서를 발표했다.

Ⅳ. 동물권과 동물 신학의 등장

인간의 역사는 '타자'로 불리는 존재에게 도덕적 지평을 확장해온 역사였다. 거슬러 올라가면 여성의 평등권 선언 역시 그 역사 속에서 탄생했다. 1792년 페미니즘의 선구자 메리 울스턴크레프트가 『여성의 권리 옹호』를 써서 여성에게도 동등한 권리가 있음을 세상에 알리고자 했을 때, 수많은 사람이 '여성의 권리'라는 이질적인 개념에 냉소와 야유를 보냈다. 케임브리지대학의 어떤 철학 교수는 『짐승의 권리 옹호』라는 책을 익명으로 출간하면서 여성에게 권리가 있다면 동물의 권리도 인정해줘야 한다고 반론했을 정도였다. 우리 모두가 알고 있듯이 그의 차가운 비웃음은 예언자적으로 적중했다! 오늘날 동물은 철학과 윤리, 권리와 법, 종교 등 각 영역의 관심 대상으로 부상했다. 동물에 대한 학계의 관심은 1960년대로 소급된다. 존 해리스(John Harris), 로슬린드 고드로비치(Roslind Godlovitch), 피터 싱어(Peter Singer), 톰 리건(Tom Regan)이 대표적인 동물권과 동물 복지를 주창해왔고, 비슷한 시기에 영국 신학자 앤드류 린지(Andrew Linzey)가 '동물 신학'의 포문을 열었다.

영국의 철학자 피터 싱어는 18세기 영국의 공리주의자 제러미 벤담의 입장을 빌어 동물 해방론을 전개한다. 공리주의란 감각 능력이 있는 한 모든 존재의 쾌락과 고통을 동등하게 고려해야 한다는 도덕적 입장을 말한다. 피부색이 다르다는 이유로 다른 인간을 괴롭혀서는 안 되는 것처럼 다리 개수, 피부 털, 엉덩이뼈의 모양이 다르다고 해서 다른 동물을 학대해야 할 이유가 없어질 날이 올 것이라고, 동물의 이성적 능력이나 언어 능력보다 중요한 것은 그들 또한 고통을 느낀다는 사실이라고 벤담은 미래를 내다보듯이 말했다. 벤담이 생각하기에 어떤 존재가 평등한 배려를 받을 권리가 있음을 결정하는 기준은 쾌락과 고통의 감수 능력에 있다. 비인간 동물도 고통을 느끼는 한 '윤리적 고려 대상'이 되어야 한다.

피터 싱어는 공리주의적 관점에서 인간을 포함한 모든 동물이 평등하다고 강조한다. 남녀평등 사상이 남녀 간의 차이를 부정하지 않듯이 인간과 동물 간의 차이가 동물의 동등한 권리와 배려를 가로막는 장애가 되지 않는다. 동물권과 동물 복지의 문제는 동물의 이익(good)을 인간의 그것처럼 동등하게 고려하는가의 물음이다. 인간의 이익만 옹호하고 동물의 고통은 아랑곳하지 않는 사람들은 종차별주의자(speciesism)이다. 그렇다고 해서 그가 인간과 비인간 동물의 완전한 평등주의를 주장하는 것은 아니다.

인간의 이익과 비인간 동물의 이익이 비슷할 경우 '동등 고려의 원칙'에 따라야 한다는 것이다. 그는 동물의 고통을 최소화하는 사육 방식과 도축을 실행하고 그에 따른 육식만을 용인해야 한다고 주장한다. 즉, 동물을 잔혹하게 다루는 공장식 축산업을 규제하고 윤리적 채식주의를 실현하여 동물의 고통을 최소화하는 것이 그의 대안이다. 비좁은 닭장에서 닭을 해방시키고, 인도적인 도축 방식을 고려하고, 사육 환경을 개선하자는 것이다. 하지만 동물 학대와 폭력을 종식하려면 환경 개선이나 복지 증진만으로는 불충분하고 궁극적으로는 동물의 감금과 자연 수명 단축을 해결하는 데까지 나아가야 한다는 주장도 만만치 않다. 동물사랑실천협회 박소연 대표의 말을 빌리면 "오늘은 돼지우리를 깨끗이 청소하고, 내일은 돼지우리를 완전히 비우자"는 '신복지주의' 개념이 그러하다.

동물 신학의 선구자 앤드류 린지는 영국성공회 신부이자 옥스퍼드 대학교 신학 교수이다. 린지는 전통적 그리스도교 신학과 바르트 신학을 인간 중심주의적 신학이 아닌 동물을 포함하는 신 중심적 신학으로 새롭게 해석하는 데 주력했다. 1974년에 처음 펴낸 『동물권: 그리스도교의 시각』을 필두로 동물권과 동물 신학에 관한 저서들과 다수의 논문을 집필했다. 린지는 무수한 생명체와 동물들이 학대와 폭력에 시달리는 이 시대에 종교가 무엇보다 생명을 경축하고, 생명을 경외하고, 생명에 대해 연민하는 감수성을 회복해야 한다고 역설한다. 그것은 우리 밖에 있는 가치와 중요성을 인정하고 깨닫는 것이다. 그러한 종교라야 인간의 오만함과 인간 중심주의를 넘어설 수 있다. 그는 각 종교를 윤리적으로 시험할 수 있는 하나의 기준이 있다면, 그것은 그 종교가 우리에게 더 사랑하고, 더 자애롭고, 더 연민하는 삶을 살게 하는가의 여부라고 단언한다. 전통적인 기독교 신학은 동물을 윤리의 주변 문제로 치부하고 동물을 인간의 필요를 채우는 대상으로만 여겼지만, 오늘날 확산 추세에 있는 동물에 대한 새로운 윤리적 감수성은 "인간 중심적이고 심지어 위(胃) 중심적인 기독교 사상"[18]을 뒤흔들고 있다.

한편, 린지는 동물에 대한 친절, 책임, 소통을 촉구하는 부분도 성서에 풍부히 담겨있음을 상기시킨다. 하나님은 '모든 살아있는 피조물'과 계약을 맺는다(창 9:9-11). 안식일의 평화는 모든 창조 세계의 목표이다(창 2:1-3). 하나님은 "지으신 모든 피조물에게 긍휼을 베푸신다"(시 145:9). '자기 가축의 생명을 돌보는' 사람은 의인이고 자기 가축에게 '잔인한' 사람은 불의하다(잠 12:10).

창조 이야기에서 하나님은 인간에게 동물을 다스릴 권한을 준 다음, 바로 다음 절에서 인간에게 채식을 명한다(창 1:29). 고로 린지는 우리에게 세상의 만물을 인간의 눈이 아니라 '다른 눈으로' 보라고 권한다. 인간은 만물의 영장임을 자처하면서도, 하나님이 수백만 종, 혹은 수십억 종의 생명과 '여러 개의 눈을 가진 우주'의 창조자라는 사실을 자주 몰각해버린다. 성육신은 단지 인간의 육체에 대한 하나님의 긍정이 아니라 '모든 육체'에 대한 하나님의 긍정이고, 그것은 육체를 가진 모든 피조물을 향한 하나님의 연애 사건이므로,[19] "하나님의 최고의 목적은 인간의 구원이 아닐 수도 있다"는 제임스 구스타프슨의 말을 경청할 필요가 있다.

다른 생물은 개별적인 고유한 가치를 지닌, 하나님의 지으신 동료 피조물이라는 점을 린지는 거듭 밝힌다. 하나님의 형상대로 지어진 우리는 신적인 삶을 살아갈 능력을 위임받았는데, 그 힘은 예수 그리스도 안에서 억눌린 존재들의 고통에 참여하는 겸손하고 희생적인 사랑으로 나타났다. 예수가 고통당하는 피조물과 "우리 가운데 지극히 작은 자"에게 보여준 '관대함의 윤리'(ethics of generousity)[20]를 따라 인간이 다른 피조물 위에 군림하지 않고 그들을 섬기는 종(種)이 될 때, 인간은 지배욕에서 벗어나 만물을 있는 그대로 인정하는 '무위'(無爲)의 영적 규율을 살아가게 될 것이다. 이처럼 앤드류 린지는 각 피조물이 존중받기를 바라시는 창조주의 권리, 곧 '신적 권리'(theos-rights)의 차원에서 동물권을 조망하고 촉구한다. 우리에게 '중요한 타자'[21]인 지각력 있는 동물들의 도덕적 요청을 받아들이고 돌보는 일은 우리의 본성 깊은 곳에 있는 만유를 위한 정의의 바람과 연합하는 일이다.

린지는 이론적 신학자일 뿐만 아니라 동물들의 삶과 죽음, 그들의 고통과 구원에 직접 관여하고 도움을 베푸는 실천적 사제이기도 하다. 그는 주위 사람들의 조롱을 무릅쓰고 『동물 의례: 동물을 위한 예전』(*Animal Rites: Liturgies of Animal Care*)을 펴냈는데, 그리스도인들이 "온 지구에 울려 퍼지는 신적 환희를 듣게" 하려는 목적에서다. 다음에 소개되는 기도문은 엔드류 린지가 맨 처음 집례한 동물 장례식에서 사용한 것이다.

〈순례자 하나님〉

우리와 함께 여행하시는 분
이 세계의 기쁨과 그림자들을 통해
우리와 함께하시고
우리의 슬픔 안에서
우리의 고통을 어루만지소서.
비통함 없이
희망을 가지고
죽음의 신비를 받아들이도록 도우소서.
이 세계의 그림자들 가운데서
삶의 혼란과 죽음의 공포의 한복판에서
당신은 우리 곁에 서 계시며
항상 축복하시고, 늘 두 팔 벌려 안아주십니다.
우리는 이것을 압니다.
살아있는 모든 것이 당신의 것이며
당신께 돌아간다는 것을.
우리가 이 신비를 깊이 생각할 때
당신께서 ㅇㅇ에게 생명 주심을 감사드립니다.
이제 우리는 그/그녀를 당신의 사랑의 손에 드립니다.
온유하신 하나님
당신의 세계는 깨지기 쉽고,
당신의 피조물은 섬세하며,
우리 모두를 낳으시고 구원하시는 당신의 사랑은

값을 매길 수 없습니다.

아멘.[22]

V. 부재하는 지시 대상(absent referent) 되살리기

미국의 페미니스트 작가 캐럴 아담스는 오늘날 서양의 육식 문화가 남성 중심주의와 놀랍도록 유사하게 작동한다는 점을 발견했다. 동물 지배와 과도한 육식 문화가 당연시되는 사회에서는 살아있는 동물이 하나의 고깃덩어리라는 소비 대상이 되고 상품화되는 과정이 지배 문화의 관점과 동일하게 일어나므로 그것이 우리 눈에 제대로 보일 수 없다는 것이다. 그렇게 그 과정은 은폐되고 비가시화된다. '고깃덩어리'(meat)라는 말은 각 동물의 생명과 가치, 살아있는 동물이 죽은 고깃덩어리로 전화되는 모든 과정을 삭제해버리기에 그 말은 부재하는 지시 대상(absent referent)이 된다.[23]

인류 역사 초기부터 성차별, 계급 및 인종주의, 육식 문화는 밀접한 관계에 있었다. 경작 문화가 성장과 재생의 주기와 조화했다면 수렵 문화는 도살과 죽음을 기본 특성으로 삼았다. 육식 중에서도 쇠고기의 붉은 피는 남성다움, 남성의 체력, 공격성, 성욕과 연관된다고 믿었다. 오늘날에도 동·서양 각지에서 가장 좋은 부위의 고기는 항상 남성 '가족 부양자'의 몫이다. 18, 19세기의 아메리카 대륙 이주민들에게 쇠고기 소비는 계급 상승과 강력한 국수주의의 상징물이었다. 근대에 "음식 섭취는… 사회적 차별의 수단이자 계급 불평등의 구현물"이었다 (레슬리 고프턴).

고기야말로 스테미나의 원천이라고 포장하는 현대의 동물 포식과 육식 문화는 이윤과 힘의 논리에 고스란히 포획되었음에도 그 잘못된 편견과 신화에서 벗어나기 힘들게 만드는 비가시적인 지배 시스템의 대표적인 유형이다. 공장식 축산농장 혹은 동물 밀집 사육시설에서 사람이 375g의 동물성 단백질(즉, 고기)을 섭취하려면 송아지에게 7,875g의 단백질을 먹여야 하고, 결국 사람이 얻는 단백질은 투입량의 5%에 불과하다는 실체적 진실은 화려하고 보기 좋게 포장된 고기 식품에서 은폐되어 부재할 뿐이다.

오늘날 동물권 문제는 온 생명의 평화와 회복을 바라는 신적 요청이다. 점점 더 정교해지고 비가시화되는 동물 지배와 인간 중심주의, 육식을 조장하는 지배 문화, 그것을 뒷받침하는 교회의 지배적 신앙과 신학을 깊이 자성하고 생명을 살리는 새로운 지혜에 우리를 개방할 때이다.

탐사 저널리즘의 시선으로 본 코로나바이러스(Covid-19)의 기원*
— 두 개의 시나리오

송순재

감리교신학대학교 은퇴 교수

1

보통 한 해가 저물고 새해를 맞게 되면, 사람들은 한 해를 넘기는 자정을 기점으로 타종을 하고 여기저기 모여 서로서로 잔을 부딪치며 때로 불꽃놀이도 하고 복 많이 받고 모든 일이 잘되기를 기원한다. 이 광경을 보고 있노라면, 정말 새해에는 좋은 일만 있을 것 같이 느껴진다. 하지만 지난해에는 나쁜 일만 있었고, 오는 해에는 좋은 일만 있을

* 이 글은 학술논문과는 거리가 먼 무형식의 주관적인 글이다. 언론 매체의 기사를 다룬 주요 부분에 있어서는 강미은 교수(숙명여대 미디어학부)가 '강미은TV 방구석 외신'에서 2023년 1월부터 2023년 3월 15일 현재까지 제시한 일련의 정보 자료에 의거, 여기에 제시된 원자료들과 또 그것과 연관된 다른 자료 중 의미 있는 부분들을 찾아 이 글의 취지에 맞게 논지를 편 것임을 밝혀둔다. 글 전체, 인용 자료의 출처는 일일이 밝히지 않고, 마지막 참고문헌에서 해당 장별로(1~8장) 제시하되 내용 전개의 순서를 따랐다.

것이라고 믿는 사람은 없다. 왜냐하면 지난해에도 밝고 좋은 일들이 있었고, 새해에도 어둡고 나쁜 일들이 있을 것이기 때문이다. 그런 식의 새해 축하 인사는 어쩔 수 없는 운명의 흐름 속에서도 서로서로 잘 살아내기를 바란다는 소원의 순진한 표현인 셈이다. 코로나바이러스 팬데믹이 발생한 2020년 새해는 그렇게 시작되었다.

이 사태가 발생했던 초기, 적어도 서구 문명권에서는 이것을 자신들과는 무관한 제3세계에서나 발생할 수 있을 법한 일로 가볍게 보아 넘겼다. 하지만 이것이 그들도 피해 갈 수 없는 세기적 대재난이라는 사실을 인지하기까지 시간은 그리 오래 걸리지 않았다. 지난 3년간 세상이 맞닥뜨렸던 이 사태는 독일의 앙겔라 메르켈(Angela D. Merkel) 전 총리가 지적했듯이 제2차 세계대전 이후 인류가 겪게 된 최대의 재앙 바로 그것이었다. 그동안 세계 전체를 덮친 대재앙의 크기나 그 처방과 대처를 놓고 벌어진 혼란과 갈등, 국제 보건 영역과 정치 지형에서 일어난 논쟁과 대결 구도의 극단적 양상은 현대 인류 문명의 실상을 밑바닥까지 그대로 보여주었다. 상황이 발생한 지 대충 1년이 지난 시점인 2021년 1월을 기준으로 확진자와 사망자 현황을 돌아보니 당시 세상이 하루하루 얼마나 절박한 상황에 내몰리고 허둥댔는지 기억이 생생하다.

이중 유독 한국 등 몇 개 국가만이 유능하게 대처한 것으로 평가되었다. 단 아시다시피 중국과 일본 등 몇몇 통계치는 믿을만하지 못하다는 세간의 평가가 있었음을 짚어둔다. 만일 한국이 없었다면 이 세계적 재난의 크기는 상상할 수조차 없었을 것이라는 평도 있다. 우리나라의 경우, 인상적인 점으로 방역 전담 기구의 효율적 운영, 수준 높은 의료 기술과 운영 체제, 디지털화된 방역 시스템, 건강보험제도 등, 그뿐만 아니라 시민사회의 힘도 거론되었다.

2021년 1월 12일 오전 1:33 현재 219개 국가 현황

#	국가	확진자 수	사망자 수	1,000,000명 당 확진자 수	1,000,000명 당 사망자 수
1	미국(332,034,477)	23,139,491	385,260	69,690	1,160
2	인도(1,387,197,365)	10,479,913	151,364	7,555	109
3	브라질(213,361,968)	8,133,833	203,617	38,122	954
4	러시아(145,967,845)	3.425,269	62,273	23,466	427
5	영국(68,075,660)	3,118,518	81,960	45,810	1.204
6	프랑스(65,350,478)	2,786,838	68,060	42,644	1,041
8	이태리(60,414,339)	2,289,021	79,203	37,889	1,311
9	스페인(46,764,440)	2,111,782	52,275	45,158	1,118
10	독일(83,926,610)	1,941,119	42,097	23,129	502
31	스웨덴(10,132,733)	489,471	9,433	48,306	931
33	스위스(8,688,235)	484,506	8,364	55,766	963
40	일본(126,269,452)	286,752	4,044	2,271	32
53	덴마크(5,803,062)	182,725	1,597	31,488	275
82	중국(1,439,323,776)	87,536	4,634	61	3
86	**한국(51,292,718)**	**69,114**	**1,140**	**1,347**	**22**
88	싱가포르(5,874,768)	58,929	29	10,031	5
167	뉴질랜드(5,002,100)	2,222	25	444	5
181	타이완(23,839,752)	834	7	35	0.3

(출처: Worldometer)

누계: 확진자 91,301,079명 / 사망자 1,952,164명 / 완쾌된 자 65,270,395명

하지만 한국의 방역 체계를 두고 서구 사회 일각에서 진지하게 제기된 문제가 있었다. 추적 앱이 개인의 자유와 인권을 침해하는 것이 아니냐는 것이다. 여기에 대해 "생존이 불가능하다면 자유와 인권도 불가능하다. 팬데믹은 전시상태로 특수한 시기에 한정된 부득이한 방법이다"라는 반론이 한국에서 동시에 제기되었다. 아직 인상에 남는 것은 서구 사회가 그 처참한 난국에도 불구하고 여전히 자유와 인권 문제를 예민하게 제기하고 있었다는 점이다. 이들은 종종 영국의 소설가 조지 오웰(George Owell)이 전체주의의 극단적 상태를 상상하며 쓴 미래 소설 *Ninteen Eighty-Four*(1949)과 결부 지어 문제를 제기했다. 상황 통제를 위해 우리처럼 추적 앱을 도입한 나라들이 한국과 같은 성과를 거두지 못했던 이유는 추적 앱을 우리와는 다른 그런 정신적 조건 때문에 제한적으로 사용하도록 조정했기 때문이라는 지적도 있다. 우리나라에서는 그러한 지적이 (생존이라는 절체절명의 과제 앞에서) 납득하기 어렵고, 조지 오웰의 예견은 적용하기 어렵다는 의견이 다수였기는 했지만, 그럼에도 서구 사회가 계몽주의 시대 이래 발전시켜 온 '자유와 인권'이라는 문제를 핵심 가치로 여기며 어떻게 일상을 영위하고 있는지에 대해 새삼 생각해 볼 수 있는 기회가 되었다. 우리 관계 당국이 추적 앱을 도입한 후 함부로 침해할 수 없는 사생활 영역 문제에 새삼 경각심을 갖고 그 기재 사용에 일정한 제한을 가하게 된 것이나, 이후 선제적 방역을 위해서 '익명 검사' 방법을 도입한 것도 이러한 분위를 감안한 것이라 할 수 있다.

상황이 발생한 지 3년이 지난 시점인 2023년 3월 13일 현재, 전 세계 통계치는 이러하다.

확진자 677,229,315**명** | **사망자** 6,807,353(+42)**명** | **발생국** 230**개국**
(https//:coronaboard.kr)

사망자는 2년 전 200만 명 수준에서 5백만이 증가한 수치인 거의 7백만 명에 이르는 수치이다. 이 어마어마한 결말을 뒤로 하고, 이제 사태는 전 세계적으로 진정세를 보이고 있다. 향후 그 대처 방안에 대한 물음도 서서히 답을 찾아가는 모양새이다.

하지만 여전히 캄캄하게 남아있는 것은 그 기원에 관한 것이다. 실상 그 논의는 극히 최근에 이르기까지 계속 표류해 왔다. 초기부터 그리고 이후 간헐적으로 열띤 논쟁이 있었지만 두 가지 가능성, 즉 자연발생설과 실험실 유출설을 놓고 피곤한 줄다리기가 계속되었다. 이건 결국 이렇게 흐지부지 묻혀 버리고 말 것인가! 그러던 중 새해 들어 새 국면이 나타나기 시작했다. 눈길을 끌기에 충분한 상황 전개라 좀 더 자세히 들여다보고 싶었다.

2

나도 다른 사람들처럼 코로나바이러스가 발생하고 팬데믹 상황으로 넘어갔을 때 대관절 그 진원지가 어디인가를 두고 고심을 거듭했다. 하지만 그때마다 다른 사람들처럼 답 없는 물음 속에 함몰되었다. 사태의 대강을 접하게 된 후 이것이 과연 밝혀질 수 있는 문제인가 하는 것이 세간의 평이었다. 진원지로 지목된 중국 우한의 화난 시장이나 우한 바이러스 연구소라는 현장에 대한 신속하고도 개방적인 접근이 차단되어 있었을 뿐 아니라, 이 사태 앞에서 일차적 책임을 지닌 WHO

도 중국을 감싸고 도는 듯한 태도마저 보일 정도로 아주 미심쩍게 처신했기 때문이다. WHO가 국제적 압력에 못 이겨 중국 우한 연구소에 조사단을 파견했을 때는 이미 초기 자료는 없어졌고 진정한 정보를 제공해줄 만한 연구원들 역시 사라져버린 후였다. 그런데도 사무총장 테드로스 게브레예수스(Tedros Adhanom Ghebreyesus)은 중국의 시진핑이 투명한 조사를 위해 적극적으로 협조했다고 공언했다. 이런 조건 하에서 과학적 연구나 조사 활동이 이루어진다면 과연 어느 정도 설득력을 가질 수 있을 것인가?

그럼에도 국제적으로 특히 미국 내에서 이를 밝히기 위한 시도는 꾸준히 있었고 관점의 차이에 따라 격렬한 논쟁이 벌어졌다. 그것이 자연발생이라면 지금까지 줄곧 제기되어왔던 환경 파괴와 기후 변화 문제로 귀결 지을 수 있으니 해결의 실마리는 비교적 간단히 찾아낼 수 있을 것이다. 하지만 실험실에서 유출되었다면 문제는 복잡해진다. 그 유출이 실수에 의한 것인지 의도적인 것인지도 의문이지만, 실수이든 의도이든 대관절 왜 그런 걸 생산하려 했는지에 관해 논의가 분분할 것이고 물음 또한 집요하게 제기될 것이다.

한편 과학적 논쟁으로 설득력 있는 결론에 도달하기 어려울 것이라는 또 다른 목소리도 있었다. 제약회사와 의학계와 생물학계와 공무원과 정치인들 사이에 얽혀 있을 법한 유착관계 때문이다. 만일 과학자들이 어떤 거대 제약회사로부터 연구비나 로비를 받았다면 그들은 얼마든지 사실을 비꼬아서 결론을 내릴 준비가 되어 있을 것이다. 만일 언론 매체가 후원을 받았다면 보도를 하지 않거나 왜곡 보도를 할 준비가 되어 있을 것이다. 또 공무원들이 퇴임 후 자주 거대 제약회사의 임원으로 재취업을 하는 구조를 미리 인지하고 있다면 제대로 된 감독을 하지 않을 것이며, 오히려 제약회사를 기꺼이 변호하거나 보호해 주려 할 것이다. 또 정치인들이 이 카르텔 속에 들어있다면 문제를 밝히기 위한 논의가 더 이상 진행되지 않도록 권력을 행사할 것이다.

만일 이런 식으로 과학이 다른 요인들에 의해 잠식당하는 게 현실이라면 일단은 과학적 조사 활동보다는 내부고발자의 목소리나 수사 활동에 더 무게를 두는 편이 나을 것이고, 그렇다면 그 한 방편으로 언론 매체들, 그것도 주류 언론사보다는 탐사 저널리즘의 목소리를 수신하며 나름 상황을 정리해 보는 것도 좋지 않을까 생각해 보았다.

3

앞에서 말한 여러 가지 이유로 나는 사태 발생 초기에 맨 처음 자극적 단초를 제공한 옌리멍 박사의 목소리를 경청하였다. 그녀는 중국 홍콩대학교(HKU, University of Hong Kong) 공공위생학원 실험과학부의 연구원으로, 중국 정부의 요청에 따라 홍콩대가 수행한 비밀 조사 과정에 참여하였던 인물이다. 그 과정에서 그녀는 이 바이러스가 우한 바이러스 연구소에서 인위적으로 만들어진 것이라는 결론을 내렸다. 그리고 이를 공개하려 했으나 동료들의 반대에 부딪혀 결국 반중 유튜버 채널을 통해 자신의 시각과 주장을 공개했다고 한다. 하지만 더 이상 진전은 없었고, 이후 홍콩보안법의 시행에 관한 소식을 접하게 되었을 때 위험을 느낀 옌 박사는 2020년 4월 말경 급히 미국으로 거처를 옮겼다.

중국 정부는 칭다오에 있는 그녀의 집을 수색하고 부모를 통해 귀국을 종용했다고 한다. 하지만 그녀는 FBI의 신변 보호 하에 지내다가

7월 12일 '폭스 뉴스'와 4시간에 걸쳐 진행된 인터뷰에서 자신의 주장을 상세히 밝혔다. 그녀는 그동안 8차례나 협박 전화를 받았고, 심지어 시진핑이 직접 백악관에 전화까지 걸었음을 폭로했다.

이 인터뷰에서 옌 박사는 중국 인민해방군 바이러스 연구소가 박쥐에서 분리한 바이러스를 변형시켜서 SARS-CoV-2를 만든 것으로, 이 바이러스가 백신이나 치료 약을 개발하기 위한 것이 아니라 생물학 무기를 만들기 위한 것임을 주장했다. 옌 박사는 보통 학자라도 SARS-CoV-2의 유전자 서열을 보면, 사스의 특징에 기타 치명적인 기능이 합쳐진 것을 한눈에 알 수 있음을 지적했다. 이후 그녀는 한 달 후인 8월에 「폭스 뉴스」(*Fox News*) 외에도 「데일리 메일」(*Daily Mail*) 등과의 인터뷰에 응하였으며, 여기서 Covid-19가 2019년 12월 말 사람들 사이에 전염되었으며, 이 상황에서 2019년 12월 말에서 2020년 1월 사이에 그 위험성에 대해서 상사에게 알리고자 했다고 진술했다.

옌 박사는 미국으로 피신한 후 2020년 9월 14일 그에 관한 논문을 발표하겠다고 선언하고, 그 후 한 달 만인 9월 14일, 3명의 공동 연구자와 함께 출판 전 논문(Preprint, 동료 평가를 거치지 않은 예비 연구 논문)을 발표하고 2021년 3월까지 연속해서 3편의 논문을 발표했다. 논제는 "코로나바이러스가 자연 진화보다는 수준 높은 연구소에서 조작되었음을 시사하는 게놈의 일반적이지 않은 특성과 가능한 조작 방법에 대한 상세 기술"로, 목적은 Sars-CoV-2가 "동물로부터 자연적으로 흘러나온 것"이 아니라 실험실에서 생산된 것임을 논증하는 데 있었다고 한다.

이 논문은 공중보건 영역의 제노도 플랫폼(Zenodo platform)을 통해 누구나 읽을 수 있도록 되어 있었기에 공적 영역에서 빠르고 널리

퍼져 나갔으며 공개한 뒤 하루 만에 1만 건의 리트윗이 있을 정도로 그 파급력이 대단하였다.

하지만 옌 박사의 주장은 논문의 타당성과 방법상의 부실함, 공동 연구자들의 가명, 동료 평가를 거치지 않은 채 발표된 출간 이전 논문이라는 지적과 정치적인 목적으로 제공된 미공개 연구비 등의 이유로 다른 생물학자들에 의해 비과학적인 과학 혹은 쓰레기 과학으로 평가절하되었다.

이 점에 대해 나는 옌 박사 연구팀이 무엇보다 다른 일반 과학자들이 누리는 충분한 연구 환경이 아니라 매우 제약된 조건 속에서 연구를 진행했으며, 그 결과도 공식 저널에 게재하기 위해서 반드시 거쳐야 하는 중국의 검열제도를 피해서, 즉 최종 출판권을 포기하는 대신 공공의 이익을 위해 출판 전 논문을 발표하는 제도를 통해서 자신들의 견해를 밝혀야 하는 한계를 안고 있었음을 지적하고 싶다.

아울러 그 연구 결과가 과학자들에 의해 공정하게 다루어졌는지에 대해서도 나는 확신할 수 없다. 그 이유는 상황으로 보아 여기에는 과학 외적 요인, 이를테면 제약회사와 과학자들 간에 모종의 유착관계 같은 것이 있었으리라는 의혹을 떨쳐버릴 수 없기 때문이다. 유감스럽게도 그럴 가능성은 시간이 경과할수록 더욱 높게 나타나 보인다.

그러기에 나는 과학적 평가와는 별도로 옌 박사가 시종일관 표명해 온 주장에 유의하고 싶다. 과학 외적인 이유 때문으로 그녀의 주장이 그녀가 중국과 홍콩에서 직접 경험하고 보고 들은 이야기와 동료나 상사와의 대화를 전제로 한 것이라는 점에 상당 부분 시각을 같이 맞추어 볼 수 있기에 그렇다. 이런 상황에서는 직접 경험에 입각한 '증언'이 더 유효하고 결정적일 수 있지 않겠는가? 그녀는 이 맥락에서 중국 정부와 세계보건기구가 사람 간 전염에 대해서 공개적으로 밝히기에 앞서 이미 그 사실을 알고 있었음과 동시에 중국 정부에 의해 그녀의 연구나 그런 방향의 다른 연구들이 제 목소리를 내지 못하도록 억제당했음을 밝히기도 했다. 옌 박사를 과학자로서뿐 아니라 '내부고발자'로 보면 문제는 달라진다. 옌 박사는 시종일관 그 뜻을 굽히지 않았으며 2023년 2월 27, 28일에 다시 동일한 입장을 표명하였다.

4

2023년 새해 들어 옌 박사 연구팀의 목소리를 강화시켜 주는 매우 폭발력 있는 사건 하나가 터졌다. 탐사 저널리즘으로 저명한 프로젝트 베리타스(Project Veritas)의 활동에 의한 것으로, 이 매체는 제약회사 화이자의 코로나바이러스 실험과 백신 개발을 둘러싼 은밀한 행위와 거래 문제를 다루면서 동시에 그 맥락에서 바이러스의 기원까지 추적할 수 있는 단서를 찾아냈다. 베리타스는 취재 결과 비디오를 2023년 1월 25일 자사 홈페이지에 게시했다.

여기에 「폭스뉴스」의 저널리스트 터커 칼슨(Tucker Carlson)이 가세했다. 사건 전모가 2023년 1월 28일 그의 트위터에 게시된 후 사건은 엄청난 규모로 증폭되어 전 세계로 펴져 나가는 중이다. 게시 글의 표제어는 다음과 같다.

> "프로젝트 베리타스는 방금 화이자 경영진 임원 한 사람이 화이자가 이윤을 창출하기 위해 어떻게 프랑켄슈타인식 과학을 이용하여 COVID를 변이시키고 또 연구 방법을 위반하면서까지 비밀리에 수행하는가에 관해 뽐내며

큰소리를 치는 장면을 잠복 취재하여 밝히는 비디오를 공개했다."

이야기를 털어놓은 것은 화이자 제약회사의 고위 임원인 조던 워커(Jordon T. Walker, '연구&개발' 전략 수립, mRNA과학기획 부서 책임자: Pfizer Directer of Research and Development 'Strategic Operations and mRNA Scientific Planning')로, 인터뷰를 위해 기자가 만난 장소는 어떤 식당이다. 이야기는 술 마시는 장면을 배경으로 진행되었으며, 대화는 은밀히 동영상으로 녹화되었다. 짧은 시간이지만 이야기는 제약회사의 변이 바이러스 생산, 변이시키는 방법, 바이러스로 백신을 만들어 돈 버는 방법, 관리 감독 공무원과 제약회사 간의 회전문 인사, 주요 언론사가 침묵하는 이유, 우한 바이러스 연구소와 바이러스의 기원 등 결정적으로 중요한 주제들을 담고 있다.

조던 워커의 진술에 따르면 현재 발생하고 있는 변이 바이러스는 한마디로 제약회사의 생산품이라는 것이다. 그는 이렇게 바이러스를 변이시키는 것을 유도진화 연구(Directed Evolution Research)라 하면서 이것을 기능획득 연구(Gain of Function Research)와는 구별 짓고 있다. 우한 바이러스도 그냥 터져 나온 게 아니라 인위적 조작과정을 통해서 생산되다가 실험실에서 유출된 것이며, 지금도 계속 변이 바이러스가 나오는 이유는 여기에 특정한 실험실을 운영하는 기업체 혹은 제약회사가 관여하고 있기 때문이라는 것이다. (유도진화란 자연 선택의 과정을 모방하여 연구자가 의도하는 방향대로 단백질이나 염기 서열을 변화시키는 기술을 뜻하고, 기능획득이란 유전자 생성물의 생물학적 기능을 향상시키기 위해 유기체를 유전적으로 변경시키는 기술, 이를테면 특정한 동물들 사이에서만 존재하는 바이러스가 인간에

게도 감염이 될 수 있도록 하는 기능을 새로 획득하도록 하는 기술을 뜻함)

워커는 변이 실험 과정도 소개하고 있다. 바이러스를 원숭이에게 주입한 후 원숭이들로 하여금 서로 감염시키도록 하고, 그다음 원숭이에게서 시리얼 샘플을 채취해서 그중 가장 감염을 잘 시키는 바이러스를 골라내어 이것을 또 다른 원숭이에게 주입시키는 식으로, 그렇게 하면서 계속 변이를 더 많이 만들어 낸 다음 그 결과를 가지고 거기에 맞추어 계속 백신을 만들어 낸다고 한다.
그 이야기를 들은 기자가 놀라워하면서 "그거 참 엄청나게 좋은 비지니스 모델이 아닌가" 하면서 그게 "자연에서 그런 일이 일어나기 전에 자연을 컨트롤 하는 건지" 질문을 던지니까, 워커는 "바로 그거라고" 맞장구를 치는 것으로 장면은 끝난다.

동영상에 의하면 화이자는 이 가공할 만한 일을 벌이고 있고, 워커가 여기에 주로 관여되어 있는 것으로 나온다. 그렇게 해서 회사는 엄청난 이윤을 챙기고, 이를 위해서라면 무고한 시민, 순진한 다른 나라 혹은 세계의 운명 따위는 전혀 신경 쓰지 않는다고 한다. 중국의 우한 바이러스 연구소가 이런 식으로 어떤 정체불명의 사업에 관여되어 있었음도 내비치고 있다.

워커는 끄트머리에서 순간 자기 이야기가 녹화되었다는 사실을 알게 되었을 때 당황한 나머지 자기 이야기는 그냥 슬쩍 꾸며낸 것이라고 둘러대는가 하면, 녹화 영상을 빼앗으려 몸싸움을 벌이지만 무위로 끝난다.

터커 칼슨은 이 비디오 영상을 보고, 가공할만한 내용의 사실 여부—

문제가 된 이 인물(워커)이 해고되었는지 해고되었다면 언제 그랬는지에 관해서—를 확인하기 위해 화이자와 인터뷰를 시도했지만, 확인 불가 답을 받았을 뿐임을 보도하였다. 그는 이 상황도 트위터에 올렸다. 여기서 칼슨은 거대 제약회사들이 예전보다 훨씬 강력한 힘을 가지고 활동하고 있음을 워커의 말을 인용하여 밝히려 했다. 요는 회사가 이윤을 위해서 바이러스를 조작해서 변형시키고 이를 통해 미리 새 백신을 만들어두려 한다는 것이다. 그는 화이자가 기능획득실험은 안 하고 유도진화실험만 했다고 하지만 이건 사실 말만 살짝 바꾼 것이고, 실제로는 그렇게 한 것으로 간주한다. 그는 이것은 사실 확인이 필요한 문제이긴 하겠지만, 실제 그 여부를 알려면 돈이 어디로 흘러가는지 보면 알 수 있을 것이라 넌지시 제언하고 있다.

5

앞에서 소개한 것은 어디까지나 탐사보도로 사실 확인을 위해서는 별도의 객관적 검증 절차나 추가 조사가 있어야 할 것이다. 중국으로부터 나오는 반응도 살펴보고 화이자로부터도 좀 더 심도 있게 이야기를 들어보고 사실 여부를 전체적으로 따져봐야 한다. 그런 방향에서 미 상원의 마르코 루비오(Marco Rubio) 의원이 취한 행동은 꽤 의미 있어 보인다. 프로젝트 베리타스의 탐사보도와 터커 칼슨의 분석 기사를 접한 그는 최근 프로젝트 베리타스가 제기한 문제를 조사하는 차원에서 화이자의 CEO인 앨버트 불라(Albert Bourla)에게 다음 여섯 가지 항으로 된 질의서를 보냈다.

불라 박사님 귀하

1. 화이자는 현재 코비드 바이러스 변이 연구를 진행하고 있습니까? 그게 아니면 그런 계획을 가지고 계십니까?
2. 화이자는 변이 바이러스가 광범위하게 퍼지기 전에 새로운 백신을 개발할 목적으로 '기능획득' 연구나 '유도진화' 연구에 의한 코비드 사스 코비드-2 바이러스(SARS-CoV-2) 변이 연구를 지속할 의도가 있으십니까?
3. 화이자는 이 같은 연구를 관리 감독하는 연방정부 공무원과 연관되어 있습니까? 그렇다면 그 이름과 기관을 제출하십시오.
4. 화이자는 변이된 바이러스가 실험실에서 유출되어 일반 대중이 감염되지 않도록 어떤 조치를 취하고 있는지 밝히십시오.
5. 화이자는 이 연구에서 다른 바이오 제약회사들과 공동연구를 하고 있는지 밝히십시오. 만일 그렇다면 해당 제약회사 명단도 제출하십시오.
6. 귀 제약회사는 앞으로 이런 바이러스(SARS-CoV-2) 백신 관련 변이 연구를 중단할 건지 입장을 밝히십시오. 그와 유사한 위험한 연구가 우한 바이러스 연구소에서 발원하여 지구 전체에 퍼졌다는 충분한 증거가 있습니다.

루비오 의원 사무실은 이 조사를 진행하려는 근거로 코비드 백신을 개발하는 데는 미국 국민의 엄청난 세금이 들어가므로 화이자는 그들의 연구 내용과 의도에 대해서 투명하게 밝힐 의무가 있음을 지적했다. 질의 내용으로 볼 때, 그는 형식상으로는 질의는 하고 있지만 내용으로 볼 때는 실상 화이자가 독자적으로 또한 다른 제약회사들도 이런 실험 연구에 관여되어 있으며, 연방정부의 공무원들과 유착되어 있다는 강한 의혹을 기정사실화하고 있음을 인지할 수 있다. 질의의 핵심은

다음 두 가지이다:

— **화이자는 기능획득 연구를 진행하고 있으며, 향후 발생할지 모를 변이와 싸울 수 있는 추가적이며 더 잠재적인 변이를 변이와 백신을 생산하기 위해 SARS-CoV-2 virus 변이에 관한 유도진화 연구도 진행하고 있다.**

— **기능획득 연구와 흡사한 이런 유형의 연구는 오랫동안 논쟁거리가 되어왔으며, COVID-19 팬데믹의 원인으로 의심받고 있다.**

코로나의 기원 문제는 여기서 백신 개발이라는 확장된 맥락에서 다루어지고 있다. 질의서의 답변 내용에 따라 더 폭넓은 차원의 조사와 나아가 청문회 같은 공론화 과정이 도입될 수 있을지 여부를 알 수 있을 것이다.

6

엔리멍 박사의 주장이 내부고발에 해당한다면, 프로젝트 베리타스나 마르코 루비오 의원의 행동은 조사 활동에 해당한다. 여기서 다음 '러블뉴스'의 탐사보도는 문제에 관한 나의 추정을 꽤 흥미롭게 더 자극하였다.

'러블뉴스' 대표인 에즈라 레반트(Ezra Levant)와 기자 아비 예미니(Avi Yemini)는 2023년 스위스 다보스에서 열린 세계경제연례 포럼(Annual Meeting 2023 – World Economic Forum at Davos)에서 화이자 CEO에게 스턴트 인터뷰를 시도하여 유튜브에 게시했다(2023년 1월

28일).

Levant: 불라 사장님, 한 가지 질문드릴 수 있을까요? 백신이 바이러스 확산을 막지 못한다는 걸 언제부터 아셨죠? 그것을 공개적으로 밝히기 전 알게 된 게 언제부터죠?

Bourla: 감사합니다.

Yemini: 제 질문인즉슨, 백신이 확산을 막지 못한다는 것을 우리가 알게 되었다는 겁니다. 그런데 그 사실을 숨기신 거죠?

Bourla: (답변하지 않는다)

Yemini: 당신은 처음에는 100% 효과가 있다고 했는데, 그다음에는 90%, 그다음에는 80%, 그다음에는 70%로 점점 줄더니 이제 우리는 백신이 감염을 막지 못한다는 사실을 알게 되었잖아요. 그 사실을 왜 숨겼나요?

Bourla: 좋은 날 되십시오.

Levant: 답을 듣기 전까지는 좋은 하루가 될 수 없습니다. 백신이 바이러스를 막지 못한다는 사실을 왜 숨겨오셨나요?

Bourla: (묵묵부답)

Yemini: 전 세계에 사과할 시점이지 않은가요? 효과가 없는 백신에 엄청난 돈을 쏟아부은 나라들에게 환불을 해줄 때가 오지 않았나요? 무용지물인 백신 말이예요.

Yemini: 지난 몇 년간 해 오신 행동을 부끄러워하지 않으시네요. 자 이제 사람들에게 사과하세요.

Bourla: (기자의 얼굴을 쳐다보지만 아무 말도 하지 않는다.)

Levant: 자랑스러우신가요? 어려운 사람들을 등쳐서 수십억 달러를 벌었는데 일반사람들을 등쳐먹으셨고, 억만장자로 거리를 활보하고 다니는 기분이 어떠신가요? 전 세계, 영국, 호주, 캐나다의 보통 사람들을 등쳐 먹으셨잖아요. (불라는 묵묵부답으로 계속 걸어간다.)

Yemini: 요트를 타고 있을 때 무슨 생각을 하시나요? 전용기를 타고 가실 때는요? 제품의 신뢰성에 대해 걱정하시나요. 심근염에 대한 염려는 하시는지요? 그렇지 않으면 급사는 어떤가요?

Yemini: 최근 젊은이들이 매일같이 심장마비에 걸려 급사하는 현상은 어떻게 생각하시는지요? 왜 이같이 간단한 질문에 대답을 하지 않으시나요?

Levant: 사과를 안 하시네요? 어디 신고를 하거나 도움을 청해야 할 것 같은데요. 이런 범죄적인 행위에 분명 가담하셨는데요. 개인적으로 백신으로 얼마나 버셨나요. 사람들이 부스터를 얼마나 더 맞아야 본인의 수입에 만족하실까요? (불라는 대답 없이 계속 걸어간다.)

Levant: 그렇지 않은가요? 여기(다보스)에서 비밀리에 만난 사람이 누구죠? 밝혀주시겠어요? 커미션은 누구에게 지불했죠? 과거에 화이자에서 허위광고로 23억 달러 벌금을 낸 적이 있죠. 사기 치는 마케팅으로 좋습니다. 그때와 같이 다시 하시는 건가요? 당시 허위광고 때처럼 지금도 조사를 받고 계시나요? (불라는 대답 없이 계속 걷는다.)

Levant: 전 세계 어디서든 어떤 제품이 작동하지 않으면 약속한 대로 환불을 받게 되어 있습니다. 전 세계 대부분의 국가들이 당신의 효과 없는 백신에 수십억 달러를 들였는데 환불을 해 줄 생각이 없으세요. 당신은 당신에게 친화적인 미디어에만 익숙하신가요? 그래서 질문에 어떻게 대답해야 하는지 모르시나요?

Yemini: 창피한 줄 아세요.(불라는 대답 없이 계속 걷는다.)

CEO 불라가 그에게는 참 황당하고 심지어 모욕적일 수 있는 질문들에 대해 단지 "감사합니다"라 하거나 '묵묵부답으로' 대신하거나 "좋은 날 되세요"라고만 답하고 현장에서 사라지는 모습이 눈길을 끈다. 상대할 가치가 없다고 생각했거나 수양이 많이 되었거나 갑자기 정곡을 찔렸기 때문에 당황하여 답변이 궁했기 때문이었거나… 여하튼 그중 하나일 것이다.

실상 일부 제약회사가 인류의 보건이 아니라 돈에 우선권을 두고 있음으로 해서 비윤리적이거나 심지어 범죄행위에 연루되어 있다는 점에 대한 세간의 평은 오래전부터 있었다. 이를테면 다음 기사가 보여주듯….

"백신 매출만 44조 원. 화이자, 바가지 상술로 돈방석" 비판
(「연합뉴스」 2022년 2월 9일)

화이자의 2021년 매출은 813억 달러(약 97조 4천억 원)로 이는 그 전년에 비해 두 배에 달하는 액수이며, 이 중 코로나-19 백신 매출은 368억 달러(약 44조 1천억 원)에 달했다. 순이익만으로는 220억 달러로 전년(91억 달러)에 비해 두 배 이상의 실적을 올렸다. 아울러 코로나-19 복용 치료제인 팍스로비드 2022년 매출액을 220억 달러(약 26조 4천억 원)로 예상하였고, 백신은 전년에 비해 10억 달러 더 많은 320억 달러로 잡았다. 화이자의 매출액은

어떤 국가들의 국내총생산(GDP)보다 더 많은 것으로 세계 66번째 국가 수준에 해당하며, 코백스(COVAX, 국제 백신 공동 구입 프로젝트)가 지구촌에 백신을 고루 공급하는 과정에서 자금난에 몰려 긴급 수혈을 호소한 현금 52억 달러는 실상 화이자의 백신 매출의 7분의 1에 불과한 수준이었다.

이 매출액을 위 '러블뉴스'의 탐사보도 내용에 비추어 보면 나름 으스스하고 공포스런 느낌을 지울 수 없다. 사실 이러한 정도의 매출액은 실상 공공 보건 체계를 상대로 소비자들에게 돈을 뜯어낸 부도덕한 행위를 뜻하는 것이 아닐까? 백신 개발을 위해 미국이나 독일 정부 혹은 유럽투자은행에서 막대한 지원금을 받았음에도 그들은 왜 다른 나라에 기술 공유나 백신 공급의 길을 차단하는가? 어떤 나라에는 백신을 저렴하게 판매하면서도 어떤 나라에서는 그보다 몇십 배 몇백 배나 되는 높은 가격을 책정하는가 등 문제를 파헤쳐 볼수록 그렇다.

7

앞에서 소개한 탐사보도 매체들의 시도와 거기서 밝히고자 한 내용 같은 것들은 그동안 주류 언론사들에서는 거의 전혀 찾아보거나 기대할 수 없는 것들이었다. 좀 더 정확히 말해서 그들 주류 언론사들은 그동안 거의 모두 중국 우한 실험실 유출을 주장하는 이들을 비과학적이요 음모론이요 인종차별주의적이라 폄훼하거나 외면하는 대신 자연발생설 쪽에 서서 심지어 중국 정부를 변호하기까지 하는 입장을 취해 왔다. 그리하여 사실 국면은 자연발생설 쪽이 단연 우세하였다. 그러기에 위의 탐사 저널리즘의 보도는 특별한 관심을 촉발시킬 만한 것이라

할 수 있다.

이 와중에 최근 국면의 명백한 전환을 예고하는 기사가 하나 떴다. 그것은 코로나바이러스의 중국 우한 실험실 유출 가능성에 관해 다룬 「월스트리트저널」(WSJ, *The Wall Street Journal*)의 2023년 2월 26일자 기사로 에너지부(Department of Energy)가 코로나바이러스의 중국 우한 실험실 유출 가능성을 인정했다는 내용이다("Lab Leak Most Likely Origin of Covid-19 Pandemic, Energy Department Now Says"). 기사는 비록 다른 네 개 기관이 다른 판단을 내리고 있긴 하나 에너지부의 판단이 가지는 무게에 주의를 환기시키고 있다. 이 기관이 과학 분야에서 그 자체 구사할 수 있는 전문지식은 물론 관장하는 네트워크를 통해서 도달할 수 있는 지식의 수준이 매우 높다는 근거가 제시되어 있다. 이전까지의 불확정적인 태도를 바꾼 것이라 주목할 만한 가치가 있다. 요지는 다음과 같다:

> 최근 백악관과 의회의 핵심 구성원들에게 제출된 기밀정보 보고서에 따르면 미국 에너지부는 코비드 팬데믹이 실험실에서 유출되었을 가능성이 더 높다고 결론지었다. 이는 2021년까지 바이러스의 발생 원인에 대해 결론을 내리지 않고 있었던 이전의 입장을 바꾼 것이다. 이에 비해 다른 네 개 기관은 여전히 자연발생설 쪽에 서 있다. 에너지부의 결론은 새로운 정보에 의거한 것으로 이 기관의 평가는 의미가 있다. 왜냐하면 이 기관은 상당한 과학 전문지식을 가지고 미국의 국가실험실 네트워크를 관장하고 있으며 그중에는 고도의 생물학 연구를 수행하는 곳도 있기 때문이다. 단 에너지부는 '낮은 정도의 신뢰도'를 부여하고 있다. FBI는 이전에 내린 '중간 정도의 신뢰도'를 부여한 입장을 여전히 유지하고 있다.

여기서 눈길을 끄는 것은 과거에는 관심을 두지 않거나 자연발생설 쪽에 무게를 두어 보도해 온 언론사들이(*The New York Times*, *The Washington Post*, *Forbes*, *CNN*, *MSNBC*) 그 뒤를 이어서 보조를 맞추기 시작했다는 것이다.

에너지부의 보고서는 현재 의회에서 분석 중에 있으며, 백악관도 새로 검토 중인 것으로 알려졌다(에너지부가 이런 결론을 도출하게 된 이유나 내용은 현재로서는 상세히 알 수 없다). 이 새 국면을 제대로 평가하기 위해서는 트럼프 행정부와 바이든 행정부가 취해 온 입장을 비교해 볼 필요가 있다.

바이든 대통령은 WHO의 조사 결과가 객관성을 잃고 있다는 지적에 따라 2021년 5월 26일 정보기관에 코로나-19의 기원을 밝히도록 지시한 바 있었다. 하지만 그 지시 이후 90일이 경과한 후 받은 비밀조사 보고서들이 각기 다른 입장을 취했다는 이유로(한 곳은 중간 정도의 신뢰도로 연구소 유출설을, 네 곳은 낮은 정도의 신뢰도로 동물과의 접촉 가능성을 인정) 유보적 입장을 취했다. 그럼에도 청문회를 연다든지 하는 등의 좀 더 적극적인 조치는 취하지 않았다.

이에 비해 과거 트럼프 행정부 때에는 파격적 행보를 확인할 수 있다. 트럼프는 2020년 3월을 전후하여 이 사태를 '중국바이러스'(코로나바이러스가 아니라)라 칭하기까지 하면서 중국 정부에 책임을 지고 변상을 할 것을 요구하는—한 기자회견 석상에서(2020년 3월 18일) 트럼프는 어떤 기자의 항의조의 격렬한 질문과 상대해야 했다— 동시에, WHO가 중국 편향적이며 따라서 공정성을 잃었다고 비난의 목소리를 높인 바 있었다. 이 방향에서 입장을 강화해 가던 트럼프는 결국 WHO 탈퇴를 공식 통보했고, 미국은 통보 이후 효력 발생에 필요한 1년이

경과한 시점인 2021년 7월 6일 WHO를 공식 탈퇴했다. 그의 행동 방식은 과학적 태도와는 거리가 멀었다. 그에게 결정적으로 작용했던 것은 과학이 아니라 수사관에게 작용하는 예민한 사태 파악력 같은 것이라 할 만한 것이었다. 여기에는 옌 박사의 내부고발 행위가 영향을 주었을 것이라는 추정이 종종 제기된다. 이후 트럼프는 이러한 행보로 주류 언론사들로부터 줄곧 공격을 받았다.

비판은 일단의 과학자들로부터도 왔는데 특히 앤소니 파우치 박사(Dr. Anthony Fauci)의 공격이 대단했다. 그는 자신이 "과학을 대표한다고" 호언하기까지 하며 처음부터 자연발생설을 고수한 대표적 과학자였다.

하지만 현재 파우치는 그의 발언과 행보로 인해 반대편으로부터 심한 공격을 받게 되었고, 관련하여 몇 가지 심각한 의혹도 제기되었다. 이를테면 파우치는 2017년 1월에 트럼프 재임 시 어마어마한 감염병이 발생할 것이라고 예견했는데, 문제는 "이런 예견이 어떻게 가능할 수 있는가?"라는 것이다. 또 트럼프는 코로나바이러스는 하이드록시클로로퀸(Hydroxychloroquine)으로 고칠 수 있다고 공언한 적이 있는데 그 때문에 「워싱턴 포스트」, 「뉴욕 타임스」, 「포린 폴리시」 등의 주류 언론으로부터 맹공격을 받은 적이 있었다. 그런데 최근 로버트 케네디(Robert F. Kennedy Jr.)에 따르면 실상 이것은 파우치가 수장으로 있던 국립보건연구소(National Institute of Health)가 이미 세 차례(2005, 2013, 2014)에 걸쳐 진행한 연구에서 코로나바이러스는 하이드록시클로로퀸으로 없앨 수 있다고 내린 결론에 부합하는 것이었다. 문제는 "파우치가 왜 그때 그 상황에서 침묵했었는가"라는 것이다. 그런가

하면 파우치는 "중국은 투명하다. 그리고 그들은 믿을 만하다"고 주장했고(2020년 2월 18일 '폭스 뉴스'에서) 그런 방향에서 지속적으로 중국을 두둔하는 입장을 취해 왔다.

그가 왜 그런 입장을 취했는지는 보다 생생한 다음 자료를 통해 짐작할 수 있다. 전 질병관리와예방센터(CDC, Centers for Disease Control and Prevention) 국장인 로버트 레드필드(Dr. Redfield)는 지난 3월 8일 "트위터 파일"(The Twitter Files)에 관한 미 의회의 청문회에서 증언한 바, 그는 자신이 국립보건연구소 재직 시 코로나가 중국 우한 실험실에서 유출된 것이라는 관점에서 문제를 제기했지만, 당시 소장이었던 파우치 박사는 이 이야기가 나오지 않도록 막아 버렸으며, 이후에는 내부 서클에서 자신을 아예 배제시켜 버렸다고 폭로했다. 그는 파우치 박사가 이 문제를 덮어버렸다는 점에서 역사상 엄청난 스캔들을 만들어 낸 장본인이라 비판했다. 그는 국립건강연구소에서 기능획득 연구를 했다는 것은 의심의 여지가 없으며, 파우치 박사가 기능획득 연구에 자금을 대어 결과적으로 코비드-19을 만들어 내고 중국의 실험실 유출을 초래한 것이라 거의 단정 지을 수 있음을 주장했다.

이쯤 되면 파우치와 중국 우한 연구소의 바이러스 실험 간에 존재하는 관계가 상당 수준 드러난 셈이다. 그렇지 않다면 파우치가 실험실 유출설을 둘러싼 일체 논의를 강제로 억누르고 상황을 자연발생설로 무리해서 몰고 가려 한 이유가 잘 설명되지 않는다. 한편 파우치를 필두로 그와 입장을 같이하는 일단의 과학자들에도 불구하고 증명할 수는 없지만, 실험실 유출설을 간과해서는 안 된다고 입장을 달리 표명한 과학자들이 있었음도 짚어둔다.

아울러 눈길을 끄는 것은 WHO의 달라진 행보이다. 극히 최근까지 불투명한 입장을 취해 왔으며, 더욱이 금년 2월 15일에는 코로나바이러스가 자연에서 흘러들어온 것이라 말해 놓고는 2월 말에 가서는 실험실 유출 가능성을 인정했기 때문이다. 이러한 입장 변화가 「월스트리트」 보도 이후 시점이라는 점을 눈여겨볼 필요가 있다.

WHO 사무총장 테드로스 게브레예수스는 2021년 2월 1차 조사 때 바이러스 발생 초기, 우한 현장과 팬데믹 관련 원자료에 접근할 수 없다는 난점을 토로하면서 미심쩍게 행동했다가 국제적인 비판 여론에 몰려 2021년 7월 15일, 2차 조사 계획을 밝히며, 중국이 투명하고 개방적이며 협력적인 자세를 보일 것과 특히 원자료에 접근할 수 있도록 요청한 바 있다. 하지만 이러한 요구는 사실 아무런 의미가 없는 것이었다. 코로나 사태 발생 초기에 이미 원자료들은 폐기되었고, 사건을 투명하게 증언해 줄 만한 연구원들도 모두 사라진 후였기 때문이다. 여하튼 사무총장의 요청은 중국이 박쥐가 서식하는 나라들을 포함하여 코로나가 유행하기 시작하던 초기에 감염자가 발생했던 나라들도 동시에 조사에 포함시킬 것을 요구하자는 입장을 취했기 때문에 실현되지 못했다. 그에 대해 미국은 중국의 입장을 무책임하고 위험천만한 일로 규정하면서 WHO의 조사를 방해하지 말 것을 요구했다.

하지만 중국 정부의 주장의 행간에는 "너희도 문제 아니냐?"라는 주장을 읽어낼 수 있다. 실상 코로나 발생 상황 초기부터 이미 미국 내 모 연구팀들(종종 미상의 대학이나 연구소 등이 지목됨)과 우한 연구소의 신흥감염질환연구부서(책임자 스정리 Shi Zhengli, 石正雨 박사) 사이에 2015년경을 전후하여 이루어진 공동연구와 그것이 현 코로나 사태와 가질 수 있는 연관 관계에 대한 물음이 꾸준히 제기되어 왔던 것이다.

의혹이 있다면 이것도 반드시 밝혀내야 할 것이다. 하지만 그 시도를 위한 요청은 아직 수면 위로 올라오지는 않았다. 그러나 올라온다 하더라도 그게 정말 가능할지는 두고 볼 일이다. 왜냐하면 앞에서 살폈듯이 몇 겹으로 싸여 국내적으로 또한 국제적으로 은밀히 작동하는 정치와 돈이라는 구조가 존재할 것이기 때문이다. 그러한 한 이걸 뚫고 들어갈 길은 요원해 보인다. 그래도 그게 가능하다면 투명한 안목과 강한 의지를 가진 행정부가 있어야 한다. 그 여하에 따라 미국 내 연구소나 제약회사 혹은 미지의 기업체들에 대한 조사가 이루어질 수 있을 것이다. 그리고 거기서 찾아낸 정보들을 활용한다면 역으로 중국 연구소를 추적하는 방향으로 나갈 수도 있을 것이다. 이건 과학도 과학이려니와 우선은 수사(搜査)의 문제라 할 것이다.

최근 테드 크루즈(Ted Cruz) 미 상원 의원은 '폭스 뉴스'와의 인터뷰를 비롯, 여러 언론사에서 실험실 유출설에 대한 자신의 견해를 밝혔는데 현 사태가 함축하는 주요점들을 간명하게 짚어내고 있기에 마지막으로 살펴본다.

> 자 이제 에너지부와 FBI가 바이러스가 중국 랩에서 유출된 것이라고 같은 목소리를 내고 있는데, 왜 백악관이 물러서고 있는가? 그러면 미국이 중국과 타협한 건가? 지난 3년 동안 랩 유출론은 계속 존재해왔다. 그런데도 그때마다 미 행정부는 중국의 주장을 앵무새처럼 반복해왔다. 나는 2020년 3월부터 그것은 우한연구소에서 유출된 바이러스라고 주장해왔다. 에너지부와 FBI의 기밀문서를 다 공개하라. 내가 이 말만 하면 그건 음모론이라 하거나 거짓말로 판명된 걸 자꾸 이야기하느냐고 언론사들이 비판했다. 파우치는 이 설을 부정했고 자연에서 발생한 것이라고, 증거는 제로라고 했다. 그런데 이제 「월스트리트 저널」 보도를 보게 되면 사실은 다르게 판명되고 있다.

파우치는 역사상 가장 위험한 관료다. 그는 미국인들의 삶을 다 망가뜨렸다. 그는 정치를 과학 앞에 내세운 사람이다. 앞으로 어떻게 과학을 믿을 수 있겠는가? 그는 고의로 계속 거짓말을 해왔다. 파우치가 저커 버그에게 쓴 편지가 있다. 실험실 유출설을 말하는 사람들은 유튜브 계정을 다 정지시켜 달라는 것이다. 페이스북은 그 말대로 따라 했다. 기능획득 연구는 참 위험한 연구다. 바이러스를 재창조하는 연구이기 때문이다. 바이러스는 처음 자연에서 왔을지 모르지만, 그다음에는 사람들에게 전파되기 쉽도록 변형되었고, 이 사업을 위해 파우치는 중국에 돈을 댔다. 중국은 책임을 져야 한다. 전 세계에 손해를 배상해야 한다. 또 팬데믹이 오기 전인 2019년 11월에 우한연구소의 연구원 3명이 그 증상으로 입원한 사실이 있다. 그때 WHO와 전문가들이 조사를 나갔다. 하지만 중국 연구소는 초기에 그 증거를 다 없애버렸고 내부 고발자들은 모두 사라졌다. 그런데 민주당과 미국의 주류 언론들은 3년 동안 마치 중국의 변호사 같이 행동했고 중국의 확성기 역할을 했다. 창피한 줄 알아라. 파우치는 역사상 가장 위험한 거짓말을 해왔다. 백악관은 이 기밀문서를 다 공개하라. 인류가 이 사실을 명명백백하게 알 수 있도록 공개하라. 다른 이야기만 하면 다 거짓말쟁이, 음모론자, 인종차별주의자로 몰아붙이지 않았는가(강미은 교수의 비디오 자료를 약간 다듬었다).

실제 이 문제 제기가 바이든 정부 차원에서 받아들여져 조사가 이루어질 경우, 시선은 에너지부의 보고서 내용에 집중될 것이다. 문제를 공론의 장에서 세세히 다루자는 목소리도 커질 것이다. 그런 이유로 조시 홀리(Josh Hawley) 상원 의원은 지난 2월 28일 에너지부에 보내는 서한에서 우한바이러스연구소와 코비드 팬데믹의 기원 사이에 존재할 법한 일체의 연결고리에 관한 정보를 공개하도록 요구하는 입법을 추진하겠다고 밝힌 바 있다.

8

이상은 탐사 저널리즘의 보도를 주요 단서로 삼아 코로나바이러스의 기원을 실험실 유출로 가정하여 써 본 것이다. 기본적 사실과 정보는 아직 다 수집되지 않았고, 과학적 해명과 객관적 판단의 길이 완전히 차단된 것이라 보기도 어렵기에 가정이라 하였다. 엄밀한 논문과는 거리가 먼 한 편의 '시나리오'이다. 이것이 문제를 바라보는 하나의 시선이라면 또 다른 가정에 따라 자연발생을 주제로 또 한 편의 시나리오도 써 볼 수 있겠다.

그 다른 시나리오는 십여 년 전 영화 예술이라는 장르로 쓰인 적이 있다. 2011년 개봉된 스티븐 소더버그 감독의 〈컨테이젼〉(Contagion)은 충분히 있을 법한 상황의 설정과 뛰어난 과학적 고증을 통해, 감염병의 발생과 대유행, 무고한 희생자들, 사회적인 대혼란, 백신의 개발, 감염병의 출처에 관한 물음 등을 중심으로 이야기를 펼쳐냈다. 내용이 현 사태의 국면 전개 과정과 세밀한 부분에 이르기까지 너무도 흡사하여 2020년 코로나 팬데믹 상황 이후 세간에 많이 회자되었다.

상황이 발생하자 쓰러져 가는 희생자들의 이야기 흐름을 타고 시청자들은 대관절 이 바이러스가 어디서 온 것인가에 대한 물음 속으로 빠져든다. 주 모티브이다. 여기에 감독은 바이러스의 인위적 조작이라는 모티브를 넌지시 설정함으로써 그 기원을 궁금해하는 시청자들의 시선을 유혹한다. 어쩌면 그런 쪽으로 결론이 날 것 같기도 했던 국면은 마지막 대목에 이르러 어렵게 자연발생 쪽으로 가닥이 잡히고, 동시에 인간의 무분별한 자연 착취와 그 가혹한 결과라는 생태학적 문제가 도드라져 조명된다. 이 글에서 현 상황을 놓고 추적해 보려 했던 시나리오와는 다른 종결이다. 다음은 〈컨테이젼〉의 줄거리이다.

도입부에서 베스 엠호프가 다국적 회사 에임 엘더슨 사의 서류에 서명을 한 후 차에서 내린다. 그다음 한 일본인이 비행기에 탑승하여 그 서류를 검토한다. 베스는 전염병의 첫 번 희생자이다. 그녀는 홍콩 출장을 떠나 일을 마친 후 귀국 길에 전남편을 몰래 만난다. 이후 전염병에 감염된 전남편이 구급차에 실려 간다. 집으로 돌아와 가족과 반가운 재회를 한 지 얼마 되지도 않아 그녀는 거품을 물고 발작을 한 후 죽음을 맞는다. 이어서 어린 아들도 비슷한 증상으로 숨을 거둔다.
재혼한 아내와 그 아들을 잃어버린 토마스 엠호프는 황망한 상황에 처하게 되고, 사건 조사 과정에서 당국에 의해 격리되었다가 면역판정을 받은 후 집으로 돌아온다.
토마스는 항체 보유자로 보건질병관리예방센터에서는 그를 이용해 혈장치료제 제조를 시도한다. 그리고 여기에 소요되는 시간과 예산이 어마어마하다는 문제가 제기된다. 백신 개발 과정도 자세히 묘사되는데 임상실험용 바이러스 배양 과정에서 다양한 백신 개발 과정이 소개된다. 처음에는 바이러스의 숙주인 동물이 맥없이 죽어버리자 다음에는 약한 바이러스를 사용해 백신 개발에 성공한다. 이 대목에서 미국질병관리예방센터(CDC, Center for Disease Control and Prevention)의 연구원인 에린 미어스가 출현하여 동물 임상을 마친 백신을 자기 자신에게 투여하는데, 인간을 대상으로 한

임상실험과 미국식품의약국(FDA)의 승인을 받기까지 소요되는 기간이 길고 또 이를 대량 생산해 현장에 투입하기까지 수개월이 걸릴 것이므로 그런 희생적 행동을 할 수밖에 없었다는 이유가 제시된다.

이 과정에서 에린 미어스는 자신이 감염되었다는 사실을 인지하자 곧바로 자신을 격리 조치하고 자신과 접촉한 사람들을 색출한다. 마침내 죽어가는 순간에도 추워서 떠는 옆 환자에게 자기 외투를 건넨다. 예방센터장인 치버 박사가 치료를 시도하지만, 간호사 노조 파업과 도시 폐쇄 때문에 그녀는 격리되어 있던 체육관에서 숨을 거둔다. 그곳은 자신의 지시에 따라 만들어진 시설이었다. 에린 미어스는 자신의 목숨을 돌보지 않고 문제 해결을 위해 다방면으로 뛰어들었던 이타적 존재의 화신으로 묘사된다. 그녀는 사람들에게 호흡기 감염과 매개체 감염을 구분하여 설명하고자 했다. 센터장인 치버 박사는 사랑하는 사람들을 위해 유연하게 행동할 줄 아는 사람이다. 그러던 중 자신의 정보 접근력을 기반으로 자기 약혼자에게 그녀가 머물고 있는 곳이 곧 봉쇄될 것이라는 사실을 귀띔해 준다. 치버 박사는 자신의 백신을 청소부 아들에게 양보한다.

토마스의 딸은 난관에 처한 아빠가 하는 행동을 이해하고 지지한다. 아빠는 애지중지하는 친딸이 남자친구에게서 전염될까 봐 처음에는 만나지도 못하게 하지만 남자친구가 백신을 맞은 후에는 졸업파티에 다녀오라고 딸에게 옷까지 사주고, 그 사이 아내의 디지털카메라에 남은 아내의 사진을 검색하며 울음을 터뜨린다.

프리랜서 기자인 앨런 크럼위드는 블로그로 동료 여기자를 포함하여 사람들에게 일종의 음모론을 퍼뜨리는데, 이 전염병이 정부에서 개발되었을지 모른다든지, 방사능에서 변이한 바이러스일 수도 있지 않을까 하는 질문이나 혹은 개나리 액이 질병에 좋다는 허위 정보를 퍼뜨리며 대중에게 의구심을 불러일으켜 대중을 자기에게 끌어모으려 한다. 약국은 앨런의 가짜 정보 때문에 개나리 액을 구하려는 사람들로 혼란에 빠지지만, 자신은 방호복을 입고 질병관리예방센터를 비방하는 찌라시를 뿌려댄다. 소위 음모론의 유포이다. 센터장이 그것이 과학적으로 증명되지 않은 것이라 하자, 크럼위드는 센터장이 약혼녀에게 도시 봉쇄를 미리 귀띔해 준 것을 폭로한다.

이후 전염병은 진정세를 보이는데 그럼에도 앨런은 찌라시를 뿌리며 지지를 호소하다가 결국, 사기죄 등으로 체포당한다. 하지만 지지자들이 낸 것으로 보이는 보석금으로 취조실에서 풀려나는데, 이제 사람들은 백신 접종을 안 할 것이라고 큰소리를 치며 나간다.

사이사이 세계보건기구 과학자가 바이러스의 감염과 확산 경로를 밝혀내는 과정이 나오고, 백신을 확보하기 위해 이 과학자를 납치하는 장면도 나온다. 이 전염병이 어떻게 발생하게 되었는지는 역학조사로도 밝혀지지 않다가, 결말 부분에서 죽은 아내의 사진기를 들여다보다 충격적인 장면들을 맞닥뜨리게 되고 이로 인해 WHO의 조사와는 다른 원인을 추적하게 된다. 그 과정에서 그것이 한 다국적 기업 '에임 엘더슨' 사의 개발로 숲이 파괴되면서 그곳에 살던 박쥐가 서식처를 잃고 인근 농가의 돼지 축사로 날아가게 된 상황에서 시작된 것으로 결론을 내린다. 박쥐는 먹던 먹이를 떨어뜨리고 그것을 돼지가 주워 먹는다. 비위생적인 축사에서 사육된 돼지는 다른 곳으로 팔려가 도축되고 그 고기를 요리하던 주방장은 자기를 부르는 소리를 듣자 손도 씻지 않고 앞치마에 대충 씻고는 나가서 베스와 악수를 하며 사진을 찍는다. 이 장면은 영화에서 '바이러스 발생 1일'이라는 글씨와 함께 나타난다.

예술가들에게는 보통 사람들보다 몇 걸음 더 앞서서 또한 더욱 예민하게 느끼며 핵심을 포착하여 제시할 수 있는 힘이 있다. 이 창조적 자극에 비추어 자연발생설을 모티브로 한 시나리오를 실제 써볼 수도 있다. 그동안 파우치를 필두로 미국의 유력한 여러 과학자와 주류 언론사들 그리고 특히 중국의 과학자들과 언론매체들이 취해 온 논지는 그 좋은 길잡이가 될 것이다.

이 논리를 따라 코로나바이러스가 인위적 조작이 아니라 자연발생이라 치자. 하지만 그럴지라도 그것이 인간의 무분별한 자연 침탈로 초래된 것이라면, 이 두 가지 설 사이에서 차이를 말할 필요는 없을 것이다. 자연발생도 결국은 또 하나의 인위에 의한 것이니 말이다. 그리하여 이 두 가지 방향을 향한 추적은 현대 인류 문명에 대한 뼈저린 생태학적 통찰이라는 하나의 고통스러운 문제로 귀결된다. 이 대목에 이르러서는 아득한 느낌이 든다. 코로나가 종식되고 있는 지금, 사람들은 다시 망각 속으로 빠져들고, 다시 옛 생활방식으로 돌아가고, 소비하고 파티하고 즐기고, 다시 멀리 여행을 떠날 채비가 되어 있다. 부자들은 여전히 더 부자가 되려 하고 빈자들은 여전히 질곡에 내몰린다. 생명과학과 제약회사와 의료계와 산업계와 정치계와 국제관계의 음험한 작동방식은 여전히 교묘하고 여전히 구태의연해 보인다. '성장이 아니라 변화'를 위한 전 지구적 차원에서의 뼈저린 성찰의 기회가(비록 미증유의 감염병 사태로 강요된 것이긴 하나) 오려나 싶었지만, 그것도 결국 이렇게 속절없이 사라져버리고 말 것인가? 출구 없는 길목에 처박히는 느낌이다.

이 상황을 엠더 매케이는 최근 2011년 개봉작인 영화 〈돈룩업〉(Don't Look Up)에서 혜성과 지구의 충돌이라는 상징을 통해 절박하게 표현해냈다. 하늘에서 무슨 일이 일어날지라도 사람들에게 그건 전혀 눈길을 끌 만한 일이 못 되었다. 언론사건 정치가건 대중이건 아무런 차이가 없었다. 다만 아주 소수의 사람만이 달랐다. 하지만 그들도 다른 다수의 사람처럼 이 세기적 대재앙이 닥쳐왔을 때 그들의 생명을 보전할 수는 없었다.

참고문헌

1

Worldometer | https://www.worldometers.info 〉 coronavirus

"COVID - Coronavirus Statistics"

2

YouTube | 강미은 TV 방구석 외신_비디오 자료 (2023년 1월 ~ 3월 15일)

3

namu.wiki | https://namu.wiki | "엔리멍" (June 22, 2022)

Wikipedia | https://ko.wikipedia.org | "Li-Meng Yan" (March 10, 2023):

biotimes (Sept 21, 20201)

"홍콩 과학자 '코로나-19, 중국 정부 작품'… 전문가들은 '갸우뚱'"

Facebook · Fox Nation | Tucker Carlson Today (June 29, 2021)

"Chinese Whistleblower speaks out to Tucker Carlson"

Fox News (Feb 27, 2023)

"The CCP underestimated the transmissibility of COVID-19: Dr. Li Meng Yan"

Fox News (Feb 28, 2023)

"CCP government 'intentionally released' COVID-19 'all over the world', Chinese virologist says"

4

https://www.projectveritas.com/news/pfizer-executive-mutate-covid-via-directed-evolution-for-company-to-continue/

"Pfizer Executive: 'Mutate' COVID via 'Directed Evolution' for Company to Continue Profiting Off of Vaccines"

Fox News (Jan 26, 2023)

"TUCKER CARLSON: If you really want to understand how…"

5
https://www.westernstandard.news/news/senate-investigation-launched-after-project-veritas-exposes-pfizer-story-removed-from-youtube/article_e1c15296-9f49- 11ed-a646-2745ddab76dd.html
6
YouTube (Jan 20, 2023)
"Albert Bourla, Pfizer CEO Caught by Rebel News in DAVOS – WEF"
YouTube · CNN-News (Jan 23, 2023)
"Rebel News Reporters Ezra Levant And Avi Yemini Questions Pfizer CEO | Pfizer Boss News Live"
7
Youtube (March 18, 2020)
"Trump Claims Calling Coronavirus 'The Chinese Virus' is Not..."
The Wall Street Journal (Feb 26, 2023)
"Lab Leak Most Likely Origin of Covid-19 Pandemic, Energy Department Now Says. "
The Washington Post (June 24, 2020)
"With 'kung flu,' Trump sparks backlash over racist language and a rallying cry for supporters"
CNBC (April 30, 2020)
"Trump suspects coronavirus outbreak came from China lab, doesn't cite evidence "
The New York Times (March 18, 2021)
"Trump Defends Using 'Chinese Virus' Label, Ignoring Growing Criticism"
Fortune (March 1, 2022)
"Trump's favorite COVID origin theory of a Wuhan lab leak just got crushed by new research"
The New York Times (May 27, 2021)

"Scientists Don't Want to Ignore the 'Lab Leak' Theory, Despite No New Evidence"

Fox News Flash (March 12, 2023)

"Matt Taibbi: Dems' double standard treatment of journalists during Twitter Files hearing is 'outrageous'"

Youtube · MSNBC (Feb 26, 2023)

"Dept. of Energy concludes with 'low confidence' that Covid..."

YouTube · Fox News (March 8, 2023)

"Ex-CDC director speaks out on COVID lab leak theory"

YouTube · Fox News (March 1, 2023)

"FBI director says COVID pandemic 'most likely' originated from..."

YouTube · Fox News (Feb 28, 2023)

"It was obvious this came from a lab: Sen. Ted Cruz"

Senate.gov

https://www.hawley.senate.gov — hawley-demands-ans... (March 1, 2023)

"Hawley Demands Answers from Department of Energy on COVID Lab Leak Conclusion, Ties to China"

8

https://namu..wiki | 〈컨테이젼〉 (Jan 21, 2023)

Wikipedia | https://ko.wikipedia.org | 〈컨테이젼〉 (Okt 17, 2022)

코로나-19와 기독교의 미래

한인철

연세대학교 명예교수

I. 들어가는 말

본 소고는 2020년 1월 말 중국 우한으로부터 시작된 신종 코로나-19에 직면하여 지난 1년 5개월 동안 인터넷상에 노출된 한국 개신교의 전반적인 모습을 검토하고, 이를 통해 드러난 한국 개신교의 문제점과 그 한계를 지적한 후, 한국 개신교의 새로운 미래를 모색해 보려는 데 그 목적이 있다. 물론 인터넷상에 노출된 한국 개신교가 한국 개신교 전체를 대변하지는 않는다. 그러나 오늘날 한국인들이, 특히 비개신교인들이 한국의 개신교를 인식하는 것은 주로 인터넷을 통해서라는 것은 부정할 수 없는 현실이고, 이 때문에 본 소고는 인터넷상에 노출된 개신교를 검토의 대상으로 삼고자 한다.

코로나-19 발생 이후, 한국 개신교가 보여준 모습에 대한 비개신교인의 인식이 예사롭지 않다. 장로회신학대학교 연구지원처와 한국기독교언론포럼이 여론조사 전문 기관 지앤컴리서치에 의뢰해 2021년

1월 6일부터 17일까지 개신교회 담임목사, 개신교인, 비개신교인, 기자를 대상으로 "코로나-19 관련 주요 집단별 인식 조사"를 실시했다.[1]

이 조사에서 필자가 특별히 유념하는 것은 코로나-19에 직면하여 한국 개신교가 보여준 모습에 대한 비개신교인들의 인식이다. 동 조사는 동일한 문항에 담임목사, 개신교인, 비개신교인 그리고 기자들의 응답률이 서로 다르다는 것을 보여주기 때문에 비개신교인들의 응답이 충분히 객관적이라고 할 수는 없다. 그러나 이들이 개신교를 어떻게 인식하고 있는지를 전반적으로 파악하는 데는 충분하다고 생각된다.

먼저 코로나-19에 대한 개신교의 책임과 관련한 항목부터 살펴보자. "코로나-19 확산에 개신교 책임이 크다"는 항목에 비개신교인 82%는 그렇다고 응답했다. 이와 관련하여 2020년 8월 15일 개신교인들의 "광화문 집회가 코로나-19 확산에 영향을 미쳤다"는 항목에는 비개신교인 84.7%가 그렇다고 응답했다. 당연한 결과겠지만, "코로나-19 이후 개신교인에 대해 부정적 감정이 들었다"는 항목에는 비개신교인 85%가 그렇다고 응답했다.

코로나-19에 대한 교회의 대응과 관련한 항목 또한 괄목할 만하다. 개신교가 "교회 예배 모임 자제, 감염수칙 준수 등 정부 방역 정책에 잘 협조하고 있다"는 항목에는 비개신교인 13.2%만이 그렇다고 응답했다. "교회가 코로나-19에 잘 대응하고 있다"는 항목에는 비개신교인 12.0%가 그렇다고 응답했다. 그리고 "교회가 사회적 요구를 잘 이해하고 있다"는 항목에는 비개신교인 15.3%가 그렇다고 응답했고, "교회가 코로나-19로 인해 어려운 이웃을 돕고 있다"는 항목에는 비개신교인 10.1%만이 그렇다고 응답했다.

위의 조사에서 코로나-19와 관련하여 개신교가 보여준 행태에 대한 비개신교인의 인식은 82%~90% 사이에서 부정적인 것으로 드러났다. 그런데 이러한 모든 것을 통틀어 "코로나-19 대처 능력 관련하여 한국교회를 신뢰한다"는 항목에 대한 질문에는 비개신교인 3.6%만이 그렇다고 응답했다. 동 조사는 코로나-19 이전 한국 개신교의 신뢰도는 그나마 32% 선을 유지했는데, 코로나 이후 그 신뢰도는 1/10 수준으로 급락했음을 보여주고 있다.

그렇다면 코로나-19와 관련하여 한국 개신교에 대한 신뢰도가 이렇게 급락하게 된 근본 원인은 무엇일까? 이에 대해 한국 개신교 목회자들은 대체로 관심이 없는 듯 보인다. 왜냐하면 목회자의 79.7%는 "전체적으로 교회가 코로나-19에 잘 대응했다"고 보고 있고, 91%는 "교회가 정부의 방역 정책에 잘 협조하고 있다"고 생각하고 있기 때문이다. 개신교에 대한 신뢰도가 그렇게까지 떨어질 이유가 없다고 보는 것이다.

그러나 비개신교인 96.4%가 코로나-19 대처 능력과 관련하여 한국 개신교를 신뢰하지 못한다는 객관적인 통계는 다소간의 오차를 감안하더라도 한국 개신교에 심각한 문제가 있음을 분명하게 보여주고 있다. 물론 한국 개신교가 코로나-19와 관련하여 아무런 대처를 하지 않은 것은 아니다. 코로나-19 발병 이후, 한국 개신교는 줄곧 코로나-19가 교회에 미치는 영향과 이에 대한 대책에 관심해왔다. 그러나 이것은 코로나-19로 인한 교회의 위기를 해결하려는 교회 내의 대책일 뿐, 교회 안팎에서 코로나-19로 고통받는 이들에 대한 개신교의 치유책은 아니었다. 그러면 코로나-19에 직면하여 한국 개신교가 이러한 문제점을 노출시키게 된 근본 원인은 어디에 있는 것일까?

II. 코로나-19의 심각성

우선 코로나-19의 심각성으로부터 논의를 시작해보자. 코로나-19는 코로나바이러스의 일종이고, 코로나바이러스는 과거에도 두 차례 지나간 적이 있다. 하나는 2002년의 사스(SARS)이고, 다른 하나는 2012년의 메르스(MERS)이다. 그런데 이번 코로나-19의 피해 규모는 과거의 사스나 메르스에 비해 비교할 수 없을 정도로 심각하다.

2002년 사스는 감염국 29개국, 감염자 8,096명, 사망자 774명, 치사율은 9.6%였다. 반면 2012년 메르스는 감염국 27개국, 감염자 2,494명, 사망자 858명, 치사율 20.5%였다. 그런데 2020년 1월 말에 시작된 코로나-19는 감염국 221개국, 감염자 175,282,506명, 사망자 3,779,375명, 치사율은 2.16%이다(2021년 6월 10일 오후 1:20 현재). 코로나-19는 사스나 메르스에 비해 치사율은 상당히 낮지만, 사망자 숫자는 메르스의 4,400배가 넘는다.

이러한 코로나-19가 한국 전반에 미친 여파는 이루 말할 수가 없다. 몇 가지만 간단히 소개하면 경제적으로는 마이너스 성장으로 돌아서 2020년 12월 1일 기준 -1.1%를 기록했고, 사회적으로는 대규모 실업 사태를 불러와 2021년 2월 10일 기준으로 1년 전에 비해 취업자 수가 100만 명 감소했다. 문화적으로는 5인 이상 집합 금지가 장기화되면서 비대면 문화가 일상화되었고, 교육 면에서는 온라인 교육이 일반화되어 학교 공간을 통한 인격 교육이 사실상 마비되었다. 코로나-19가 장기화되면서 비정상이 정상처럼 일상화되는 이른바 뉴노멀 시대가 도래했다.

III. 코로나-19가 한국 개신교회에 미친 영향

코로나-19가 한국교회에 미친 영향 또한 심각하다. 가장 먼저 눈에 띄는 것은 대면 예배에서 비대면 예배로의 전환이다. 한국기독교목회자협의회와 한국기독교언론포럼이 공동 주관한 "코로나-19가 한국교회에 미친 영향에 대한 조사"에 따르면 코로나-19 발생 후 두 달 뒤인 2020년 3월 29일 주일 아침 온라인 비대면 예배로 전환한 교회는 전체의 61%에 달한다고 한다. 그리고 2020년 4월에는 1,000명 이상 모이는 교회 중 82%, 300에서 999명 사이로 모이는 교회 중 66.5%, 100명에서 299명 사이로 모이는 교회 중 55.1%, 99명 이하로 모이는 교회 중에는 29.3%가 온라인 비대면 예배를 드렸다고 한다.[2]

예배만 영향을 받은 것은 아니다. 코로나-19가 몇 차례 대유행을 반복하면서 교회 안팎의 대면 모임이 전면 금지됨에 따라 모든 대면 목회가 사실상 중단되었다. 성경 공부, 성가대, 공동 식사, 회의, 행사, 교회 안팎의 소모임, 심방 등이 모두 불가능하게 되었다. 남은 것은 온라인으로 중계되는 비대면 예배뿐이다.

자연스럽게 교인들 사이에 새로운 조짐이 나타나기 시작했다. 물론 목회자는 교인들이 소속 교회의 동영상 예배에 참여하기를 바라고, 인터넷이 불가능한 경우 최소한 가정 예배를 드리기를 기대한다. 하지만 교인들은 비대면 예배가 시작되고 점차 시간이 지나면서 TV 방송 예배에 관심을 기울이기 시작했다.

위에 인용한 "코로나-19가 한국교회에 미친 영향에 대한 조사"에 따르면 코로나-19 이후 교인들이 선호하는 예배는 소속 교회의 온라인 예배와 가정 예배 그리고 TV의 방송 예배 중에서 방송 예배이고, 그

만족도가 가장 높다고 한다. 비대면 예배를 계기로 다른 목회자들의 방송 설교에 교인들이 눈을 돌리기 시작한 것이다. 하지만 여기에서 그치지 않는다. 인터넷에 익숙한 교인들은 보다 적극적으로 다른 교회의 홈페이지나 유튜브를 통해 자신이 듣고 싶은 목회자의 설교를 시청하기 시작했다.

이러한 변화에 따라 교인들이 소속 교회를 이탈할 가능성이 높아졌다. 동 조사 결과를 보면 교인들은 코로나-19와 상관없이 현장 예배 대신 온라인 예배나 가정 예배로 대체할 수 있다고 생각하는 교인이 54.6%에 이른다. 이는 비대면 예배가 일상화되고 익숙해지면서 코로나-19가 종식되더라도 현장 예배에 참석하지 않을 교인이 절반 이상일 수 있다는 것을 의미하고, 더 나아가서는 교회에 나가는 것만이 교인이 되는 길은 아니라고 생각하는 교인이 절반 이상 된다는 것을 의미할 수도 있다.

이뿐만이 아니다. 다른 교회의 온라인 예배를 드리거나 아예 예배를 드리지 않는 교인들도 차츰 늘어나고 있다.[3] 평소 대면 예배에 참석했던 교인들 숫자에서 온라인 예배 및 가정 예배를 드리는 교인들 숫자를 빼면, 나머지는 사실상 소속 교회와의 연관 속에서 예배를 드리지 않는 교인들이다. 이들이 코로나-19 종식 후 모두 교회를 이탈하지는 않겠지만, 목회자로서는 우려하지 않을 수 없는 대목이다. 대한예수교장로회(예장) 통합 총회가 2020년 6월 15일 실시한 "포스트 코로나-19" 설문조사 결과에 의하면 조사 대상 목회자 1,135명 중 절반에 해당하는 559명은 코로나-19 종식 후 교인 수가 줄어들 것으로 예측했고, 평균 감소 전망치는 19.7%였다.[4]

교인들의 이탈 가능성과 관련하여 목회자들이 가장 우려하는 대목은 헌금의 감소이다. 현장 예배에 참석한 사람은 현장에서 헌금하지만, 다른 이들은 헌금을 원할 경우 온라인 헌금을 해야 한다. 온라인 헌금이 익숙하지 않은 상황에서 감소가 예측된다. 거기에 현장 예배, 온라인 예배, 가정 예배 중 어느 예배도 참석하지 않는 이들은 헌금을 하지 않을 가능성이 크다. 목회자로서는 크게 우려하지 않을 수 없다.

위의 "포스트 코로나-19" 설문조사는 코로나-19 이후 헌금의 괄목할 만한 감소 폭을 보고하고 있다. 2020년 2월부터 6월 사이 헌금이 20% 미만 감소한 교회는 23.8%, 20~40% 미만 감소한 교회는 53.0%, 40~60% 미만 감소한 교회는 17.3%, 60% 이상 감소한 교회는 5.8%였다. 이를 평균하면 예장 통합 전체 교회 헌금의 평균 감소 비율은 28.7%에 해당하고, 이 기간에 헌금이 감소하지 않은 교회는 거의 없다.[5]

코로나-19로 비대면 온라인 예배가 장기화되면서 교인들 사이에서는 교회 예배와 관련하여 몇 가지 근본적인 질문이 제기되기 시작했다. 첫째, 주일성수는 꼭 해야 하는가? 둘째, 예배는 꼭 교회에 나가서 드려야 하는가? 셋째, 설교는 꼭 소속 교회 목사님의 설교만 들어야 하는가? 넷째, 헌금은 꼭 소속 교회에 내야 하는가? 이러한 새로운 질문이 제기되면서 가깝게는 교회의 예배가 흔들리게 되었고, 멀리는 교회의 존립 기반 자체가 흔들리게 되었다.

IV. 코로나-19에 대한 한국 개신교회의 대응

한편으로는 코로나-19로 무수한 사람들이 고통받고 있고, 다른 한편으로는 코로나-19로 교회가 위기에 처한 상황에서 개신교 목회자들은 어떻게 대응하고 있는가? 먼저 코로나-19로 교회가 처한 위기에 교회가 어떻게 대응하는지부터 살펴보자.

1. 교회의 위기와 관련한 대응

코로나-19 이후 개신교 목회자들이 가장 강조하는 것은 역시 예배이다.[6] 대면 예배로 완전 복귀하지 못한 현재 상황에서는 비대면 온라인 예배에의 참여를 강조하고 있고, 인터넷이 익숙지 않은 경우 가정 예배를 적극 권장하고 있다. 그러나 비대면 온라인 예배와 가정 예배는 그 참여 여부를 확인할 수가 없고, 점차 참여도가 약해질 수 있기 때문에 대부분의 목회자는 대면 예배의 조속한 회복을 원하고 있다. "포스트 코로나-19" 설문조사는 코로나-19로 목회자들이 가장 우려하는 것은 "교인들의 주일성수 인식 및 소속감 약해짐"(39%)이라고 보고하고 있는데, 이 때문에 목회자들은 코로나-19 감염의 위험을 감수하고라도 어떻게든 현장 예배를 고수하고 싶어 한다.

목회자의 현장 예배에 대한 강조는 코로나-19로 인한 교인 및 헌금의 감소와 밀접한 연관이 있다. 비대면 온라인 예배나 가정 예배는 장기화되면 교인이 이탈할 가능성이 있고, 이는 헌금의 감소와 직결된다. 이 때문에 현장 예배를 강조하는 목회자들이 실제로 관심하는 것은 교인과 재정 문제인 경우가 대부분이다. 실제로 동 설문조사에 따르면 코로나-19와 관련하여 목회자가 가장 우려하는 첫 번째가 교인의 감소라면, 두 번째는 '재정 문제'(20.8%), 즉 헌금이라고 한다. 이는 코로나-19의 위협 속에서 현장 예배를 강조하는 궁극적인 이유가 바로 교인 이탈과 헌금 감소에 있다는 것을 간접적으로 암시하고 있다.

2. 코로나-19와 관련한 대응

그러면 코로나-19와 관련해서는 개신교 목회자들이 어떻게 대응하고 있을까? 우선 코로나-19 자체에 대한 개신교 목회자들의 전반적인 이해를 살펴보자. 첫째로 가장 큰 비중을 차지하는 것이 코로나-19는 죄에 대한 하나님의 심판, 징벌, 혹은 진노라는 것이다. 여기에서 죄는 확진자가 지은 죄도 포함하겠지만, 주로 중국 우한 지역에서 행해진 기독교에 대한 박해, 신천지, 동성애 등을 의미한다.[7] 둘째는 코로나-19는 고통을 통한 연단의 기회라는 것이다. 코로나-19라는 고통을 통해 신앙이 성숙해질 수 있는 연단의 기회라는 뜻이다.[8] 셋째는 코로나-19는 복음의 본질로 돌아가라는 신호라는 것이다. 현재의 개신교가 복음의 본질에서 떠나있었는데, 코로나-19를 통해 복음의 본질로 돌아오라고 하나님께서 신호를 보내고 있다는 것이다.[9] 이 경우 복음의 본질이 무엇인지는 선명하지 않다.

그러면 코로나-19에 감염된 확진자들에 대해서는 어떻게 대응하고 있을까? 인터넷이 한국 개신교의 모든 것을 보여주는 것은 아니겠지만, 인터넷에 올라온 여러 설교, 기고, 강연, 기사 등을 종합 분석해 보면, 크게 세 가지로 요약된다. 첫째는 죄에 대해 회개해야 한다는 것이다. 그 죄가 회개해야 하는 당사자와 무관한 우한과 신천지와 동성애의 죄라 하더라도 모든 사람은 죄인이니 이 기회에 회개해야 한다는 것이다. 둘째는 확진자들을 위로하고 격려해야 한다는 것이다. 여기에는 이들의 치료와 치유를 위한 기도가 포함되지만, 이들의 치료와 치유를 위해 개신교회가 구체적으로 무엇을 할 수 있는지를 언급한 곳은 어디에서도 찾아볼 수 없다. 셋째는 천국에 대한 소망을 가져야 한다는 것이다. 불행히 코로나-19에 감염되어 치료되지 못하고 죽게 된다 하더라도 천국에 대한 소망을 갖고 죽음을 맞을 수 있어야 한다는 뜻이다.

코로나-19 확진자들을 돌보는 의료진에 대한 반응도 살펴보자. 지난 1년 5개월 동안 의료진들은 확진자의 바로 옆에서 이들을 치료하고 생명을 살리기 위해 자신의 건강, 개인적인 삶, 가정까지 뒤로 하고 온갖 고생을 했지만 그리고 다수는 감염도 되고 그중 일부는 사망하기도 했지만, 일부 극소수의 개신교회를 제외하고는 이들에 대해서는 아무런 관심도, 아무런 언급도, 아무런 행동도 없다. 간혹 의료진의 수고를 기억하고, 그들의 건강을 기원하는 언급은 있지만, 의료진을 위로하고 격려하기 위해 교회가 무엇을 할 수 있을지 검토하고, 실제로 행동에 나선 교회는 거의 찾아볼 수가 없다.

한발 더 나아가 코로나-19와 관련한 질병 관리 당국에 대해서는 어떤 반응을 보였을까? 질병을 관리하는 당국자들 또한 지난 1년 5개월 동안 의료진과 함께 이루 말할 수 없는 수고를 하였지만, 목회자들이 이들에 대해 공개적으로 따뜻한 말과 행동을 보인 경우는 찾아보기 어렵다. 오히려 많은 교회가 집합금지 명령을 어겨가며 대면 예배를 강행하는가 하면,[10] 코로나-19 상황에서 대면 예배의 허용을 요구하기도 하고,[11] 대면 예배를 불허한 당국을 신앙의 자유를 침해했다며 비판하기도 했다.[12]

3. 한국 개신교회 대응의 문제점

코로나-19로 많은 사람이, 특별히 확진자와 의료진이 심각한 고통을 받고 있고, 한국 개신교회 또한 심각한 위기에 봉착하게 되었다.

이 상황에서 한국 개신교회가 취한 대응을 살펴보면, 기본적으로 교회의 생존에만 주로 관심할 뿐, 코로나-19로 고통받는 사람들에 대한 치유의 목회는 거의 찾아보기 어렵다. 오히려 코로나-19를 하나님의 심판이라 하고, 코로나-19 확진자를 죄인인 듯 언급하며, 코로나-19로 고통받는 사람들의 고통을 가중시키고 있다. 교회의 위기를 몰라서도 아니고 과소평가해서도 아니다. 이 위기의 상황에서 한국 개신교회가 정말로 가야 마땅한 제 길을 가고 있는가 묻고 있는 것이다.

V. 한국 개신교의 기독교적 정체성과 그 한계

물론 코로나-19와 관련하여 한국의 모든 개신교회가 동일한 방식으로 대응하는 것은 아니다. 그러나 최근 인터넷을 통해 한국 개신교가 교회 안팎에서 보여준 모습을 보면, 비개신교인들 대부분이 개신교를 신뢰하지 않는다는 통계는 충분히 설득력이 있다. 그러면 한국 개신교가 이렇게 된 근본적인 원인은 어디에 있을까? 필자는 최근 코로나-19와 관련하여 한국 개신교가 자연스럽게 노출시키고 있는 모든 문제는 한국 개신교의 기독교적 정체성 자체로부터 비롯된다고 본다.

1. 한국 개신교의 정체성을 결정하는 몇 가지 요인

한국 개신교의 기독교적 정체성을 결정하는 요인은 크게 네 가지라고 본다. 첫째는 삼위일체 교리이다.[13] 삼위일체에서 가장 중요한 대목은 예수와 하나님이 본질적으로 동일한 존재로 간주되고 있다는 점이다. 이 교리는 이미 니케아회의에서 결정된 것이지만, 니케아신조를 잘 모르는 한국 개신교인은 주로 삼위일체 교리를 통해 예수와 하나님은 동일 본질을 가진 존재라고 알고 있다. 이 교리의 핵심은 예수는 죄인인 우리와는 질적으로 다른 존재, 즉 하나님이라는 것이다. 그러므로 인간은 아무리 노력해도 예수의 경지에 오를 수 없고, 그에 따라 인간은 예수처럼 살 수가 없다는 것이다. 예수는 믿을 수 있을 뿐이다.

둘째는 사도신경이다. 사도신경은 대부분의 개신교회에서 매주 예배 시간에 암송되고 있지만, 이 신앙고백 안에 예수와 관련하여 매우 중요한 부분이 빠져있다는 것을 아는 교인은 많지 않다. 사도신경 중에 예수와 관련된 부분 중, "동정녀 마리아에게서 나시고, 본디오 빌라도에게 고난을 받아 십자가에 못 박혀 죽으시고"라는 부분이 있다. 예수는 낳자 곧 죽는 것으로 되어 있다. 이 세상에 태어나서 십자가에서 죽기까지 무엇을 가르치고, 어떤 삶을 살았는지에 대한 언급이 없다.

셋째는 사영리이다. 사영리는 본래 미국의 빌 브라이트(Bill Bright) 박사가 대학생선교회(CCC)를 위해 1965년에 소책자로 발간한 기독교 핵심 교리이다. 요약하면 하나님은 인간을 구원하기 원하는데, 죄인인 인간은 스스로를 구원할 수 없어 예수가 인간의 죄를 대신 지고 십자가에서 죽음으로 누구든지 예수를 믿으면 구원을 받는다는 내용이다. 그런데 이 사영리는 미국 대학생선교회를 위해 만들기는 했지만, 오늘날에는 한국 개신교회 대부분이 부지불식간에 받아들이고 있다.[14] 한국 개신교를 '사영리 기독교'라고 말해도 좋을 정도이다. 문제는 이 사영리 어디에도 예수의 가르침과 삶에 대한 언급은 없다는 것이다. 핵심은 예수를 믿으면 구원받는다는 것이다.

넷째는 천당 신앙이다. 특히 한국 개신교회 중년층 이상에게는 천당 신앙이 신앙의 핵심을 이룬다고 볼 수 있다. 1998년 통계에 의하면 예수 믿는 궁극적인 이유가 천당에 가기 위해서라고 대답한 개신교인이 12%이지만,[15] 적어도 한국 개신교회의 중심을 이루는 중년층 이상에게 천당 없는 기독교는 상상할 수가 없다.

한국의 개신교는 주로 위에 열거한 네 가지 요소에 의해 그 정체성이 결정된다고 본다. 이 네 가지 요소가 합쳐지면, 어떤 기독교 신앙 체계가 만들어질까? 예측되는 것이지만, 그것은 예수 믿고, 구원받고, 천당 가기, 이른바 '삼박자 신앙'이다. 여기에는 예수의 가르침과 삶은 빠져 있다. 필자는 코로나-19와 관련하여 한국 개신교회가 노출시키고 있는 모든 문제는 근본적으로 이러한 신앙에 기인한다고 본다.

2. 한국 개신교의 정체성이 낳은 결과

한국 개신교의 이러한 삼박자 신앙은 결정적으로 두 가지 문제점을 잉태한다. 첫째로 한국 개신교는 대체로 예수의 가르침과 삶에 대해 관심이 없다. 한국 개신교인의 신앙을 결정하는 삼위일체 교리, 사도신경, 사영리 등은 예수의 가르침과 삶에 대해 언급하지 않고 있고, 그에 따라 한국 개신교 목회자는 굳이 예수의 가르침과 삶에 대해 연구하거나 가르치거나 설교하려 하지 않고, 그 결과 대부분의 한국 개신교인들은 예수의 가르침과 삶에 대해 실제로 아는 바가 거의 없다. 한국 개신교 안에서 예수의 가르침과 삶에 대해 관심하는 사람은 비주류에 속한다.

둘째로 이에 따라 한국 개신교인은 대체로 예수를 믿기는 하지만, 예수처럼 살지는 않는다.[16] 예수의 가르침과 삶에 대해 제대로 들어본 적도 없고 아는 것도 없고 관심도 없다 보니, 예수처럼 살지 않는 것은 어쩌면 당연하다. 2021년 5월 27일 연세대학교 학부 학생들과 조별 토론을 하는 중에 비기독교인인 한 학생이 말했다: "나는 기독교인들이 예수처럼 살려고 한다는 말을 단 한 번도 들어본 적이 없다." 이 학생만이 아니다. 많은 기독교인, 비기독교인 학생들이 이구동성으로 기독교인은 예수를 믿기는 해도 예수처럼 살려고 하지는 않는다고 말한다. 왜 이렇게 되었을까? 여기에는 삼박자 신앙에 근거한 한국 개신교인들의 자기 신앙 논리 또한 크게 한몫한다고 본다.[17]

첫째로 예수는 죄인인 우리와는 본질적으로 다른 존재, 즉 하나님이기 때문에 우리는 예수처럼 살 수 없다는 것이다. 만약 우리가 예수처럼 살 수 있다고 생각한다면, 그것은 우리가 하나님이 될 수 있다는 교만한 생각에서 비롯된 것일 수 있다는 것이다. 이것은 니케아신조가 결정된 순간 예측되었던 문제였고, 오늘날 실제로 그렇게 되었다. 예수가 하나님으로 높여진 순간, 보통 인간이 예수처럼 살 수 있는 가능성은 원천적으로 봉쇄된 것이다.

둘째로 예수는 예수처럼 살지 못하는 우리 죄인을 구원하기 위해 십자가에 달려 돌아가셨고, 우리는 그 예수를 믿어 구원을 받았으니 이미 구원을 받은 지금 굳이 예수처럼 살 필요가 없다는 것이다. 예수처럼 살아야 할 당위성도 사라진 것이다. 이러한 폐단을 막기 위해 감리교는 예수 믿은 이후 성화 과정을 강조하지만, 일반 교인들은 예수 믿고 구원받은 것으로 만족하려 할 뿐, 성화에는 관심이 없다.

셋째로 예수처럼 사는 것은 행함으로 구원을 얻으려는 율법 신앙에 해당하기 때문에 예수처럼 살려고 해서도 안 된다는 것이다. 율법 신앙은 원래 율법의 도덕적인 규범을 따라 살면 구원을 받을 수 있다는 것인데, 예수처럼 사는 것 또한 예수에 기초한 도덕적인 삶을 살아냄으로써 구원받으려는 것이기 때문에 일종의 율법 신앙에 해당한다는 것이다. 그렇기 때문에 믿음으로 구원받는다는 종교개혁 전통에 선 개신교인들은 예수처럼 살려고 해서도 안 된다는 것이다.

위에 열거한 바, 예수는 믿되 예수처럼 살지 않는 한국 개신교인의 세 가지 자기 신앙 논리는 대개가 교리적인 데 기반을 두고 있다. 그러나 한국 개신교인이 이렇게 된 데에는 교리적인 것보다 더 중요한 근본적인 이유가 있다고 본다. 그것은 지극히 인간적인 이유로서 예수를 믿는 것까지는 좋지만, 예수처럼 살고 싶지는 않다는 것이다. 좀 더 정확히 말하면 예수 믿고 구원 받고 천당 가는 것은 좋지만, 예수 믿고 예수처럼 살라고 한다면, 그것은 싫다는 말이다. 예수처럼 사는 것이 내가 원하는 삶과 같다면 모르지만, 지금까지 추구해온 삶을 포기하고 내가 원치 않는 삶을 살아야 하는 것이라면, 예수처럼 살라는 주문은 적게는 부담, 크게는 악담이 될 수 있다는 말이다. 이러한 점에서 볼 때, 예수처럼 살지 못하게 하는 세 가지 자기 신앙 논리는 이러한 인간적인 이유를 정당화하고 합리화해주는 교리적 명분을 제공하는지도 모른다.

3. 한국 개신교의 정체성과 코로나-19에 대한 대응

이처럼 예수는 믿되 예수를 살지 않는 한국 개신교의 기독교적 정체성은 코로나-19와 관련하여 한국 개신교가 노출시킨 문제와 직접적으로 연결되어 있다. 첫째로 한국 개신교는 코로나-19와 관련한 제반 문제를 예수의 가르침과 삶에 기초하여 생각하지 않는다는 것이다. 그동안 코로나-19와 관련하여 다양한 설교, 논문, 기고문 등이 발표되었지만, 코로나-19로 파생된 문제를, 특히 코로나-19로 고통받는 이들의 문제를 예수의 가르침과 삶에 기초하여 언급한 글은 거의 찾아보기 어렵다. 하나님을 앞세운 목회자 자신의 생각은 여기저기 노출되고 있지만, 코로나-19와 관련된 문제를 예수의 가르침과 삶에 기초하여 진지하게 생각하려는 모습은 좀처럼 보이지 않는다.

만약 한국 개신교가 예수의 가르침과 삶에 기초하여 코로나-19를 생각한다면, 분명 다른 질문을 갖고 달리 접근했을 것이다. 동시대 유대교는 질병을 어떻게 이해했고, 예수는 질병을 어떻게 이해했을까? 예수가 만난 환자들은 어떤 질병을 갖고 있었고, 이 질병으로 어떤 고통을 받았을까? 그리고 이러한 고통의 문제와 관련하여 예수는 무엇을 하려고 했을까? 이 질문은 곧바로 코로나-19에 대한 질문으로 이어질 것이다. 우리가 만약 예수의 가르침과 삶을 따라 코로나-19에 대응한다면, 우리는 코로나-19를 어떻게 이해해야 하고, 코로나-19로 고통받는 사람들을 위해 무엇을 해야 할까?

둘째로 이에 따른 당연한 결과로 한국 개신교는 코로나-19의 치유와 극복을 위해 예수의 가르침과 삶에 기초하여 말하거나 행동하지 못하고 있다는 것이다. 코로나 상황에서 한국 개신교회가 참으로 해야 할 일은 물론 교회 내에 많은 걱정거리가 있겠지만, 코로나-19의 치유와 극복을 위해 무엇을 어떻게 하는 것이 과연 예수의 길을 따르는 것인가 하는 것을 진지하게 검토하는 일일 것이다. 질병에 대해서도, 확진자에 대해서도, 의료진에 대해서도 한국 개신교회가 할 수 있는 일이 분명 있을 것이다.

그러나 지금 한국 개신교가 코로나-19와 관련하여 관심하고 있는 것은 코로나-19의 극복과 코로나-19로 고통받고 있는 사람들의 치유가 아니라 코로나-19로 불어닥친 교회의 위기, 좀 더 정확히 말하면 어떻게든 대면 예배를 재개하여 교인과 헌금의 감소를 최소화하는 것이다. 대면 예배가 중요하지 않다는 이야기가 아니다. 교인과 헌금이 중요하지 않다는 이야기도 아니다. 이 상황에서 예수의 길을 따르는 개신교가 가장 우선적으로 관심해야 할 것이 과연 무엇인가 하는 것이다.

VI. 한국 개신교의 새로운 기독교적 정체성과 코로나-19 다시 보기

1. 한국 개신교의 새로운 정체성과 치유하는 예수

그렇다면 코로나-19와 관련하여 한국 개신교가 보다 책임 있게 응답하고, 비개신교인들에게 보다 신뢰받을 수 있는, 보다 바람직한 기독교의 길은 무엇일까? 그것은 이미 암시된 대로 예수의 가르침과 삶에 기초를 둔 기독교로 나아가는 것이다.[18] 신학적으로 말하면 역사적 예수에 기초를 둔 기독교로 나아가는 것이다.[19] 역사적 예수가 기독교의 상수라면, 역사적 예수에 대한 신앙을 고백하는 교리는 기독교의 변수라고 할 수 있다. 그러므로 한국 개신교가 보다 바람직한 기독교가 되고자 하면, 동시대의 문제를 예수의 가르침과 삶에 기초하여 풀어나가야 할 것이다.

예수 당시 질병의 문제는 가장 중요한 사회적 문제 중 하나였고, 예수 역시 이 문제를 본인이 감당해야 할 가장 중요한 사회적 과제 중 하나로 받아들였다. 복음서에 열거된 질병을 열거해보면, "열병, 문둥병, 중풍병, 오그라든 손, 굽은 등, 혈루증, 귀먹음, 벙어리 증세,

앞 못 봄, 수전증, 잘려 나간 귀, 죽을병" 등 12종류 정도 되고,[20] 여기에 귀신 들려 미친 정신질환까지 합하면 그 수는 더 늘어난다. 이러한 질병들은 당시에 치료가 거의 불가능한 만성질환 혹은 불치병에 해당했다.

동시대 환자들은 유대교 환경에서 대개 삼중고에 시달렸던 것 같다. 즉, 질병 자체로부터 오는 육체적 고통, 질병에 따른 사회심리적 고통 그리고 유대교의 질병관에서 비롯된 종교적 고통이다.[21] 사회심리적 고통은 질병으로 인해 자신이 사회로부터 버림받았다는 느낌 때문에 받는 고통을 가리킨다면, 종교적 고통은 질병을 환자가 지은 죄에 대한 하나님의 벌이라고 주장하며 환자를 죄인 취급하는 데서 오는 고통을 가리킨다. 당시 사회심리적 고통과 종교적 고통은 육체적 고통 못지않게 컸고, 이 둘은 상호 밀접히 관련되어 있었다.

예수는 이러한 환자들에게 무엇을 할 수 있었을까? 예수는 육체적 질병을 치료하는 의사는 아니었다. 예수가 할 수 있었던 것은 질병으로 고통받는 사람의 아픔을 함께 아파하며,[22] 이들의 고통을 치유하는 것뿐이었다.[23] 그렇다고 고통의 치유가 질병의 치료와 무관한 것은 아니었다. 오히려 고통의 치유는 질병 치료의 시작을 의미했고, 질병 치료를 궁극적 목적으로 했다. 복음서에 그려진 예수의 경우, 고통의 치유와 질병의 치료는 거의 동시적이었다.

그러면 예수는 어떻게 고통의 치유를 통해 질병의 치료에 이르게 할 수 있었을까? 그 대표적인 사례가 친구들 네 명에게 들것에 실려 예수를 찾아온 중풍병 환자의 경우이다. 예수가 이 환자에게 한 것은 단 한마디의 말, "네 죄가 용서함을 받았다"는 것이다.[24] 얼핏 보면 예수는 질병을 죄와 벌의 인과관계 속에서 이해하는 유대교의 질병관을 따르는 것처럼 보인다. 이것이 사실이라면, 예수의 죄 용서 선언은 바리새파 율법 학자의 주장처럼 중풍 병자에게 중풍병이라는 벌을 내리신 하나님의 권위에 도전한 것이 된다. 그러나 이 선언은 역설적으로 그 반대의 뜻을 함축하고 있다. 예수는 오히려 죄 용서의 선언을 통해 중풍 병자를 죄인으로 매도하는 율법과 그 율법에 편승하고 있는 바리새파 율법 학자의 권위에 도전하고 있는 것이다. 그렇기 때문에 바리새파 율법 학자는 예수에게 분노했고, 예수를 죽이려 했던 것이다.[25]

예수의 죄 용서 선언은 중풍 병자에게 최소한 세 가지 점에서 고통을 치유하는 힘이 있다고 생각된다. 첫째로 질병은 인간의 죄에 대한 하나님의 벌이 아니라는 것이다. 질병이 하나님이 주신 벌이라면, 의사도 환자도 질병을 고치려고 해서는 안 된다. 죄와 벌의 질병관은 고치기 힘든 질병을 사회적으로 방치하는 유대교의 종교적 장치이다. 예수는 여기에 저항하고 도전했다. 질병이 죄에 대한 하나님의 벌이 아니라는 말은 질병은 의사와 환자 그리고 주변 사람들이 힘을 합쳐 치료해야 할 공동의 과제라는 뜻이다. 이것이 예수의 첫 번째 치유이다.

둘째로 환자는 죄를 지어 하나님의 벌을 받는 죄인이 아니라는 것이다. 질병을 갖고 있으면 환자를 무조건 죄인으로 매도하는 것은 환자의 치료와 돌봄을 포기하고, 건강한 사람들의 공동체에서 환자를 배척하려는 유대교 사회의 집단적 따돌림에 다름 아니다. 이러한 의미에서 환자가 죄인이 아니라는 말은 환자도 건강한 사람과 똑같이 한 인간이라는 말이고, 그래서 한 인간으로서 적극적인 치료와 돌봄을 받을 자격이 있다는 말이다. 이것이 예수의 두 번째 치유이다.

셋째로 그러므로 환자는 공동체로부터 배척되어서는 안 되고, 오히려 공동체의 일원으로 마땅히 받아들여져야 한다는 것이다.[26] 유대교 공동체에서 죄인은 설 자리가 없다. 유대 사회에서 죄인은 율법을 어긴 범법자를 가리키는 말이지만, 예수 당시에 세리나 성매매 여성 그리고 환자들 또한 죄인의 범주에 들어갔고, 이러한 죄인들은 유대인 공동체로부터 철저히 배척당했다. 예수는 이러한 사람들을 죄인으로 매도한 유대교 공동체에 저항하여 이들을 더 이상 죄인으로 매도하지 않는 새로운 공동체, 즉 하나님 나라 공동체로 맞아들였다. 이것이 예수의 세 번째 치유이다.

이상 살펴본 바 예수의 치유는 환자의 치료와 밀접하게 연관되어 있다. 예수는 한편으로 마땅한 치료와 돌봄을 받지 못하고 공동체로부터 배척당한 환자의 아픔을 함께 아파하고, 다른 한편으로는 이들에게 이러한 고통을 안겨준 율법 종교와 율법 학자에 정면으로 저항하고 도전했다. 이것이 예수가 환자들의 고통을 치유하는 방식이었다. 예수의 경우, 이러한 고통의 치유는 곧바로 질병을 치료하는 결과를 낳은 것으로 보도되고 있지만, 현실에 있어서는 고통의 치유와 질병의 치료 사이에 시간적 거리가 있을 수밖에 없다. 경우에 따라서는 고통은 치유되었지만, 질병이 치료되지 않는 경우도 허다하게 있을 것이다. 이러한 경우에도 고통의 치유는 그 힘이 조금도 감소되지 않을 것이다.

2. 코로나-19와 한국 개신교의 치유 목회

1) 코로나-19 새로 보기

이제 고통받는 사람의 아픔을 함께 아파하면서 이들을 치유하려 했던 예수의 눈으로 코로나-19로 고통받는 사람들의 고통을 다시 한번 살펴보고, 한국 개신교의 새로운 치유 목회의 가능성을 생각해 보자.

우선 코로나-19라는 질병 자체에 대해서 생각해 보자. 코로나-19 발병 직후, 대구를 중심으로 전국의 많은 목회자는 이 질병이 인간의 죄에 대한 하나님의 심판이라고 선언했다. 물론 좁게 보면 질병은 누군가의 잘못 때문에 전염될 수 있다. 최초의 진원지에서 바로 대처하지 못해 전파될 수도 있고, 정부가 사전 차단에 실패해서 전파될 수도 있고, 특정 집단이 방역 수칙을 지키지 않아 전파될 수도 있고, 어느 개인이 감염 사실을 모르고 부지불식간에 전파시킬 수도 있고, 확진자 자신이 방역 수칙을 지키지 않아 감염될 수도 있다. 그러나 코로나-19 자체는 이들 중 어느 누구의 죄 때문에 발생한 것은 아니다. 코로나-19는 코로나바이러스라는 병원균에 의해 생긴 육체적 질병일 뿐이다.

예수는 동시대의 만성질환 혹은 불치병을 놓고 인간의 죄 때문에 생긴 하나님의 심판이라고 말하지 않았다.[27] 오히려 질병을 인간의 죄에 대한 하나님의 심판으로 간주하는 동시대의 율법과 율법 학자에 저항하고 도전했다. 죄와 벌의 인과론적 질병관은 질병의 치료를 포기하게 하고, 질병을 운명처럼 받아들이게 하기 때문이다. 그러므로 예수의 가르침과 삶을 따르는 기독교라면, 코로나-19에 대해 이렇게 말해야 할 것이다: 코로나-19는 어느 누구의 죄 때문에 발생한 것도 아니고, 어느 누구의 죄에 대한 하나님의 심판도 아니다. 이 말을 의학적으로 번역하면, 코로나-19는 코로나바이러스라는 병원균이 일으킨 육체적 질병이고, 이러한 질병은 적극적인 치료를 통해 극복해야 한다는 말이다. 한국 개신교회는 바로 이러한 입장을 교회 안팎에서 분명하게 밝힐 필요가 있다고 생각한다. 이러한 입장 표명은 코로나-19에 감염된 확진자들에 대한 치유의 시작이라고 생각한다.

2) 확진자의 고통과 치유

코로나-19를 새로운 시각에서 다시 보아야 하는 가장 중요한 이유 가운데 하나는 코로나-19에 감염되었거나 코로나-19로 사망한 이들이 특정 계층에 집중되어 있기 때문이다. 2020년 12월 24일 통계청이 발표한 "코로나-19와 안전 취약 계층" 보고서에 따르면 코로나-19에 가장 취약한 이른바 안전 취약 계층은 노인과 장애인 그리고 의료 급여 수급을 받는 경제 취약 계층이다. 작년 12월까지 코로나-19로 사망한 사람 중 60세 이상은 92.4%로 치명률이 가장 높다. 장애인에 대한 정확한 통계는 보고되지 않았지만, 초기에 문제가 되었던 청도 대남병원의 경우 254명 환자 중 112명이 확진되었다고 한다. 경제 취약 계층에 해당하는 의료 급여 수급권자의 경우는 전체 건강보험 가입자 중 2.94%밖에 안 되지만, 확진된 의료 급여 수급권자는 전체 가입자의 10.66%로 3.6배가 넘는다.[28]

또 다른 통계인 월간「연구동향」10월호에 실린 국회입법조사처의 "코로나-19 대응 종합보고서"(2020)를 살펴보면, 코로나-19에 가장 취약한 계층은 노인, 기저질환자, 장애인, 노숙인이라고 했다. 2020년 4월 6일 기준으로 70대 이상 노인의 사망자는 전체 사망자의 77.42%, 기저질환자(심혈관계 질환, 당뇨, 만성 호흡기 질환, 암 등)는 전체 사망자의 98.7%를 차지했다. 장애인과 노숙인의 통계는 보고된 것이 없지만, 이들은 다른 누구보다 감염에 쉽게 노출되는 감염 고위험군으로 분류된다고 한다.

그러면 노인, 장애인, 경제 취약 계층, 기저질환자, 노숙인과 같이 코로나-19에 취약한 사람들의 공통적인 특징은 무엇인가? 이들은 모두 코로나-19를 피하기 어려운 조건에서 살고 있고, 코로나-19에 노출되었을 때 이에 저항할 수 있는 면역력이 약하고, 감염되었을 때 이에 대처할 수 있는 능력이 현저히 떨어진다. 그래서 이들은 코로나-19에 의한 감염률도 치사율도 높을 수밖에 없다. 다시 한번 묻자. 이들이 코로나-19에 감염되고 코로나-19로 사망한 것이 본인 혹은 누군가의 죄 때문에 하나님이 이들을 심판한 것인가?

우리가 코로나-19와 관련하여 특히 눈여겨보아야 할 것은 확진자들이 치료 중 혹은 완치 후 겪는 육체적, 정신적 고통이다. 코로나-19가 환자에게 주는 육체적 고통은 얼마나 클까? 코로나-19는 통상 건강한 사람에게는 잘 감염되지 않고, 감염되더라도 80% 정도는 무증상이거나 가볍게 지나간다고 한다. 그러나 면역력이 약한 사람들은 대개 발열, 마른기침, 피로감 등의 공통적인 증상이 있고, 드물게는 몸살, 인후통, 설사, 결막염, 두통, 미각 또는 후각 상실, 피부 발진, 손가락 또는 발가락 변색 같은 증상이 있다고 한다. 심각한 경우에는 호흡 곤란 또는 숨 가쁨, 가슴 통증 또는 압박감, 언어 또는 운동 장애도 있다고 한다.

코로나-19의 증상을 객관적으로 열거했지만, 이 증상을 체험하는 확진자의 주관적인 고통은 생각보다 훨씬 심각하다. 한 환자는 "심장이 머리 위에 있는 느낌이었다", "명치 위쪽 부분에서 가슴이 '꽉' 쪼여오는 듯한 느낌이 들었다. 굉장히 힘들었다", "확진 이튿날, 머리가 깨질 듯이 아팠다", "약간의 미열과 함께 엊그제부터 근육통이 함께 시작했다. 근육통은 참을 만했지만, 등 전체로 퍼질 때는 꽤 힘들었다", "근육통 때문에 손에 힘이 들어가지 않아 병뚜껑을 따지 못할 정도였다"고 증언했다.[29]

확진자의 육체적 고통은 완치되었다고 끝나지 않았다. 부산대 박*

겸임교수는 바이러스가 사라진 후에도 여전히 고통에 시달린다고 하며, “머릿속에 안개가 낀 것처럼 멍해지고, 기억과 집중이 힘든 ‘브레인 포그’ 증상”이 있다고 했고, “가슴과 배에서는 수시로 통증이 느껴지고, 피부색이 보랏빛으로 변하거나, 심한 피로감이 몰려와 일상생활이 힘든 날도 있다”고 했다.[30] 또 완치된 20대의 한 여성은 ‘퇴원 후 진짜 고통’이 찾아왔다고 하면서, 숨을 제대로 쉬지 못하고, 코부터 머리까지 울리는 두통이 찾아오고, 음식이 상했는지 판단도 어려워 배탈도 두 차례 나고, 팔다리가 저릿저릿하고 온몸에 기운이 없어, 결국은 직장까지 그만두게 되었다고 했다.[31]

이처럼 코로나-19 확진자는 감염 중에도 완치 후에도 상상 이상의 심각한 육체적 고통에 시달린다. 그러나 이에 못지않은 또 다른 고통이 있는데, 그것은 코로나-19에 수반되는 정신적 고통이다. 가장 큰 정신적 고통은 확진자 자신이 느끼는 죄책감이다. 자신이 다른 사람들에게 코로나-19를 감염시키고, 그래서 어떤 이는 사망하게 만들고, 더 나아가서는 피감염자의 가정과 직장 그리고 유관 단체들에 커다란 손실을 끼친다고 생각하면서 느끼는 죄책감은 생각보다 컸다. 한 자가격리자는 이렇게 말했다. “제 건강은 솔직히 생각이 들지 않은 것 같아요. 저는 제가 감당을 해내면 되는 건데…. 제가 아는 다른 사람들이 그러면 (전염되면) 너무 미안하고… 피해가 될까 봐 그게 가장 우려됐습니다.”[32] 전주시의 정신건강복지센터 팀장은 어느 확진자의 심정을 이렇게 전한다. “누군가에게 피해를 끼쳤을지도 모른다는 것에 있어서 지옥같이 힘들다… 차라리 내가 죽었으면 좋겠다고 말씀하시는 분들도 있었고요.”[33]

확진자가 타인에게 느끼는 죄책감 못지않게 큰 또 다른 정신적 고통은 비확진자가 확진자에게 보이는 따가운 시선이다. 그 따가운 시선의 실체는 한마디로 말하면, '코로나 확진자라는 낙인'이다. 유명순 서울대학교 보건대학원 교수팀이 성인남녀 1,000명을 대상으로 조사한 결과에 따르면 '코로나 낙인에 대한 두려움'을 가진 이들은 67.8%에 달했다.[34] 이것은 확진 여부와 관계없이 모든 이들을 대상으로 한 통계이기 때문에 실제로 확진자에게만 물었다면, 거의 100%에 달할 것으로 예측된다.

이러한 낙인은 감염 상태에서만 찍히는 것이 아니다. 완치 후에도 계속 따라다니고, 그 결과는 생각보다 심각하다. 한 예로, 지방의 모 사립대 교수는 자신과 함께 코로나 확진자였던 아내가 완치 판정 후에도 코로나 확진자라는 낙인이 찍혀 결국 직장을 그만둬야 했다고 했다.[35] 이러한 낙인 때문에 확진자들과 완치자들은 대인기피증, 우울증, 불안은 물론, 그 괴로움을 견디지 못해 자살을 생각하거나 실제로 자살하는 경우도 있다고 한다.[36]

타인으로부터 느끼는 따가운 시선은 '확진자라는 낙인'만은 아니다. 확진이 되고 나면, 인터넷이나 SNS상에서는 신상 털기와 악플로 시달리게 되는데, 이 또한 견디기 힘든 고통 가운데 하나이다. 단순히 객관적인 사실을 신상 털기로 올리는 것이 아니라 주변 사람들이 확진자를 부정적으로 인식하도록 거짓 사실을 꾸며 악플을 달기 때문에 이를 보는 확진자의 고통은 이루 말할 수 없다. 이 때문에 김석호 서울대 사회학과 교수는 "누구나 잠재적 확진자이지만, 질병에 대한 공포가 낙인으로 나타나, 차별과 혐오로 이어지고 있다"고 지적한다.[37]

이러한 확진자들의 고통을 한국의 개신교는 과연 어떻게 치유할 것인가? 이것이 오늘날 한국 개신교가 함께 고민해야 할 가장 큰 과제라고 생각된다. 예수가 오늘날 한국에 살면서 이러한 확진자들을 치유한다면, 과연 무엇을 말하고 어떻게 행동할 수 있을 것인가? 코로나-19 확진자들이 겪는 고통은 예수 당시에 예수가 만났던 환자들이 겪었던 고통과 거의 진배없다고 생각된다. 유대교가 당시 만성질환자나 불치병환자에게 주었던 종교적, 사회심리적 고통은 오늘날 한국 개신교회나 한국의 비확진자들이 주는 고통과 그 패턴에 있어 매우 유사하다는 말이다.

이러한 면에서 한국 개신교는 무엇보다 먼저 코로나-19 확진자는 죄인이 아니라는 점을 분명히 선언할 필요가 있다. 확진자는 그 자신이 누군가에게 피해를 끼치고 있을지 모른다는 생각에 이미 죄책감을 갖고 있다. 거기에 비확진자들은 확진자가 다른 사람에게 끼칠 피해를 두려워하여 코로나 확진자라는 낙인을 찍고 죄인처럼 취급한다. 확진자는 자신에 의해서든 비확진자에 의해서든 죄인으로 간주되고 있는 것이다. 이중적 죄의식에 시달린다는 말이다. 그러므로 확진자에게 당신은 죄인이 아니라는 선언은 확진자를 죄책감에서 벗어나게 하면서 이들의 고통을 치유하는 두 번째 길이 될 것이다.

한국 개신교는 또한 코로나-19 확진자를 공동체로부터 배척해서는 안 된다는 점을 분명히 해야 할 것이다. 코로나-19가 하나님의 심판도 아니고, 코로나-19 확진자가 죄인도 아니라면, 코로나-19 확진자를 혐오하고 차별하면서 공동체로부터 배척하는 일은 절대 있어서는 안 된다. 최근 완치된 확진자가 소속 기관으로부터 따가운 시선을 받아 사임하는 일이 발생한 것은 코로나-19가 빚은 불행으로 한국 개신교가 관심을 갖고 책임 있는 행동을 보일 사안이라 생각된다. 코로나-19 환자는 치료 중에도 완치 후에도 공동체의 일원으로서 정당한 대우를 받아야 하는 비확진자와 똑같은 인간이라는 점을 한국 개신교는 말과 행동으로 분명하게 보여야 할 것이다. 이는 확진자의 고통을 치유하는 세 번째 길이 될 것이다.

어디 이뿐이겠는가? 이러한 세 가지 말과 행동은 예수의 치유를 코로나-19에 직접 연결해 본 것일 뿐, 한국 개신교가 코로나-19 확진자들을 치유할 수 있는 길은 많이 있을 것이다. 확진자 중에는 특별히 경제적으로 어려운 이들이 있을 것이다. 모두가 어려운 상황이지만, 한국 개신교가 이들을 위해 교단 차원에서 혹은 개교회에서 특별 헌금을 하여 이들을 지원하는 것은 어떨까? 또 교단이나 교회가 앞장서서 확진자들이 치료받는 병원에 확진자들을 위로하고 격려하는 현수막을 걸고, 여기에 뜻을 함께하는 사람들이 위로와 격려의 문구를 담은 녹색 리본을 다는 것은 어떨까? 확진자의 입장에서 잘 생각해 보면, 이 외에도 다양한 길들이 있을 것이다. 이러한 노력들은 사소한 듯 보이지만, 확진자들의 고통을 함께 나누고자 하는 진심이 담긴다면, 충분히 치유할 수 있는 힘이 있을 것이다.

3) 의료진의 고통과 치유

코로나-19로 가장 고통받는 사람은 확진자 자신이겠지만, 이들 못지않게 고통받는 또 다른 이들이 있다. 바로 의료진이다. 현장에서 전하는 의료진의 모습을 보자. 의료진이 입는 우주복 같은 무거운 방호복은 입는 데만 15분이 걸리고, 입고 나면 뜨거운 사우나에 들어온 듯 온몸에서 한꺼번에 땀이 쏟아지고, 한번 입으면 2시간 동안은 물도 못 마시고 화장실도 못 가고, 피부는 고글과 마스크에 눌려 여기저기

짓무른다고 한다. 그래도 의료진이 이것을 감수하는 것은 환자들을 살릴 수 있다는 희망 때문이다. 그러나 모두가 살아나가는 것은 아니다. 게다가 음압병동의 간호사들은 환자가 유명을 달리하면, 시신을 염습하고 밀봉하고 옮기는 일까지 하는데, 이때 환자의 몸에 달린 모든 의료 부착물을 그대로 둔 채 봉인해서 시신 처리하고 화장하게 되어 여기에서 오는 고통 또한 적지 않다고 한다.[38]

그러다 보니 의료진들이 겪는 정신적 고통 또한 심각하다. 보건복지부 국가트라우마센터의 조사 결과를 보면, 코로나-19 대응 의료진 응답자 319명 중 158명(49.5%. 복수 응답)은 신체적으로 이상 증상이 있다고 했고, 132명(41.3%)은 우울감을 느낀다고 했다. 90명(28.2%)은 외상 후 스트레스가 있고, 72명(22.6%)은 불안을 호소했고, 9명(2.8%)은 자살 위험성이 있는 것으로 밝혀졌다. 특히 간호사의 경우, 외상 후 스트레스, 신체 증상, 자살 위험성, 우울, 불안 등 모든 증상에서 다른 의료인보다 높았다고 한다.

이러한 점에서 확진자들 못지않게 치유 받아야 할 사람은 바로 의료진이라고 생각된다. 의료진이 지치면, 건강을 해칠 수도 있고 감염될 수도 있고 사망에 이를 수도 있다. 뿐만 아니라 치료에 영향을 주게 되고, 코로나-19의 극복에도 차질이 올 수 있다. 만약 한국 개신교가 육체적, 정신적으로 지쳐있는 의료진을 치유하기 위해 무엇인가를 할 수 있다면, 과연 무엇을 할 수 있을까? 한국 개신교는 지금부터라도 더 늦기 전에 이 질문을 깊이 고민하면서 그 대답을 찾아야 할 것이다.

지금까지 한국 개신교단이나 개신교회가 의료진을 위로하고 격려하기 위해 어떤 공식적인 메시지를 내놓거나 구체적인 행동을 취한 경우는 많지 않다.[39] 아직 한국 개신교가 할 수 있는 일들이 많이 있을 수 있다는 뜻이기도 하다. 만약 이 시대에 의료진의 남모르는 육체적, 정신적 고통을 깊이 이해하고 함께 아파하며 이들을 위로하고 격려해줄 수 있는 곳이 있다면, 치유하시는 예수의 길을 따르는 기독교, 그중에서도 개신교가 아닐까 싶다.

우선 한국 개신교가 교회 안팎에서 공개적으로 대한민국 의료진들을 위로하고 격려하는 메시지를 내놓는 것부터 시작하면 어떨까? 의료진의 입장에서 의료진에게 가장 필요한 치유의 말이 무엇일지 생각해 보면, 적절한 답을 얻을 수 있을 것이다. 지금은 거의 모든 메시지가 인터넷 온라인을 통해 소통되고 있기 때문에 이러한 메시지는 곧바로 의료진에 전달될 수 있을 것이다. 그리고 확진자들을 치료하는 병원에 의료진을 위로하고 격려하는 간단한 내용의 현수막을 걸고, 확진자들을 위해 제안했던 것처럼 여기에 공감하는 이들이 개인적인 위로와 격려의 글을 담아 녹색 리본을 매다는 것은 어떨까?

그리고 이러한 마음을 보다 구체적인 행동으로 표현하는 것은 어떨까? 교단 차원에서는 코로나-19를 치료하는 주요 병원의 의료진을 위해 기부금을 보낼 수 있을 것이다. 개체 교회의 경우는 현장 의료진에게 꼭 필요한 것을 파악하여 작은 선물을 보내는 것도 생각해 볼 수 있을 것이다. 예를 들면, 방호복을 입고 흘린 땀을 닦을 수건을 준비하는 일, 과로한 몸을 회복시켜 줄 피로회복제를 보내주는 일, 집에 가지 못하여 갈아입지 못한 내복을 준비해주는 일, 짧은 잠이라도 깊이 잘 수 있도록 수면안대를 보내주는 일 등. 생각해 보면 의료진을 위로하고 격려할 수 있는 작은 행동들도 많이 있을 것이다. 아무리 작은 것이라도 진심을 담으면, 치유의 힘이 있다고 생각된다.

VII. 나가는 말: 코로나-19와 기독교의 미래

이제 처음 질문으로 돌아가 보자. 과연 한국 개신교가 비개신교인들의 신뢰를 회복할 수 있을까? 지금까지 코로나-19 상황에서 한국교회가 교회 안팎에서 보여준 모습을 보면, 신뢰를 회복할 가능성은 거의 없어 보인다. 앞으로는 어떨까? 물론 노력하면 달라질 수 있다. 그러나 한국 개신교가 예수 믿고, 구원받고, 천당 가는 삼박자 신앙에 머물러 있는 한, 좀 더 정확히 말하면 예수는 믿되 예수처럼 살지 않는 기독교적 자기 정체성에 머물러 있는 한, 한국 개신교는 노력한다고 달라질 수 없는 근본적인 자기 한계를 갖고 있다고 생각된다.

그러면 한국 개신교가 비개신교인들의 신뢰를 회복할 수 있는 길은 무엇일까? 아니 한발 더 나아가서, 한국 개신교가 비개신교인은 물론 개신교인을 비롯한 모든 기독교인으로부터 신뢰를 회복할 수 있는 길은 무엇일까?[40] 무엇보다도 코로나-19로 고통받고 있는 확진자들과 의료진들로부터 신뢰를 회복할 수 있는 길은 무엇일까? 그것은 기독교 본래의 모습으로 돌아가는 것이다. 예수의 가르침과 삶에 철저히 기초를 둔 기독교, 역사적 예수에 기초를 둔 기독교로 탈바꿈하는 것이다. 한국 개신교의 기독교적 자기 정체성에 근본적인 전환이 필요하다는 말이다.

지금이라도 늦지 않았다. 코로나-19와 관련하여 한국 개신교가 해야 할 가장 중요한 일은 코로나-19로 고통받는 이들의 그 고통을 깊이 헤아려 예수께서 그렇게 하셨던 것처럼 이들의 아픔을 함께 아파하고, 이들의 아픔을 치유할 수 있어야 한다. 예배가 붕괴되고, 교인이 떠나고, 헌금이 주는 교회의 위기를 과소평가해서가 아니다. 교회의 위기를 극복하려는 노력도 해야 하지만, 코로나-19 상황에서 교회가 가장 우선적으로 관심해야 하는 것은 코로나-19로 고통받는 사람들을 치유하는 일이다.

필자는 한국 개신교가 지금부터라도 치유하시는 예수의 길을 따라 구체적이고도 책임적인 말과 행동으로 코로나-19로 고통받는 이들을 치유하는 새로운 길을 가게 된다면, 비개신교인은 물론 대한민국의 모든 국민으로부터, 특별히 코로나-19로 고통받는 이들로부터 신뢰받는 기독교로 거듭날 수 있다고 확신한다. 기독교는 예수의 가르침과 삶에 기초하여 예수의 길을 따르게 될 때 참된 기독교일 수 있고, 한국 개신교는 바로 이러한 기독교적 자기 정체성을 확립할 때 한국의 모든 사람이 신뢰하는 개신교가 될 수 있을 것이다.

2부

생태 문명으로의 전환을 위한 세계관의 전복

자유와 자연
— 코로나 이후의 교회

양명수

이화여자대학교 명예교수

I. 들어가는 말

코로나-19가 끝나면서 이제 모임이 자유롭게 되었다. 그러나 몇 년 동안 예배마저도 정부의 규제 대상이 되고, 모이는 예배가 힘들어지면서 교회는 자신의 정체성에 대해 다시 생각할 계기를 맞은 것 같다. 교회란 무엇인가.

코로나-19가 유행할 때 '사회적 거리두기'를 통해 인간의 접촉을 막아 바이러스의 전염을 차단하려고 했다. 그런데 사회적 거리두기란 말은 구약성서(창세기 11장)에 나오는 바벨탑 사건을 연상시킨다. 사람들이 한마음으로 교만하게 되어 높은 탑을 쌓자 하나님이 인간의 언어를 흩어 놓았다. 인간의 의사소통을 막아서 하나가 되지 못하게 한 것이다.

바벨탑 얘기는 현대 문명에 대한 경고이기도 하다. 세계화를 통해 인류 전체가 통일된 하나의 삶의 방식을 만들어가고 있다. 개인이 없어지고 사람은 군중이 되어 남을 따라 소비하고 가치는 가격으로 평가되는 시장 가치로 획일화되고 있다. 인터넷과 소셜 미디어를 이용해 사람들이 너무 잘 통해서 왕성한 모방 욕망을 통해 서로를 모방하며 인류는 거대한 하나의 군중이 되고 있다. 너무 잘 통해서 문제다. 기독교에서는 하나님 안에서 단독자가 된 개인들이 서로 통하는 것을 성도의 교통이라고 부르며 구원 사건으로 보지만, 인간의 소유 욕망이 너무 잘 통해서 하나의 군중을 이루어 바벨탑을 쌓는 것은 분열과 멸망의 징조이다.

그래도 서구의 기독교 문화권에서는 종교개혁을 거치며 개인의 자기 세계를 강화했다. 남의 눈치를 보지 않고 남들의 평가에 좌우되지 않고, 자기만의 가치를 추구할 수 있는 자율적 인간을 구축하려고 애쓴 것이 종교개혁의 영향을 받은 서양의 근대이다. 그런 식으로 서양은 집단에 묻혀 있던 개인을 떼어 내어 독립적인 인격체로서 존중하고 인간의 존엄성을 세우려고 했다. 15, 16세기에 자본주의가 한창 발달할 때 서양은 종교개혁 때문에 하나님 안에서 세상의 물질주의 욕망을 따라가지 않는 법을 배웠다. 다시 말해서 근대의 서구 교회는 개인이 군중으로 전락하지 않도록 자기 세계를 강화시켰다. 종교개혁 신학의 개인주의적 성격은 개인의 내면에 이루어진 자기 세계를 존중하는 쪽으로 근대철학의 발전을 유도했다. 개인의 자율성을 인간 존엄성의 근거로 본 칸트 철학은 루터 신학의 영향이다.

그럼에도 불구하고 서구 사회 역시 대중 미디어를 통한 모방 욕망의 증가로 개인은 자기 정체성의 위기에 처해 있다. 지하철이나 심지어 집에서도 서로의 얼굴을 보며 대화하는 시간이 없어지고 각자 자기

스마트 폰을 들여다보는 것은 개인이 군중으로 동일화되는 과정을 잘 보여준다. 엠마누엘 레비나스는 '타자의 얼굴'이 우리에게 부여하는 무한책임을 인류 구원의 길로 제시했지만, 현대인들은 앞에 있는 사람의 얼굴의 보지 않고 스마트 폰만 들여다보며 산다.

이것은 매우 불길한 징조이다. 미디어는 많은 정보를 주지만 개인의 자기 세계를 없애고 군중을 만들어 낸다. 개인이 군중으로 되는 것은 서로 다르게 생긴 바위가 부서져 모래로 합쳐지는 것과 같다. 모래는 똑같이 생겼지만, 결코 뭉쳐지지 않는다. 군중 속에서 현대의 개인은 소외되어 있으며, 남을 따라 하는 모방 욕망의 증가는 무한 경쟁을 낳고, 참된 소통이 힘들어지고 증오의 대상이 증가한다. 몰라도 될 것을 모를 자유가 없어진 소셜 미디어의 세계 속에서 세상으로부터 자유로워지는 것은 불가능한 일이 되었다.

더구나 한국 사회는 개인의 자기 세계가 무척 취약하다. 남들을 따라 하는 한국인들의 모방 욕망은 자본주의적 시장경제 속에서 극대화되었다. 한국 사회는 외부의 권위로부터 개인의 존엄성을 확보한 자유주의 철학이 결핍된 채 자본주의에 편입되었고, 한국교회는 자유주의 정치 철학의 기원이 된 종교개혁 신학을 중세적 교회주의로 해석하면서 권위주의를 대량 생산하는 곳이 되었다. 또한 한국교회는 자본주의를 복음과 동일시하는 경향을 지니면서 한국 사회 내에서 물질주의의 온상이 되었다. 그것 역시 물질주의를 경계했던 종교개혁 신학과 거리가 멀다. 한국인의 교육열은 한국인이 물질과 부의 소유에 있어서 남다른 모방 욕망을 가지고 있음을 의미한다. 그리고 교회가 그것을 부추긴다.

홀로 있는 능력을 상실하고 서로 얽혀서 자기가 되지 못하는 현대인들을 향해 사회적 거리두기라는 경고가 떨어졌다. 사회적 거리두기의 구호는 특히 한국교회로 하여금 교회의 본질과 역할에 대해 생각할 계기를 던져준다. 너무 무리 지어 남들 하는 대로 세상을 따르지 말고 서로 거리를 두고 떨어져 하나님 앞에서 자기 자신이 되라는 성서의 경고가 코로나-19를 계기로 사회적 거리두기란 구호로 표현되었던 것 같다

II. 교회, 나를 나 되게 하는 곳

교회는 군중심리를 이용해서 부흥을 꾀하는 곳이 아니라 사람을 각자 자기가 되게 만드는 곳이다. 교회를 구성하는 성도는 세상을 구성하는 군중과 달리 하나님 앞의 단독자들이다. 교회는 세상으로부터 자유로운 곳인데, 세상으로부터의 자유란 대중과 군중으로부터의 자유를 가리킨다. 그 점에서 교회는 정치공동체인 국가와 구분된다. 정치와 경제는 대중과 군중의 심리에 의해 이루어지기 때문이다. 기독교 신학의 전통에서 끊임없이 교회와 국가를 구분했던 까닭이 거기에 있다.

사람은 남부럽지 않게 살고 싶어 하고 남보다 잘 살고 싶어 하면서 군중을 이루고 무리 지어 산다. 인간 세상을 이루는 것은 군중이다. 군중은 남이 가진 걸 가지고 싶어 하는 모방 욕망으로 서로 경쟁하고 타협하며 공정경쟁을 위한 규율과 질서를 만들기도 한다. 그렇게 사람은 군중이 되어 서로 얽혀서 주고받는 거래를 통해 삶을 꾸려 간다. 정치와 경제는 대중의 영역이다. 사람은 누구나 군중으로 살아가고 있으며 군중 속의 한 사람으로 정치와 경제에 참여한다. 군중은 근대에

이르러 정치의 주체가 되어 대중 민주주의라는 정치체제를 이루고, 소비의 주체가 되어 자본주의의 시장경제 체제를 이룬다. 교회와 구분되는 세상은 군중과 대중이 만든 세상이다. 정치 주체로서의 대중의 등장은 한편으로 발전이지만, 왕성한 모방 욕망 때문에 참다운 개인이 없어지고 무한 경쟁 속에서 증오심이 증가하는 문제가 발생하고 있다.

교회는 군중으로부터 자유로워지는 곳이다. 만일 교회가 세상 나라인 국가와 다른 하나님 나라의 상징이라면, 교회의 구성원은 군중이나 대중이 아니다. 교인은 대중으로 모이는 것이 아니다. 교인은 대중이 만든 세상으로부터 벗어나 오직 하나님 앞에 홀로 선 단독자가 된다. 모이기는 하지만 교회는 단독자들이 모여 있는 모임이다. 대중의 한 사람으로 교회에 들어왔다 하더라도 찬송과 기도와 예배를 통해 단독자가 되는 곳이 교회이다. 교회는 단독자들의 세상이라는 점에서 세상과 다른 또 하나의 세상이다. 교회에 모인 교인은 세상을 섬기기를 멈추고 하나님을 섬기는 자들이기 때문이다. 세상을 섬기기를 멈춘다는 것은 모방 욕망으로 하나가 된 군중과 대중이기를 멈춘다는 뜻이다.

인간은 언제나 어느새 남이 가진 것을 가지고 싶어 하는 세상으로 돌아간다. 세상에 빠진 인간을 단독자로 만들어 주는 하나님은 언제나 새롭다. 그래서 세상에는 해 아래 새로운 것이 없지만 하나님은 인간에게 언제나 새롭다. 그 하나님 때문에 나는 대중에게서 빠져나와 남들로부터 떨어진 단독자로 나와 마주한다. 하나님 안에서 나와 마주하는 일은 언제나 새로운 거룩한 사건이다. 내가 나를 찾고 내가 되는 자유의 길이 거기에 있기 때문이다.

세상에서 한 사람의 정체를 이루는 주도권은 남들이 쥐고 있고, 남들이 이루는 사회가 쥐고 있다. 내가 누군지는 남들에게서 온다.

사회 안에서의 역할, 남들의 시선과 사회의 평가가 개인의 자기 정체를 이룬다. 내 안의 양심이 나를 보고 있지만 그 양심도 사회가 내 안에 심어 놓은 것이다. 세상에 산다는 것은 남들과 어울려 사는 것일 뿐 아니라 남들에게 맞추어 사는 것이다. 물론 남에게 맞출 줄도 알아야 하지만 남 못지않게 살고 싶고 남들처럼 살고 싶기 때문에 나도 남이 되어 있다. 나를 남에게 내어주고 산다. 세상에서 나는 나로부터 소외되어 있다. 하이데거는 세상 속의 인간의 자기소외에 대해 말했다. "존재적으로 나는 나에게 가장 가깝지만, 존재론적으로 나는 나로부터 가장 멀다."(『존재와 시간』) 사람은 다른 사람으로부터 소외되어 있기 전에 이미 자기로부터 소외되어 있다.

대중으로 얽혀 있는 사람들을 각자로 떼어 놓는 곳이 교회이다. 교회의 머리는 그리스도이며, 교회는 그리스도의 몸이고 그리스도의 품이다. 전통적으로 교회를 어머니라고 부른 까닭은 교회가 그리스도의 품이기 때문이다. 그리스도의 품인 교회에서 인간의 일차적 관계는 남과의 관계가 아니라 하나님과의 관계이다. 나를 마주하고 맞이하신 그리스도 안에서 나는 나를 마주하고 맞이할 수 있다. 나는 세상에서 남들만 상대하며 대중으로 있다가 세상과 다른 세상인 교회에서 단독자가 되어 나와 상대한다.

성부 하나님은 절대자요 그분의 얼굴을 보는 자는 죽는다. 그러나 성자 하나님은 얼굴을 마주하고 사람을 상대해 주신 하나님이다. 삼위일체는 절대와 상대의 변증법을 말해준다. 마주하여 대하기를 끊은 절대(絶對)는 상대에게 영향을 줄 뿐 영향을 받지는 않으며, 마주하는 상대(相對)는 상대방의 영향을 입는다.

절대의 신만 있으면 권위주의가 생성되고 상대의 신만 있으면 상대주의와 회의주의가 발생한다. 그러므로 성자를 성부와 구분되면서도 같은 하나님으로 본 삼위일체는 하나님이 사람을 상대하면서도 가치 상대주의에 빠지지 않는 십자가의 승리를 가리킨다. 그리스도의 십자가는 사람을 상대한 결과이다. 상대하면 상대방의 영향을 입으니 영향을 주어야 하는데, 영향을 받는 그 하나님의 수동성(passive)이 그리스도의 수난(Passion)을 이룬다.

나를 상대해 주신 그리스도의 품 안에서 나는 나를 상대하면서 내가 되어간다. 교회는 마르틴 루터와 함께 이렇게 말해야 한다. "대중과 군중에게는 진리가 없다"(『세속권세, 어디까지 복종해야 하나?』). 예수는 사람들을 상대했지만, 그들을 군중으로 상대하지 않았다. 복음서의 예수는 자기를 왕으로 삼으려는 군중을 피해 다니셨다(요 6:15). 로마의 총독 빌라도가 바라바 대신에 예수를 처형한 것은 군중의 성화 때문이었다(요 19장). 군중은 교회를 이룰 수 없다. 사람들이 교회에 모여들어 군중을 이루었다고 해서 교회가 되는 것은 아니다.

교회는 군중에게 참사람됨의 도덕을 가르치는 곳도 아니다. 인문주의는 도덕규범으로 사람을 참사람이 되게 만들어 건전한 시민이 되도록 유도하는 국가철학이다. 참사람이 되어야 한다는 가르침은 사람이라는 보편 개념에 나를 묶어 두는 도덕적 요구이다.

그러나 복음은 나로 하여금 참사람이 되기 이전에 참 내가 되게 만든다. 복음의 일차적 관심은 사회나 국가가 아니라 지극히 작은 자인 나 자신이다. 물론 하나님의 말씀도 법의 형태를 띠고 참사람됨의 길을 요구하는 면이 있다. 복음은 법과 도덕을 폐하지 않는다.

그러나 하나님의 말씀은 법 이전에 복음이다. 복음은 성리학의 태극이나 플라톤의 이데아 같은 도덕적 기준이 아니라 한 사람을 살리는 존재의 힘이다. 성서의 하나님은 나에게 참사람이 되라고 압박하는 도덕 이념이 아니라 나를 나 되게 해 주는 존재론적 현실이다. 복음은 내가 나 자신이기를 바란다. 구스타프 칼 융이 사용한 용어로 말하자면 완전해지기 보다는 온전해지는 것이다.

내가 나 자신이 되는 것, 곧 나와 나를 통합하는 사건은 자기의식 속에 존재의 힘이 가득 찰 때 일어나는 은총의 사건이다. 세상살이를 벗어나 그리스도의 품인 교회에서 나는 존재에서 나를 긍정할 수 있다. "믿음으로 의롭게 여김 받는다"는 기독교의 핵심 교리는 하나님의 은총과 그리스도의 사랑 안에서 내가 나를 받아들이는 자기수용(self-acceptance)을 의미한다(폴 틸리히).

이것은 존재에서 나를 긍정하는 것이고, 무에서 나를 긍정하는 것이다. 사회적 신분이나 성별이나 국적이나 세상에서 얻은 나의 정체를 무로 돌리고도 나는 나를 긍정할 수 있다. 사회가 준 정체를 무로 돌리면 내게는 존재만 남는다. 그것이 존재에서 나를 긍정하는 것이고, 무에서 내가 되는 것이다. 불완전하지만 수용을 거쳐 내가 통합된다. 그것이 카리스마 곧 하나님의 은총이다. 교회의 카리스마는 사람으로 하여금 자기를 찾고 자기가 되게 하는 데에 있다.

무에서 나를 긍정하기 때문에 내가 누군지 내용이 없다. 내용 없이 "나는 나다"(I am who I am)라고 말할 수 있다. "나는 나다"라는 문장에는 내가 누군지를 설명하는 서술어가 없다. 이것은 자기 세계에 갇힌 과대망상의 언어가 아니라 세상을 품고도 내가 나일 수 있는 자유인을 가리킨다. 사실 내가 나일 때에 나는 타자를 그 자신으로 인정할 줄 알고 세상을 자유롭게 품을 수 있다.

대중으로서 남에게 내준 나를 도로 찾아서 단독자로서 내가 내가 될 때 남과 참다운 교통이 일어난다. 서로 통하는 교통은 구원 사건인데, 기독교에서는 교회를 가리켜 성도의 교통(communio sanctorum)이라고 한다. 교회는 하나님 안에서 자기가 된 자들이 교통하는 구원 사건이 일어나는 곳이다. 자기가 되어 서로 통한다는 점에서 교회는 잘 안 통하는 세상과 다른 세상이다. 현대인은 소셜 네트워크를 통해 잘 통하는 것 같지만 집단적 혐오의 장벽을 높이 만드는 것도 소셜 네트워크이다.

교회 건물을 하나님이 거하시는 성전으로 보는 개념은 이미 구약성서의 솔로몬 담화에서 극복되었고, 복음서나 바울 서신에서 확실하게 깨졌다. 그래서 기독교에서는 언제나 보이지 않는 교회를 말했다. 바울에 따르면 세상과 다른 세상인 하나님과 단독자로 교통하며 자기 세계를 가진 개인의 내면이 성전이다.

그럼에도 불구하고 교회 공간이 중요한 것은 성도의 교통이 이루어져야 하기 때문이다. 성전을 내면에 가진 단독자들이 교통하는 곳으로 교회는 성전이다. 대중이 아닌 상태에서 신분과 국적과 지위를 벗고 인간의 교통이 이루어질 수 있음을 보이는 곳이 교회이다. 교회는 각자가 하나의 세상인 단독자로서 성도들이 모여 세상과 다른 세상을 이루는 곳이다. 교회의 장소성과 공간성은 단독자들의 교통에서 그 의미를 찾는다. 단독자들의 교통이 이루어지는 곳이 교회이다. 사도신경에서 '성도의 교통'이라는 말로 교회를 표현하는 까닭이 거기에 있다. 그러므로 교회를 교회되게 만드는 것은 공간보다는 사람이다. 하나님의 사람들의 교통이 교회를 교회되게 만든다.

III. 교회는 세상으로부터 사람을 보호하는 곳

기독교 교회의 주제는 사람이다. 사람은 교회의 수단이 아니다. 교회의 목적은 교회가 아니고 사람이다. 지극히 작은 자 하나에 이르기까지 사람 하나하나가 귀한 존재임을 선포하기 위해 교회가 존재한다. 세상이 돈을 주제로 삼고 권력을 주제로 삼고 승리를 주제로 삼고 성공을 주제로 삼을 때에 교회는 사람을 주제로 삼는다. 교회는 그 일을 위해서 존재한다.

교회의 주제는 하나님이면서 사람이다. 기독교 신앙을 상징하는 십자가는 하나님이 사람을 사랑해서 십자가에 달려 죽기까지 했다는 이야기를 담고 있다. 그것이 성서에서 말하는 복음이요 케리그마이다. 그러므로 교회의 주제는 하나님이면서 사람이다. 교회는 하나님을 경배하는 일을 통해 세상으로부터 자유로워지고, 그 자유로 말미암아 거룩해진 공간 안에서 사람이 신의 아들딸로 인정되는 곳이다. 사람은 교회에서 하나님의 종이 되어 예배하고, 예배를 통해 하나님의 자녀가 된다. 하나님의 자녀라는 말은 인간의 존엄성을 가리켜 사용하는 성서의 용어이고, 자기를 비우고 하나님의 뜻에 복종하는 모습을 강조할 때는 사람을 가리켜 하나님의 종이라고 한다. 하나님의 종은 세상의 종이 아니라는 뜻으로서 자유인의 모습을 가리키는 말이다.

교회 안에서 사람은 누구나 하나님 앞에서 낮은 자요, 동시에 누구나 하나님 앞에서 동등한 신의 아들딸로 높여진다. 교회 안에 있는 동안 사람은 누구나 세상 욕망의 종이기를 벗어나 주의 종이 된다. 그 점에서 교회는 세상으로부터 자유로운 곳이요 그래서 거룩한 곳이다. 교회의 목적은 교회가 아니다. 교회주의는 복음의 진리와 아무런 관련이 없다.

중세 가톨릭의 교회주의를 타파하려고 한 루터는 매우 과격한 언어로 자신의 생각을 표현했다. 사제들과 교회에 대한 그의 공격이 교회 자체를 파괴할 수도 있다는 염려에 대해 그는 이렇게 말했다. "뭇 영혼들이 저들에 의해 계속 도륙당하는 것이 옳은가? … 한 영혼이라도 멸망에 이르도록 놔두기보다는 모든 주교가 죽임을 당하고 모든 종교기관과 수도원이 완전히 파괴되는 것이 낫다"(『독일인에 대한 경고』). 교회의 목적은 하나님이고 그 하나님이 사랑한 사람이다. 교회는 하나님 때문에 사람을 위해 있으며 사람의 자유를 위해 있다. 그것이 교회가 받들어야 할 하나님의 뜻, 곧 인간 구원이다.

그러므로 교회라는 공간 자체가 거룩한 것이 아니다. 자유가 교회를 거룩하게 만든다. 세상의 권력을 낮추고 대중이 추구하던 가치를 상대화하는 절대자 하나님 앞에서 겸허해짐으로써 자유로워진 그 자유가 교회를 거룩하게 만든다. 하나님 앞에서 낮아짐으로써 세상의 죄의 힘으로부터 자유로워진 그 자유가 교회를 거룩한 곳으로 만든다. 죄의 핵심은 사람을 업신여기는 것이다. 있는데, 없는 것처럼 여기는 것이 업신여김이니 업신여김은 일종의 심리적 살인이다.

물론 성서는 불신을 죄로 본다. 그런데 불신을 죄로 보는 까닭은 하나님을 믿지 않으면 결국 돈을 의지하고 힘을 의지하며, 사람을 우습게 보고 업신여기게 되기 때문이다. 사람을 업신여기는 것은 하나님에 대한 불신에서 생기는 일이고 하나님에게 죄를 짓는 일이다. 사람을 업신여기는 것을 하나님에 대한 죄로 보는 신학은 구약성서의 잠언에 '하나님의 의'라는 개념으로 나온다.

하나님의 의는 법적 정의와 다른 신학적 정의로서 로마서에서 바울은 하나님의 의라는 말을 예수 그리스도에게서 나타난 하나님의 사랑이란 말과 동일시했다. 지극히 작은 자라도 업신여김받지 않도록 보호하고 그와 동행하는 것이 하나님의 의이고 하나님의 사랑이다. 그러므로 사람을 업신여기는 일은 법적인 정의에 어긋나지 않더라도 신학적 정의에 어긋나는 일로서 신학적 죄의 핵심이다. 사람을 업신여기는 데에서 파생된 모든 폭력성이 죄의 핵심이다.

교회는 사람을 업신여기는 세상의 폭력으로부터 사람을 보호하는 곳이다. 사람 위에 군림하려는 사람의 권력의지(libido dominandi), 힘 있는 자에게 아첨하고 힘없는 사람을 무시하려는 사람의 성향, 사람을 자꾸 부리고 조종하려는 성향, 이런 악의 성향이 하나님 앞에서 힘을 쓰지 못하는 곳이 교회이다.

그래서 교회는 세상과 다른 곳이고, 그래서 거룩한 곳이다. 교회의 거룩함은 하나님이 거기 계시기 때문이 아니다. 교회의 거룩함은 세상이 보호하지 못하는 사람을 전능하신 하나님의 이름으로 보호한다는 데에 있다. 이미 구약성서에 보면 솔로몬이 성전을 지어 놓고 말했다. "당신이 계시기에는 하늘 위의 하늘이라도 모자랄 터인데 어찌 하나님이 이 성전에 계신다고 하겠습니까"(왕상 8:27). 성서는 성전을 가리켜 하나님이 계신 곳이라고 하지 못하고 '하나님의 이름을 둔 곳'으로 불렀다(왕상 8:29). 그 이름만 들어도 사람을 우습게 보지 못하고 함부로 대하지 못하게 하는 하나님의 이름을 둔 곳이 교회이다.

교회에 울타리가 있다면 그 울타리는 사람을 업신여기는 폭력적 세상으로부터 사람을 보호하고 지키는 복음의 말씀이 만든 울타리이다. 그 말씀의 능력으로 마음이 움직인 성도들의 영이 울타리를 만든다. 교회는 능력이 있어야 한다. 사람을 모으는 능력이 아니라 사람 위에 군림하려는 인간 세상의 사탄적 악의 힘을 이기는 능력이 있어야 한다.

그 능력은 복음의 말씀에 감동을 얹어주는 성령의 능력이고 성도의 교통으로 이루어지는 인간의 영적 능력이다. 교회의 울타리는 누구를 배제하기 위한 것이 아니고, 천국과 지옥을 나누기 위한 것도 아니고, 오히려 사람을 품기 위한 울타리이다. 품어 보호하기 위한 울타리이다. 세상이 사람을 품을 줄 모를 때에 교회는 사람을 품는다. 교회는 하나님 때문에 누구도 배제되지 않음을 선포하는 곳이다. 제대로 선포되는 복음의 말씀이 교회를 거룩한 성전으로 만든다.

세상 사람들이 인간에 대한 예의를 지키기 전에 먼저 인간에 대한 예의를 보이신 하나님의 얘기, 그것이 지극히 작은 자를 찾아 위로하고 구원을 선포한 예수 그리스도의 얘기이다. 하나님의 이름으로 사람을 정죄하기를 즐기던 당시의 사제들에게 분노하고, 종교 규범으로 약한 사람들을 위협하고 두렵게 만들던 당시의 종교인들을 심하게 꾸짖던 예수 그리스도의 얘기, 그것이 이 땅에 오신 하나님에 대한 복음서의 증언이다.

기독교의 복음이 인문주의보다 따뜻하고 심오하여 법과 도덕을 완성하는 이유도 거기에 있다. 법은 강제력으로 인간 세상의 질서를 지키려고 하고 복음은 자유로운 정신으로 사람의 삶을 지킨다. 복음이 선포되는 교회는 사람을 차별하고 사람을 우습게 아는 세상에 대해 거룩한 분노를 표출한 예수의 이야기를 대를 물려 전하는 곳이다. 바로 그 점에서 교회는 그리스도의 몸이고, 그리스도의 품이다.

그리스도의 몸이요 그리스도의 품인 교회는 세상과 다른 또 하나의 세상이다. 인간이 어떤 존재인지를 세상이 아직도 모를 때에 예의를 지켜 사람을 맞이하는 그리스도의 품을 세상에 보여주는 곳이 교회이다. 그리하여 세상과 다른 새 세상에 대한 꿈의 현실성을 드러내는 곳이 교회이다. 인간에 대한 예의를 지킬 줄 모르는 세상으로부터 자유로워진 영과 정신이 세상과 다른 세상을 만들어가는 힘을 공급한다. 그리하여 교회는 사람을 수단이 아닌 목적으로 삼는 새 세상에 대한 인류의 꿈이 꿈에 그치지 않고 현실일 수 있음이 드러나는 곳이다. 교회를 가리켜 하나님 나라의 상징이라고 보는 까닭이 거기에 있다. 그렇게 진리가 드러나는 계시의 공간으로서 교회는 하나님의 거룩한 교회이다.

IV. 자연이 주는 자유를 찾아서

코로나-19나 기후 변화의 재앙으로 인해 인류는 인간이 자연의 일부라는 점을 되새기게 되었다. 지구는 인간만 사는 곳이 아니고 수많은 생명체들이 더불어 사는 곳이다. 근대 이후에 인류는 자신이 자연의 일부라는 점을 망각하고 자연 정복을 통한 경제 개발에만 열을 올렸다. 사실 근대에 추구한 인간의 자유는 자연 정복과 밀접히 연관된 것이었다. 자연을 물리학의 영역에 배치하고 자유는 윤리학의 영역에 배치한 칸트의 철학은 근대 사회가 자연과 자유를 대치 관계에 둔 사실을 잘 보여준다. 다시 말해서 근대는 자유의 기치를 높이 들면서 자연을 인간의 자유를 위한 소재로 삼았다.

자연이 자유의 영역에서 배제된 것은 종교개혁의 영향도 크다. 16세기의 종교개혁은 중세신학과 달리 자연에서 하나님의 계시를 보지 않고, 진리 계시의 장소를 개인의 내면으로 국한시켰다. 개인의 내면이 진리 계시의 장소가 된 것은 개인의 자유와 존엄성을 위해서 큰 발전이지만, 종교개혁자들이 주장한 신율적 자유는 시간이 흐르면서 종교적 긴장을 잃고 자율적 인간의 정치적 자유주의와 경제적 자유 시장경제 쪽으로만 발전했다.

자연의 사물화에 의한 개발과 자연 파괴도 그 문제와 연결이 있다. 기계론적 관점으로 자연을 바라보는 근대의 과학기술을 비판할 때 학자들은 그 기원을 루터의 신학에서 찾는다. 실제로 종교개혁은 한편으로 인간중심의 인권과 민주주의 건설에 이바지했지만, 다른 한편으로 자유시장경제의 이윤극대화를 위한 자연 개발의 길을 열어 놓았다. 시장 자본주의의 발전은 루터 신학보다는 칼뱅주의의 영향이 더 컸지만, 모든 것은 루터의 스콜라 신학에 대한 공격에서 시작되었다.

루터는 중세의 스콜라 신학을 '영광의 신학'이라고 불렀는데, 그것은 중세교회가 국가의 법질서와 자연의 생명의 순환 속에서 하나님의 영광을 보았기 때문이다. 반면에 루터는 국가와 법이 이루는 질서에서 인간의 자유를 제한하는 정치권력의 억압을 보았고, 자연은 신학의 주제에서 제외되었다. 중세의 영광의 신학이 인간 세상과 자연에서 하나님의 영광을 본 반면에 루터는 인간 세상의 죄를 짊어지신 그리스도의 고통을 보았다. 인간의 정치질서와 자연의 생명의 질서를 통해 찬양을 받는 영광의 하나님이 아니라 인간 세상의 고통과 모든 피조물의 신음을 자신의 고통으로 삼으시는 십자가의 그리스도가 루터 신학의 핵심이었다. 루터의 '십자가의 신학'을 통해서 탄생한 개신교 신학은 자연을 더 이상 하나님의 조화를 드러내는 계시의 장소로 보지 않게 되었다.

다시 말해서 자연은 이제 신학적 의미를 상실한 가치중립적인 사물이 되었다. 종교개혁 이후에 데카르트는 자연을 생각이 없어 존재감이 없는 주변 사물로 여겼고, 헤겔은 그의『법철학』에서 자연 사물을 지배하는 인간의 소유권을 자유의 첫 단계로 보았다. 그는 자연 사물에는 자기 의지가 없어서 인간의 의지가 마음대로 지배할 수 있는 대상이라고 생각했다. 그것이 헤겔이 말한 자유의 첫 단계인 소유권의 의미이다.

근대 들어 개인의 자유와 평등이 중요해지고 노예제도가 폐지되면서 인간이 인간을 소유할 수 없게 되었는데, 노예의 자리를 자연이 대신하고 자연이 인간의 소유의 대상이 되었다. 물론 중세에도 인간은 자연을 이용했지만, 철학적으로 자연이 인간의 전면적 소유권과 지배의 대상이 된 것은 종교개혁의 신학의 변화에서 비롯된 인간주의 철학의 등장 때문이었다.

루터의 십자가의 신학은 인간의 고통을 그리스도의 고통과 동일시함으로써 하나님의 수난을 이단으로 단죄한 고대와 중세의 신학을 극복하는 길을 열었다. 루터 자신이 하나님의 수난이라는 개념을 사용하지 않았지만, 그의 기독론 중심의 신학은 인간을 위한 사랑의 하나님의 수난을 말할 수 있는 현대 신학의 길을 열었다. 다시 말해서 루터와 칼뱅의 기독론은 하나님의 이름으로 인간을 수단이 아닌 목적으로 삼는 세계관을 선물했다. 그리고 종교개혁의 영향을 받은 17, 18세기의 자유주의 철학은 개인의 자유와 존엄성에 기초한 인권을 정립하고 근대적 민주주의를 형성하는 데에 이바지했다.

그러나 정치적 자유주의가 자유시장경제의 경제 제일주의로 연결되었고, 정치는 경제를 다룰 줄 아는 테크노크라시들에게 장악되었다. 그리고 과학은 기술로 연결되었다. 종교개혁의 덕으로 발전한 자연과학은 물질적 복지와 이윤의 확대를 꾀하는 산업기술 발전에 이바지했다. 산업혁명을 통한 이윤 추구의 극대화는 자연 개발로 이어져 환경 파괴로 인한 기후 변화를 통해 인류의 생존에 위기를 몰고 왔다.

그렇게 보면 개신교는 중세 가톨릭의 자연신학의 가치를 다시 회복할 필요가 있다. 윤리학에서는 중세의 덕의 윤리를 회복해야 한다는 주장이 강화되고 있는데, 신학적으로는 아퀴나스의 '존재의 유비'의 의미를 다시 회복해야 할 시점이 되었다. 아퀴나스는 인간은 하나님의 형상이고 자연은 그 존재만으로도 하나님의 흔적이라고 했다. 물론 개인의 자유와 존엄성을 확보하고 근대 민주주의 발전에 이바지한 개신교 신학의 중요한 공헌을 인정해야 하지만, 그 부작용으로 생긴 환경 파괴를 막기 위해서는 중세 신학의 강점을 부분적으로 회복해야 한다.

물론 가톨릭의 자연신학이란 아우구스티누스의 원죄론과 거리를 두면서 인간의 자연 이성으로도 진리를 어느 정도 알고 실천할 수 있다는 의미를 포함한다. 그러나 동시에 자연현상에서 하나님의 영광을 보는 측면도 가톨릭의 자연신학에 포함된다. 전자를 개신교 신학에서 받아들이는 데에는 여러 가지 논란의 여지가 있다. 개신교의 아우구스티누스 전통이 지니는 원죄론은 구조 악을 고발하면서 인간사회에 만연한 폭력을 드러내는 개혁적 힘을 제공하기 때문이다. 그러나 자연에서 하나님의 영광을 본 중세 자연신학의 측면은 개신교가 인류의 미래를 위해 진지하게 회복할 필요가 있다. 개신교가 계시의 자리를 개인의 내면으로 국한하고, 자연을 신의 계시의 자리로부터 배제함으로써 기술 이성의 발달을 가속화하고 동시에 종교성을 상실한 부분이 있기 때문이다.

다시 말해서 종교개혁의 개신교 신앙은 근대 사회를 탈종교적인 세상으로 만드는 결과를 가져온 측면이 있다. 물론 루터나 칼뱅이 주장한 세속화는 그리스도인다운 삶을 교회에서뿐 아니라 일상생활에서 실현하기 위한 것이었다. 교회만 거룩한 곳이 아니라 직장이나 집도 거룩한 곳이 될 수 있고 그렇게 되어야 한다. 주일만 거룩한 시간이 아니라 평일도 거룩한 시간이 되어야 한다. 공간과 시간의 평준화는 결과적으로 사제의 영적 신분과 평신도의 세속신분이라는 성과 속의 이분법을 제거한 점에서 근대적 신분 해방에 이바지했다.

그러나 종교개혁자들이 말한 신율이 칸트와 아담 스미스의 자율로 바뀌면서 종교개혁의 세속화는 종교적 독단을 벗어난 이성적이고 합리적 세상을 만들면서 탈종교의 현상을 낳았다. 근대의 합리주의가 합리적 세상을 만든 것은 한편으로 발전이지만, 인간 삶의 물질화를 합리화하는 심각한 문제를 안고 있다. 다시 말해서 근대의 합리성은 죄의식을 매우 약화시키면서 인간의 욕망을 합리화하는 쪽으로만 작용하고 있다. 그것은 종교성의 상실을 의미한다.

종교성 상실의 상당한 부분은 자연에서 하나님의 영광을 보는 관점이 제거된 데에 그 원인이 있다. 종교개혁의 뒤를 이은 세속화와 과학의 발전으로 자연에 대한 경외심에서 멀어지면서 인간은 종교성의 상당한 부분을 잃어버렸다. 종교성은 은총에 대한 감사와 직결되어 있는데, 인간은 오랫동안 자연에 의지하고 살며 자연의 혜택에 감사하며 살았다. 자연은 인공적인 것이 아니요, 인간에게 주어진 것으로서 은총의 세계이기 때문이다. 그 점에서 자연에 대한 경외심은 은총에 대한 감사를 위해 필요한 부분이다.

그러나 근대 이후 자연을 지배의 대상으로만 보면서 하이데거가 말한 대로 현대인은 어디를 가나 인간을 만날 뿐이다. 그 결과 인간이 누리는 것을 인간 너머에서 오는 은총으로 이해하는 감각이 사라지고 동시에 감사를 잃어버렸다. 현대인은 당당해진 대신에 감사하는 감각을 잃어버렸고, 감사의 미덕이 사라진 자리에는 알 수 없는 결핍감이 들어찬다. 은총에 대한 감사를 잃은 결과 현대인은 물질의 풍요에도 불구하고 상대적 결핍감에 시달리며 공격성이 증가했다.

현대인이 자연에 대한 경외심과 종교성을 상실하게 된 데에는 과학의 발전에서 비롯된 생산 방식의 변화도 큰 역할을 했다. 즉, 산업화를 통해 인간의 모든 생산은 상품으로 바뀌고 자연에 손을 대는 인위적 노력은 소득의 증대를 가져왔다. 사실 근대 이전의 주된 생산 방식은 농업이었으며, 농사를 짓는 일은 하늘에서 비를 내려주고 햇볕을 쬐어 주지 않으면 열매를 거둘 수 없다. 벼 이삭이 누렇게 되기까지 사람이 할 수 있는 일은 그리 많지 않았다. 자연의 은총이 일차적 운동인(運動因)이요, 인위적이고 인공적인 것의 기여는 이차적인 것에 지나지 않았다. 먹거리를 생산하는 것뿐 아니라 과거에는 아이를 생산하는 것도 하늘이 점지해 주어야 되는 일로 생각했다. 자연으로 주어지는 먹거리와 생산물이 하늘의 은총으로 되는 일임을 고백하고 감사할 수밖에 없었던 것이 중세까지의 인류의 종교적 심성을 이루었다.

그러나 근대에 들어 하늘 밑의 들을 벗어나 천장으로 하늘을 가린 공장 안에서 제품을 생산하고, 아이도 인공수정을 통해 낳을 수 있게 되면서 인간은 은총으로 살지 않고 인간의 능력과 노동의 대가로 산다고 생각하기 시작했다. 인공수정이란 말 자체가 신과 자연의 은총이 아닌 인간의 손에 의해 만들어진 아이라는 뜻이다. 오늘날 치료를 위해 이루어지는 체세포 복제의 기술은 인간 복제의 능력까지도 가져다줄 것이다. 멀리로는 우주의 끝을 망원경으로 들여다보고 가까이로는 세포 속의 생명현상까지 현미경으로 들여다보는 과학지식의 발전은 물질의 풍요를 가져오고 인간을 거의 전지전능한 존재로 만들면서 겸허함과 감사라는 미덕은 너무나 멀어졌다.

과학기술의 발전이 인간에게 좋은 일을 한다고 하지만, 인간에게 좋은 일이란 결국 인간의 욕망을 만족시키는 것이다. 그러나 과연 인간이 어디까지 손을 대도 좋은지, 인간의 욕망을 어디까지 만족시키는 게 인간에게 좋은지를 생각해 봐야 한다. 아이의 요구를 모두 들어주면 아이를 망치고 잔인하게 만든다는 교육학의 지침이 있다. 마찬가지로 사람의 욕망을 좇아 그것을 모두 만족시키며 돈도 버는 과학기술이 인류의 미래를 위험에 처하게 할 수도 있다. 사람은 무엇이 자기에게 좋고 나쁜지를 모른다는 종교의 가르침 앞에서 인류는 자신의 지식과 욕망이 가져올 위험을 살피며 미래의 방향을 생각해야 할 것 같다.

그 점에서 절제를 사추덕(四樞德)의 하나로 삼았던 중세 신학의 가르침도 교회가 회복해야 할 덕목 중의 하나이다. 인류는 덜 먹고 덜 쓰고 자원을 낭비하지 않는 검소한 생활을 벗어난 지 얼마 되지 않았다. 시장 자본주의의 경제 논리에 따르면 소비가 미덕이라고 하지만 환경 파괴로 인한 인류 생존의 위기 앞에서 자연 자원을 아끼고 소비를 줄이는 일은 교회가 담당해야 할 계몽의 한 부분이 될 것 같다.

자연은 존재하지만 소유하지 않는다. 자연은 일용할 양식 이상의 것을 바라지 않는다. 한국의 유학이 자연에서 자유를 찾은 이유도 자연주의적 무소유가 주는 자유가 있기 때문으로 보인다. 반면에 소유에서 자유를 찾은 현대인의 삶은 쓰고 버리는 과도한 소비문화가 가져온 공격성과 자연 파괴로 인한 비존재의 위협을 겪고 있다. 소유하지 않고 그냥 존재하는 자연의 생명력은 근대 이후의 문명의 방향으로 의미가 있다. 물론 인간의 현실에서 무소유라는 명제는 민중에게 맞지 않는 엘리트들의 자기 수양과 관련해서 사용되었다. 그러나 소유에서 자유를 찾은 근대적 소유 문명 이후의 무소유는 적절한 소유를 의미하며 공유의 확대를 의미한다.

공산주의의 억압적 공유와 달리 자연주의적 공유는 사회유기체론과 관련이 있다. 중세신학에서는 사회를 유기체적 공동체로 보았다. 아퀴나스가 말한 '공공선'(common good)은 단순히 국가의 이익을 가리키지 않는다. 공공선이란 한 개인이 자신의 노동을 통해 다른 사람의 필요를 충족시켜 준다는 의미를 지닌다. 개인과 개인은 유기체적으로 연결되어 있어서 일종의 공동운명체를 구성한다. 폐가 산소를 공급하지 않으면 심장이 움직일 수 없고 심장이 피를 공급하지 않으면 폐가 작동할 수 없듯이, 개인들은 서로 다른 사람의 노동의 결과물에 의지해서 살며 한 사회는 운명공동체로서 서로 의지하며 산다는 본 것이 사회유기체론이다. 이러한 사회유기체론은 자연을 모델로 삼은 것이다. 자연에는 개체가 두드러지지 않고 벌과 꽃과 나무와 열매와 바람과 태양이 서로 연결되어 협력하는 유기체적 체제이다.

자연을 모델로 한 중세의 사회유기체론은 개인의 소유권을 인정하고 사유재산 제도도 인정하지만, 공유의 확대를 지향한다. 아퀴나스의 자연법 이론은 한 개인의 소유물을 자기 맘대로 처분하는 것을 가리켜 인정법(human law)이라 하여 필요하다고 보았다. 그러나 인정법 위에는 자연법(natural law)이 있는데 사유재산 제도는 자연법이 아니다.

아퀴나스는 원칙적으로 공유가 하나님의 뜻에 맞는 자연법이라고 보았다. 다만 공유를 전면적으로 실시하면 인간이 게을러지고 인간사회가 하향 평준화되는 문제가 있다고 보았다. 그래서 그는 사유재산제도를 만민법이라는 이름으로 인정했는데, 만민법은 하나님이 본래

원했던 것은 아니지만 현 상태에 인간의 필요에 의해 불가피해진 제도를 가리킨다. 그처럼 중세 스콜라 신학에는 기독교적 사랑의 이상을 실현하기 위해 사유재산 제도를 견제하며 공유를 확대하려는 노력이 있었다.

이것은 폭력적 계급투쟁과 프롤레타리아트 독재를 통한 자유의 억압을 전제로 하는 공산주의와 다르다. 사실 사회유기체론은 마르틴 루터의 신학이 주장한 바이기도 한데, 루터는 종교적으로는 개인주의였지만 윤리적으로는 공동체주의였다. 오늘날 스칸디나비아의 공동체주의적 사회주의는 마르크스의 영향이 아니라 300년 동안 지속된 루터교회의 영향이다. 그것은 개인의 자유를 전제로 하되, 그 자유는 하나님 앞에서의 단독자의 자유이며 세상으로부터의 자유이다. 그리고 그러한 종교적 개인주의는 타자의 고통에 대한 책임감과 연대감으로 이어진다. 자유에서 생기는 사랑, 다시 말해서 신 앞에서의 자유가 이끌어가는 공동체주의적 연대감이라는 점에서 중세부터 루터에 이르기까지 발전시킨 공유 개념은 공산주의 정치 이데올로기와 다르다.

사회유기체론과 공유의 확대는 인류사회의 자유와 평화를 위해 필요할 것 같다. 자유시장경제의 소유 개인주의(possessive individualism)로 인해 빈부 차이가 확대되고 공유 개념은 극도로 약화되었다. 그 결과는 만인에 대한 만인의 투쟁으로 이어지고 인간의 자유는 파멸에 이르고 인류 멸망의 길로 이어질 수 있다. 이것은 금융자본주의와 신자유주의에 의해 획일적인 경제주의로 휩쓸려 들어가는 인류 문명을 지극히 위험하게 보는 문명학자들의 진단이기도 하다.

자유는 결과적으로 고통에서 오는 것이고, 그것을 가리켜 레비나스는 타자에 대한 무한책임이라고 했고 성서는 사랑 또는 성도의 교통이란 말로 표현했으니, 유대인인 레비나스나 기독교의 오래된 자유와 사랑의 가르침은 만인에 대한 만인의 투쟁으로 가는 길을 막기 위한 현실적인 대안을 내놓은 것이다. 그 점에서 개신교회는 중세 자연신학의 장점들을 다시 살리는 노력을 해야 한다. 그렇지 않고 교회가 현대 사회의 물질주의와 소유 개인주의를 축복으로만 인식한다면 인류라는 종의 멸망을 조장하는 결과를 낳을 것이다.

한편 한국의 전통은 자연이 주는 자유에 대해서 그 어느 민족보다 뛰어난 감각을 가지고 있다. 한국의 건축과 공예와 도자기와 인문화는 자연주의 미학의 극치를 보여주고, 한국의 유학은 자연주의적 인문주의라고 할 수 있다. 같은 유교문화권인 중국과 일본에 비해서도 한국의 자연주의 감각은 매우 뛰어나다. 중세철학인 한국의 성리학은 중세 서구의 아퀴나스의 자연신학과 유사한 점도 많다. 현대 사회의 위기를 극복하기 위해 중세신학의 장점을 회복하는 것이 필요하다면, 한국의 자연주의 미학의 예술성을 예배 의식에 적용하고 자연주의적 인문주의인 성리학의 장점을 되살리는 일은 교회에도 낯선 일이 아니며 꼭 필요한 일이기도 하다.

V. 나가는 말

현대인은 소셜 네트워크를 통해 너무 잘 통해서 획일화되고 있다. 개인은 자기 정체성을 상실하여 군중의 하나로 남의 욕망을 모방하여 소비하고 자기 세계를 상실하고 있다. 근대가 제창한 자유는 욕망의 자유가 되어 물질의 풍요를 향한 경제 제일주의가 일상을 지배하고 있다.

교회는 세상의 군중에서 벗어나 사람이 하나님 앞에서 단독자가 되는 곳이어야 한다. 경제주의를 국가가 주도하고 있으며 정치와 경제가 군중과 대중에 의해 이루어진다면, 교회는 세상 나라인 국가와 다른 또 하나의 나라가 되어야 한다. 교회는 하나님 나라의 상징으로서 물질주의 속에서 사람을 우습게 보는 세상과 다른 또 하나의 세상이 되어야 한다.

다시 말해서 교회는 교회주의에 빠지게 하는 사탄의 유혹에서 벗어나 사람을 주제로 삼고 세상으로부터 사람을 보호하는 곳이 되어야 한다. 지극히 작은 자 하나의 존엄성을 선포하는 곳이 되어야 한다. 세상의 주인은 권력자나 부자가 아니라 하나님이며, 하나님을 두려워할 줄 아는 착한 사람들이 하나님과 함께 세상의 주인임을 교회가 선포해야 한다. 그래야 비로소 교회는 세상을 구하는 구원의 공동체가 될 수 있을 것이다.

또한 인권과 민주주의를 확립하는 과정에 자유와 자연을 반대로 보았던 서구 근대 문명의 문제점을 교회는 정확히 파악해야 한다. 한편으로 종교개혁이 가져온 인간의 자유와 평등을 신학적으로 잘 소화하고 설교하면서, 다른 한편으로는 중세의 자연신학의 장점을 회복해야 한다. 교회는 자연에서 하나님의 영광을 보는 감각을 회복하여 자연이 주는 자유를 인식하고 자연 보호에 협력해야 할 것이다. 그것은 사회유기체론을 통한 공동체주의의 회복과 공유의 확대를 위해서도 필요하다.

결국 개신교 신학과 중세 신학의 대화가 필요하고, 자연에서 도덕성의 모범을 찾은 동아시아의 문명과 자연을 극복하며 인권을 확립한 서구 문명의 대화가 필요하다. 그 어느 때보다도 인류라는 종의 멸망에 대한 담론이 급증하는 이때 개신교와 가톨릭의 대화 그리고 동서양 문명의 대화가 더욱 필요해졌다.

성례전적 존재론*
— 생태학적 위기의 시대에 제안하는 생태 · 여성신학적 세계관

김정숙

감리교신학대학교 교수

I. 여는 말: 기독교는 자연을 구원할 수 있을 것인가?

약 30만 년 전 생명 공동체의 일원으로 지구촌에 처음 등장한 인류는 오랜 세월을 걸쳐 자신들만의 특별한 역사와 문명을 이루어왔다. 먹이사슬 피라미드의 맨 꼭대기를 차지하고서 모든 종족을 자신들의 먹거리로 삼고 있는 유일한 종족인 인간은 스스로를 만물의 척도이자 영장이라 지칭하며, 함께 거주하는 모든 생명체를 지배하고 장악하며 소비해 온 존재다. 하나님의 특별계시 성서를 통해 하나님의 형상으로 승인받은 독특한 종족으로서 인간은 종교와 도덕 그리고 법과 윤리를 만들어

---

* 이 글은 2022년 기독교학회 주제 발제로 발표한 일부의 글을 확대해서 「신학과 세계」 103호 (2022년 12월)에 게재된 글입니다.

다른 생명체뿐만 아니라 동족인 인간을 인종과 성 그리고 계급 등으로 구별하고 계층화시키며, 감시하고 관리하는 지배체제를 이루어왔다. 불을 발견하고 도구를 만들어 농업을 정착시키고, 근대 산업기술 혁명을 이루고 급기야 우주선을 만들어 우주로의 이동을 꿈꾸는 오늘 21세기의 인류는 자신들의 긴 역사와 문명을 통해 어떤 지구 공동체를 만드는데 기여해 왔는가? 하늘과 땅과 바닷속까지 침입하고 점령하면서 이루어온 인간의 문명은 무생물과 유생물 모두가 유기적으로 연결된 생명 공동체, 또 모든 존재가 함께 공존하는 전 자연 공동체와 어떤 관계성을 가졌으며, 어떤 영향력을 미쳐왔는가 돌이켜본다.

약 40억 년의 시간을 이어온 지구촌 생명 공동체에 30만 년 동안 함께한 인간과의 동거는 전 자연 공동체의 구성원들에게는 어떤 과정이었으며 어떤 의미였을까? 인류의 출현으로 인해 자연 세계 구성원들은 이전보다 더 풍요로워지고 더 조화롭고 평화롭게 되었는지 자문한다. 미세먼지, 미세 플라스틱, 쓰레기로 온통 뒤덮인 하늘과 바다와 대지, 그 속에서 죽어가는 생명체들, 이상기후, 무너져가는 생태계 그리고 제3차 세계대전의 위협까지 모두를 죽음으로 몰아가는 오늘의 현실을 직시하며, 과거를 돌아보고 미래를 내다보면서 과연 미래 세대의 존속은 가능할 것인지 자성적인 질문 앞에서 선다. 오늘 전 지구촌 구성원에게 닥친 우주적 차원의 재난의 책임은 과연 어디에 있으며, 정녕 이를 치유할 수 있는 가능성은 있기나 한 것인지 위기에 빠진 인류는 보이지 않는 출구 앞에 서 있다. 오늘 우리가 마주하는 문제들은 전 지구적 차원의 재앙으로 운명공동체로서의 자연과 인간의 공멸을 예견하는 종말론적 위기로 경험되기 때문이다.

우리 눈앞에 전개되는 종말론적 징조는 새로운 시작을 가능케 하는 그래서 마침내 하나님의 때에 새롭게 이뤄질 새 하늘과 새 땅을 기대하는 희망의 종말론과는 거리가 멀다. 오늘의 위기는 그 범위에 있어서 과거에도 그 유래가 없었을 뿐만 아니라 그 차원에 있어서도 생명 공동체의 미래가 단절될 수 있는 극한의 종말을 의미한다. 이는 거대한 생명 공동체의 한 구성원에 불과한 인간 종족이 초래하고 지속적으로 가열하게 주도해온 결과로서의 범우주적 재앙으로 운명공동체인 자연과 함께 인간의 공멸로서 예기되는 종말이다. 비록 의도하고 계획하지는 않았을지라도 인간이 적극적으로 주도하여 만들어 낸 문명의 당위적 결과로서 예견 가능한 종말이다.

궁극적, 절대적 진리를 추구하는 종교와 공공의 선을 추구하는 가치체계로서의 도덕 그리고 법과 윤리는 왜 인간을 좀 더 지혜롭고 선한 존재가 되도록 하는 데 실패했으며, 작금의 재앙보다 좀 더 나은 세계, 좀 더 평화로운 생명 공동체를 만드는 데 실패했을까? 인간이 만들고 동시에 인간을 만드는 초월적, 내재적 가치체계인 종교와 도덕은 그 오랜 역사를 통해 지구촌 전 구성원들의 삶에 어떤 유의미한 역할을 해왔는지 그 존재 가치와 이유는 어디서 찾을 수 있는지에 대해 '죄인인 인간', '타락' 등 전통적인 신학 담론을 넘어서는 책임감 있는 고찰과 응답이 필요할 때이다. 가해자인 동시에 피해자가 된 인류는 스스로가 초래한 이 종말론적 재앙으로부터 자신과 더불어 자연을 해방하고 구원하는 주체적인 구원자가 될 수 있는 가능성, 아니 잠재성은 있는 것이며 있다면 어디서 찾을 수 있을 것인가? 인간이 출현하기 전 억년의 세월을 조화롭게 생존해온 자연 공동체와는 달리 다른 생물체들 없이는 단 한 순간도 생존할 수 없는 의존적인 인간이 존재 계층의 가장 높은 위치를 점하고 '만물의 영장'이요 하나님의 형상으로 자칭할 수 있는 근거와 정당성 그리고 그 가능성은 어디서 확보할 수 있을 것인가?

물론 현재 인류가 처한 종말론적 위기를 초래한 근본적인 이유와 책임을 단순히 종교 특별히 그리스도교의 잘못으로 환원시킬 수 없으며 다양하고도 복합적인 원인을 살펴보아야 할 것이다. 그럼에도 이 글은 위에서 제기된 질문들을 염두에 두면서 전 지구적 생명 공동체가 직면하고 있는 종말론적 위기에 관련해서 인류 문명의 거대한 한 축을 담당해온 종교, 특별히 그리스도교가 어떤 면에서 어떻게 부정적인 영향력으로 작용했는지를 종교 문명사적인 측면에서 검토하고자 한다. 더 나아가 모든 존재가 창조주이신 하나님으로부터 비롯되었으며 하나님의 섭리 하에 있으며 마침내 하나님께서 구원하실 것이라는 신앙고백 위에 세워진 그리스도교에 현 위기를 치유할 수 있는 잠재성은 어디에서 찾을 수 있는지, 그래서 지속 가능한 미래를 향한 신학적 대안을 살펴볼 것이다.

이 글은 먼저 그리스도교가 그 역사를 통해 지속적으로 자연과 여성을 저변으로 배제하고 주변화시킴으로 차별하여 남성 중심주의적이며 남성 우위적인 세계관을 통해 독단적인 남성의 경험과 시각으로 편향되고 왜곡된 남성주의적인 종교적 특성을 형성해 왔다는 점들을 지적할 것이다. 따라서 여성과 남성의 다양한 경험을 통한 포괄적인 시각과 의식 아닌 편향된 남성중심적인 세계관은 남성들의 주도적인 경험인 '죽음'과 '보상'을 중점으로 하여 편파적인 종교적 특성을 보편화해 왔음을 보일 것이다. 따라서 이렇게 '죽음에 기반'을 두고 '사후의 보상'을 지향하는 남성중심적인 종교적 특성은 자연과 여성 그리고 어린아이들을 포용하는 대지, 생명, 삶을 향한 이타적 생명 공동체를 간과하고 '사후 이기주의적'인 종교적 특성을 보편화하여 종교 전통 교회 체제를 형성해 왔음을 지적할 것이다.[1] 더 나아가 이러한 남성의 경험과 시각을 통해 남성들이 주도적으로 형성한 '사후 이기주의적인 종교적 특성'은 이후 남성주의적인 권력과 도구적 이성을 근거로 한 세속적 도덕과 법과 윤리의 형식과 내용으로 확장되어 전개되었으며, 이로 인해 조화와 상생의 삶의 지향과 교류가 아닌 생명과 자연 파괴적인 세속적 문화와 문명으로 전개되었음을 설명할 것이다.

이는 근대 이전의 그리스도교 세계의 특성을 주술화(enchantment) 혹은 신화적 세계관으로 규정하며 서구 근대 사회의 세속화 과정을 탈주술화(disenchantment)로 표방했던 막스 베버의 근대 사회 이론에 따라 등장한 세속화 과정을 통해 여전히 '사후 이기주의적 종교'의 특성이 세속화를 통해 변형된 도덕과 법과 윤리가 삶의 내용으로 전개되어 오고 있음을 살펴볼 것이다. 더 나아가, '탈주술화'를 표방한 근대주의의 부정적 영향과 한계를 극복하기 위해 재주술화(reenchantment)에 대한 요청과 계몽과 근대 역시 재주술화라는 경고에도 불구하고, 근대주의 그리고 21세기 시장 자본주의는 모든 것을 상품화시키는 극단적 자본주의의 '왜곡된 주술화'(misenchantment)가 진행되고 있으며 이는 '사후 이기주의적 종교'의 변형된 형태로서 확장되고 심화되고, 인간과 자연의 생명 공동체를 종말론적 위기로 몰아가고 있음을 설명할 것이다. 마지막으로 이러한 위기를 치유하고 전환할 수 있는 하나의 제안으로서 삶과 죽음, 이생과 영생 그리고 초월과 내재, 자연과 은총이 분리나 대립이 아닌 상호교류적으로 잇대어 있는 신학적 세계관인 성례전적 존재론(sacramental ontology)을 제안하며 모든 생명체가 공존할 수 있는 우주적 구원의 가능성을 타진하고자 한다.

따라서 그리스도교가 형성하고 지속적으로 추구해온 '죽음'에 근거한 '사후 이기주의적' 신학적 세계관에서 파생되어 지속된 부정적 결과를 지양하고 공동운명체로서 자연과 인간의 관계를 치유하고 회복하며 지속 가능한 미래를 지향할 수 있는 신학적 우주론으로 성례전적 존재론(sacramental ontology)을 제시할 것이다.

II. 생명에 기반을 둔 종교와 죽음에 기반을 둔 종교

인류의 역사는 자연과의 투쟁의 역사라고들 한다. 이는 인류 문명의 역사가 자연과의 힘겨운 씨름을 통해 어려움을 극복하면서 성취해온 역사라는 것을 의미한다. 자연 속에서 자연의 일부로 자연과 더불어 자신의 역사를 시작한 인류에게 자연은 신으로부터 주어진 숭고하고도 신비로운 생명의 모체이면서 동시에 인간을 압도하는 거대한 위력으로 경험되며, 두려움과 경이로움 그리고 경외감의 대상이었다. 인간에게 자연은 생존을 위해 필요한 의식주의 모든 것을 제공하는 신의 풍요로운 은총의 선물이면서 동시에 생존을 위해 맞서며 고전해야 하는 상대이기도 했다는 것을 의미한다. 자연과 인간의 이 같은 양가적인 관계는 종교학자 마르치아 엘리아데가 인류 문명의 시초라고 할 수 있는 선사시대 인간들의 실존을 설명하는 곳에서도 발견할 수 있다.

엘리아데에 따르면 "인간은 '시간이 시작되는 시점'에서 내려진 결정, 즉 살아남기 위해 다른 존재를 죽여야 한다는 결정의 최종적 산물"이라고 표현한다.[2] 이는 생명의 모체인 자연의 한 구성원으로서 인간이 다른 동물들과 구별되는 인류의 문명을 시작하게 된 그 기점을 다른 존재를 죽이지 않으면 죽는다는 의식, 자연과의 투쟁을 실행에 옮겨야 했던 사실에서 찾고 있음을 알 수 있다. 자신의 생존을 위해 다른 존재를 자신의 것으로 취해야 하고, 자신의 생명을 연장하고 유지하기 위해 다른 생명체를 먹거리로 삼아 섭생해야만 하는 생존 본능은 특별히 수렵을 통해 육식을 하면서부터 여타 동물과는 구별되는 인간됨의 특성들이 나타나게 된 것임을 말한다. 엘리아데의 주장을 확장시킨다면 동물을 먹거리로 삼으며 시작된 죽임과 죽음의 경험은 원초적 형태의 종교성과 도덕성 등 소위 문명이 시발하는 하나의 계기가 되었다는 의미로 볼 수 있을 것이다. 이와 같은 정황을 엘리아데의 기술에서 살펴보자.

엘리아데에 따르면 구석기인들은 약 200만 년 동안을 수렵, 어로, 채집을 하며 살았다고 한다. 수렵 이전의 인류는 과실과 식물의 뿌리, 조개류 등을 채집하여 식량으로 삼았으나 점차 수렵을 통해 육식을 하게 되었고 이로써 '선조들'을 능가하게 되었다고 기술한다.[3] 수렵을 하고 육식을 하면서부터 구석기인들이 자신의 '선조를 능가'하게 되었다는 의미가 무엇인지에 대해 엘리아데는 명확히 기술하고 있지 않지만, 필시 동물들을 자신의 식량으로 삼으면서부터 이전에 없던 많은 변화가 야기되었다는 의미일 것이다. 그런데 왜 수렵 생활을 하고 육식을 하는 것이 선조를 능가하는 것이며, 그 이전과는 다른 변화는 어떤 것을 의미하는 것일까?

엘리아데의 부연 설명에 따르면 수렵 생활을 통해 육식을 시작한 원시인들은 사냥감을 물색하고 발견하면 끝까지 추적하여 반드시 먼저 공격하고 죽여야만 한다. 때로 먼저 죽이지 않으면 사냥꾼 자신이 죽임을 당할 수 있기에 사냥감으로 표적이 된 동물과 목숨을 건 사투를 벌이기도 한다. 엘리아데에 따르면 이러한 동물과의 사투에서 살아남기 위해 동물을 죽여야 하는 사냥꾼과 주검이 되어 먹이가 되는 사냥감 사이에는 '신비로운 연대감'이란 독자적인 관계가 만들어졌다고 말한다.[4] 이는 식량으로 소모되는 여타의 식물이나 조개류 등과는 달리, 주검이 된 동물의 몸에서 흐르는 붉은 색의 피가 인간의 붉은 피와 근본적으로 다르지 않다는 생명의 운명공동체라는 인식으로부터 사냥꾼과 사냥감 사이에서 '신비로운 연대감'이라는 고유한 관계가 만들어졌다는 것을 의미한다.[5] 사냥꾼인 인간과 사냥감인 동물의 관계에 대해 '신비로운'이라는 표현을 사용한 의미는 먹고 먹히는 인간과 동물의 관계, 역으로 어느 한쪽이 다른 한쪽의 먹잇감이 될 수 있다는 운명적으로 엮인 연대적 관계는 이후 원초적 형태의 '희생제의' 등과 같은 종교적 형태로 변모하게 되기 때문에 사용된 것이라고 생각할 수 있다.[6]

따라서 인간이 수렵을 통해 육식을 하게 되면서 엘리아데의 표현대로 다양한 면에서 동물과는 구별되는 '인간화'의 과정, 곧 원시적이나마 인류의 문명이 시작되었다는 것을 알 수 있다. 즉, 엘리아데는 구석기인들은 수렵을 통해 동물을 식량으로 삼으면서 "성별에 따라 노동을 분화시켰으며" 이는 다른 동물에게는 결코 발견할 수 없는 '인간화'를 촉진시켰다고 말한다.[7] 여성과 아이들은 채집을 통해 식량을 구한 반면, 남성은 동물을 사냥함으로 인간만이 가능한 작업의 분업화가 시작되었음을 의미한다. 역할의 분업화는 다양한 연유에서 비롯되었겠으나 아직 신체적으로 완전히 성장하지 못한 아이들은 남녀를 불문하고 채집을 통해 먹거리를 구한 반면, 당시의 여성들은 남성에 비해 체력적으로 약하기 때문이라기보다는 임신과 출산 그리고 출산 이후의 회복 기간 등의 반복으로 수렵을 통해 양식을 구하기보다는 채집으로 식량을 구하는 성별 분업화가 이루어졌을 거라고 생각된다. 사냥을 통해 동물들의 사체를 식량으로 먹기 시작한 수렵 생활은 성별 분업 등 원시 사회의 일상생활을 변화시켰을 뿐만 아니라 원초적 형태의 종교성과 도덕성 등이 나타나는 근거가 되었음을 알 수 있다.

엘리아데에 따르면 구석기시대 후기가 되면 당시의 사람들이 '종교적 지향성'을 가지고 있는 여러 가지 흔적들이 발견된다고 한다. 특히 '사후의 삶에 관한 신앙'의 흔적이 상당히 이른 초기 시대부터 시공을 초월하여 상당히 넓은 지역으로 퍼져있었다고 알려준다.[8] '사후 삶에 대한 신앙'은 특별히 죽은 이를 매장하는 행동을 통해 보다 분명하게 나타난다고 설명한다.[9] 동굴 속에 발견된 매장된 뼈의 형태가 '의도적으로 태아의 자세를 취하게 하는 매장 방식'은 특정 지역에 국한되지 않고 많은 지역에서 발견되고 있는데 이는 원시 종교의 원형적인 유형으로서의 '재생' 곧 '타계에서의 사후의 삶에 대한 희망을 표현'한 것이라고 설명한다.[10] 또한 벽화로 장식된 동굴들은 스페인과 프랑스 그리고 남부 이탈리아 등지에서 발견되는데 각지에서 발견되는 벽화들은 통일성이 있어 보인다고 기술된다. 동굴 속의 벽화들은 동굴의 입구가 아닌 '신성한 장소'라고 추정되는 입구로부터 상당히 떨어진 곳에 있으며, 동굴벽화 가운데는 "화살에 온몸을 관통당한 곰과 사자 그리고 야수의 그림들"이 그려져 있다고 설명한다.[11] 뿐만 아니라 "둥글고 깊은 구멍이 팬 사자와 곰의 점토 조각상들"도 있는데, 이에 대해 여러 해석이 존재하지만 주로 '사냥 주술'의 증거 혹은 '원초적인 사냥 장면'을 재현한 것이라는 해석이 존재한다고 알려준다.[12] 이는 죽임과 죽음 그리고 주검으로 나타나는 수렵문화 가운데 죽음의 일상화가 당시의 사람들에게 커다란 비중을 차지하고 있으며, 이를 통해 원시적 종교성과 종교 의례가 생겨나고 있었음을 보여준다고 할 수 있다. 이제 선사시대의 수렵을 비롯한 일상화된 죽임과 죽음의 경험에 대해 샬롯 길먼의 여성주의적인 시각을 통한 해석을 살펴보고자 한다.

페미니스트 사회학자 샬롯 퍼킨스 길먼(Charlotte Perkins Gilman)은 "우리 아버지들의 신앙과 어머니들의 노동"이라는 부제를 가진 자신의 저서 『남성의 종교와 여성의 종교』(*His Religion and Hers: a Study of the Faith of our Fathers and the Work of our Mothers*)를 통해 원시 사회에서 인류의 종교성이 시작된 계기와 종교의 형성 과정을 추적하고 분석해서 설명하고자 한다. 길먼은 원시 사회 선조들이 거대한 자연 속에서 생존하며 겪어야 했던 위기와 어려움을 극복하는 과정 가운데 초기 원시 형태의 종교가 생성되었으며, 이는 시간을 통해 지속되고 변형되면서 이후 제도화된 종교에도 깊은 영향을 미쳤다고 설명한다. 길먼에 따르면 인간을 압도하는 거대한 자연의 힘에 맞서며 생존해야 했던 여성과 남성은 서로 다른 관심과 방법으로 위기에 대처하고 어려움을 극복해 오면서 자연과 생명 그리고 죽음에 대해 각자 다른 경험과 인식을 갖게 되었다고 분석한다. 이에 더해서 일상 속에 노출된 죽음과 생명에 대한 서로 다른 경험 가운데 여성과 남성들은 각자의 관심과 대처 방식 속에서 서로 다른 종교적 특성을 형성하게 되었다고 설명한다.[13] 그럼에도 불구하고 여성의 경험과 인식은 배제되고 오직 남성의 경험과 인식적인 특성이 원시 종교적인 형태를 이루었다는 것이다. 이는 자연적인 죽음보다는 오히려 수렵과 전투 등을 통해 빈번한 죽음의 위기가 일상이 된 남성들의 경험에서 비롯되었으며, 남성적인 종교적 특성이 역사를 통해 다양한 형태로 지속되고 강화되어 왔다고 말한다. 이는 엘리아데가 선사시대 인간이 수렵을 시작하면서 다른 동물들과는 구별된 인간화가 시작되었으며 이전과는 다른 변화를 겪게 되었다는 설명과 맞물려 있다고 할 수 있다.

길먼에 따르면 식량을 위해 동물들을 사냥하고 적들의 침탈과 공격으로부터 생명을 보존해야만 하는 두려움과 불안감 그리고 계속되는 전투로 인해 선조 남성들의 가장 중추적인 경험은 '죽음'이었다고 말한다. 먼저 죽이지 않으면 죽임을 당하는 연속된 극한의 상황에서 언제 어떻게 닥칠지 모르는 죽음의 위협에 늘 노출되었던 남성들에게 죽음은 먼 미래가 아니라 시간을 예측할 수 없는 늘 발생하는 일상의 삶 한가운데 있었다. 선조 남성들에게 수시로 닥쳤던 죽음의 공포와 불안의 경험은 남성들로 하여금 "내가 죽은 이후에 나에게 어떤 일이 발생할 것인가"에 관심하게 되었으며 이는 남성들에게 죽음 이후의 세계는 연수를 다하지 못한 억울한 죽음을 보상받는 매우 실질적인 세계였다.[14] 이렇듯 예측할 수 없는 죽음에 노출된 남성들의 경험은 이 세상이 아닌 저세상의 행복을 담보하는 '사후 이기주의'인 남성들의 종교적 특성을 형성하게 되었다고 길먼은 말한다.[15] 이러한 남성들의 '사후 이기주의'적인 종교적 지향성은 그들의 경험이 삶이나 생명이 아닌 '죽음에 기반'을 둔 종교적 특성 때문이라고 말한다. 이렇게 '죽음에 기반'을 둔 남성들의 종교가 갖는 궁극적 이상은 이 세계가 아닌 죽음 이후의 저세상, 내세의 세계에서나마 개인 생명의 영원한 영속화를 구원의 궁극적 의미로 삼는 개인주의적인 특성을 갖게 되었다고 길먼은 말한다.[16]

이에 반해 선조 여성들에게 가장 중요한 경험은 죽음이 아닌 생명의 잉태와 출산이라고 기술한다. 원시 사회 여성들에게도 죽음은 일상에 노출된 두려움과 공포의 경험이었으나 개인의 죽음을 넘어선 보다 더 중추적인 여성의 경험은 자신의 몸 안에서 생명이 잉태하고 자신의 몸을 통해 새로운 생명을 출산하는 것이었다. 죽음의 고비를 넘기고 탄생한 새 생명에게 젖을 먹이고 돌봐야 하는 어머니에게 가장 급박하고도 실제적인 관심은 "태어난 생명을 위해 무엇을 해야 할 것인가"에 대한 것이었다.[17] 이 세계의 일원으로 탄생한 어린아이를 보호하고 위기 속에서도 아이들이 안전하게 성장할 수 있도록 양육해야만 하는 일상 속의 여성들의 관심과 이를 넘어선 궁극적 관심은 죽음 이후의 저세상이 아닌 아이들이 생존할 수 있고 성장할 수 있는 이 세계의 현실에 있었다는 것을 알 수 있다. 따라서 여성들의 종교적 특성은 죽음이 아닌 '탄생에 기반을 둔 종교'로서 태어난 생명을 살려내고 돌보며 양육하기 위해 자신을 헌신하고 희생하는 현세적이며 '즉각적'이고도 '이타주의적인' 성격을 갖는다고 말한다.[18] 이렇게 '생명의 탄생과 양육에 기반'을 둔 여성들의 종교적 특성은 죽음 이후 지속될 개인적인 생명의 영속보다는 자신의 품 안에 있는 아이들이 살아갈 이 땅에 대한 관심, 어린아이들에게 먹거리를 제공해주는 자연과의 유대 그리고 이후 세대들이 안전하게 살아갈 수 있는 자연 세계에 대한 관심으로 이어진다고 말한다. 따라서 길먼은 출생과 양육에 기반을 둔 여성들의 종교적 지향은 죽은 이후 자신의 영속을 보장받고자 하는 '사후 지향적 이기주의'라기보다는 후손들의 생명과 살림 그리고 삶을 염원하는 '생명 지향적 이타주의'라고 표현한다.[19]

길먼이 원시시대 선조들의 위기 경험을 토대로 남성과 여성의 종교적 특성을 비교하며 기술한 주장에 대해 성(sex)을 기준으로 지나치게 단순화시키고 이분화시켰다는 비판들이 있다. 길먼의 주장을 향한 이러한 비판들에 대해 기본적으로 동의함에도 불구하고 길먼의 종교적 특성에 대한 이론을 단지 지나친 이분법적 논리라는 비판만으로는 간과할 수 없는 주요한 사항들이 있음을 지적하지 않을 수 없다. 정치와 경제, 문화를 포함해 동서고금을 막론한 인류 문명의 역사는 모든 영역에서 여성 경험과 시각을 배제하고 남성 우위적이고 중심적인 경험과 인식을 기반으로 남성들이 주도하여 만들어온 가부장제적 역사라는 것을 부인할 수 없다. 특별히 인간의 보편적이고 심층적인 경험을 표방하는 종교의 영역이야말로 독점적으로 신을 대리하는 남성들이 계층체제를 만들어 지배해온 역사다. 공적인 종교 영역으로부터 여성을 사적인 영역으로 배제했다는 의미는 단순히 여성의 종속적 위치만을 의미하는 것이 아니라 보편적 종교적 가르침에서 여성의 종교적 경험과 시각을 배제하고 소외시킴으로 편파적으로 남성들의 시각과 경험을 보편이라는 이름으로 왜곡된 종교의 역사를 이루어 왔다는 것을 알 수 있다.

특별히 서방 가톨릭 그리스도교 전통과 교회는 인간의 구원이란 궁극적으로 죽음 이후의 세계 곧 천국에서의 영원한 삶을 의미하는 것으로 가르쳤다. 특히 아우구스티누스와 같은 고대 교회 교부들과 중세 교회에서는 그리스도의 종말론적 재림의 지연으로 인해 교권을 강화하기 위해 새 하늘과 새 땅이라는 희망으로서의 종말이 아닌 개인적 종말, 곧 개인의 죽음에 근거해 림보와 연옥설 그리고 면죄부 판매 등 궁극적으로 저세상에서의 영원한 삶을 구원의 의미로 가르쳐 왔다는 것을 알 수 있다.[20] 이는 길먼이 원시시대 남성의 종교적 특성을 '죽음에 근거를 둔 종교'로 지칭하며 '사후 이기주의적인' 종교적 지향성을 가졌다고 비판적으로 지적한 것과 전혀 무관하다고 할 수 없을 것이다. 결국 이 땅에서의 삶은 저세상에서의 영생을 위한 수단이 되어버린 실존적 상황에서 여성과 아이들 그리고 이방인과 자연 세계는 저세상에서 영원한 삶, 곧 영생을 담보하기 위한 수단으로 이용되어야 하는 오직 도구적 가치를 지닌 존재가 되었다.

길먼이 지적한 것처럼 원시시대 선조 아버지들의 '죽음에 근거한 종교'적 특성과 '사후 이기주의적' 지향성은 다양한 형태의 종교적 유형 속에서 지속되고 변화되고 확장되었다는 것을 알 수 있다. 이에 대한 대안으로서 길먼은 죽음에 기반을 둔 남성 종교에서 '탄생'에 기반을 둔 여성 종교적 특성으로 전환되어야 하며 사후 이기주의적인 종교적 지향성은 '생명과 양육'을 위한 지속 가능한 세계를 지향하는 '직접적이고 이타주의적인' 종교적 지향성으로 전환되어야 한다고 주장한다. 길먼은 인간의 최우선적인 책임은 자아도취적인 영원한 생명에 집착해서 지속 가능한 삶을 등한시하기보다는 이 땅에서 살아갈 미래 세대의 보다 나은 삶을 위한 것에 있다고 조언한다.[21] 모든 인간이 직·간접적으로 초래한 지구촌의 모든 생명 공동체의 공멸이라는 종말론적 파멸의 위기 속에서 그리스도인들은 아직 가보지 않은 새로운 길, 길먼의 조언에 관심을 가져야 할 때이다.

그러나 자연의 한 부분으로서의 인간과 함께 더불어 공존하는 자연세계의 모든 존재는 모든 것들의 근원이신 창조주께 속한 하나님의 피조물이다. 따라서 모든 존재는 자연과 은총, 초월과 내재 그리고 죽음과 죽음 너머의 또 다른 차원의 세계와 연결되어 있다는 것을 묵과하며 이원론적 분리를 주장할 수 없다. 따라서 길먼 역시 사후 지향적 남성들의 종교적 특성을 이타주의적인 미래지향적 여성들의 종교로 완전히 대체해야 한다고 주장하는 것은 아니다. 그러나 생명과 양육에 기반을 둔 생명 지향적인 자연과 여성 종교적 특성을 완전히 배제하고 편파적으로, 남성 지배적으로 보편화된 종교의 왜곡된 지향성을 속히 멈추어야 한다는 길먼의 주장은 지금도 여전히 유효하다.

왜냐하면 이는 이분화되고 계층화되어 계급화된 '죽음에 기반'을 둔 남성 종교적 특성은 단순히 원시 종교 그리고 제도화된 종교적 영역에만 제한된 것이 아니라 도덕과 윤리 그리고 삶의 양식 등 그 영향력이 시대적 변화 속에서 다양한 형태와 유형으로 지구촌 생명 공동체에 지속되고 강화되어 작동하고 있기 때문이다. 찰스 테일러는 자신의 저서 『자아의 원천들』(*Sources of the Self*)에서 고대 호메로스 시대의 사회적 가치와 윤리를 '전사 도덕'이라고 규명한다. "'전사 도덕'은 전장에서 앞에 있는 모든 사람을 쓸어버릴 수 있을 때 성취"되며[22] 구석기시대 사냥꾼 역시 호메로스 시대 전사처럼 야수와의 싸움에서, 삶과 죽음의 선택에서 스스로의 운명이 결정되는 단독 행위자로서 의식을 갖는다고 지적한다.[23] 이렇게 전사로서 사냥꾼으로 적을 죽이고 승리하여 전리품을 취하는 '전사의 윤리'는 모든 사람 위에 선 영웅주의적 가치를 통해 계속되었고, 오늘날에도 여전히 유효하다고 지적한다. 가부장주의적인 종교적 특성이 근대와 근대 이후에 남성주의적인 상징으로서의 힘과 권력 그리고 도구적 이성, 환원주의적 자연주의, 과학기술 문명을 통해 세속적 도덕과 법과 윤리의 형식을 통해 삶의 가치와 내용으로 확장되어 전개되었으며 이로 인해 지구촌 생명 공동체의 종말론적 위기를 가열시켜왔다. 따라서 이어지는 장에서는 '죽음에 기반을 둔' 남성 종교의 특성이 근대와 근대 이후의 세계에서 어떠한 유형들과 내용을 통해 근대와 근대 이후의 세계에서 작동하고 있는지를 살펴볼 것이다.

III. 근대와 근대 이후에서의 종교: '주술화', '탈주술화', '재주술화' 그리고 '왜곡된 주술화'

원시 사회의 선조들에게서 볼 수 있었던 초기 종교적인 특성을 여성들과 남성들의 중추적인 경험에 따라 '출생에 기반'을 여성 종교적인 특성과 '죽음에 기반'을 남성 종교적인 특성으로 구분하였다. 죽음 이후의 세계에서 영생을 보상받고자 하는 남성들의 '사후 이기주의적' 종교적 지향성은 출산을 통해 얻은 어린 생명을 돌보고 양육하는 것이 무엇보다 중요했던 여성들의 자연과 생명의 관계적 지향성과는 많이 달랐다는 것 또한 설명하였다. 인류 문명의 역사를 통해 여성적인 경험과 인식에 따른 종교적 특성은 억압되고 배제된 반면, 남성중심적인 종교적 특성은 보편화되어 다양한 면에서 도덕적이고 윤리적인 가치체계 등과 융화되어 확장되고 강화되어 지속되고 있다는 것 역시 살펴보았다. 이렇게 계층적으로 이분화된 원시 종교적 특성과 지향성은 이후 서구 그리스도교 전통과 역사의 변화를 거쳐 초자연과 자연, 초월과 내재 그리고 계시와 자연 등의 존재론적으로 그리고 인식론적으로 차별화된 신학적 구도 가운데 계속되며 강화되었다. 계층적으로 차별화된 세계관 속에서 일상의 삶의 가치, 자연과 대지의 생명력에 대한 인식 그리고 여성과 육체의 존엄성은 그 가치가 축소되고 비하된 반면, 초자연적이고 초월적인 측면과 영적 신비적 측면은 과도하게 강조되었다.

본 장에서는 '죽음에 기반'을 둔 사후 지향적인 원시 종교적 특성은 자연과 초자연의 차별적으로 이원화된 그리스도교 지배의 역사를 통과하며 마침내 근현대 시대에 이르러 '죽임과 주검'에 근거를 두고 전 생명 공동체의 종말론적 위기를 초래하는 공멸 지향적 문명의 특성으로 변화되고 변형되고 있다는 것을 지적할 것이다. 더욱이 이 세상에서 다하지 못한 생명의 연한을 저세상에서 영생으로 보상받고자 하는 '사후 이기주의적'인 원시 남성 종교적인 특성은 이제 '죽임과 주검'에 근거한 과학기술 문명의 세속 문화 속에서 황폐화된 이 행성을 버리고 저 행성으로의 탈출을 꿈꾸고 있는 또 다른 형태의 이기주의적 종교가 되었다는 것을 지적할 것이다. 이를 위해 근현대에 이르러 세속화의 과정을 '탈주술화'(disenchantment)라는 막스 베버가 사용한 '사회학적 기능'의 개념(the sociological function of the term)을 중심으로 주술화(enchantment), 재주술화(re-enchantment) 그리고 왜곡된 주술화(misenchantment) 등의 개념을 통해 죽음에 근거를 둔 원시 남성 종교적 특성이 근현대 세속 문명을 통해 어떻게 '죽임과 주검'에 근거를 두고 저 행성적 이기주의적인 세속 종교로 변모되었는지를 설명할 것이다.

근·현대 시기에 이르러 사회학자들은 세속화 과정의 현상에 대해 탈주술화라는 사회학적 용어로 근대 세속적인 사회의 특성을 규명하고자 했다. 계시와 초자연적 권위와 교리를 통해 그리스도교 전통과 교회가 지배하던 시대를 '빛', '자각', '깨달음'으로 상징되는 르네상스와 계몽주의와 대조적으로 비교하며 '암흑의 시대'라고 했던 것처럼, 근대에 이르러 사회학자들은 주술화와 탈주술화라는 사회학적 용어로 근대 이전과 이후의 특성을 설명하고자 했다. 과학 혁명과 철학 혁명에서 비롯된 이성과 자율성의 '주체로의 전환'(turn to the subject)이라는 근현대성에 근거해 그리스도교가 지배하던 종교적인 세계를 주술화된 세계 혹은 신화화된 세계로 규정했다는 사실을 알 수 있다.

막스 베버는 1917년 한 강연에서 세계의 탈주술화(the disenchantment of the world)를 논의했다. 베버가 세계의 탈주술화란 개념을 통해 주장한 것은 전통적인 세계를 특징짓던 애니미즘과의 연결(animistic connection), 기적과 초자연적 현상에 대한 기대, 세계에 대한 영적 해석 등이 상실되었으며 그 결과로서 합리화와 세속화 그리고 관료화가 계속적으로 진행되어 있다는 것을 의미한다.[24]

막스 베버를 비롯한 근·현대 사회학자들은 과학과 이성 그리고 자율성과 합리성을 중심으로 한, 근·현대 세속화의 물결은 마술적이고 주술적이며 신화적인 종교적 세계로부터 해방되었다는 의미에서 '탈주술화'로 명명한 것이다. 베버는 탈신화화가 이루어지는 과정이 곧 사람들의 일상적인 삶으로부터 신화와 환상이 제거되고 있는 과정이며, 탈주술화는 합리화와 과학화와 세속화 같은 근·현대의 중심적인 발전에 참여하는 것이라고 말한다.[25] 따라서 베버를 통해 잘 알려진 탈주술화의 개념은 베버의 이론을 다양한 각도에서 해석하는 학자들에 의해 당시 사회학 이론 가운데 사회학적 기능의 용어로서 확고하게 자리를 잡으며 현대 사회에 많은 영향력을 미치게 되었다.[26]

'탈주술화'라는 사회학적 용어를 통해 서구 근·현대의 사회적, 문화적인 상황에 대한 진단은 1,500여 년을 지배하던 절대적 유일신 종교인 그리스도교의 세계관이 붕괴되고, 세계를 설명하는 방식에서 절대적 진리와 의미의 근거가 상실됨에 따라 모든 가치와 의미의 산출은 합리적인 세속적 방식과 해석으로 대체된다는 것을 뜻한다. 이는 근·현대 세계에서 초자연적 권위에 근거한 종교적 세계관은 주술적이고 마술적인 것으로 현대인에게 세계에 지식과 진리를 얻는데 장애적인 요소로 작용하기에 현대 세계에서는 진리와 지식을 얻는 방식은 종교가 아닌 이성적이고 과학적 탐구에 속해야 한다는 것이다. 이렇듯 탈주술화는 당시 계몽주의의 영향 아래 있던 근대성의 의미를 요약한 핵심적인 용어로서 탈주술화의 역사는 곧 근현대 시대의 서양의 발전 역사를 의미한다.[27] 이는 세계의 역사적 사건과 현상의 뒤에 마치 초자연적인 존재와 초자연적 세계가 있는 것처럼 믿게 하는 종교적 세계관은 인간을 가두는 철장이라고 규정하며 현대 세속화를 통해 철장에서 해방되는 의미로 '탈주술화'를 설명한다.

근·현대 세계의 세속화 과정에 대한 또 다른 해석으로 '재주술화' (re-enchantment)를 주장하는 학자들의 이론이 등장하게 된다. '재주술화'를 주장하는 학자들 가운데는 한편으로는 근·현대 세계에 관한 사회학적 이론들 가운데 강력한 영향력을 미치는 '탈주술화' 주장을 반대하며, 근·현대 세속화는 오히려 탈주술화의 과정이 아니라 오히려 '재주술화'의 과정이라고 주장한다. '재주술화'를 주장하는 학자들에 따르면 서구 근대 엘리트들은 세계가 '탈주술화'되고 있다는 주술적 주문으로 인해 세속적으로 주술화되고 있다고 비판하며, 이로 인해 그동안 종교적 세계관이 부여한 의미와 영적인 목적이 붕괴됨에 따라 현대 세계에는 정신적인 아노미적 현상과 파편화 그리고 소외감이 팽배해지고 이로 인해 비인간화적인 현상이 확산되었다고 지적한다.[28] 또한 재주술화를 주장하는 학자들에 따르면 탈주술화를 지지하는 학자들과 사람들 가운데는 탈주술화된 세속 사회에서도 여전히 주술적 종교의 영향력이 존재하는 현상을 지적하며 원주민과 여성들 그리고 사회 주변인과 하층민들이 이러한 주술적 세계에서 벗어나지 못하는 원시적 사람들로서 비판적으로 말한다는 사실 또한 지적한다.[29]

다른 한편, 근 · 현대의 세속화를 재주술화의 과정으로 설명하는 학자들이 근 · 현대 세계의 탈주술화의 문제점을 비판하며 전통적인 초자연적 힘과 세계로부터 의미를 부여하는 종교적 세계관으로 다시 돌아가야 한다는 것을 주장하는 것이 아니다. 현대 세속화는 '탈주술화'가 아니라 오히려 '재주술화'로서 세속화 과정에서 등장한 형이상학적 원리로 승격한 자연법칙, 과학 기술적 혁신에 근거한 낙관론적인 역사 진보주의, 초월적 위치에서 절대적 위치까지 올라선 이성의 위상과 더불어 '주체로의 전환'에 따른 인간 중심주의 등이 근대 이전의 종교적 세계관에서처럼 다시 주술화되고 있다는 것을 의미한다. 더욱이 인식론적으로 객관적이고 존재론적으로 절대적 위상으로서의 계몽주의 이성은 실제로는 구체적 상황에서 권력과 힘의 목적에 굴복하고 이용되는 계산적이고 보편적인 도구적 이성[30]이며, 이성적이고 자율적이며 창조적인 인간 주체는 실제는 여성과 아이와 유색인종은 배제된 백인 남성 중심주의의 회귀라는 것을 의미한다. 명석하고 판명한 인식론적 토대로서의 정신과 단순히 연장으로서의 물질의 계층화된 이원론적인 평가는 인간의 육체와 물질과 자연 세계를 경시하고 토대적인 원리가 되었다. 연장으로서의 자연 세계는 생명이 없는 원료나 재료로 환원되었고 자연 세계의 독립적인 존재 가치가 훼손되는 결과를 배태하게 되었다. 이러한 세속화의 흐름은 과학적 탐구를 통한 명석 판명한 지식에 근거한 것도 절대적 진리에 근거한 윤리적 가치의 표현이 아닌 '탈주술화'로 주술화시킨 근 · 현대 문명의 '재주술화'라고 할 수 있다. 이와 같은 의미를 사회학자인 아도르노(Theodor Adorno)와 호르크하이머(Max Horkheimer)는 자신들의 공저 『계몽의 변증법』을 통해 "신화(마술, 주술)가 죽은 것을 산 것과 동일시한다면 계몽은 산 것을 죽은 것과

동일시한다. 계몽은 과격해진 신화적 불안"이라고 말한다.[31]

근대 세속화 과정 속에서 신적 위상으로 등장한 합리주의적인 이성과 '주체로의 전환'이라는 인간 중심주의와 더불어 힘과 권력의 상징으로서의 펠루스(phallus)가 결합된 근현대 사회에서 '남근 이성 중심주의'(phallogocentrism)로 상징화되었다. 이러한 '남근 이성 중심주의'가 지배하는 근·현대 세속화 과정 속에서 여성은 이성이 아닌 육체적 존재로 합리적인 존재가 아닌 감정과 감성적 존재로 동일시되어 물질적 존재로 동일시되는 자연과 함께 존재론적 가치가 폄하되어 배제되었다. 인간의 자율성과 존엄성의 가치를 내세운 근대 휴머니즘 역시 서구 유럽 중심의 백인 남성의 권위와 존엄성을 내세운 협소한 휴머니즘이었다. 이와 같은 근·현대 세계에 대한 문제점에 대해 공공선을 추구하는 철학자 찰스 테일러 역시 현대에서는 풍성하고 아름다운 자연 세계의 생명력의 가치가 자연의 법칙으로 환원되었으며 인간 주체성 역시 생명 공동체인 자연 세계와는 유리된 주체, 유리된 이성이라고 지적한다.[32] 이는 원시 종교에서 여성의 경험과 구별된 남성의 경험이 이원론적으로 차별화되어 보편적 종교가 된 남성 종교적인 특성이 근·현대 사회에서 계몽주의에 근거한 근현대 세계의 변형된 패러다임 속에서 재현된 것이라고 평가할 수 있다. 이와 같은 현상을 아도르노나 호크하이머와 같은 사회비평가들 그리고 사회학자들은 '탈주술화'의 '재주술화'라고 평가한다.

유진 맥케러(Eugene McCarraher)는 자신의 저작 『맘몬의 주술화: 어떻게 자본주의는 현대의 종교가 되었나』(*The Enchantments of Mammon: How Capitalism became the Religion of Modernity*)를 통해 오늘 직면하고 있는 현실의 극단적인 자본주의는 맘몬의 주술화로서 자본주의가 현대 세계를 지배하는 종교적 현상이 되었다는 사실을 설명한다. 또한 자신의 논문을 통해 '탈주술화'로 규정되는 근현대 세속화 과정에서 작동하는 자본주의에 대해 맥케러는 자본주의 자체가 주술화의 근본적인 체제라고 말한다.[33] 맥캐러가 기술한 것처럼 현대 후기 시대를 지배하는 자본주의는 맘몬주의며, 맘몬이 신의 자리에 앉아 모든 것을 지배하고 모든 것을 통제하는 자본주의 세계화의 시대다. 오늘날의 자본주의는 단순히 사회주의의 반대되는 경제체제로서의 자본주의에 국한되는 것이 아니다. 더욱이 현 자본주의는 고전적 자유경제 체제로서의 자본주의를 넘어선 세계화로서의 신자유주의 시장경제 체제로서의 극단적 자본주의다. 맥케러는 이러한 신자유주의 자본주의 체제를 가리켜 현대의 종교가 된 자본주의라고 말하며 이를 맘몬의 주술화라고 지적한다. 소위 맘몬이즘이라 불리는 금권만능주의는 현대 사회의 모든 도덕적 가치와 윤리적 평가 그리고 일상에서 얻어지는 삶의 의미와 같은 내재적 영역뿐만 아니라 초월적 영역까지 지배하는 신적 위상의 맘몬이즘의 자본주의로서 이는 단순한 주술화가 아니며 혹은 '재주술화'도 아닌 '왜곡된 주술화'(mis-enchantment)라고 할 수 있다.

'왜곡된 주술화'로서 종교가 되어버린 현 맘몬이즘의 왜곡된 자본주의는 모든 것을 상품으로 만드는 초국적 신자유주의 시장 자본주의다. 자연의 모든 것, 땅과 물과 모든 식물과 동물 그리고 광물뿐만 아니라 인간도 자본을 축적할 수 있는 수단으로서 상품이 된다. 세계 시장에서 소비되는 상품이 되기 위한 조건으로서 생명 공동체의 생물과 무생물 모든 존재로부터 본래적인 생영의 존엄성과 각 존재의 가치는 제거되고, 상품으로서의 이용 가치와 이윤 가치로 평가된다. 지구촌의 생명 공동체의 모든 존재가 갖는 유기적 관계성은 분절되고 절단되고 파편화되어 상품을 위한 원료와 재료로 환원된다. 더 많은 이윤을 남기기 위해 값싼 자원과 재료를 위해 자연은 훼손되고 황폐화되며, 값싼 노동력을 얻기 위해 인간의 노동력은 착취되며, 더 많은 상품을 빠르게 생산하고 더 빠르게 소비할 수 있는 구조 속에서 생산과 소비의 순환이 이루어진다. 왜곡된 주술화가 이루어진 현대에 종교가 된 자본주의 신자유주의 시장 체제에서 존중되는 것은 인권이 아닌 물권이며, 생명의 존엄성이 존중되는 것이 아니라 자본과 이윤이 존중되며, 인간의 자유가 아닌 시장의 자유가 존중되는 극단적 자본주의라고 할 수 있다. 모든 것을 상품화시키는 맘몬이즘의 왜곡된 주술화로서의 극단적 시장 자본주의는 생명 공동체로서의 자연의 모든 존재를 생산과 소비를 위한 상품의 원료이며 재료로서 환원시키는 절대적 금권의 힘과 군력으로 변형된 원시 종교의 모습을 찾아볼 수 있다.

IV. 생명 공동체의 치유와 구원을 위한 성례전적 존재론

본 장에서는 종말론적 위기에 처한 운명공동체로서의 자연 세계를 치유하고 미래를 지속할 수 있는 신학적 대안으로서 성례전적 존재론을 제시하고자 한다. 이전 장들에서 살펴본 것처럼 역사 이전의 선사시대로부터 21세기를 살아가는 오늘에 이르기까지 시대적 변환에 따라 때로는 원시적 형태로 그리고 제도적 종교 형태로 때로는 세속적 형태로 종교의 영향력은 계속되어 왔다는 것을 살펴보았다. 다시 말해 원시 종교로부터 자연과 여성의 경험이 어떤 이유와 과정 속에서 억압되고 배제되었는지 그리고 남성 종교적 특성과 지향성이 가부장적 종교인

보편적 종교 현상으로 그리스도교 역사와 전통에서 이어져 왔으며, 현대 세속화의 과정에서 어떻게 변형된 형식과 내용으로 그 영향력이 지속되었는지를 설명하였다. 또한 근·현대 세속화 과정에서 '주술화', '탈주술화', '재주술화' 그리고 '왜곡된 주술화'라는 사회학적 기능의 개념들을 통해 종교를 대체한 이성과 과학과 자본이 권력과 결탁하여 어떻게 여성을 비롯한 사회적 약자와 자연을 착취하고 훼손하고 있는지를 설명하였다.

따라서 21세기를 살아가는 현대인들이 직면하고 있는 현 종말론적 공멸의 위기가 하루아침에 발생한 것이 아니라 역사 이전의 근원적인 종교 발생의 경험에서부터 비롯되었으며, 따라서 제도적 종교 역시 회피할 수 없는 중추적 공모 관계에 있다는 것을 지적하였다. 물론 현대인들이 직면하고 있는 생태적인 위기, 이상기후의 위기가 단지 종교만의 책임, 특별히 그리스도교만의 책임은 아님에도 불구하고 직면하고 있는 현실은 각자의 책임 소재를 구분하여 그 책임을 전가할 만큼 여유롭지 않다. 다만 인류 문명의 역사를 통해 현 21세기 종말론적 위기에 이르기까지 인류 문명의 거대한 한 축을 담당한 그리스도교는 지구촌 생명 공동체에서 어떤 역할을 해왔으며 어떤 공헌을 해왔는지 돌아보고 둘러보며 깊은 자성으로부터 나오는 성찰적 대안이 요구되는 것만은 분명하다.

이러한 성찰적 대안으로서 생태학적 위기로부터 생명 공동체를 치유하고 회복하며 지속 가능한 미래를 위해 그리스도교적 대안으로서 신학적 세계관인 성례전적 세계관을 인식론적 전환의 차원에서 제시하고자 한다. 여기서 제시하고자 하는 성례전적 세계관이란 길면이 제시한 것처럼 원시 종교에서 배제된 '출생과 양육'에 기반을 둔 생명 지향적 여성 종교의 특성으로 '죽음에 기반'을 둔 사후 지향적 남성 종교를 대체하자는 것이 아니다. 또한 제도적 교회를 통해 그 입지를 공고히 해온 가부장적인 신, 아버지 하나님을 자연의 여신, 대지의 여신 가이아로 대체하자는 것 역시 아니다. 본 장에서 제안하는 성례전적 존재론은 생명과 죽음, 자연과 초자연, 초월과 내재, 이성과 육체, 정신과 물질 그리고 남성과 여성 등 이원론적으로 차별화되고 구조화되어 형성된 종교적 세계관은 당위적으로 지배와 피지배, 통제와 굴종의 역사로 구체화되고, 인간을 포함한 전 자연 공동체의 황폐화로 이어지며, 결과적으로 종말론적 공멸로 이어질 수밖에 없다는 것을 지적한다.

또한 이 글을 통해 제안하는 신학적 세계관으로서의 성례전적 존재론은 철학 신학의 관점에서 새로운 논리를 토대로 조직신학적 구성을 의도하지도 않는다. 앞서 서론에서 한계를 정했던 것처럼 오늘 생태학적 위기가 초래되고 진행되는 데 있어 종교의 역할과 영향에 대해 종교문명사적 관점에서 검토하는 것이었으며, 더 나아가 성서가 증언하듯 "모든 피조물이 오늘날까지 다 함께 신음하며 진통을 겪고 있다는 것을 알고"(롬 8:22)[34] 있기에 직면한 위기를 치유할 수 있는 그리스도교 신학의 잠재성은 어디에서 찾을 수 있는지, 그래서 지속 가능한 미래를 향한 신학적 대안을 살펴보는 것을 목적으로 한다고 명시했다.

여기서 제시하는 잠재적 가능성으로서 성례전적 존재론은 오히려 자연 공동체의 모든 존재는 유기체적으로 연결되어 있으며 육체와 분리된 정신, 세계와 독립된 이성은 실재하지 않으며 자연과 분리된 초자연, 이 세계와 무관한 저 세계 또한 허구적 상상에 불과하다는 것을 지적한다. 신학적인 세계관으로서의 성례전적 존재론은 모든 존재는 하나님의 피조물로서 하나님께 속한 존재이며 하나님 안에서 창조된 피조물로서의 가치와 위상을 갖는다는 것을 전제한다. 다시 말해 모든 피조물의 가치와 위상은 피조물 자체에 그 가치가 있는 것이 아니라 바로 피조물을 창조하신 창조주로부터 나온다는 것을 의미한다. 따라서 하나님의 피조물로서의 무생물과 생물은 모두 유기체적으로 연결된 생명 공동체로서 자연 안에서 모든 생명체, 인격체 그리고 물질과 육체 등 모든 존재는 하나님의 은총의 매개물이며 상징으로서 성례전적 위상을 갖는다는 것을 의미한다. 성례전적 존재론에서 제시하는 신학적 세계관은 모든 존재를 신적 존재와 동일시하는 그런 범신론적 의미에서의 존재론이 아니라, 오히려 모든 존재가 하나님 안에 창조된 피조물로서 은총의 매개체 은혜의 상징이라는 의미에서 성사로서의 존재론, 곧 성례전적 존재론을 말한다.

그러나 본 장에서 제시하는 성례전적 존재론은 근본적 정통주의 신학(Radical Orthodoxy)에서 주장하는 '참여의 존재론'(participatory ontology)과는 차이가 있다. 근본적 정통신학에 따르면 하나님은 이 세계의 창조주이며 세계라는 선물을 수여한 수여자가 되신다. 존 밀뱅크(John Milbank), 그레이엄 워드(Graham Ward), 캐서린 픽스톡(Catherine Pickstock) 등 소위 영국 캠브리지 학파 3인방으로 대표되는 근본 정통주의 신학자들은 '참여'(participation)라는 개념을 중심으로 피조물의 모든 영역이 이미 하나님께 참여하고 있다고 주장하면서 인간 지식의 자율성을 주장하는 근대 사상을 비판하고 있다.[35]

근본 정통주의 신학 일반을 소개하는 제임스 스미스는 캐더린 피스톡의 글의 일부를 인용하여 다음과 같이 소개한다. "데카르트는 실재의 결정적인 요인들을 마치 초월자가 전달되는 수여자의 선물이라기보다는 단순한 '소여'로서 순전히 공간적인 분류들로 변형시킨다."[36] 따라서

"신학으로부터 떨어져 나온 존재론에 의하여 데카르트는 존재를 그것의 수여적인 원천으로부터 분리하여 존재 자체를 무한한 현실성의 충만에 참여하는 신적인 선물이 아니라, 오히려 무한과 무한의 일의적으로 공통된 실존의 수많은 관념으로서 단순히 타성적으로 소여된 어떤 것으로 인식하는 사조를 완성했다."[37]

이는 그리스 헬레니즘의 우주관에서 세계는 이미 존재하는 것으로 영원한 위상을 지닌 것으로 이해된 반면, 서구 근대 철학, 특히 데카르트에게서 대상으로서의 물질세계는 그 속성이 단순히 연장으로서 그 근원과 분리되어 공간을 차지하는 것으로서 이해되었다는 것을 비판하는 것이다. 대표 주자로서 밀뱅크를 위시한 급진적 정통주의자들의 공통적인 주장은 아리스토텔레스의 철학에 기반을 둔 중세 스콜라 신학에서 은총과 자연, 초자연과 자연, 계시와 이성의 종합에 대해 본래부터 분리된 자율적이고 독립적인 자연과 이성은 없었다고 주장한다. 근본적 정통주의자들에게 초자연과 분리된 자연은 본래적으로 존재하지 않았으며 은총에서 벗어난 이성이나 세계는 본래 존재하지 않았다고 주장한다. 자연은 하나님의 은총의 선물로서 하나님께 참여하는 존재라고 설명한다.[38] 근본적 정통주의자들은 자신들의 주장을 뒷받침하기 위해 아우구스티누스의 조명설, 기독교화된 플라톤주의, 토마스 아퀴나스 등의 교부 신학자들의 신학에 의존한다.

기독교 성례전적 존재론에서 말하는 성례전이란 "비가시적인 신의 은총을 가시적인 매체를 통해 전달하는 제의"[39]라는 의미로서 "성례전적 원리란 창조된 세계가 하나님의 은총과 현존의 상징이며 신호이며 전달자가 된다"는 것을 의미한다.[40] 이러한 정의를 근거로 이해할 때 성사의 본래적 성질(sacramentality)은 두 세계를 잇는 성격을 가지고 있다는 것을 알 수 있다.[41] 이는 단순히 동질적인 두 세계의 연결이 아니라 질적으로 다른 두 세계, 곧 하나님과 피조물, 초자연과 자연, 은총과 이성, 초월과 내재, 저세상과 현 세상, 계시와 자연 등의 거룩한 실재와 일상에서의 평범한 사물들의 전혀 다른 차원의 실재를 잇는 것이 성사, 곧 성례전적 성격이라고 할 수 있을 것이다. 이러한 성례전적 성격을 좀 더 확장해서 생각해 보면 거룩함과 속됨의 영역, 불멸의 영혼과 유한하고 변화해서 소멸하는 육체와 물질 등을 연결 짓는 다리의 역할을 한다고 할 수 있다. 따라서 두 세계를 잇는 성사의 본래적 성질은 우선적으로 인류 문명의 역사를 통해 정치 · 사회 · 종교적으로 계층화시키고 이분화시켜 차별적 구조로 고착시킨 두 실재의 곤고한 장벽을 해체시키는 혁명적 특징을 지니고 있다는 것을 유추할 수 있다.

따라서 성례전적 성격은 전혀 다른 차원의 두 실재, 질적으로 다른 존재들, 곧 차별적으로 이중화되어 공고하게 구조화된 두 실재를 연합하게 하며 거룩한 실재에 참여하게 하는 성질을 가지고 있다는 것을 알 수 있다. 이는 성례전적 본질은 인간이 만든 성과 속의 제도, 귀천의 관습, 선과 악의 법과 도덕적 규범의 장벽을 해체하고 거룩함과 성스러운 신적 영역에 참여할 수 있다는 신비로운 잠재성으로서의 존재적 가치, 곧 매개적 상징적 존재로서의 위상을 갖는다는 것을 알 수 있다.

이는 하나님께서 세계를 창조하시고 하나님과의 성례전적 만남을 제공하기 위해 창조된 모든 실재를 이용하신다는 것을 알 수 있다.[42] 창조주 하나님이 창조하신 모든 피조 세계는 성사적 존재로서 선한 것이며, 신비와 영으로서의 하나님의 계시가 드러나는 자리로서 성만찬의 빵과 포도주 그리고 세례식에서의 물처럼 하나님의 모든 자연 세계는 삼위일체 하나님의 성스러운 매개체가 된다는 의미다. 비록 가톨릭교회와 전통은 7개의 성사를 그리고 개신교는 2개의 성사로 제한했지만, 하나님께서는 자신이 창조하신 모든 피조물을 자신의 성사로 사용하신다는 것을 의미한다.

더 나아가 에드워드 스킬레벡스(Edward Schillebeeckx)는 예수 그리스도를 '원형적인 성례전'이라고 하며 "하나님 자신의 인격적인 선물은 한 인간으로서 주어진다"고 말하며, 따라서 "성례전은 하나님과의 만남으로서 인식된다"고 말한다. 스킬레벡스는 여기서 한층 더 나아가 "그리스도로 영화롭게 된 인간성의 지상적인 연장인 교회는 성례전적인 삶을 통하여 그리스도와의 체화된 만남의 가능성을 지속한다"고 말한다.[43] 이로써 성사됨, 성례전의 의미를 광의의 의미로 해석하면 하나님과의 만남 그리고 성례전적인 삶도 성사됨의 의미에 포함된다고 할 수 있다.

'원형적인 성례전'으로서의 예수 그리스도는 삼위일체이신 하나님과 함께 자연과 인간 그리고 전 우주를 창조하신 분이며 우주적 로고스로서 마침내 전 우주를 구원하실 우주적 그리스도이시다. 우리가 거주하는 이 자연 세계는 하나님이 창조하시고 성육하시며 하나님의 만남의 실재가 이루어진 성례전적 자리이며, 마침내 종말의 때에 새 하늘과 새 땅의 새로운 차원으로 구원될 곳이다. 하나님의 때에 하나님께서 마침내 이루실 새로운 희망의 종말을 인간이 죄악으로 초래하고 악화시켜 전 지구적 생명 공동체를 파멸시킬 종말로 만들 권리는 없다. 빵과 포도주와 물과 기름, 이 모든 자연의 산물이 성례전적 은총의 수단이며 여성과 남성의 언어와 인격 그리고 여성의 경험과 남성의 경험, 탄생과 죽음, 인간의 모든 순간 그리고 이 우주가 하나님과의 만남이 이루지는 성례전적 존재이다.

V. 닫는 말

이 글은 "코로나 이후 시대에 제안하는 생태·여성 신학적 세계관으로서 성례전적 존재론"이란 주제로서 현 지구촌 거주민들이 직면한 기후 변화와 생태적 위기의 문제에 대해 그리스도교 생태·여성 신학적 관점에서 제시하는 세계관에 대한 이해로 응답하고자 했다. 오늘 지구촌의 모든 생명체가 직면하고 있는 자연의 황폐화와 생태 파괴의 문제는 결국 인간 종족이 초래하고 오랜 기간 지속적으로 가열하게 주도해 온 문명의 당위적 결과로서의 범우주적 재앙이라고 판단했다. 이는 거대한 생명 공동체의 한 구성원에 불과한 인간 종족이 자연 위에 군림하여 지배하고 착취하며 인간이 적극적으로 주도하며 만들어 낸 문명의 당위적 결과로서 예견 가능한 종말이라고 할 수 있다.

궁극적이고 절대적 진리를 추구하는 종교와 공공의 선을 추구하는 가치체계로서의 도덕 그리고 법과 윤리를 가지고도 왜 인간은 현재의 종말론적 위기 상황보다 더 나은 세계를 만들지 못했을까 하는 질문 앞에 인류 문명의 거대한 한 축을 담당하고 있는 그리스도교는 어떤 역할을 했는지에 대해 종교 문명사적인 측면에서 검토하고자 했다. 그래서 원시 종교와 제도적 종교 그리고 현대 세속화 속에 감추어진 종교성도 검토해 보았다. 시대의 변천에 따라 종교적 형태와 유형 그리고 그 내용은 다소 달라졌음에도 불구하고 때로는 노골적으로 때로는 암묵적으로 여성과 자연의 억압과 착취라는 공통적인 특징이 있다는 점을 지적했다. 이원론적으로 차별화되고 구조화된 원시 종교, 제도적 교회의 역사 그리고 세속화 속에 숨겨진 유사 종교 가운데는 어김없이 남성주의적인 힘과 도구적 이성 그리고 권력의 단합 속에 여성을 비롯한 사회적 약자와 자연은 생명 공동체의 공멸이라는 문명 아래 희생된 물질이며 자원이고 재료였다는 점 역시 지적했다.

원하건 원치 않건 모두가 가해자인 동시에 피해자가 된 인류는 스스로가 초래한 이 종말론적 재앙으로부터 자신과 더불어 자연을 해방하고 구원하는 주체적인 구원자가 될 수 있는 가능성, 아니 잠재성은 있기는 한 것이며, 과연 있다면 어디서 찾을 수 있을 것인가? 그저 하나의 시사점으로 단지 하나의 제안으로 생태·여성신학적 세계관으로서의 성례전적 존재론은 제시했다. 엄청난 가능성이라기보다는 오히려 그동안 왜곡된 자연과 여성에 대한 인식의 전환, 무생물과 생물의 유기적 생명 공동체에 대한 세계관의 전환으로서 성례전적 존재론을 제안해 보고 싶었다. 성사의 본질적 의미가 두 개의 이질적 세계를 서로 잇는다는 특성이 있다는 점, 그래서 차별적으로 이분화시키고 구조화시켜 불차등한 관계로 영속시키는 왜곡된 관계를 해체하고 모든 것의 근원이신 하나님께로 이끌고 하나님 안에 참여하게 하는 성례전적 존재론을 제안해 보았다. 자연의 일부이자 하나의 구성원인 인간을 포함한 전 지구적 공동체는 하나님의 피조물로서 성사적 존재이며, 하나님의 은총과 현존의 상징이고 신호이며 전달자의 위상을 갖는 존재이다.

참고문헌

류터, 로즈마리 래드퍼드/안상님 옮김. 『성차별과 신학』. 대한기독교서회, 1985.

아도르노, Th. W. & M. 호르크하이머. 『계몽의 변증법』, 서울: 문학과 지성사, 1994.

엘리아데, 마르치아/이용주 옮김. 『세계종교사상사1: 석기시대부터 엘레시우스의 비의까지』. 이학사 2010.

임형권. "급진 정통주의 신학에 대한 개혁신학적 평가와 비판: 존 밀뱅크를 중심으로." 「개혁논총」 29권(2014).

테일러, 찰스/권기돈·하주영 역. 『자아의 원천들: 현대적 정체성의 형성』. 서울: 새물결, 2015.

하지슨, 피터 C./로버트 H 킹 엮음/윤철호 옮김. 『현대 기독교 조직신학』. 한국장로교출판사, 2015.

Boersama, Hans and Matthew Levering eds. *The Oxford Handbook of Sacramental Theology*. Oxford: Oxford University Press, 2018.

Gilman, Charlotte Perkins. *His Religion and Hers: A Study of the Our Fathers and The Work of Our Mothers*. New York & Oxford: AltaMira Press, 2003.

Green, Jeffrey E. "Two meanings of Disenchantment: Sociological Condition vs. Philosophical Act- Reassessing Max Weber's Thesis of the Disenchantment of the World." *Philosophy and Theology* 17, 1&2(2005).

Hodgson, Peter C. & Robert H. King eds. *Christian Theology An Introdcution to Its Traditions and Tasks*. MN: Minneapolis, Fortress, 1994.

McCarraher, Eugene. "The Enchantments of Mammon: Notes toward a Theological History of Capitalism." *Modern theology* 21:3(July 2005).

Pickstock, Catherine. *After Writing: On the Ligurgical Consummation of Philosophy*. Oxford: Blackwell, 1988.

Saler, Michael. "Modernity and Enchantment." *American Historical Review* vol. 111(2006).

Sullivan, Marek. "Cartesian Secularity: 'Disengaged Reason,' the Passions, and the Public Sphere Beyond Charles Taylor's A Secular Age." *Journal ofthe American Academy of Religion* Vol. 87, No. 4(December 2019).

Webster, John. Kathryn. Tanner and Lain Torrance eds. *the Oxford Handbook of Systematic Theology*. Oxford: Oxford University press, 2010.

포스트 코로나 시대의 생태 기독교
— 종교철학적 접근

장왕식

감리교신학대학교 은퇴 교수, 종교철학연구소 소장

I. 들어가는 말

이 글은 포스트 코로나 시대의 문제를 풀 대안의 하나로 생태 기독교를 제시한다. 이를 위해 코로나 팬데믹이 인류에게 어떤 영향을 끼쳐왔는지, 특히 인류의 종교에는 어떤 충격으로 작용하고 있는지를 먼저 분석한다. 그 후 무슨 근거로 생태 기독교가 앞으로 다가올 포스트 코로나 시대에 인류가 직면할 문제를 풀 수 있다고 보는지 설명한다.

포스트 코로나 시대에도 코로나 팬데믹이 생성한 여러 문제들은 부분적으로 지속될 것이다. 하지만 필자는 포스트 코로나로 명명될 인류의 미래를 분석할 때, 코로나 팬데믹을 단지 하나의 매개 변수로 다룰 것이며, 오히려 그보다 더 중요한 변수로 오늘의 탈근대주의 문화를 꼽겠다. 이는 코로나 팬데믹의 충격이 토해낸 각종 문제는 그동안 탈근대주의가 일으킨 문제들의 일환에 불과하다고 보기 때문이다. 따라서 나는 코로나 팬데믹에 대한 분석과 더불어 탈근대주의가 전제하고 있는 문화적 가치에 대해 재점검하는 작업이 병행되어야 향후 인류의 미래를 예측하는 데 더욱 효과적이라고 보는 셈이다.

필자가 탈근대주의를 분석할 때 그것이 전제하는 최고의 가치로서 꼽는 개념은 인류의 '실용적 자기-우선주의'이다. 필자의 입장에서 볼 때, 인간을 비롯한 자연의 모든 개체는 태생적으로 자신의 권리와 이익을 추구한다. 그런데 인간에게서는 이것이 고결한 진리의 추구보다는 주로 자신의 개인적 이익과 연관된 실제적인 결과물을 중시하는 태도로 나타나며, 주로 이런 태도를 자연 생태계를 착취하는 것을 통해 추구한다. 이런 탈근대주의적 전제를 인식하면서 필자는 이 글에서 인류의 자기-우선적 실용주의가 코로나 팬데믹에 어떤 식으로 영향을 끼쳤고, 향후 포스트 코로나 시대에는 또 어떤 문제들을 야기할 지 예측해 보겠다.

비록 포스트 코로나 시대의 종교가 실용적 자기-우선주의에 경도된 오늘의 탈근대주의 시대의 인류와 소통하면서 자신의 미래를 전개해 나가야 하는 것은 맞지만, 그렇다고 인류의 바람직한 미래상을 제시하기 위해 종교인이 취할 방법론마저 그런 인간 중심주의적 관점에서만 채택되어서는 안 된다는 것이 이 글에서 보여주려는 또 하나의 논점이다. 이를 위해 제시된 것이 생태 기독교라는 개념인 바, 여기서 이 개념을 통해 내가 하려는 작업은 인간과 자연 그리고 신(God)의 유기적인 협력을 통해 인류의 현재 문제를 해결하자고 강조하려는 것이다. 즉, 코로나 팬데믹의 문제를 비롯한 인간의 모든 문제는 우선 '자연의 흐름'의 연속선상에서 발생한 것이지만, 그 문제를 푸는 열쇠는 단지 자연과 인간의 관계를 따지는 것만으로는 결코 확보될 수 없으며, 인간에게 자신을 초월하려는 열망과 의지를 제공하는 존재로서의 '신'의 역할을 함께 고려해야만 한다는 것이다. 필자가 생태 기독교라는 개념을 해결책으로 꼽는 이유는 바로 이런 배경에서 기인하는 것이며, 필자는 특히 그런 기독교의 한 모델로서 자연주의적 유신론을 제시하겠다.

그러나 이 모든 개념과 대안들은 향후 전개될 인류의 미래를 조망하기에는 너무 제한적이라는 것을 인정하면서 필자는 최종적으로 오늘의 종교철학이 조우해야 할 가장 중요한 대화 파트너의 하나로 '차이생성의 철학'(the philosophy of differentiation)을 소개하는 것을 추가하겠다. 이는 인공지능과 4차 산업혁명이 불러올 미래의 충격에 대비하기 위한 하나의 사상적 예비의 과정으로서 최근의 철학 운동의 대표 격인 차이생성의 철학을 적극 고려해야만 한다고 생각하기 때문이며, 또한 이런 철학과 진지하게 대화하는 것이 미래의 종교철학과 기독교 신학이 지향해 나가야 할 이상적 방향이라고 믿기 때문이다.

II. 왜 포스트 코로나에 대한 물음은 생태 기독교의 답변을 요구하는가?

최근 미국에서는 갑자기 수조 마리의 매미 떼가 출현하여 각지에서 문제를 일으키고 있기에 화제가 되고 있다. 브루드 X라고 불리는 이 빨간 눈의 매미들은 17년 동안 땅속에 머물러 있다가 지상의 기온이 약 18도 c에 도달하면 유충에서 껍질을 벗고 성충 매미가 된다. 알에서 애벌레로 되는 데 17년이 걸리지만, 그 애벌레에서 성인 매미가 되는

데는 약 1시간밖에 안 걸린다. 어른이 되자마자 매미들은 짝짓기를 시작하는데, 이를 위해 단지 두 달의 삶을 향유한다. 그 직후 나무에 알을 낳아놓고 나서 자신의 짧았던 생을 마감한다.

항상 의미의 문제를 따지는 인간은 그렇게 짧은 생을 마감한 브루드 X 매미에게 다음과 같은 질문을 제기할 수 있다. 그 매미에게 의미 있었던 삶은 땅속에서 잠자며 보낸 17년인가, 아니면 짝짓기 시기의 두 달인가? 그들의 삶은 지구에서 함께 공존하는 다른 동반자들에게 어떤 의미를 지니는가? 어떤 사람들은 그 매미들의 노랫소리에 맞추어 음악 밴드를 조직해 연주하겠다고 한다. 서구의 어떤 이들에겐 짝짓기를 위한 소리가 노래로 들리기 때문이다. 동아시아의 한국인에겐 매미가 '울음'이라는 한(恨)의 기호로 다가오지만, 서구의 어떤 이들에겐 매미가 예술의 기표로 다가온다. 반면 다른 야생 포식자들에겐 오랜만에 모처럼 배 불릴 수 있는 만찬의 기회로 다가온다. 하지만 자연의 전체 생태계의 입장에서는 단지 자연 스스로가 순환하는 과정에서 생겨나는 하나의 사건으로 다가올 뿐이다.

어찌 보면 인간이 직면하는 대부분의 문제는 이렇게 자연 생태계의 자기 순환과 필연적으로 연결되어 있다. 따라서 포스트 코로나 시대를 분석하는 문제도 생태적 접근에서 시작해야 하며, 그런 접근을 신학자가 하고 있다면 그 역시 생태적 관점에서 시도되어야 한다. 이것이 바로 포스트 코로나 시대에 제기되는 질문을 우리가 생태 기독교적 관점에서 풀어나가야 하는 이유다. 그러나 여기서 생태 기독교라는 개념에 대해서 생각할 때, 우리는 그것을 단지 인간의 문제를 자연환경의 입장에서 탐구하려는 것으로만 생각해서는 안 된다. 예를 들어 코로나바이러스가 출현하면서 생겨나는 문제는 단지 자연이 일으키는 문제와 연관된 것은 아니다. 바이러스 자체는 자연의 산물이지만 그것이 인간의 공동체 안에서 확산되면서 일으키는 모든 문제는 인간사회와 연관된 문제이다. 따라서 모든 인간의 문제는 자연의 문제이자 동시에 인간사회의 문제이다. 이는 생태학이라는 개념 자체가 전제하고 있는 내용이다.

생태학이라는 영어 단어 'ecology'가 희랍어 'oikos'(집)에서 기원된 것은 익히 알려진 사실이다. 그렇다면 생태의 문제는 자연이라는 집, 혹은 지구와 우주라는 환경과 그 저택에서 살고 있는 모든 구성원이 어떻게 상호 유기적인 관계 속에서 살아갈 수 있을지를 다루는 학문이다. 이런 면에서 볼 때 자연의 문제는 자연 안의 구성원들이 만들어가는 자연 '생태계'의 문제이며, 인간의 문제는 인간사회의 구성원들이 아웅다웅하면서 빚어내는 인간 '생태계'의 문제이다. 종교와 과학의 문제도 마찬가지다. 종교의 문제는 종교 생태계의 문제이며, 과학 역시 과학 생태계의 문제이다. 한마디로 말해, 인간의 문제는 자연의 문제이기에 자연의 입장에서 자연 자체의 관점을 중시하면서 풀어가야 한다. 코비드 19는 그저 자연 생태계가 스스로의 원환을 돌리는 데 있어 그 도도한 흐름의 일부로 일어난 사태이다. 그러나 동시에 자연의 문제는 대부분 인간이 일으키는 사회적 문제와 연관되어 증폭된다. 그러므로 인류는 인간의 자연에 대한 역할이 어떻게 생태계의 문제를 약화시켰는지를 분석한 후, 어떻게 이를 통해 자연과 더불어 보다 슬기롭게 살아갈 수 있을지 새롭게 사유해야 한다.

마지막으로 하나 더 추가할 것이 있다. 생태 기독교에 대한 정의(definition)는 다음과 같이 규정되어야 한다. 즉, 인간이 직면하는 문제는 많은 경우 생태학적 문제인데, 먼저 이는 자연 생태계의 문제의 일부이며, 그것은 동시에 인간과 사회 그리고 우주 생태계의 이슈를 다루는 문제이기도 하다. 그러나 여기에 신학적 관점에 하나 더 덧붙여져야 한다는 것이 이글이 최종적으로 주장하려는 것이다. 즉, 생태기독교와 관련된 토론에는 반드시 자연과 인간 이외에 신(God)의 관점이 추가되어야 한다는 것이다. 자연과 인간 내에서 생산되는 대부분의 문제를 원만히 해결하기 위해서는 이 우주라는 집의 또 다른 주요 구성원인 신의 협조가 동반되어야 온전하게 해결될 수 있기 때문이다. 이것이 모든 생태적 문제의 해결에는 언제나 신학적 관점을 추가해야 된다고 말하려는 이유다.

III. 코로나 팬데믹이 가져온 종교적 문제는 무엇인가?

코로나 팬데믹이 오늘의 세계에 가져온 문제는 무엇인가? 특히 종교와 연관되어 생겨난 주요 문제는 무엇인가? 기독교 신학의 관점에서 볼 때 코로나 팬데믹이 던진 문제와 관련해 우리가 토론해야 할 가장 중요한 논제들로는 다음의 세 가지가 꼽힌다. 합리주의의 부상, 공동체의 위기, 상대주의 혹은 다원주의의 부흥이 그것이다.

첫째, 서구의 합리주의적 이성은 인류가 코로나의 확산 문제에 직면했을 때 인류가 가장 중요하게 내세워 온 최고의 가치 중 하나다. 바이러스의 확산을 저지하고 코로나-19 사태라는 악몽에서 벗어나기 위해서는 우선 인간의 이성이 지닌 가치를 신뢰하고 그 힘에 의지해 문제의 실마리를 풀어야 한다는 것에 대부분의 인류가 동의했던 것이다. 팬데믹이 확산 조짐을 보였을 때 방역의 전면에 나선 인물은 언제나 질병관리본부의 장이나 의료 종사자들이었으며, 이들은 무엇보다 과학의 힘을 믿어야 코로나의 종식이 앞당겨진다고 주장했다. 예를 들어 미국의 감염병 관리 본부장이며 총책임자인 파우치(Fouci) 박사는 말했다. "과학을 믿지 않는 사람들이 있다. 그것은 불행한 일이다. 과학이 진리다." 이는 많은 경우 인간의 문제를 해결하는 것은 그 어떤 다른 진리가 아니고 과학이라는 선언이다. 실제로 코로나 사태의 해결에서 나타난 것처럼 사람들은 오늘날 대부분의 사안에서 종교보다는 과학이 우선이라고 생각하는 경향이 늘어나고 있다.

그런데 이렇게 과학의 힘이 전면에 부각될 때 상대적으로 위축되는 세력은 종교이다. 그럴 필요가 없음에도 불구하고, 사람들은 과학이 전면에 나서면 공연히 불안해하는 경우가 있는데, 이는 과학이 종교의 자리를 빼앗을 수 있다고 느끼는 종교인이 많기 때문이 아니겠는가? 이렇게 이성과 신앙, 과학과 종교는 코로나 팬데믹에서 또다시 충돌하면서 그 관계에 대해 재점검을 요구받고 있는 것이다. 한마디로 과학과 합리적 이성이 승리한 듯 보이는 시대에 종교는 어떻게 대처해야 스스로의 위상을 재정립할 수 있을지의 문제가 중요하게 된 것이다.

둘째는 공동체의 위기 문제이다. 정확히 말하면 공동체를 중시하는 입장이 위협을 당하고 개체 중심주의가 득세하는 것으로 인해 초래되는 위기를 말한다. 실제로 코로나 팬데믹이 확산되어 나갈 때, 많은 사람은 지구촌의 모든 나라와 지역이 하나의 운명공동체로 묶여 있다는 것을 발견했다. 따라서 범지구적으로 확산되는 코로나 팬데믹의 문제를 해결하기 위해서는 모든 나라와 지역 공동체가 하나의 몸처럼 유기적으로 대처해 나가야 효과적이라는 것을 알게 되었다. 그러나 이에 반대하는 움직임도 일어났다. 마스크 착용의 문제를 놓고, 혹은 대면 예배의 재개를 놓고서 개인의 자유의 문제가 어디까지 용인될 수 있는지가 중요하게 되었다. 특히 코로나 팬데믹이 한창일 때, 각국은 영토의 폐쇄라는 명목하에 타민족의 접근이나 이동을 막아 버렸는데, 이는 개체 국가의 자국 이기주의를 그대로 노골화시켰다. 공동체나 공동주의가 뒤로 물러가고 이기적 개체주의가 강조되었던 것이다.

물론 이는 종교에도 영향을 끼쳤는데, 예를 들면 교회와 국가 사이의 관계에 대한 토론이 다시 활발하게 전개되는 계기가 되었다. 이는 매우 중요한 토론 거리이므로 밑에서 별도로 다시 다루기로 한다.

셋째는 상대주의 혹은 다원주의의 부흥이다. 상대주의나 다원주의는 이미 탈근대주의 시대 정신을 반영하는 최고의 덕목으로 꼽혀 오던 것들인데, 특히 코로나 팬데믹에서는 이미 언급한 첫 번째와 두 번째 문제들과 연관되어 다시 그 중요성이 재조명되고 있다. 잘 알다시피 탈근대가 시작되기 전에 이미 절대적인 것의 위상이 많이 상대화되어 있었다. 그것이 신이든 혹은 절대적 권위의 제왕이든 혹은 종교의 수장이든 그러했다. 그러나 탈근대주의 시대에는 상대주의에 다원주의가 더해졌다. 이는 특히 대중적이고 글로벌한 미디어의 발달을 통해 지구촌이 하나가 됨으로써 지구촌에는 여러 문명과 종교들이 함께 존재한다는 것이 잘 알려졌으며, 그 어떤 문명이나 종교도 유일한 가치를 지닐 수 없다는 것이 드러나게 되었다. 이는 신학과 종교의 관점에서 볼 때 중대한 의미를 지닌다. 당장 그것은 유일신론의 쇠퇴를 암시하며, 나아가 인간이 구원과 행복을 추구할 때 그것이 반드시 한 종교의 관점에서만 추구될 필요가 없으며, 여러 종교의 관점에서 동시에 조명되어야 한다는 것이 강조될 수 있다. 이른바 종교 다원주의 문제를 또다시 뜨거운 논쟁거리로 떠오르게 만들 것이다.

그러나 다원주의의 부흥과 관련해 가장 중요하게 토론되어야 하는 것은 독점 자본주의의 문제에 관한 것이다. 왜냐하면 상대주의와 다원주의가 중심 가치인 오늘의 탈근대적 시대에서도 여전히 자본주의만은 그 예외이기 때문이다. 코로나 팬데믹의 상황 하에서도 자본주의에서 선두에 있는 국가들과 그렇지 않은 국가들은 백신을 독점하는 문제에 있어서 큰 격차를 보였다. 이는 문명과 문화 그리고 종교는 다원주의의 가치가 지배하고 있지만, 그 모든 다양한 문명과 문화 그리고 종교도 결국은 자본주의라는 하나의 우상에게 종속된 채 그것을 유일한 가치로 숭배하는 제도를 허락하고 있기 때문이다. 그러므로 우리는 종교와 신학의 중요한 과제 중의 하나는 어떻게 자본주의의 독점적 지배력을 상대화시키는 데 있어 기독교 신학이 공헌할 수 있겠는가의 문제다. 다양한 종류의 모든 다른 가치를 집어삼키면서 예속화시키는 자본주의의 폭력과 전횡에 도전하면서 대항 담론으로 존재할 수 있는 가장 큰 세력 중 하나가 여전히 기독교라 믿는 사람들이 적지 않기 때문이다.

IV. 팬데믹 이후 시대에 종교의 미래는 어떻게 예측되는가?

사람들은 이구동성으로 코로나 팬데믹이 종교의 쇠퇴를 가속화시킬 것이라 예측해 왔다. 코로나 확산을 막기 위한 비대면 예배가 기독교 쇠퇴의 원인이 될 수 있다고 말하는 것이 하나의 예다. 그러나 코로나 팬데믹과 종교의 쇠퇴가 반드시 필연적 인과관계로 묶여 있는 것은 물론 아니다. 오히려 오늘의 종교의 쇠퇴는 시대적 흐름과 밀접한 상관

관계에 있다고 보는 것이 더 정확한 분석이다.[1]

많은 사회학자는 노령 인구가 늘어나고 출산율이 저하되면 저절로 종교 인구가 줄어드는 경향이 있다고 말해왔다. 그런데 이런 경향은 세속화를 부추기면서 또다시 종교 쇠퇴의 원인으로 악순환된다는 것이 문제다. 여기서 말하는 세속화란 낙태, 이혼, 동성 결혼, 안락사 등의 문제를 놓고 이루어지는 비종교적 선택을 말한다. 이런 문제와 연관되어 나타나는 세속화의 현상과 그것이 빚어내는 사회적 갈등의 문제들이 처음엔 유럽과 북미 대륙에 국한해서 시작되었지만, 오늘날은 전 세계적인 현상이 되었다. 대한민국도 이런 전형적 사례 중의 한 국가가 되어가고 있음을 부인하기 어렵다.[2]

미래에는 시민들이 이런 문제들을 놓고 보다 세속적 성향을 띠게 될 텐데, 이때 종교의 지배력은 점차 더욱 상대화될 것이 틀림없다. 따라서 종교와 관련해 우리에게 부각되는 문제는 이것이다. 즉, 만일 이렇게 종교의 쇠퇴가 시대적 흐름과 관계 하에서 발생하는 것이 사실이라면, 종교의 미래에 대한 우리의 토론은 반드시 세속화를 가속시키는 대표적 시대정신이 무엇인지 분석하고, 이에 대해 보다 면밀히 점검할 필요가 있다는 것이다. 이는 우리로 하여금 이 시대의 대표적 문화적 흐름과 정신인 탈근대주의에 대한 심도 있는 토론을 요구한다.

V. 개인의 자유 문제와 코로나 팬데믹의 상관관계는 무엇인가?

현재는 백신 접종이 활발하게 진행되면서 많이 줄어들었지만, 코로나 팬데믹이 시작되었을 때 가장 많이 이슈화되었던 것은 마스크를 쓸 권리와 벗을 권리의 대립에 대한 것이었다. 이에 덧붙여 코로나 감염이 의심되는 자의 동선을 추적하는 과정에서 발생한 개인의 인권 보호 문제도 이슈로 떠올랐고, 또한 정부가 종교적 양심을 따라 자유롭게 모여 예배할 권리를 침해할 수 있는지의 문제도 도마에 올랐다. 한마디로 요약하면 개인의 자유가 공동체의 안정을 위협하며 갈등을 빚을 때, 그것이 어느 정도까지 허용될 수 있느냐의 문제가 대두되었다. 이는 이른바 국가와 종교의 관계 문제로도 나타났다.

기독교적 관점을 다루고 있는 상황을 고려할 때, 우선 고려해야 하는 문제가 있다. 즉, '개인의 자유'라는 개념에 관한 한 종교는 어차피 모호한 이중적 입장을 지닐 수밖에 없다는 것이다. 잘 알려져 있다시피, 우선 기독교는 인간의 자유 및 개인의 인권이라는 개념에 관한 한 항상 긍정적 평가를 받는 위치에 놓여 있었는데, 서구 역사에 그 개념들을 들여온 것이 바로 기독교라는 점에서도 그러하다. 인간이 그 어떤 신분과 처지에 있을지라도 신 앞에서만은 누구나 평등하다는 예수의 가르침은 개인의 인권과 자유를 보호할 수 있는 사상적 근거가 되었기 때문이다. 이렇게 기독교는 개인의 자유와 인권에 관한 한 항상 긍정적인 옹호자의 입장에 있어 왔다.

예배와 집회의 자유에 대한 것도 마찬가지다. 기독교를 비롯한 종교적 입장에서 볼 때, 집회를 열고 예배에 참석할 수 있는 권리는 헌법이 보장하는 종교의 자유의 연장으로서 기본권에 속한다고 보는 것이 당연하다. 따라서 코로나 팬데믹이 한창일 때 부각된 예배 참여 제한의 문제, 특히 대면 예배 참여를 제한하는 정부의 조치에 대해 한국과 미국에서 강한 저항이 있었던 것은 이런 배경에서 기인한다. 그러나 미국에서는 이 문제가 이미 국가의 승리로 정리된 바 있다. 종교의 자유가 아무리 기본권에 속한다 하더라도 국가를 재난에 빠뜨릴 수 있는 특수 상황의 경우엔 종교 행위가 부분적으로 제한될 수 있다는 유권해석이 있었기 때문이다. 한국에서도 종교의 자유와 관련해 엄연히 헌법이 보장하고 있는 사항인 것은 맞지만, 적지 않은 세속의 지성인들이 종교의 자유 문제에 관련해 코로나와 같은 특수한 상황에서는 종교의 자유가 제한되는 것이 마땅하기에, 이 기회에 헌법에 나와 있는 그 조항 자체가 다시 재정비되어야 한다는 의견이 제기된 경우도 있다. 즉, 헌법이 종교의 자유를 허락한다면 동일하게 비종교의 자유도 보장되어야 하며, 신앙을 가질 권리가 양심의 자유에 속한다면, 신앙을 거부할 권리도 양심의 자유에 속한다는 주장이 제기된 상황이다.[3]

이렇게 종교의 자유가 개인의 기본권이라는 생각이 옳다면 비종교의 자유도 같은 기본권에서 기인한다는 주장은 이 탈근대주의의 시대에는 종교의 자유 문제마저 종교인들이 생각하는 것처럼 그리 간단치 않다는 것을 의미한다. 그러나 우리는 종교적 자유와 개인의 기본권의 함수 관계의 문제에 관한 한 이보다 더욱 복잡한 또 다른 이슈가 연루되어 있음을 알아야 한다. 그것은 바로 오늘의 탈근대주의가 위계질서를 비롯한 모든 종류의 체제에 대해 매우 비판적이라는 점이다. 탈근대주의자들에 따르면 어떤 종류의 질서라도 개인의 권리를 억압하는 기제로 작용할 가능성이 있는 한, 비판의 대상이 되지 않을 수 없다고 보는데, 이는 오늘의 새로운 세대에게는 개인적 삶의 향유가 최고의 가치이기 때문이다.[4]

그러므로 코로나 팬데믹이 끝난 포스트 코로나 시대에도 개인적 자유의 문제에 관한 한 기독교를 비롯해 모든 종교는 많은 세속인에게 언제나 문제를 일으키는 대상으로 간주될 확률이 없지 않다고 할 것이다. 종교는 어차피 무질서보다는 질서의 옹호자로 기능할 수밖에 없는 태생적 특징을 갖기 때문이다. 인간의 모든 자유가 다원주의 및 상대주의의 빛에서 이해되면서 자유로운 선택의 자유를 최우선적 가치로 놓고 있는 탈근대주의 시대에 기독교 신학은 이런 가치관이 제기하는 문제들을 진지하게 다루지 않을 수 없는 새로운 과제를 떠안고 있다고 지적하지 않을 수 없다.

VI. 탈근대주의의 가치는 어떻게 기독교 신학과 충돌하게 되었는가?

현대인 중에서 탈근대주의의 가치가 무엇인지 모르는 사람은 거의 없을 것이다. 근대 정신의 주축 개념이었던 주체, 이성 등이 해체되었고, 그로 인해 상대주의, 다원주의 등이 중심 가치로 등장하였다는 것이 그것이다. 논객들은 탈근대주의의 이런 해체주의나 상대주의 그리고 다원주의적 가치들이 어떤 배경 하에서 생겨났는지에 대해서 다양한 분석을 시도해 왔다. 그중에서 가장 설득력 있는 가설은 이 모든 특징이 나타난 배경에는 '신의 죽음' 가설이 있다는 것이다. 그래서 언제나 탈근대주의는 철저히 세속적이라고 선언된다.

예를 들어, "나는 생각한다, 고로 존재한다는" 명제로 유명한 근대 철학의 선구자였던 데카르트만 하더라도 인간의 이성의 능력에 대한 강한 의심과 더불어 자신의 철학을 시작했다는 점에서는 탈근대주의에서 그리 멀지 않다. 하지만 데카르트는 인간이 모든 것을 의심할 수 있을지라도 자신의 생각하는 능력을 의심할 수는 없다는 결론 하에 여전히 인간의 이성을 모든 철학의 기초로 놓을 수 있었다. 하지만 데카르트가 이런 결론에 다다른 것은 어찌 보면 그저 '신의 존재'를 전제했기 때문이다. 즉, 이성이 존재한다는 것은 그런 이성을 담고 있는 어떤 것이 있어야만 가능하게 된다고 데카르트는 생각했는데, 이로 인해 데카르트는 자아를 상정하지 않을 수 없었다. 하지만 자아가 존재한다는 사실의 확실성은 인간의 경험 속에서는 결코 보장될 수 없는 것이었기에 그는 또다시 신을 상정하지 않을 수 없었다. 이렇게 데카르트에게는 이성과 자아의 확실성이 신의 존재에서 기인한다고 보게 된 것이다. 하지만 오늘의 현대인들은 신을 상정하지 않고서도 얼마든지 세상을 설명해 낼 수 있으며, 따라서 이렇게 신이 부재하는 세상에서 이성과 자아의 해체는 당연한 귀결이라 생각하게 된다.

신 없이 모든 것을 설명할 수 있다는 입장은 오늘날 자연주의에 의해 대변되는데, 자연주의에 따르면 오로지 존재하는 것은 자연뿐이며, 따라서 모든 설명 역시 자연과학에 의해서 설명될 수 있다고 한다. 이로써 외부의 신적 권위에 의존하는 태도는 철저히 비학문적인 태도로 여겨 비판된다. 물론 이렇게 신 중심적 사고가 약화된 배경에는 자연과학의 발달이 있음을 새삼 지적할 필요가 없겠다.

자연주의를 최고의 가치로 여기는 경향은 최근의 대부분 탈근대주의적 사조에서 나타나고 있는데, 탈근대주의가 철저히 세속적이라는 말은 바로 이런 의미에서다. 신의 존재에 의해서 성립되던 신학적이고 형이상학적인 합리성이 자연과학의 합리성에 의해서 대체된 것이 탈근대주의의 특징이기 때문이다. 하지만 탈근대주의의 세속성은 그저 여기서 머무르지 않는다. 탈근대주의의 대표적 특징으로 언급된 자연주의는 자연에서 목적론적 잔재를 지워버렸기 때문이다. 탈근대적 자연주의에 신이 사라진 탈근대 우주는 단지 맹목적인 우주일 뿐이다. 자연 그 스스로에는 그 어떤 목적도 없고 의미도 없다고 본다. 목적을 부여할 수 있는 유일한 존재인 신이 사라져버렸기 때문이다.

나아가 자연주의는 자연이 초월자의 개입 없이 그저 스스로 발생하고 성장한다고 본다. 이에 대한 가장 대표적인 주장이 진화론이라는 것은 모든 사람이 익히 아는 바이므로 여기서는 더 이상 길게 다루지 않겠다.

이제까지 우리는 어떤 배경에서 오늘의 탈근대주의적 세상이 철저하고 급진적인 의미에서 세속화되었는지에 대해서 간단히 살펴보았다. 여기서 우리는 탈근대주의의 또 다른 특징인 상대주의와 다원주의에 대해서도 더 이상 살펴볼 필요가 없게 되었다. 이미 뒤에서 간단하게나마 그것에 대해 토론하겠거니와 신이 부재하는 세상에서는 그 어떤 절대성과 유일성도 용인되지 않을 것이고, 그 결과 논리적으로 상대주의나 다원주의로 이어질 것이기 때문이다.

이런 점들을 고려한다면 탈근대주의가 만연한 오늘의 세속에서 종교의 쇠퇴를 점치는 것은 예측하기 어렵지 않다. 실제로 대부분의 지성적 현대인은 더 이상 종교나 신에 대해서 신뢰하지 않는 듯이 보인다. 이는 통계적인 수치로서도 나타나고 있는데, 2013년 영국에서 조사한 통계에 따르면 "삶에서 결정을 내릴 때 무엇이 가장 중요한 고려 사항인가?"라는 질문에 대해 영국인들은 자기 자신의 이유에 판단이라고 답한 이가 35%였으며, 자기가 속한 기관이라고 답한 이는 21%, 가족이라고 답한 이는 18%임에 반해, 신이라 답한 이는 단지 4%였고, 종교라고 답한 이도 4%였으며, 종교 지도자라고 답한 이는

0%였다.

말하자면 탈근대주의적 현대인들은 종교 없이도 스스로 선하게 살아갈 수 있으며, 심지어 행복할 수도 있다고 생각한다. 아니 조금 더 급진적으로 표현하면, 그들에겐 전통적 종교가 그들의 삶의 가치에 위배된다고 생각하며, 행복과 윤리에도 걸림돌이 된다고 생각하는 경향마저 보인다. 전통적 기독교의 가치였던 "당신의 삶을 주라"는 "당신의 삶을 즐겨라"로 바뀌고 있는 듯하다.[5]

최근의 코로나 팬데믹에서도 이런 탈근대주의적 현상은 도처에서 노출되고 있다. 그 어떤 종교이든 자신과 자신의 공동체에 실용적 가치를 지니는 한도 내에서만 가치와 의미를 지닐 수 있다는 것이 최근에 나타난 현상이다. 중국과 인도에서는 코로나가 유행할 때 무슬림을 표적으로 삼아 탄압했는데, 이는 대한민국에서 일부 기독교인들이 세속 시민들에 의해 비판받은 경우와 크게 다르지 않다. 사람들은 자신의 사회에서 발생한 문제들을 많은 경우 사회적 약자들에게 투사해 해소하려는 경향을 보이기 때문이다. 그리고 이는 종교의 영역에서만 나타나지 않는다. 최근의 코로나 팬데믹에서 미국과 일부 유럽에서 이민자나 소수자가 가장 큰 피해자가 되고 있는 것도 이런 배경에서 기인한다고 볼 수도 있다.

VII. 탈근대주의만으로 포스트 코로나 시대의 문제를 해결할 수 없는 이유는 무엇인가?

먼저 앞에서 이미 언급한 바, 탈근대주의의 대표적 가치인 실용적 개인 우선주의는 개인의 행복에 우선순위를 두는 삶의 유형이다. 탈근대주의적 젊은 세대들에겐 그저 현재의 삶을 즐기는 것이 최고선이다. 이른바 '욜로(yolo)족'은 "이생은 한 번뿐이다"(you only live once)를 외치면서 동시에 '운명애'(amor fati), 즉 "현재의 운명을 받아들면서 순간의 삶을 즐기라"고 부추긴다. 이것이 세속적인 삶을 살아가는 현대인들의 일반적 성향이다. 종교적 관점에서 볼 때 이는 내세적 삶에 대한 경시로 이어지면서 전통적 종교적 삶의 스타일에 대해 이의를 제기하게 된다.

여기서 잊지 말아야 할 것은 이런 개념을 추구하는 방식이 매우 실용주의적이라는 점이다. '실용주의적'이란 만족스러운 결과를 도출하기 위해서는 그 어떤 도구와 행위도 허락된다는 뜻이다. 여기서 행위가 펼쳐질 때 고민해야 하는 것은 원칙이나 법칙이 아니다. 그것이 중요한 것이 아니라 자신의 상황이 중요하다는 뜻이다. 따라서 이들에겐 '선'(good)을 위해 도덕적 법칙이 먼저 존재하는 것이 아니다. 그저 실용적 가치를 추구하기 위해 펼쳐지는 행동이 먼저 있는 것이고, 도덕 법칙조차 그런 행동들이 최고의 만족스러운 결과를 만들어 내기 위한 과정적 매뉴얼에 불과할 뿐이다. 따라서 실용적 결과를 위해서는 그 어떤 이념도 도구적으로 허락되고, 반대로 그런 결과를 방해하는 것은 모두 거부된다. 오늘날 선/악이라는 잣대로 하나의 행위를 평가하는 방식보다는 좋음/나쁨을 중심으로 평가하는 윤리가 성행하는 이유도 여기에 있다. 이렇게 탈근대주의는 도덕적 삶에 대해 전면적 재고를 요구하고 있는 것이다.

그러나 탈근대주의적 가치 중 가장 문제가 되는 것은 이미 언급된 바, 역시 상대주의와 다원주의이다. 이는 인류가 그동안 직면해 왔던 여러 난제를 해결하는 순기능을 지니는 면이 없지 않지만, 동시에 치명적 약점을 노출하기도 하는데, 여기서는 순기능에 대해서는 지면상 단지 짧게 살펴보기로 하자.

많은 사람이 꼽는 탈근대주의의 특징은 그것의 핵심 가치로서의 상대주의와 다원주의가 전통적인 위계질서의 붕괴를 촉진시켰다는 것이다. 물론 이는 장점으로 평가될 수도 있고 약점으로 평가될 수도 있다. 위계질서가 붕괴될 때, 사람들은 자신의 세계를 평등의 관점에서 보게 되는데, 이런 관점이 강조되는 사회에서는 사람들이 집단적인 회의를 하더라도 주로 창조적 결과를 도출하기 위해 애쓰게 된다. 그 결과 일방적 상명하복의 방식보다는 평등한 사람들이 격의 없이 벌이는 민주적 토론 방식을 선호하게 되는데, 이는 보다 효율적 결과를 낳는다는 것이 사실로 입증되었다. 그러나 인간의 사회가 언제나 야만적인 무질서에 노출되는 위험성을 지닌다는 점을 감안한다면, 적절한 형태의 위계질서는 오히려 장점으로 작용할 수도 있을 것이다. 장점이 되든지 단점이 되든지, 이 역시 종교적으로는 심각한 도전이 되지 않을 수 없는데, 종교는 언제나 인류에게 질서의 수호를 위해 가장 적합한 제도로 여겨져 왔기 때문이다.

상대주의와 다원주의가 이렇게 장점을 지니지 않는 것은 아니지만, 하나의 가장 치명적 약점은 그것이 오늘날의 신자유주의적 자본주의 체제와 만날 때 일어난다. 이는 시간을 많이 요하는 주제이기에 여기서는 간단히 코로나 팬데믹의 상황과 연계시켜 분석해 보기로 하자.

이미 앞에서도 지적되었지만, 신자유주의적인 자본주의 체제의 특징 중의 하나는 국가 간의 경계가 존재하지 않는다는 것이다. 각국의 정부와 국민은 이미 전 세계가 하나의 그물망으로 밀접하게 연결되어 있으며, 이에 동참하지 않는 국가는 그 체제에서 소외되고 정치 경제적으로 점점 도태될 뿐이라는 점이다. 실제적으로 이는 지구촌의 모든 공동체에 통용될 수밖에 없는 필연적 원칙처럼 간주되고, 심지어 강요되고 있는 것이 현실이다. 하지만 코로나 팬데믹의 상황 하에서 이는 많은 부작용을 낳았던 것이 사실이다. 글로벌 자본주의에서 작동하는 무한경쟁 위주의 체제는 코로나 대유행이 시작되자마자 국경의 봉쇄는 물론이고, 자국의 영토 중심의 정책을 펼쳐나갔다. 국가 간의 정치 경제적 시스템이 글로벌 공동체라는 이념보다는 자국의 영토와 체제 중심의 시스템으로 재편되어 가는 현상을 목도하게 되었던 것이다. 나라와 나라가 서로 경쟁의 대상이고, 심지어 적대로 존재하는 상황 하에서 신자유주의가 토해내는 문제들이 무엇인지, 그 민낯이 고스란히 드러나게 된 것이다. 한마디로 탈근대주의적 가치가 강조하는 개체자 위주의 사유가 공동체 위주의 사유를 다시 압도하게 된 것이다. 이런 공동체적 사고의 위기는 단지 국가 간의 문제로만 그치지 않는다. 이미 앞에서 지적된 대로, 코로나의 위기의 원인을 약자로서의 소수자들에 대해 투사한 후 그것을 기화로 약자를 박해하는 현상이 바로 그것이기 때문이다.

따라서 여기서 우리는 탈근대주의적 가치로서의 상대주의와 다원주의만으로는 결코 앞으로 도래할 포스트 코로나 시대의 문제들을 헤쳐 나가기에 역부족이라는 지적을 하지 않을 수 없다. 물론 탈근대주의 내에 여러 형태의 대안들이 다양하게 제안되고 있는 것은 사실이다. 그 중 대표적인 것이 칸트 철학적 해결책으로서 이른바 '윤리적 의무주의'이다. 개인의 주체적 의지가 사회와 공동체의 보편적 요구에 맞아떨어지도록 활동하라고 말하는 칸트의 주장은 공동체적 사유와 행위의 진작을 위해 윤리적 법칙의 수행을 의무적 행위로 만들도록 교육하자는 취지로 읽을 수 있다. 이는 매우 오래된 주장이지만 여전히 인기를 끌고 있기도 하다. 예를 들어, 한때 우리나라에서 공전의 베스트셀러가 되었던 『정의란 무엇인가』의 저자인 마이클 샌델도 이를 하나의 옵션으로 부분적으로나마 긍정하고 있다. 그러나 강요와 강제 자체를 싫어하고 자발성에 기초한 행위를 선호하면서 실용적 자기 선택을 추구하는 현대인들이 이를 택하는 것은 쉽지 않은 일이다.

또 다른 대안으로 제시되고 있는 것은 최근 가장 인기를 끌고 있는 것은 들뢰즈가 내세우는 '차이생성의 철학'(philosophy of differentiation)이다. 니체에게서 태동되고, 데리다를 비롯한 프랑스 탈구조주의 운동의 영향 하에서 발전된 차이생성의 철학은 동일화, 균등화 등을 촉진하는 모든 체제와 시스템에 반대하는 대신, 개체자들이 만들어 내는 차이를 우선시하는 철학을 강조해 왔다. 이런 차이생성의 철학에 난점이 없는 것은 아니지만, 당분간 이 철학에 바탕을 둔 여러 철학과 운동이 21세기 사회와 문화에 지배적 담론이 될 것은 틀림없는 듯 보인다. 필자는 그것이 지닌 장·단점에 대해 토론하는 것은 마지막 절에서 다루도록 한다. 여기서는 단지 다음의 사항만 지적하자.

비록 차이생성의 철학 운동이 현대인들에게 매우 매력적인 대안으로 간주되는 것이 사실이지만, 그것이 하나의 주류 사상적 담론으로 정착되고 실천되는 상황에까지 이르려면 매우 많은 시간을 필요로 한다는 것을 지적하지 않을 수 없다. 즉, 프랑스를 비롯한 유럽의 선진 민주 국가처럼 발전된 형태의 개인주의가 정착된 사회에서는 차이생성의 철학에 입각한 운동과 정책들이 반영되고 수행되는 것이 쉽지는 않아도 꽤 앞당겨질 수 있다고 본다. 그러나 아직 개인주의적 가치가 철저히 뿌리내리지 못한 동아시아 국가는 물론, 북미 대륙에서조차 이는 매우 많은 시간을 요하는 작업이라 할 것이다. 따라서 현재로서는 오늘의 글로벌 체제가 품고 있는 문제를 해결하는 데 있어 차이생성의 철학이 반드시 모두에게 최선의 방식으로 간주되지는 않을 것이다.

여기서 필자는 새로운 형태의 공산주의를 대안으로 내세우는 슬라보에 지젝의 주장과 또 다른 형태의 유적 진리 공정을 내세우며 충실성의 주체 철학을 대안으로 내세우는 알랭 바디우의 주장을 소개할 자리가 없다. 그러나 이들에게 매력을 느끼는 오늘의 젊은이들이 있다는 것은 옛 세대들에겐 놀라운 일로 받아들일 만하다. 특히 필자는 바디우의 접근 방식은 보다 적극적으로 고려될 만한 이상적 대안의 하나라고 생각한다. 비록 그가 유물론적이고 무신론적인 방식의 철학을 제공하고 있기에 우리의 토론에는 적합하지 않지만, 앞으로 많은 사람이 고려해볼 만한 참신한 생각을 지니고 있다고 보이는 면도 적지 않다.[6]

정리해 보자. 여러 대안이 있지만 탈근대주의적 가치로서의 해체주의, 상대주의 그리고 다원주의의 문제는 장점과 더불어 적지 않은 한계점도 보인다. 특히 탈근대주의의 대표적 가치인 실용적 자기 우선주의는 소수자를 대우하는 공동체와 관련된 이슈를 다루는 데 있어 여전한 난점을 지닌다. 여기서 최근 하나의 대안으로 인기를 끄는 것은 보다 세련화된 차이생성의 철학이지만, 그것을 인류가 의식화하고 적용하는 것에는 적지 않은 시간을 요할 것이다. 특히 들뢰즈류의 것은 너무 비종교적이기에 여전히 도덕 중심의 윤리적 삶을 중시하는 많은 이들에게 아직은 적용이 쉽지 않아 보인다. 따라서 여기서 우리는 상대주의와 다원주의의 문제를 해결하고, 나아가 개체 중심적인 자유의 개념을 보완할 공동체 중심의 사유를 추구하는 데 있어 보다 적합한 대안을 찾아내야 하는 것이다.

VIII. 코로나 팬데믹 이후 시대를 대비하기 위한 기독교 신학의 과제는 무엇인가?

팬데믹 이후 시대에 과연 기독교는 대안이 될 수 있는가? 있다면 어떻게 그것이 가능할까?

충분히 예상되다시피 세속의 비기독교인들은 대부분 기독교가 팬데믹 이후 시대에 일어날 문제를 해결하는 데 있어 하나의 대안이 될 수 있다고 믿지 않으려 한다. 한마디로 이에 매우 부정적이기조차 하다. 도대체 그들은 왜 그런 입장을 취하게 되었는가?

이유는 그리 어렵지 않게 발견된다. 본래 예수께서 시작한 기독교는 매우 혁신적이고 심지어 혁명적이었지만 현재의 기독교는 대체적으로 보수적이라 생각하기 때문이다. 기독교는 혁신과 개혁의 편을 들기보다는 언제나 현상의 질서를 재가하는 세력으로 간주되고 있다고 그들은 믿는다.

당장 기독교가 현상의 질서의 지배자인 자본주의 체제를 혁신하는 데 있어 진정한 변혁의 도구였는가 하는 문제를 놓고 세속의 평가자들은 이에 매우 부정적이다. 물론 이런 평가가 공정한 것은 아니다. 본래 기독교가 시도하는 개혁은 그 어떤 종류의 것이든 눈에 띄는 급진적이고 혁명적 개혁보다는 점진적이고 간접적인 점진적인 방식을 택해온 경향이 많기 때문이다. 그러나 아무리 이런 점을 감안한다 하더라도 기독교 보수주의에 대한 세속인들의 일반적인 평가는 전체적으로 매우 부정적인데, 그 이유는 오늘의 자본주의 권력과 맞서는 데 있어서 기독교는 일차적으로 역기능의 기제로 작동하고 있다고 평가하기 때문이다. 그렇다면 이런 평가에 대해 과연 기독교는 어떻게 반응할 수 있을까?

어제나 오늘이나 자본주의가 일으키는 부정적인 것을 변혁하는 데 있어 가장 큰 과제는 여전히 민중의 예속적 주체 의식이다. 자본주의의 문제를 다룰 때 이 개념을 이슈화해서 유명해진 학자들이 바로 들뢰즈와 과타리이거니와 그들에 따르면 민중들은 자본주의와 같은 강한 권력 체제가 무소불위의 힘으로 그들을 억압하는 것을 어렴풋이나마 알고 있으면서도 그것에서 벗어나려고 노력하기보다는 오히려 그것에 예속되기를 즐긴다는 것이다. 이것이 이른바 '예속 주체화' 이론이다. 들뢰즈와 과타리가 말하는 예속 주체화에 대해서 여기서 자세하게 설명할 지면을 갖고 있지 않기에, 여기서는 단지 그들의 이론이 기독교를 비롯한 대부분의 집단 안에서 예속 주체화가 작동하고 있다고 어떻게 분석하는지 살펴보도록 하자.

코로나 팬데믹이 한창 창궐할 때, 일부의 일부 보수적 기독교인들이 예배를 드린다는 명목하에 광화문에서 정치성이 짙은 집회를 개최한 적이 있다. 이들은 코로나에 팬데믹에 맞서서 사투를 벌이고 있는 당국에 협조하기보다는 오히려 마찰을 빚으면서 구설수에 올랐던 것이다. 이들을 보면서 어떤 이들은 이전의 소위 '태극기부대'로 대변되는 세력의 주축에 친미 보수적 기독교인들이 있다고 생각했던 그들의 믿음이 틀리지 않았다는 것을 재확인했다고 말한다. 보수적 기독교 집단에 대한 이런 평가가 옳건 그르건, 많은 세속의 지성인들은 대부분의 기독교인이 들뢰즈와 과타리가 말하는 바, 예속 주체화를 승인하는 데 있어서 여타 집단과 별로 다르지 않다고 믿는다. 왜냐하면 예속 주체화란 스스로를 약자라고 생각되는 소수자적 계급이 하나의 집단을 형성해 그것에 스스로를 예속시킨 후 그 집단의 호위 아래 다른 약자에게 일종의 갑질을 행하는 것인데, 기독교의 분파로 오해할 만한 이른바 '태극기부대'가 바로 그런 식이지 않느냐는 것이다. 여기서 이른바 '태극기부대'가 참으로 보수적 기독교와 필연적 연관 관계에 있는지의 여부나 나아가 그것이 기독교를 대표하는지의 문제를 따지는 것에는 여러 의견이 있을 수 있으므로 논외로 하자. 그러나 오해이든 아니든 기독교가 이런 비판을 듣고 있는 상황에서 기존 형태의 기독교가 과연 포스트 코로나 시대의 문제를 해결할 주축이 될 수 있을지의 문제는 강한 의문으로 남는다는 평가를 받을 수 있다.

여기서 과제는 분명해졌다. 기독교는 스스로를 새롭게 이해하고 혁신해 나가기 위해 무엇보다도 예속 주체화에서 벗어날 동력을 얻는 캠페인을 벌여야 한다. 나아가 탈근대주의가 보인 문제점에 대해 보완할 대안을 제공하는 것이 곁들여져야 한다. 특히 자본주의의 전횡과 관련해 현재의 권력 장치들이 저지르는 잘못들을 겹겹이 가리는 장치가 없는지 종교인의 이름으로 파헤치는 것이 중요하다. 나는 이하에서 이런 문제들에 대처할 잠정적 대안으로서 자연주의적 유신론을 제시하려 한다.

IX. 어떤 형태의 유신론이 미래 기독교의 이상적 대안이 될 수 있는가?

종교적 입장에서 본 탈근대주의의 문제는 무엇이었는가? 그리고 탈근대주의의 문제는 어디서 해답을 찾을 수 있을까? 탈근대주의의 문제는 다양하지만 여기서 나는 그것에 대한 하나의 답을 종교적 관점에서 지적해 보겠다. 우선 여기서 다루어질 연관된 문제는 다양하지만, 그 모든 문제는 초월자의 부재에서 기인한다는 것을 지적하면서 시작해야 한다고 생각한다.

초월자 부재의 문제와 연관해 다룰 첫째 문제는 탈근대주의적 개인이 어떻게 무한경쟁의 시대에 실용적 개인주의를 따라서 공동체의 이익을 도모하게 만들 수 있을까 하는 것이다. 다시 말해서 모든 실용적 개인주의가 그렇지만 하나의 사회에서 도덕과 윤리가 가능하도록 만들기 위해서는 구성원들이 공동체가 정한 원칙과 법칙을 지키도록 서로 계약해야 한다는 것이다. 문제는 이 계약을 어떻게 지키도록 만들 것이냐는 것이다. 세속의 사회계약설이 주장하는 바에 따르면 우리가 약속을 지켜야만 하는 이유는 우리 모두가 사회적으로 계약을 했기 때문이라는 것이지만, 진짜 문제는 그런 계약은 언제나 암묵적으로 이루어지기에 누구도 지키려 하지 않는다는 것이다. 실은 이것이 바로 서구철학이 빠진 난관의 하나다. 근대 사상이든 탈근대 사상이든 이 문제, 즉 서로 스스로의 이익만을 추구하는 각각의 개인들이 어떻게 공동체위주의 삶을 살아갈 수 있을지, 그런 약속을 지킬 수 있을지의 문제에 대해서만은 동일하게 궁지에 몰려 있다. 이런 문제의 해결을 위해서는 초월자의 상정이 적극 고려될 만하다는 것이 필자의 주장이다.

둘째 문제는 삶의 의미를 확보하는 문제이다. 탈근대주의 사상가들은 비록 초월이 부재한 상황에서도 인간은 얼마든지 자신의 세상에서 의미를 발견하면서 살아갈 수 있다고 주장한다. 물론 이는 얼마든지 가능한 시나리오이지만, 그렇다고 그것이 허무주의를 막는 데 있어서 최고의 효과를 지닌다고 말할 수는 없다. 오히려 논리적으로 볼 때 허무주의를 용인하도록 되어 있다는 것이 옳다. 초월 부재의 탈근대주의는 어떻게 허무주의를 용인하게 되는 결과를 초래하게 되는가?

탈근대주의자들을 비롯한 비유신론적 세계관을 택하는 이들에게 있어서 삶의 의미는 우연에 입각한다. 다시 말해서 "삶에는 의미가 있어야 하는가?"라는 질문에 대해 그들은 "그렇다"라고 분명히 답한다. 인간의 삶은 의미가 있을 때 삶의 열정에 입각한 진보가 가능하기 때문이다. 그러나 "삶에는 의미가 있는가?"라고 물으면, 그들은 이 질문에는 답이 없다고 솔직히 고백한다.[7] 그들은 인간이라는 존재는 그저 우연히 이 우주에 그중에서도 지구에 던져진 것이며, 우리의 삶은 우리의 동의 없이 시작되었다는 점을 강조한다. 따라서 우리가 우리의 생명의 주인인 것이 아니고, 오히려 생명이 우리의 주인이라고 주장한다. 그들에 따르면 "우리의 목숨과 생명이 갑이고 우리는 을이라서 생명이 우리의 존재를 좌우하고 따라서 의미는 있을 수 없다."[8] 이런 이유에서 의미의 부여자는 우리 자신이 되어야 한다고 그들은 말한다.

그러나 여기서 우리는 이런 반문을 제기할 만하다. 왜 의미를 부여하는 자가 반드시 우리 자신이어야 하는가? 나아가 다음도 가능하다. 즉, 우리는 의미가 아니라 무의미를 부여해도 그만 아닌가? 물론 의미를 부여하는 것을 통해 우리의 삶이 풍요로워지고 더욱 우리의 삶이 진보할 수도 있기 때문이라 말할 수 있지만, 반드시 그렇게 할 이유가 없는 상태에서는 우리가 허무주의를 택해도 논리적으로 막을 근거가 없다는 것이다.

이런 이유로 인해 우리는 다른 선택지를 고를 수도 있다는 것이 필자의 생각이다. 즉, 우리의 삶에 의미를 부여하는 것을 우리 스스로가

하기보다는 초월자를 상정해 그와 연관되어 결단하는 선택지가 그것인데, 이런 방법은 두 가지 장점을 갖는다. 하나는 인간이 자신의 삶의 목적과 의미를 발견할 수도 있지만, 그것을 인간이 스스로 발견하기보다는 초월자가 부여하는 목적에 맞추어 발견할 수 있다. 그리고 이런 방법은 오히려 인간에게 삶의 의미를 더욱 확실하게 부여할 수 있게 될 것이다. 왜냐하면 인간이 초월자인 신에게 최종 목적을 둔다면 그가 추구하는 목적은 이상적인 것이 될 것이므로 그때 인간의 삶은 보다 나은 형태의 진보로 유인될 수 있기 때문이다.[9] 스스로 선택지를 택하는 것은 역시 인간이 선택하는 것이라 유한할 것이고, 특히 어떤 목표와 목적이 이상적일지의 문제를 놓고 인류가 서로 다투면서 합의에 이르지 못할 경우엔 아무런 성과 없이 그저 다툼만 계속될 뿐이다. 이때 많은 경우 최고 권력자와 그들의 주변 세력이 최종 선택지를 독점하게 될 확률이 높다는 것도 문제다. 따라서 이를 막기 위해서는 인간의 선택지를 넘어서는 보다 보편적이고 초월적인 선택지가 요구되는데, 우리는 이를 신에게 있다고 상정할 수 있는 것이다.

X. 차이생성의 철학과 기독교 신학은 어떻게 상호 긍정적인 대화에 나설 수 있을까?

위에서 여러 차례 언급한 바대로, 오늘날의 세속 지성계를 지배하는 것은 차이생성의 철학이다. 영미와 일부 유럽 그리고 일본과 한국의 세속 지성인 중 적지 않은 세력들이 들뢰즈류의 차이생성의 철학에 경도되고 있으며 이를 통해 자신들의 문화를 형성해 가고 있다. 그들은 차이생성의 철학에 대한 의식화가 이루어지는 순간, 전통적으로 인류가 직면했던 모든 문제가 단숨에 해결될 수 있다고 믿는 듯하다. 그렇기에 이들은 자신의 생각을 사회와 문화 전반에 이식시키고 확산시키기 위해 매우 전투적으로 활동을 벌이고 있다.

필자의 생각에 앞으로의 인문학은 그것이 어떤 종류가 되든 차이생성의 철학의 문턱을 넘지 못하는 한 세속 지성인들에게 무관심의 대상으로 남을 수도 있다고 보며, 이로 인해 세속인들의 토론의 장에서 소외될 수도 있다고 보인다. 따라서 차이생성의 철학의 주장에 대해서 이해하고 그들과 대화하면서 새로운 형태의 신학을 정립해 나가는 것은 오늘의 신학도에게 부여된 매우 시급하고 중요한 과제 중의 하나라 아니할 수 없다. 차이생성의 철학의 특징은 매우 다양하지만 여기서 필자는 이제까지 토론한 것 이외에 위계질서, 주체, 소수자 등의 문제와 연관된 특징들에 한정해 설명해 보겠다.

이제껏 살펴본 대로, 탈근대주의가 남긴 문제는 초월의 해체 혹은 초월자의 상대화라고 필자는 지적했다. 필자의 관점에서 보면, 초월이 해체되는 순간 다른 모든 것도 해체되거나 상대화되었다. 예를 들면 초월자가 해체되면서 위계질서도 해체되었는데, 이는 그동안 위계질서든 혹은 다른 종류의 질서든 그것의 근거가 초월자였기 때문이다.

그러나 초월자는 그렇게 해체되어서는 안 되는 대상이며, 이는 새로운 미래가 도래해도 마찬가지라는 것이 필자의 생각이다. 따라서 초월자를 무조건 해체하는 것으로 오늘의 문제를 해결할 수 있는 것은 아니며 초월자의 상정과 더불어 해결책을 찾아야 하는 것도 하나의 방법이 될 수 있다. 전통적인 초월자의 개념으로는 한계가 있기에 새로운 아이디어가 필요하다. 그러나 이 문제를 다루는 것은 복잡하다. 그러므로 이에 대해 약간의 논의를 시도하는 것에 만족하자.

먼저 초월자에도 다양한 존재가 있다는 것을 우리는 인식해야 한다. 초월자엔 신도 있지만 이념도 있다. 따라서 먼저 오늘날 '어떤' 초월자가 해체되었는지의 문제를 다루는 것이 선행되어야 논의를 쉽게 만들 수 있다. 말하자면 신이든 이념이든 그것이 해체되었다면 구체적으로 어떤 신, 어떤 이념이 해체되었는지의 문제가 먼저 밝혀져야 한다. 그러나 신으로서의 초월자의 경우 문제는 분명하다. 즉, 신의 경우 그것이 어떤 종류의 초월자이든 신은 반드시 내재적 초월자가 아니면 오늘날 무가치한 것으로 여겨진다는 것이다. 여기서 내재적 초월이라 함은 세계나 자연 혹은 인간과 상관없이 스스로 독립하는 초월자가 아닌 존재를 말한다. 이런 내재적 초월자만이 오늘날 승인된다는 점이 적극 고려되어야 한다.

그런데 내재적 초월의 개념은 이미 기독교의 역사에서 심도 있게 논의를 거쳐 매우 오래 세공된 교리 중의 하나다. 말하자면 기독교야말로 신이 가장 내재적임을 표방한 대표적 종교다. 성육신과 삼위일체의 교리가 그것을 입증하기 때문이다. 인간이 되신 하나님처럼 '내재적인 초월자'는 없다고 볼 수 있기 때문이다. 따라서 기독교는 이 문제에 관한 한 탈근대주의의 비판의 표적이 될 필요가 없다.[10] 그러므로 미래의 기독교 신학은 이를 더욱 강조하고 발전시키면 될 것이다.

문제는 오히려 위계질서에 대한 것이다. 차이생성의 철학자 들뢰즈에 따르면 모든 질서, 모든 실체, 모든 주체는 배치의 산물이다. 예를 들면 주인과 노예는 어떻게 배치되느냐에 따라서 달라진다. 만약 전쟁을 거칠 경우, 주인이 하루아침에 노예가 될 수도 있고, 반대로 노예가 주인이 될 수도 있다. 상하관계라는 위계질서는 어떻게 배치되느냐의 문제라는 것이지 본래부터 신에 의해서 주어진 것이 아니라는 말이다. 위계질서는 신의 존재 여부와 상관없이 언제나 변화 과정 속에 잠정적으로 배치됨에 의해 성립되는 바, 늘 가변적인 것이다.

이렇게 위계질서의 문제는 우리가 다루기에 간단한 문제는 아니다. 먼저 위계질서는 반드시 그것의 해체나 상대화가 미덕인 것만도 아니라는 것이 지적되어야 한다. 위계질서를 통해 인간사회가 안정을 확보하는 것은 불변의 사실이기 때문이다. 그럼에도 불구하고 그동안 위계질서와 더불어 생겨난 문제들이 너무 많았기에 우리는 그것을 우선 해체-중심적으로 사유해 나가야 한다는 것도 맞다. 실은 기독교도 위계질서의 부정적인 면을 알았기에 예수께서 2,000년 전에 먼저 그 문제를 이슈화했고, 하나님 앞에서 모든 이들의 평등권을 주장하면서 해체적 사유를 태동시킨 바 있는 것 아니겠는가?[11]

전통적 개념으로서의 '주체' 역시 문제이긴 마찬가지다. 차이생성의 철학에 따르면 주체는 여러 타자의 종합에 불과하다. 주체는 본래부터 주어져 있는 것이 아니다. 주체는 탄생하는 것이다. 달걀이라는 하나의 수정란에서 닭이 나오는 것은 이미 결정되어 있는 것이지만, 어떤 개체의 닭이 나오느냐 하는 문제는 전혀 결정되어 있지 않다. 종(種)은 이미 결정이 되어 있을지 모르나 개체는 결정되어 있지 않다. 검은 닭이 나올 수도 있고 큰 닭이 나올 수도 있으며, 알을 두 개 낳는 닭이 나올 수도 있고 전혀 못 낳는 것이 나올 수도 있기 때문이다.

차이생성의 철학에 따르면 게다가 주체는 스스로 탄생한다는 점이 강조되어야 한다. 수정란에서 온전한 닭이 나오는 것은 수많은 진화 과정에서 원자 합성 ⇒ 분자합성 ⇒ 세포 분열 ⇒ 티슈의 합성 ⇒ 기관의 발생 ⇒ 신체의 발성 등의 과정을 거치는데, 여기서 그 어떤 외부의 초월자도 작용하지 않는 듯이 보이기는 한다. 모두 스스로의 잠재력과 창조력에 의해서 자신을 만들어간다는 것처럼 나타나기 때문이다. 그렇다면 이는 매우 비종교적으로 들리기에 기독교 신학과 충돌할 수 있다. 플라톤과 아리스토텔레스의 영향 하에서 전통 기독교는 오랫동안 불변의 주체, 예정과 결정에 의한 주체를 말해왔기 때문이다.

그러나 주체의 문제에 관한 한, 기독교가 항상 탈근대주의자들의 비판의 표적이 될 필요는 없다. 예를 들어 예수의 가르침은 모든 주체가 타자와의 관계 하에서 자신을 정립한다고 강조했기 때문이다. 또한 기독교는 주체가 타자와의 관계 속에서 형성됨을 강조하는 종교이지만, 동시에 주체의 독특성과 그것이 만드는 선택적 자유에 대해서도 중시하는 입장을 견지하고 있기도 하다. 그러므로 기독교 신학도는 타자의 영향력과 주체 스스로의 결정력을 조화시키는 균형적 시각을 강조하는 것을 통해 차이생성의 철학과 생산적 대화를 나눌 수 있을 것이다.

여전히 남는 문제는 성서가 기술하는 주체론은 자연과학이 발달하기 이전에 형성된 것이므로 어떤 면에서 볼 때 주체의 자연적 자기 발생에 대한 정교한 설명이 부재하다는 것이다. 따라서 이는 차이생성의 철학과 만나면서 신학도들에 의해서 더욱 세공되어 나가야 할 분야라 할 것이다.

마지막으로 다룰 문제는 소수자 문제이다. 차이생성의 철학은 모든 존재자가 기존의 질서에 존재하는 차별과 차이에 맞서 스스로 새로운 차이를 생산해 나갈 수 있다는 것을 주장함으로써 소수자들의 권익 신장에 앞장서고 있다. 하지만 잘 알려져 있다시피 소수자 권리의 강조는 기독교가 가장 잘 다룰 수 있는 주제이기도 하다. 서구의 인문학의 역사를 볼 때, 그것이 어떤 것이든 모든 종류의 소수자론은 기독교의 소수자론에 시대적으로 빚지고 있다고 보아도 과언이 아니다. 바로 이 문제를 부각시킨 장본인이 예수 그리스도였기 때문이다. 따라서 이 문제에 관한 한 들뢰즈류의 차이생성의 철학과 대화함에 있어 기독교는 오히려 매우 생산적인 결과를 도출해 낼 수 있을 것이다.

마지막으로 남은 것은 역시 내재적 초월자와 전통적 의미의 초월자를 어떻게 조화시킬 수 있느냐의 문제다. 지면의 한계를 감안해 이 문제는 나오는 말에서 부분적으로 다루는 것으로 대신하기로 하겠다.

여기서 필자가 잠정적 결론으로서 지적하고 싶은 것은 아무리 차이생성의 철학이 전통 인문학 및 기독교 신학과 매우 이질적인 내용으로 가득 차 있어서 그것들 사이에 상호 대화와 소통이 어려울 뿐만 아니라, 그로 인해 세속과 종교의 간격이 매우 크게 벌어지고 있는 것이 사실이라 할지라도 몇 가지 사항에서는 기본적인 공통점이 있기에 다소간의 노력이 동반되면 대화가 전혀 불가능한 것만은 아니라는 점이다. 이 점에 대해서는 결론에서 요약해 보겠다.

XI. 나오는 말: 자연주의적 유신론을 지향하여

우리는 이제까지 주로 코로나 이후 시대를 조명하면서 탈근대의 연장선상에서 조명했으며, 그것도 기독교 신학의 관점에서 논구했다. 이제까지 우리가 논의한 것을 정리해 볼 때, 우리가 논의한 모든 문제의 핵심에는 초월자 문제가 연관되어 있음을 확인했다. 즉, 포스트 코로나 시대가 직면할 문제를 해결함에 있어 탈근대주의적 대안이 한계를 지니는 이유 역시 그것이 초월자의 부재를 과도하게 강조할 때 생겨났다고 지적했다. 따라서 필자는 하나의 미래적 대안이 보다 온전한 형태의 세계관으로서 인정을 받기 위해서는 그것이 반드시 자연주의의 길을 택할 필요는 없다고 말하면서 하나의 선택지로서 새로운 유신론을 암시했다.

그러나 모든 유신론이 대안이 될 수 있는 것은 아니다. 탈근대주의가 바람직한 시대정신으로 내세우는 여러 조건을 감안해 볼 때, 전통적인 형태의 유신론은 미래의 대안을 제공하는 데 있어 어려움을 겪을 수밖에 없다. 그러므로 미래의 이상적 유신론은 우선 탈근대주의자들이 말하는 조건들, 특히 그들의 자연주의와 부드럽게 조화될 수 있어야 한다. 필자는 이런 의미에서 스피노자식의 범신론보다는 과정신학의 범재신론을 선호하는 편이다. 전자는 너무 과격한 자연주의에 가깝기에 오늘의 일반적 유신론자들이 호응할 수 없는 한계를 지니기 때문이다. 이에 반해 범재신론이 말하는 자연주의적 유신론은 내재적 자연과 초월적 신이 어떻게 상호작용해 문명을 창조해가며, 그 과정에서 인간의 주체적 역할이 어떻게 작용할 수 있을지를 잘 분석해 낸다.

이렇게 본다면 자연주의적 유신론은 또한 생태 기독교가 지닌 장점을 고스란히 보존하고 있기에 더욱 추천될 만하다. 말하자면 이런 유신론은 자기 발생적인 자연을 강조하는 일종의 내재적 자연주의를 택하면서도, 동시에 인간의 변혁의 힘과 더불어 그런 변혁적 동기를 유인하는 목적의 제공자로서 신을 말하기 때문이다. 이를 통해 우리가 말한바 이상적인 형태의 자연-인간-신의 조화를 주장하는 생태 기독교 신학을 말할 수 있게 된다.[12]

하나의 유신론으로서의 자연주의적 유신론은 이른바, 예속 주체화의 문제도 해결할 수 있다고 본다. 범재신론에 따르면 어떤 사안에 대해 결정할 때 인간은 자신의 자유로운 의지를 따르게 되어 있는데, 이때조차 그는 반드시 신이 부여하는 목적을 고려하게 되어 있다. 왜냐하면 신의 목적은 언제나 인간이 생각하는 목적보다 이상적일 수밖에 없기 때문이다. 이런 이유로 인간은 가장 이상적인 목적으로서의 신의 목적 이외에 그 밖에 있는 것들에 대해서는 철저히 상대화시킬 수 있게 된다. 이런 결과 많은 경우 인간은 신적 가치와 비교되는 세속의 모든 가치를 넘어설 수 있게 된다. 신자유주의적 자본주의라는 괴물에 예속되는 것에서 벗어날 수 있는 주체적 인간을 생산할 수 있는 근거가 바로 여기에 있다. 자본주의의 지배력이 아무리 강하더라도 인간은 언제든 신이 제공하는 최선의 가치를 고려할 수 있으며, 이때 인간은 자본주의의 예속을 넘어설 수 있는 동기를 얻게 된다.

더구나 여기서 신은 비록 자신이 품고 있는 목적이 자본주의가 추구하는 것보다 더 상위에 있다는 사실을 알고 있지만, 그것을 인간에게 강요하지는 않는다고 기술되는데, 바로 이를 통해 범재신론은 다시 한번 하나의 바람직한 유신론을 말할 수 있게 된다. 여기서 자연주의적 유신론은 신과의 관계 하에서조차 인간이 여전히 스스로 자유하게 될 수 있음을 말하는 근거를 제공하고 있기 때문이다. 즉, 신은 인간에게 자신의 가치를 설득하기는 해도 강제하지는 않는 분이다.[13]

그렇다면 자연주의적 유신론은 앞에서 탈근대주의의 문제점의 하나로 지적된 개인의 자유와 공동체 위주의 삶이 만나면서 상호 빚어내는 갈등의 문제에 대해서도 하나의 답을 제공할 수 있다. 비록 신은 스스로가 생각하는 공공의 선 중에서 최고의 것을 알고 있지만, 그는 언제나 신 자신의 것이 인간 스스로가 지향하는 사적 목적과 비교되도록 열어 놓는다. 만일 인간이 신이 제시하는 최고선으로서의 목적에 대해 온전하게 파악하기를 원하고, 그로 인해 이웃과 더불어 소통하며 합의를 도출해 간다면, 이때 인류가 추구하는 공동체의 선은 더욱 이상적인 방향으로 전개될 수 있을 것이다. 자신의 자유로운 선택과 공동체의 목적을 부드럽게 조화시킬 수 있는 결과를 도출할 수 있을 것이기 때문이다.

여기까지 우리는 하나의 자연주의적 유신론이 어떻게 미래의 대안적 신학이 될 수 있는지 보았다. 그러나 솔직히 문제는 그리 간단하지 않다. 왜냐하면 일부의 세속 지성인들에게 범신론은 물론 이런 식의 범재신론의 자연주의마저도 최근에 발전된 차이생성의 철학을 취급하기에는 너무 전통적으로 보인다고 지적할 것이 예상되기 때문이다. 차이생성의 철학자들은 아직 기독교가 자신들의 철학을 수용하거나 의식화하기 힘들다고 보면서 전혀 상호적 대화의 테이블에 등장하지 않으려 할 것이다. 물론 그럼에도 불구하고 차이생성의 철학과 기독교의 대화는 계속되어야 할 필요가 있다. 그리고 이를 위해서는 먼저 기독교 신학도가 차이생성의 철학을 진지하게 이해해 보려는 시도가 전개되어야 한다. 이런 사안에 관심하지 않는 동안에도 차이생성의 철학은 많은 세속의 지성인들을 포섭하고 있는 것이 최근의 한국적 상황인데, 이것이 심화되면 미래의 한국 기독교는 선교에서 더욱 곤란한 상황에 빠질 수도 있다.

특히 들뢰즈와 가타리의 철학으로 대변되는 차이생성의 철학은 유물론적이면서도 물질적 환원주의를 비판하는 자연주의 철학을 택하고 있는데, 이는 하나의 바람직한 생태학적 접근 방법이기에 현대인에게 매력적으로 비치고 있다. 또한 그들은 인간 중심주의를 탈피하는 생태학적 입장을 말하면서도 동시에 인간이 주체적으로 지구촌의 온갖 문제를 변혁해 나갈 수 있음을 강조하기도 한다. 특히 유목적 삶에 근거한 탈주 그리고 탈영토화라는 개념 등을 강조함으로 자본주의의 독점적 지배력에서 벗어나려는 운동을 독려하고 있으며, 이를 통해 소수자들의 권익을 대변하는 데 있어 적지 않은 성공을 거두고 있다. 그러면서도 그들의 최종적 목표는 초월자 없는 내재적 삶을 추천하는 비종교적 특징을 보이는데, 이것 역시 기독교 신학에는 하나의 큰 도전이 되고 있는 것으로 보인다.

이렇게 차이생성의 철학이 일으키는 도전은 전통적인 플라톤-아리스토텔레스의 영향 하에서 교육받은 근대적 기독교인들로서는 맞상대하기 쉽지 않다. 하지만 그 철학이 불러온 바람의 영향력은 일부 유럽과 일부 영미에서 그리고 동아시아의 일본과 한국에서 많은 지성인을 매료시키면서 빠른 속도로 확산되어 가고 있기에 기독교와 그들의 주장을 주목하지 않을 수 없으며, 그들과의 대화도 필수적 사항이 되어 가고 있다.

한마디로 정리해 보자. 코로나 이후 시대란 당분간 탈근대시대의 부분적 연장이 되겠지만 동시에 AI 시대의 도래와도 겹칠 것이므로 그 시대는 인류가 오늘날까지 견지하던 모든 가치가 변화되는 때가 될 것이다. 이런 이유로 미래의 인문학은 오늘의 신학도에게 철저한 자기 변혁을 주문하고 있다. 신학도가 주문받고 있는 새로운 자기 변혁은 그동안 상대주의나 다원주의 그리고 무신론을 마주하면서 요구받았던 변혁과는 전적으로 다른 강도의 것이 될 수 있음이 분명하다. 따라서 기독교 신학이 미래에도 인류에게 매력을 끌 수 있는 하나의 이상적 담론으로 남기 원한다면, 비록 어렵더라도 차이생성의 철학을 비롯한 새로운 철학들과 꾸준히 대화해야만 하는 과제를 걸머지고 있는 셈이다.

코로나 팬데믹 이후 종교와 교육
— 한국 信學과 仁學의 관점에서

이은선

세종대학교 명예교수, 한국信연구소 소장

I. 시작하는 말: 코로나 팬데믹과 인류 근대 문명의 '경제 제일주의'

오늘 우리가 범인류적으로 겪고 있는 코로나 팬데믹은 2019년 12월 중국 후베이성의 대도시 우한에서 첫 증상이 나타나기 시작했다. 이후 2020년 1월 7일 중국의 의료 전문가들이 '신종 코로나바이러스'로 부르기 시작해서 WHO에 의해서 공식적으로 코로나-19(COVID-19)가 된 후, 1월에 첫 사망자가 보고된 지 무려 4개월 만에 전 세계 200여 개국으로 퍼져나갔다. 2021년 인류는 그로 인해 정신을 차릴 수 없었고, 그 후에도 한동안 그 기세가 꺾이지 않아 그동안 발 빠른 대처로 여러

* 이 글은 본래 2021년 한국종교교육학회 봄 학술대회 기조 강연을 위해 쓴 것이었고, 「종교교육학연구」 2021년 7월호, 97-113에 실린 것을 다시 수정 보완하였습니다.

종류의 백신이 개발되었지만, 아직도 미국이나 인도, 브라질과 이란, 이라크 등, 전 세계 감염자가 1억 4천만 명이 넘었다. 사망자도 3백만이 넘었으나 여전히 하루 확진자 수가 수십만을 헤아린다. 그래서 이번 코로나 팬데믹은 1918년 2년 동안 5억 명이 감염되어서 1천만 명 이상의 인명피해를 낸 '스페인 독감'과 비교되기도 하고, 사회 경제적 손실과 인류 문명에 미친 영향으로 1929년의 경제 대공황이나, 아니 그보다 더 거시적인 안목에서 "신생대를 넘어 생태대로 출애굽하는" 시간으로 묘사되기도 한다.

오늘 많은 사람이 인정하듯이 이번의 코로나 팬데믹은 비록 그 발생이 중국 우한에서 이루어진 것이라 해도 어느 한 지역이나 나라의 문제가 아니다. 그것은 전 세계의 문제이고, 단순히 자연적 재난이 아니라 '사회적 재난'이기도 하다는 것이다.[1] 특히 근대 이후 전 세계를 석권한 서구 자본주의와 시장 만능주의, 1970년대 이후의 신자유주의적 경제 제일주의와 밀접히 연결되어서 그 비인간성과 물질주의적 탐욕, 빈익빈 부익부의 지독한 악마적 고리는 더는 인간적 세상 치리로는 어찌해 볼 수 없는 지경까지 이르렀다는 것을 밝혀준다. 그리하여 이번 코로나 바이러스가 '시장 바이러스'라는 말이 나오고, 여기서 참으로 예상 밖으로 가장 심한 타격을 받는 나라 중의 하나인 미국 국민 중에서도 특히 의료보험도 없이 시간당 임금을 받는 2,300만 명의 생계 급여자들이 철저히 시장화된 의료 체계 속에서 얼마나 큰 위험에 노출되어 있는가가 잘 드러났다. 이러한 맥락에서 "실제로 신종 코로나바이러스에 대한 최상의 보호책은 자본주의로부터 스스로 벗어나는 능력이다"라는 지적까지 나오게 되었다.[2]

이렇게 이번 팬데믹의 기습으로 인류는 지금까지 소위 세계 선진국으로 자처해온 나라들이 속절없이 무너지는 모습을 보았다. 특히 19세기 이후로 서세동점의 기세 아래 서구 '자유 민주주의' 국가가 이끌어온 세계 자본주의 경제체제가 어떻게 뼛속까지 곪아 있는지를 알았다. 그것은 제2차 세계대전 이후 칼 폴라니가 선구적으로 지적한 대로 사회와 경제가 완전히 '분리되어서'(disembedded) 국가와 정치가 오로지 경제적 이익을 위해서 봉사하고, 그렇지만 거기서 완전히 돈의 노예가 된 초국적 자본주의가 그것을 선도적으로 이끌어온 나라들 국민조차 구하지 못하고, 오직 소수 자본가만을 배 불리게 했다는 사실을 말해준다. 올봄까지 세계 최고의 희생자를 낸 미국의 사망자 수는 60만 명에 육박하고, 프랑스나 영국, 독일 등 서유럽 나라들이 그 뒤를 잇고 있으며, 이것으로써 지금까지 근대 이후의 인류 문명을 논할 때—이 '근대'라는 것도 서구 중심의 역사 해석 틀이지만— '동양 대 서양'이라는 단순한 틀과 특히 거기서의 '비대칭적' 평가 속에서 중국을 비롯한 비서구를 논해온 것이 얼마나 한계가 있는가가 드러났다.

트럼프 전 대통령은 코로나바이러스를 끝까지 '우한' 내지는 '중국 바이러스'라고 칭했으며, 한국의 보수 정치와 특히 기독교 종교 그룹에서도 이것을 따랐다. 그 여파로 현재 미국 등지에서 아시아 포비아 내지는 황백 인종 갈등이 심각한데, 그렇게 단순한 '동양 대 서양', '중국 대 미국'의 이분법적 사고는 누구에게도 득이 되지 않는다는 사실이 드러나고 있지만, 현재 서구에서 진행되는 '탈중국화' 논의나 미국과 중국을 대척점으로 한 '신냉전' 시대의 도래는 점점 현실화되어 가고 있다.[3]

II. 코로나 팬데믹과 아시아적 종교의 귀환

예전 아시아 네 마리의 용이라고 불리던 한국, 타이완, 홍콩 등 유교 문명권 나라들의 코로나 팬데믹 선방이 주목받고 있다. 그래서 유교 문명의 긍정성이 다시 이야기되기도 하지만, 이것을 애써 외면하려는 시도도 적지 않다. 물론 이번 바이러스 발원지가 중국인 것이 거의 확실하고, 초기 대응에서 국가주의 힘으로 사실을 감추고 축소하려는 시도가 있었으며, 또한 그러한 일을 하는 오늘의 중국이 과연 여전히 유교 국가냐 하는 물음도 있다. 그렇지만 한국이나 대만 등의 선방을 오로지 촛불 혁명을 일으킬 정도의 서구 민주주의 발달 이유 등으로만 설명할 수는 없다고 본다. 거기에는 자신이 병에 걸리는 것보다 그로 인해서 다른 사람이 병에 걸리는 것이 더 신경 쓰인다는 유교적 공공성 관념, 팬데믹 창궐의 최전방에서 온갖 개인적 희생을 무릅쓰고 사회적, 직업적 책임을 다하기 위해서 힘을 기울인 수많은 의료 관계자들과 주변 동역자들의 공적 의식 그리고 이러한 상황 앞에서 세계 어느 곳에서보다도 잘 작동된 국가와 질병관리본부 등의 사회적 공권력의 '권위'가 있었고, 여기에 더해서 부정적인 의미로 많이 언급되기도 하지만 '디지털 생명 정치'가 공동체 구성원들의 높은 디지털 정보력과 문해력을 바탕으로 큰 역할을 했다는 것을 부인할 수 없다.

오늘 코로나 팬데믹 상황은 지금까지 한 공동체를 주도적으로 이끌어왔던 기성의 가치체계가 문제를 일으키고 더는 잘 작동하지 못할 때 사람들은 거기서 떠나고 다른 대안을 찾아 나서는 것을 보여준다. 이것을 우리 종교적 삶에 적용해 보았을 때 지금까지 우리 지구적 삶을 이끌어왔던 기성 종교에 대해서 다시 생각해 보아야 함을 말해준다.

서구 기독교의 어거스틴은 일찍이 "내가 나의 하느님을 사랑한다고 말할 때 나는 진정 무엇을 사랑하는 것인가?"라는 질문을 던지면서 자신이 진정 '최고'와 '최선', 삶의 목적과 토대를 무엇으로 삼고 있는지를 끊임없이 검토해야 한다고 촉구했다.[4] 바로 오늘 우리 시대에 이러한 질문이 다시 물어져야 하고, 여기서 기존의 대답이 오늘과 같은 전 지구적 생태계의 교란, 코로나 팬데믹을 몰고 왔다면 그 새로운 대안을 모색해야 한다는 것이다.

오늘 이러한 우리의 모색을 코로나 팬데믹 상황에서 병리학적인 언어로 말해보면, 그것은 바로 우리 삶을 위한 새로운 '면역체계'를 세우는 일일 것이고, 종교교육학회의 학술 자리도 그와 같은 탐색을 위한 자리라고 생각한다. 그런데 모두 주지하다시피 오늘 지구 생태계 삶을 불러오는 데 주도적인 역할을 해온 종교적 사고는 서구 유대·기독교의 그것이었다. 특히 서구 기독교적 사고는 근대 인류 과학 문명의 도래를 위해서 지대한 역할을 했고, 여기서 세계는 철저히 인간 사고의 무생명적 대상이 되면서 인간 중심적으로 분석되고 범주화되며 오늘의 과학 문명이 일어났다. 그에 더해서 그 분석의 칼날은 인간 스스로에게도 향해져서 거기서 인간은 주로 겉으로 드러난 신체로부터 파악되었고, 조금 더 나아가서 지적 사고와 의식 체계로 여겨졌지만, 그 이상의 어떤 정신적이고 영적인 '초월적 차원'과 연결하여 이해되는 일은 거의 거두어졌다. 철저한 세속화와 탈종교화를 말한다.

19세기 말 한국 민중은 이러한 서구 기독교를 주로 그 선교사들을 통해서 만났지만, 여기서 그들은 그 이전 어떤 다른 종교체계를 통해서보다도 더욱 직접적이고 보편적으로 초월자의 '인격성'을 경험할 수 있었고, 그와 더불어 자신의 인격적 주체성에 대한 자각과 함께 훨씬 더 강력한 윤리적 실천력을 발휘할 수 있었다. 그러나 오늘 다시 21세기 한국 현실에서 기독인들의 신앙 행태를 살펴보면, 그들은 자신들이 서구로부터 전해 받은 신앙 체계의 신 · 인(神人) 분리와 성 · 속(聖俗)의 분리를 과도하게 배타적으로 적용하면서 이 세상에서의 실제적인 삶은 한없이 물질주의적으로 살면서도 영적으로는 자신들만의 저세상을 독점적으로 확보하려는 심한 영 · 육 분리주의의 이중성을 가지게 되었다. 이번 코로나 팬데믹 상황에서 잘 드러났듯이 공동체 전체의 위기 상황에서도 자신들만의 대면 예배를 고수하고, 누구나 받아들이는 안전 수칙을 제대로 지키지 않고, 극단적인 보수성을 보이면서 구원과 복음의 선포자가 아니라 오히려 한국 사회의 부담과 적폐의 대상이 되는 것은 아닌가 하는 염려를 불러일으킨다.

19세기 말 이후 한국 사회를 널리 주도해온 기독교적 성 · 속 분리주의는 이 세상을 쉽게 물질화하고 대상화했으며, 급기야 인간 이해에서도 그것을 적용하여 모든 문화와 노동 현장, 특히 교육 현장을 바꾸어나갔다. 예전 교육부를 '교육인적자원부'라고 칭하기도 했고, 오늘 명맥을 유지하는 '교육학'이라는 학문 분야에서도 제일 성업을 이루는 분야가 '교육공학'이며, 인간의 '정신'과 '마음'(心理) 이해도 철저히 뇌 연구나 심리치료 등으로 환원되면서 자연과학화하고 있다. 또한 오늘의 노동 현장에서 인간의 몸은 정규직과 비정규직의 이분화 속에서 비정규직의 경우는 몸의 생리를 위한 단 몇 분의 시간조차도 카운트 당하며 착취되고 있다. 이 글은 이 현실에 대한 가장 절실한 대항마는 바로 다시 '초월'(the transcendence)과 '거룩'(the sacred)을 이 세상과 연결하고, 그 초월을 인간 마음과 몸과 여기 이곳에서 찾는 일이라고 생각한다. 그것을 통하여 세계와 생명이 더 이상 어떤 죽어있는 '대상'(物)이 아니라 살아있는 '易'이고, '관계'(relatedness)이며, 그것도 매우 중첩적인 의미에서 수많은 층과 장소와 움직임이 연결되는 '신비'(mysterium)라는 것을 자각하는 일을 말한다. 그 관계망의 신비는 인간의 감각으로 모두 파악할 수 없지만, '기적'(miracle)과 '역설', '이율배반'이나 '신적 동시성'이지만, 예를 들어 기독교 전통을 넘어 불교와 대화하는 한 인지과학자가 그것을 '텅 빈 자아'(the void Self)로 표현하거나, 또는 우리 논리적 분석만으로 도달할 수 없는 상위 수준의 이해를 요청하는 '살아가고 있는 주체'(living Subjectivity)라고 이름 지었다면 그 이름이 훨씬 더 의미를 준다는 뜻에서이다.[5]

III. '정신'(靈, spirit)과 '인격적 신비'로서의 인간 이해와 '한국 신학(信學)'

이렇게 오늘 팬데믹 상황에서 근대 기독교적 세계관과 신관을 넘어 동양적 내재 신관으로 눈을 돌리는 이유는 거기서의 세계 인식이 이상과 같은 생명의 역동성과 자기 창조성, 만물을 관계로 보면서 보이지 않는 영역에 대해서 더욱 크게 마음을 여는 가능성이 있다고 보이기 때문이다. '무극이태극'(無極而太極)이나 '리일분수'(理一分殊), '리기묘합'(理氣妙合) 등으로 표현되고, '불연기연'(不然其然)과 '물물천'(物物天, 물건마다 하늘)과 '사사천'(事事天, 일마다 하늘)을 말하며, '인중천지일'(人中天地一, 인간에서 천지가 하나 됨)을 밝히고, 단순한 심장이나 뇌가 아니라 '심뇌'(心惱)를 강조하는 등의 모든 언술이 바로 그러한 표현들이라고 생각한다.[6] 조선의 성리학자 퇴계 선생이 말년에 당시의 젊은 신세대학자 기대승과 대화하면서 기(氣)의 존재에 대해서 더욱 주목하게 되었지만, 동시에 理(하늘)의 역동성과 창발성, 구체적인 인격적 만남에 대한 나름의 성찰과 체현으로 '성즉리'(性卽理)를 넘어서 '천즉리'(天卽理)를 말하고, 그 리가 스스로 다가온다는 '리도설'(理到說)을 밝히고자 한 것도 모두 유사한 추구하고 본다.[7]

서구에서도 20세기 니콜라이 A. 베르다예프와 같은 러시아 사상가가 근대 이후 서구 신 이해와 인간 이해가 과도한 관념적 일원론(헤겔이나 피히테 등)이나 그 반대로 과학주의적 자연론이나 유물론에 빠질 위험성을 보고서 그것을 새롭게 하고자 했다. 그는 기독교적 이원론을 포기하지 않으면서도 그러나 그것이 하나의 존재론적 실체론으로 굳어지는 것을 넘어서서 다시 인간 '정신'과 '인격'의 초월적이고 신적인 차원을 회복하고자 했다. 그러한 자신 입장을 '정신적 인격주의'(spiritual personalism)로 명명하는데, 그것은 신과 인간, 성(聖)과 속(俗), 초월과 내재의 경직된 이원론을 넘어서면서도 결코 그 이원적 긴장성을 놓치지 않고서 인간 정신과 인격의 높은 초월적 차원을 강조한 것이다. 그에 따르면 인간의 '인격'(personlity)은 단순히 자연이나 사회의 산물이 아닌 세계에 들어온 신적 '돌입이며 침노'이다. 그것은 무한히 개방되어 있어서 무한으로 들어가기도 하고, 반대로 자신 속에 무한히 들어오는 것을 허용하기도 하면서 우주가 오히려 인격의 일부이지 그 반대가 아닌 '정신'(靈, the spirit)이라는 것이다.[8] 그렇게 '영'(靈)과 '정신'(精神, spirit), 또는 '자유'로서의 인격은 동아시아적 언어로 하면 그 안에 '몸'(身)과 '혼'(魂), '정신'(靈)의 세 차원을 모두 포괄하면서, 그러므로 인간 존재에 대해서 몸이 가지는 권위도 온전히 인정하기 때문에 일상의 '빵' 문제도 바로 '정신'의 문제가 되는 것을 밝히는 정신적 초월성을

강조하는 입장이다.[9]

그는 그러한 인격의 핵심은 '자유'(freedom)라고 선언한다. 그러나 결코 그 자유는 특히 오늘 21세기 우리 공동체 삶에서 가장 심각한 인간 정신병으로 만연해 있는 이기주의적 자아 중심주의가 아니다. 그러한 자아주의는 자기밖에는 관심이 없지만 사실은 한없이 세계의 시선에 좌우되고, 그러면서도 그 세계와 진정으로 만나지 못하는 '세계 소외'이고, 퇴계 선생의 언술로는 이 세상의 모든 것을 자기 마음대로 자기화해서 재단하는 '인물위기지병'(認物爲己之病)이다. 즉, 진정한 자기가 없고 세상에 대해서는 닫혀 있는 상황이다. 이에 반해서 자유로운 인격의 정신은 세상을 향해 열려 있다. 세상에 대한 사랑(amor mundi)과 책임으로 세상과 타자가 자신 속에 무한히 들어오는 것을 허용하면서 그 관계와 역동성 속에서 서로 사랑하고 배려하고, 책임을 지면서 '용서'와 '약속'하는 힘이고, 또한 새로 시작할 수 있는 정신의 창조적 힘을 말한다.[10] 참된 '창조성'이고, 역동적인 판단력이며, 상전이나 노예가 아닌 한 자유로운 인격으로서 노동할 수 있고, 인내하며 무엇이 옳고 그른가를 판단하고 행위 하면서 지금 여기의 감각에는 잘 드러나지 않는 '다른 것'을 상상할 수 있고, '영원'(eternity)을 그리며 그래서 앞으로의 시간과 이 세상의 지속에 대해서도 이 사람에게 기댈 수 있는 그런 '신뢰와 믿음의 그루터기' 같은 사람인 것이다.[11]

오늘 우리의 교육은 이러한 정신적 자유인에 대해서는 거의 관심이 없다. 온통 돈 버는 기계와 노동하는 육체에만 관심하고, 인간의 마음조차도 단지 자연과 사회의 산물로만 여긴다. 그리하여 그러한 학교 교육 옆에 온갖 자기 계발 교육과 치료가 성행하고 있지만, 그러한 돈벌이 방식의 교육은 '거룩'과 '숭고'의 관점에서 인간 마음과 본성, 인격의 자유에 대해서 생각하지 않는다. 앞의 베르댜예프는 20세기 초의 유럽 인지학자 루돌프 슈타이너가 근대 유럽의 산업 자본주의적 인간교육에 대해서 반기를 들고서 '신지학'(神智學) 또는 '인지학'(人智學)의 '정신과학적' 교육을 밝힌 것조차 인간을 너무 자연으로 환원시키는 자연주의이고, 반인격주의라고 비판했다.[12] 하지만 슈타이너도 유사한 위기의식 속에서 '몸'(精/身)과 '혼'(命/氣)과 '영'(性/心)을 모두 포괄하는 '자유의 교육'을 주창한 것이다. 그의 염려대로 오늘 교육은 철저히 탈종교화되고 탈정신화되어서 참된 정신과 실존적 자유에로의 통합교육은 멀찌감치 사라져버렸고, 단지 '이류 로봇'이나 '아류 AI'를 기르는 기계주의적 죽은 교육만이 남아있는 염려스러운 현실이다.

그런데 본인이 보기에 이러한 인간 정신적 정황은 이제 여기서 추구되는 초월의 이름을 무엇으로 하느냐의 전통 신학적(神學的) 물음이 아니다. 그것을 넘어서 더 근본적으로 도대체 우리 인간 삶에서 여전히 그러한 추구가 가능한지, 그것이 의미가 있다고 생각하는지, 또는 여기 지금의 눈에 보이지 않는 것을 넘어서 그 이상과 뜻과 방향이 있어서 그 추구를 진정 의미 있다고 여기는지의 물음과 관계되는 우리 정신의 더 깊은 '인지'와 '인식'의 문제라는 것이다. 즉, 기독교 전통 언어로 말해보면, 더는 신학(神學)과 신과 하느님에 대한 말(God-Talk)이 관건이 아니라 이제 인간 '믿음'(信)의 가능성, 즉 신뢰와 서로가 서로를 관계시킬 수 있는 사이와 이음의 능력이 남아있느냐는 문제로 보는 것을 말하는데, 본인은 이것을 우리 시대는 '신학'(神學, theology)이 아니라 그 믿음의 가능성이 탐구되는 '신학'(信學, fideology)이 관건이 되었다는 말로 표현하였다.[13] 또한 이러한 질문은 그대로 우리 교육에서의 물음이 되어서 여기에서 '신학'(信學), '믿음의 학'은 다른 말로 하면 '통합학문으로서의 한국 종교교육학', 또는 '한국 교육인지학'등으로 이해할 수 있다고 여기는데, 과연 그 모습이 어떤지의 탐색이 팬데믹 이후 한국 교육학적 탐구의 주제가 되어야 할 것이라고 본다. 본 연구도 이에 대한 답을 찾고자 하는데, 하지만 이것은 예를 들어 오늘 독일 포스트휴머니스트 페터 슬로터다이크(Peter Sloterdijk)가 지금까지 서구 기독교 전통에서의 모든 영적이고, 윤리적이며, 문화적인 추구들을 일종의 '면역체계' 형성의 일로 보면서 오늘 인간 시기를 '기술적 동물'(animal technologicum) 시기로 파악하며 '인간공학'(Antropotechnik)으로서의 자기 수행과 자기 수련 방법론으로서의 인간교육론을 제시하려는 것과는 달라야 한다는 것을 우선 말하고자 한다.[14]

IV. 종교와 교육의 관계: 페터 슬로터다이크의 '인간공학'의 예

아직 오늘과 같은 코로나 팬데믹을 겪지 않은 2009년에 출간되었지만, 슬로터다이크는 자신의 책 『너는 너의 삶을 바꿔야 한다』에서 인간을 무엇보다도 '호모 이무놀로기쿠스'(homo immunologicus), 즉 '면역학적 인간'이라고 규정한다. 그러면서 "모든 역사는 면역체계의 투쟁사다"라는 선언과 함께 지금까지 인류 역사를 자신의 생명을 지속시키고 연장하며 발전시키기 위한 면역체계 구성과 단계화의 역사로 밝힌다. 거기에는 단순한 생물학적 면역체계 말고도 정치, 경제, 문화, 교육 등, 그가 가장 집중해서 추적하기로는 특히 철학뿐 아니라 종교의 역사까지도 바로 좀 더 최적화되고 진보된('수직적 상승의 긴장') 정신적, 사회

문화적 면역체계를 얻기 위한 인간 투쟁사라 보고 있다. 그에 따르면 인간이 '호모 파베르'(homo faber, 도구적 인간)나 '호모 렐리기오수스'(종교적 인간, homo religiosus)를 넘어서 19세기에는 '생산'(Produktion)하는 자의 특징을 띠었고, 20세기에는 '성찰성(Reflexivitaet)'의 특징을 띠었다면, 21세기로부터 미래에는 '수련'(Exerzitium)이라는 표지 아래 나타날 것이다.[15] 아닌 게 아니라 그도 지적했듯이, 1900년 무렵부터 쿠베르탱(1863~1937)이 그리스 올림픽 경기의 전통을 살리고 새로운 올림픽의 스포츠 숭배가 시작된 이후로 오늘 인간 문화에서 한국 사회에서도 마찬가지로 스포츠는 가장 강력한 '숭배 종교'(Kultreligion)가 된 것 같다.[16] '인간공학'이란 여기서 자기 자신에 대한 관계 형성이자 자기 자신의 변형을 위한 '자기 수련'(askesis)의 방식들을 말하는 것이며, 특히 그는 20세기 이후의 폭발적인 스포츠 숭배에 대해서 '자기 수련의 재-신체화' 내지는 '탈영성화'를 말한다. 이것은 '현세에서 육신의 부활'을 키워드로 가지고 있던 19세기 유럽 철학 운동 '청년 헤겔주의의 가장 명시적인 실현'이었다고 밝힌다.[17]

그런 슬로터다이크도 궁극적으로는 '초월적인 면역성', 또는 '절대적 면역성'에 대해서 말한다.[18] 그것은 "불가능하므로 확실하다"라는 서구 기독교 초기의 언표가 지시하는 대로 인간공학의 면역학적 인간학 추구도 결국 신의 문제와 몸의 죽음 물음과 다시 대면하기 때문인데, 그러나 여기서 슬로터다이크는 바울을 "안절부절못하는 간질병자"라고 폄하하면서[19] 고대나 중세 기독교적 '자기 포기'의 금욕적 수행 틀을 벗어나서 고대 그리스와 로마 시대에서 세상과 맞설 수 있는 '자기 형성'으로서의 자기 수련 정신에 천착한다. 그러한 계보의 선구자 니체나 미셸 푸코를 특히 따르면서 그는 철저히 자기 수련의 세속화와 영성의 비공식화를 통해서 밝히기를 이제 기술적 동물 존재로서의 인간은 "기술을 가지고 기적을 반복하라는 요구"가 만인에게 제기된 시대에 들어섰다고 선언한다.[20] 즉, 인간 삶은 예전에는 소수의 귀족이나 수도원의 금욕하는 종교인들, 학벌이 높은 지식인들이 중심이 되어 사회 면역체계들을 확장해 왔으나, 그래서 그것의 생산에 참여한 사람들만이 특권을 가지고 지배자와 권위가 될 수 있었지만, 이제는 만인이 '자기 수련'과 '자기 수행'의 인간공학을 통해서 스스로 면역체계의 창조자가 될 수 있고, 또한 그렇게 되어야 한다는 것이다. 본인은 이것을 매우 급진적인 '성(聖)의 평범화'와 강력한 세속화의 선언으로 본다.[21]

이제 마지막으로 슬로터다이크는 이미 『책임의 원리』의 저자 한스 요나스도 지적한 대로 오늘날 "너는 너의 삶을 바꾸어야 한다!"라고 말할 수 있는 '유일한 권위'로 '전 지구적 위기'가 남아있기 때문에 "이 영적으로 전복된 혁명은 불가능한 것을 만인에게 요구"하는 시대에 각자의 개인적인 개별 면역을 '공-면역'(Ko-Innunitaet)으로 확장시켜야 한다고 제안한다.[22] 즉, 오늘 이러한 모든 개별 면역의 추구도 포함해서 인간 삶 자체가 자리하는 지구 존재 자체가 크게 위기에 빠졌으므로 인간공학은 '공(公) 면역', 또는 오늘 팬데믹 상황에서 우리가 자주 듣는 '집단 면역'으로 나아가는 계기를 마련해야 한다는 것이다. 하지만 그가 책을 쓸 당시에는 아직 몰랐던 2021년 코로나 팬데믹 현실을 겪으면서 우리는 그러한 공 면역의 일이 그렇게 간단하지 않음을 알고 있다. 어떻게 보면 가장 단순한 처방이기도 한 인간공학 방식으로서의 이 면역 접종 일에서도 오늘 지구상에서 가장 부자 나라인 미국이나 유럽은 가난한 나라들을 위해서 그것을 나누려 하지 않고, 오히려 강한 자국 중심주의나 민족주의적 갈등, 인종주의가 심화하고 있다. 또한 각 개인 차원에서 보더라도 오늘 코로나 팬데믹 상황이 단순히 물리적으로 면역 접종을 받는 일에 그치지 않는 것을 본다. 오히려 그보다 훨씬 더 근원적인 물음으로서 근본적으로는 다시 '믿음'과 '신뢰'의 물음이라는 것, 거기에는 자신(의 면역체계)에 대한 믿음과 그것을 지속적으로 유지하고 관리할 수 있겠는가의 일이 있고, 공적으로 범사회적 면역체계 형성을 주도하는 공적 권위에 대한 신뢰 등의 물음이 있다. 그리고 그러한 여러 차원의 중층적 믿음과 신뢰 물음과 함께 다시 지금까지의 나와는 '다른' 타자와 어떻게 선한 '사이'를 만들어서 지금 여기의 '노말'을 넘어서 '뉴노멀'로 상승시킬 수 있는가 하는 몸적, 감정적, 정신적 능력 등과 관계되는 다차원의 일이라는 것을 깨닫게 되는 것을 말한다.

사실 슬로터다이크도 "인간은 불가능한 것을 지향할 때만 나아갈 뿐이다"라는 말도 했고, "사실 윤리는 숭고의 경험에만 기초 될 수 있다"라는 언술도 했다.[23] 이것은 그의 인간공학적 추구가 가지고 있는 '수직적 긴장'이 내포하는 내면적 갈등이라고 보는데, 본 연구자는 그 '숭고'와 '불가능한 것', '초월'의 경험이 그가 그렇게 탈종교를 외치며 모든 종교를 일종의 세속적 수행과 훈련으로 환원하며 유물론적으로 생각하고 기획하는 것처럼 우리 '신체'를 통해서만, 또는 오직 지금 현실의 개인적인 '나 자신'에게만 달린 것이 아니라는 것을 우선 말하고자 한다. 그렇게 21세기 기계적 '인간공학'을 통해서 이루려는 그의 개인주의적이고 자연주의적인 시도는 많은 한계를 가진다. 본인은 그보다는 훨씬 더 다차원적이고 역동적이며 정신적이고, '과거'라는 토대 그리고 그 과거의 시공으로부터 우리에게 전해지는 전승과의 만남이 여전히 중요하다고 보는 입장이다. 그래서 그가 이제 버릴 것으로 치부한 '인격'이라는 개념, '자유', '실존', '믿음', '관계' 등의 언어를 중시하고, 한편으로 본인의 '한국 신학'(信學, fideology) 방식이 그의 인간공학처럼 탈형이상학적으로 여기 지금의 몸적 기반과 자연적, 사회적 기반을 중시하지만, 그러나 그의 인간공학적 방식은 자칫하면 또 다른 물질주의적 환원으로 전체주의적 폭력을 불러올 수 있다. 그와 같은 초월의 과도한 자연주의적 환원을 경계하는 입장을 말한다.[24]

앞에서 밝힌 대로 슈타이너 '자유발도르프학교' 정신도 일종의 자연주의적 범신론이라고 비판받지만 그럼에도 그 슈타이너의 말을 더 들어보면, 그는 세계 제1차 세계대전의 끔찍함을 경험한 후 이후 삶에 대한 모든 희망을 잃고서 심각한 정신적 공황 속에 빠진 인류 문명과 특히 청년 세대를 위한 교육학 강의(『젊은이들이여 앎을 삶이 되도록 일깨우라 — 인류 발달에 관한 정신과학적 연구 결과』)에서 당시의 시대를 "인간이 인간을 잃어버린" 시대로 적시하면서 앞으로 인류가 미래로 나아가기 위해서는 "신뢰에 방향을 맞추는 교육학"이 긴요하다고 강조했다.[25] 그는 "우리를 싸늘하게 만들지 않고 신뢰로 가득 채우는 인간 인식"이 바로 "미래 교육학의 핵심"이라고 밝힌다. 그리고 그것이야말로 "타인에게 영적으로 다가가려는 욕구가 더 이상 없고", 모두 자기 자신에게만 관심이 있는 "사람들 모두 서로 스쳐 지나가는" 심한 단절과 차가운 개인주의 시대를 치유할 수 있는 참된 인간학적인 교육의 길이고, 그것이 인간에 대한 진정한 지혜에 바탕한 '인지학'(人智學)의 더 높은 세계를 향한 추구라고 강술하였다.[26]

V. '관계'(公)를 통해서 자라나는 인간 자유와 믿음(信) : 퇴계의 '성학십도'(聖學十圖)로부터 배우기

이렇게 결코 이 땅의 자연이나 우주의 일부로 환원될 수 없는 초월의 인간적 표현이 인간 '정신'(性)이고, 그 정신의 핵심을 '자유'라는 말로 표현한다면, 그 자유는 '관계'(公)를 통해서 길러진다는 것을 부인할 수 없다. 자유라고 하는 것은 관계에서 주체적으로 '사이'를 만들 수 있는 능력을 말하고, 그것을 지속적으로 밀고 나가는 믿을 수 있는 능력(信/敬)을 말하는데, 그 밀고 나가는 힘인 '믿음'이란 다시 그 사이 관계가 구체적이고, 몸적이며, 일상적인 지속적 노출을 통해서만이 건강하게 형성될 수 있다는 말이다. 그렇지 않고서는 거기서의 인간 정신(영)의 자유와 판단력은 한없이 공허한 것이 되기 쉽고, 어떤 구체적인 행위력도 가져오지 못하는 허황된 관념의 것이 되기 쉽다.

사실 오늘 코로나 팬데믹 상황에서 국가 차원뿐 아니라 개인의 차원에서도 어떻게든 이루려고 하는 '면역력'이라는 것도 이제까지 나와는 '다른 타자'(the other)를 내 안으로 받아들임으로써 처음의 갈등과 고통을 견뎌내고 그 타자와 하나가 되어서 서로 도우면서 공생하는 관계와 사이를 창조해 내는 것을 말한다. 또한 마침내 그렇게 할 수밖에 없는 소이(所以)도 생명은 결코 자체 안에 폐쇄된 부동자가 아니라 '관계'와 '호흡'이고, 그럼에도 불구하고 얼마 동안 나름의 장소와 집을 얻어서 한 공동체의 일원으로 살지만, 그 일원인 인간(人/我) 생명이 다른 생명체의 집을 마구잡이로 흔들고 옮겨서(移) 그들의 집을 유지할 수 없게 만들면서 사이와 관계가 깨졌기 때문이다. 서로 '적절한 사이'를 두고서 함께 '존중하는 관계(敬)'로 살아야 하는 생명들이 부닥친 것이며, 그 사이의 신뢰가 깨진 것이 오늘의 팬데믹 현실인 것이다. 거기서 이 관계를 다시 회복할 수 있는 능력이 '면역력'이고 '백신'이라는 말인데, 그러나 단지 이번 '코로나-19'의 경우에서만의 면역력, 또는 오직 신체적 차원에서만의 면역력이 문제가 아니라—왜냐하면 우리는 이미 각종 변종 바이러스의 지속적인 출현과 그와 더불어 예상되는 거시적 차원에서의 지구 집 파국에 대해서도 말하기 시작했기 때문이다— 더 근본적으로는 '초월적 면역력', 또는 '공 면역력'이 관건이겠는데, 그것이 바로 우리 시대의 '신뢰'와 '믿음'의 물음인 '신학'(信學)의 과제라는 것이다.

1. 퇴계 '성학십도'(聖學十圖)와 우리 시대 새로운 노말

지금으로부터 450여 년 전(1568년) 퇴계 선생은 조선 중기 극심한 사화(士禍) 여파 속에서 지난한 삶의 여정에서 얻은 자신 학문의 결정판을 『성학십도聖學十圖』로 엮어 중종과 인종, 명종에 이어 막 왕위에 오른 선조를 위해서 바쳤다. 당시는 이웃 왜구가 점점 더 잦은 침입으로 분란을 일으키던 때였고, 사화라고 이름이 붙여지진 않았지만, 조선 당쟁이 본격적으로 시작되는 임진왜란 20여 년 전의 어려울 때였다. 그 『성학십도聖學十圖』를 여는 서언에서 그는 밝히기를 "하물며 임금의 마음은 온갖 일이 말미암은 바요, 모든 책임이 모이는 곳이요, 뭇 욕구들이 서로 공격하고 뭇 사특함들이 번갈아 뚫고자 하는 곳입니다. 한번 태만하여 소홀해지고 방종이 계속되면 산이 무너지고 바다가 넘치는 것같이 될 것이니, 누가 막을 수 있겠습니까!"[27]라고 말하며 바로 당시의 삶에서 '임금'과 그 '마음'이야말로 모든 일이 거기서 비롯되고, 만약 그것이 잘못 작동된다면 '산이 무너지고 바다가 넘치는' 팬데믹의 상황이 일어날 것이라고 지적했다.

본인은 여기에서 퇴계 선생이 지적하신 '임금의 마음'(人主一心)이라는 것을 오늘 21세기 문명적 상황에서 각 개인적 삶에서 보면, 바로 우리 '마음'과 '정신'을 말하는 것이고, 지구 생명 공동체 차원에서는 뭇 생명체 가운데서 '인간' 마음을 지시하는 것으로 이해할 수 있다고 여긴다. 즉, 어떠한 생물학적, 신체적 병보다도 우리 '정신'(心/靈)과 '사유하는 힘'(思)과 '상상력'(想)이 부패하는 것이 더욱 심각한 위기라는 것이고, 오늘 전 지구적인 코로나 팬데믹은 바로 부패한 인간 마음으로 인해서 야기된 것이라는 사실을 적시해 준다는 이해이다. 그러므로 그처럼 '임금의 마음', '인간의 마음', '나의 마음'(吾心)이 관건이므로 그것을 고치는 '성학의 큰 단서'(聖學有大端)와 '심법의 지극한 요체'(心法有至要)를 찾고자 한다는 것이고, 그것이 바로 우리 '마음' 안에 있고, 그것이 '도에 들어가는 문'(入道之門)이고, '덕을 쌓는 기초'(積德之基)라고 가르치신 것이다.[28]

퇴계 선생은 이상과 같은 서문과 함께 임금과 사람의 마음이 참으로 '성인'(聖人)의 마음이 되도록 하는 데 요체로 파악되는 열 가지의 가르침을 먼저 제1도(圖) '태극도'(太極圖)와 제2도 '서명도'(西銘圖)에서 '세상 만물의 탄생'(萬物化生)과 '그 큰 하나 됨'(乾稱父坤稱母)의 가르침으로 기초 놓는다. 그런 후 바로 그와 같은 본래성에 대한 체득을 '구인'(求仁), 사랑과 인간성을 찾고 실천하는 일에서 가능해진다고 밝히신다. 그리고 그 일은 따로 멀리 이론이나 저세상의 일로 있는 것이 아니라 제3도인 '소학도'(小學圖)가 잘 밝혀준 대로 아침 인사나 청소와 같은 지극한 인간 일상의 일, 음식과 의복에 관한 몸의 일, 친구 사이의 교제나 어른과 부모 공경 등의 가까운 인간관계의 일과 몸의 예절과 음악, 글쓰기와 산수 등 참으로 삶의 기초적이고 일상적인 가르침을 중시하는 데에서 시작한다는 것을 말씀하신다. 가족과 마을의 일, 세대 간의 이어짐의 일을 잘하는 것 안에 먼저 놓여 있다고 분명히 하신 것이다. 퇴계 선생에 따르면 이렇게 해야 '인간성', 인(仁)을 행하는 공부가 낯설지 않고 친숙하며, 당시의 세대가 깊이 빠져있는 '인물위기지병'(認物爲己之病)에서 벗어날 수 있다고 하신다.[29] 이것을 오늘의 언어로 다시 말하면, 구체적인 몸의 경험과 삶의 실제 속에서 실천적인 과제와 대상과의 긴밀한 만남과 관계에서 얻어진 배움이 없이는 거기서의 얻어진 지식이나 학식이란 단지 관념적인 이기주의의 도구가 되고, 구체적으로 관계를 맺을 수 있는 공적 힘이 되지 못한다는 것을 가르치신 것이고, 거기서 일궈진 인간성이 토대가 되어서 이후 더 크고 확장된 반경 속에서 만나는 세계의 대상과도 선한 하나 됨을 이룰 수 있는데, 그런 일이 가능하지 않다는 가르침이다. 몸의 실제와 경험에 근거하여 일깨워진 사유와 상상만이 부패하지 않고, 차가운 반생명의 전체주의에 굴복하지 않는 것을 말한다.[30]

오늘 코로나 팬데믹 상황으로 학교 교육이 크게 요동을 치며 여기서 우리가 제일 많이 듣는 염려는 "아이들의 학력이 떨어진다", "부모 경제력에 따라서 아이들 학력 차이가 심해진다", "학교에 모여서 공동생활을 하면서 배우는 함께 사는 능력을 배우지 못 한다" 등이다. 그런데 다시 한번 더 생각해 보면, 이러한 코로나 상황이 발생하기 전 한국 교육 현실에 대한 많은 지적은 '교실 붕괴'였고, 그래서 '탈학교'를 말했으며, 극심한 입시 경쟁 교육의 고통 속에서 아이들이 죽어가고, 그들의 인성과 지성, 체력이 그 많은 자원의 쏟아부음과 노력에도 불구하고 나아지지 않는다는 것 등이었다. 그런 가운데서도 아이들의 많은 시간이 온갖 저질의 가상 세계에 쏟아 부어지는 것에 대해서 우리는 심각하게 염려했었다. 그렇다면 이제 코로나 팬데믹 이후 한국 교육이 나아갈 방향은 결코 다시 이러한 문제점을 다분히 내포하고 있는 그 이전 상태로 돌아가서 그것을 그저 '회복'하자는 것이어서는 안 될 것이다. 다시 단순히 학력만 염려하고, 경제 제일주의 관점에서만 아이들 교육을 바라보는 것이 아니라 이번 기회를 통해서 지금까지 주로 행해왔던 그러한 모든 것들이 많은 한계와 오류였다는 것을 인정하고 그 단순한 노말의 회복이 아닌 '새로운 노말', 단순 회복이 아닌 '초(超)회복'으로 나아가야 한다는 것이다.[31]

2. 오늘의 학교 교육과 가정, 집, 모성의 회복

본인은 그 방향이 위에서 우리가 한국 '신학'(信學)으로서 이야기한 '관계'를 맺을 수 있는 능력, 서로 신뢰하고 믿을 수 있는 인격, 만나는 대상과 진정으로 교류하면서 그의 내면과 본질과 진실에 가닿을 수 있는 '정신력'과 영적 자유함을 기르는 일이라고 여긴다. 그리고 여기서 앞의 퇴계 선생 '소학'(小學)의 가르침대로 다시 일상과 배움이 긴밀히 연결되는 방식을 말하고, 그러기 위해서는 그러한 관계를 차분히 가까운 삶의 반경에서 살아갈 수 있도록 '집'과 '가정', '모성'이 새롭게 회복되고 인정되어야 한다. 그래서 오늘 한국 사회처럼 영유아를 아주 이른 시기부터 공공 탁아시설에 맡기는 대신에 일종의 '탈학교' 방식으로 작은 마을 공동체 단위가 살아나서 그곳에서 보다 긴밀한 인격적 만남을 통한 돌봄과 배움, 학습 공동체가 가능해져야 한다고 보는 것이다. 이것은 단순히 과거 시대로의 회귀가 아니라 그때에도 이상으로 삼았던 인간 '지성'(知性)과 '인성'(人性), '영성'(靈性)의 진정한 통합을 지향하는 것이며, 거기서 그 모든 것이 바로 피교육자의 '몸'과 몸적 실행, 인간적 '감정'과 '의지'에 연결되고, 그러한 기초적 힘이 토대가 되어서 가족과 이웃, 공동체적 삶과 함께 살아갈 수 있는 능력을 기르는 것을 강조하는 의미이다.[32]

물론 여기서 모성이나 가족, 집의 강조가 예전 가부장주의식 혈연 중심의 그것을 다시 불러오자는 것이 아니다. 오히려 이제는 그러한 인습적인 성(sex) 구분의 생물학적 한계를 넘어서 그러나 인간 삶에서의 정신의 열림과 비상을 위해서는 여전히 긴요한 물리적 토대로 작용하는 '뿌리'와 '고향'과 '집'을 여전히 인간다운 공동체 삶의 앞날을 위해서 포기할 수 없는 토대로 보면서 지구상의 생명 누구에게나 그것을 보장해 주는 의미로 말하는 것이다. 특히 생명이 어릴수록 그것이 긴요한데, 그러기 위해서는 이 물음은 좁은 교육 환경의 물음을 넘어서 오늘날 한국 사회에서 가장 시급히 요청되는 사항으로서 '기본소득제'에 근거한 삶의 안정화, 모성과 돌봄의 공공화 및 탈성별화와 더불어 획기적인 주거 안정, 더욱 혁신적으로 확충되는 지방자치제와 함께하는 교육과 일자리의 '디지컬라이제이션'(디지털화+지역화) 등이 함께 따라주어야 한다.[33]

오늘 지방 대학의 공동화는 장기적인 안목에서 볼 때 어떠한 다른 처방책보다도 각 고장과 지역에서 자라서 그곳을 진심으로 사랑하고 자신의 집과 고향으로 느끼는 세대의 성장 없이는 막을 수 없을 것이다. 시대의 변화와 함께 어찌할 수 없는 것도 있지만, 인간이 여전히 몸으로서 이 지구에서 사는 한, 가상의 플랫폼만으로는 되지 않으며, 그렇게는 결코 편안하고 행복할 수 없고, 그러한 경우 모든 삶과 생명을 마침내는 왜곡된 자아의 독재적 파국으로 이끄는 자아 전체주의의 유혹에서 벗어나기 어려울 것이다. 즉, 인간 자체이기도 하고, 생명 자체이기도 한 '관계와 사이'(仁者人也)가 사라지는 것을 말하고, 거기에 반해서 수운 최제우 선생도 말씀하셨듯이 '시천주'(侍天主)의 진실이란 "세상의 모든 사람이 각각 옮길 수 없는 고유한 장소와 중심임을 아는 것"(各知不移者也)이라고 하였다면,[34] 그 각 장소에 대한 존귀함을 아는 일이 정치와 교육 실행의 기초가 됨을 강조하는 의미이다.

유사한 맥락에서 『논어』의 첫 「학이」(學而) 편에 나와 있는 "말에 믿음이 있으면, 비록 배우지 못하였다 하더라도 나는 그를 반드시 배웠다고 말하겠다"(言而有信 雖曰未學 吾必謂之學矣)라고 한 말은 여러 가지를 시사한다. 즉, '학'(學), 학문과 배움과 교육의 참 목표는 바로 인격의 '신실함'(信), '믿을 수 있음', '관계를 맺을 수 있는 능력'을 기르는 일이라는 것이고, 그래서 그 학업의 진정한 잣대는 바로 '신'(信)의 일이라는 것이다. 그러므로 여기서 보듯이 본인이 코로나 팬데믹 이후 시대의 대안으로 제시하는 '한국 신학'(信學)은 동시에 종교학(神學·聖學)이기도 하고, 인간학(性學·仁學)이기도 하며, 그러나 동시에 정치와 교육, 문화(誠學) 등을 모두 함께 아우르는 '믿음을 위한 통합학문'(Integral Studies for Faith)으로서의 교육학이 되는 것을 밝혀준다.

VI. 코로나 팬데믹 이후 시대 종교와 교육의 핵심 : '사유하는 집사람'과 '초월적 면역력'을 기르는 교육

1. 인간 마음(정신)이 맡은 일은 '사유하는 일'

퇴계 선생은 그의 『성학십도』 서문에서 맹자의 유명한 말, "마음이 맡은 일은 생각하는 일이다. 생각하면 얻고 생각하지 않으면 얻지 못한다"(心之官則思, 思則得之, 不思則不得也)를 가져온다. 그러면서 우리 마음이 비록 한 치 사방(方寸) 크기에 불과하지만, 매우 텅 비고 신령하여서(至虛至靈) 집중하여 사려를 밝히면(思曰睿) 뚜렷하고 알찬 진리(理)를 얻지 못할 까닭이 없다고 강조한다. 이와 동시에 공자의 가르침인 "배우고 생각하지 않으면 어리석게 되고, 생각하기만 하고 배우지 않으면 위태롭다"(學而不思則罔, 思而不學則殆)는 말씀을 가져와서 '생각'(思)과 '배움'(學)이라는 두 가지 공부를 함께 하되 이 두 가지 공부 모두에 긴요한 것이 전일적 집중의 '경'(敬)이라는 것을 밝힌다. 이렇게 "배우고 묻고 생각하고 변별하는"(學問辨別) 공부를 통해서 진리를 구하는 일은 누가 보지 않고 듣지 않는 때와 장소에서라도 경계하고 두려워하는 마음으로, 자신만이 아는 마음의 세미한 기미에 대해서 성찰하는 일을 지속해나갈 때 "덕행이 일상의 윤리를 벗어나지 않는 가운데 천인합일의 오묘함"(天人合一之妙斯得)을 여기서 얻을 수 있고, "성인(聖人)이 되는 요령"(作聖之要)과 "근본을 바로 잡아 정치를 경륜하는 근원"(端本出治之源)도 모두 여기에서 얻을 수 있다고 역설하신다.[35]

이것은 참으로 놀라운 가르침이다. 여기서 퇴계 선생은 깊은 초월적 영성과 신앙, 학문과 교육과 정치가 어떻게 하나로 어우러져 관계되는

지를 잘 밝힌다. 그에게는 오늘 우리에게는 서로 나누어져 있는 이상의 것들이 결코 서로 상관없는 다른 일이 아니고, 궁극의 하나 됨(天人合一)을 향한 길에서 "배우고, 묻고, 생각하고, 분별하는(실행하는)" 가운데서 이루어지는 한결같은 일이 된다. 정치와 세상에서의 관계의 일이란 바로 그러한 일을 공적으로 수행하는 것을 말하고, 그런 의미에서 학문과 정치, 종교와 일상, 사고와 실천, 개인과 공동체가 나뉘는 것이 아니라 긴밀히 함께 가며, 그 일이 바로 누구나의 '마음'(心)으로 할 수 있다는 가르침인 것이다.

퇴계 선생은 우리 '마음'(정신)의 활동인 '생각하는 일'(思)이 그와 같은 일을 가능하게 한다고 밝히신다. 그러나 거기서 우리가 세상(物)에 대해서, 진리(理)에 대해서, 하늘(靈臺)에 대해서 깊은 존숭감(敬)을 가지고 간단없이 다가가고자 하는 지속하는 일(誠)을 강조하신다. 그런 가운데서 그 하늘과 진리도 우리에게 다가온다는(理到) 큰 직관적 믿음을 표현한 것인데, 이것은 일반적인 서구 종교의 절대주의적 계시 신앙과는 달리 인간 정신의 사유력에 대해 큰 신뢰를 둔 것이며, 그래서 '학문'과 '종교', 위의 퇴계 선생의 언어로 하면 '공부'(學)와 '생각'(思)이 함께 가는 것이고, 서구 대안적 사상가 한나 아렌트의 용어로 하면 '활동적 삶'(vita activa)과 '성찰적 삶'(vita contemplativa)의 분열이 극복되면서 참된 인간적인 '정신적 삶'(the life of the mind)이 가능해지는 것을 말한다.36

본인은 오늘의 코로나 사태를 맞이해서 한국 젊은이들, 특히 20대 여성들의 자살률이 급증하고 있다는 소식을 들으면서 그들의 절망과 좌절이 결코 지금까지 받아온 오랜 기간의 학습 방식과 무관하지 않다고 생각한다. 그 오랜 기간의 공부에도 불구하고 그들은 왜 공부하는지의 이유와 목적에 대해서 깊게 사유해 보지 못했고, 인간 정신과 마음의 진정한 힘에 관한 가르침을 받지 못했으며, 그렇게 오랜 시간 어렵게 밟아왔던 지적 수업(學)이라는 것도 단지 표피적인 암기 수준에 머물렀지 않았나 생각해 본다. 즉, 진정으로 사유하고 변별하는 정신적 힘을 기르는 공부가 아니었던 것이다. 그래서 결과는 아무리 '대학'(大學, 큰 학문) 공부를 마쳤더라도 그들의 정신은 지금까지의 서구식 근대 '노동윤리'에서 벗어나지 못하고 있으며, 자신의 몸과 마음, 정신을 여전히 그러한 반인간적이고, 반자연적인 노예 노동에의 도구로 삼으면서 어떻게 하면 스스로가 자기 자신을 좀 더 효율적으로 착취할 수 있을까의 방식을 찾아 헤맨다.[37] 그것이 성취되지 못하면 절망하고 좌절하고, 아니면 그렇게 자포자기한 심정으로 여러 반사회적인 행태로 비밀리에 운행되는 '신천지'를 찾아다니거나 여러 가지 폭력적인 모습으로 자신과 주변을 파국으로 몰고 간다.

오늘 이러한 이야기가 교육과 노동에 대한 통상적 관점에서 볼 때는 매우 비현실적이고, 가진 자의 배부른 소리라고 비난받을 수도 있을 것이다. 하지만 지금은 코로나 파국 이후의 새로운 노멀을 찾는 중이다. 지금까지 노동하고 생산하는 인간으로서 삶의 결과가 오늘과 같은 좌절과 자기파괴라면 그리고 그것을 계속할 때 쌓이는 것은 이 세상에서의 빈부격차이고, 못 가진 자의 절망과 비참, 극심해지는 만인 대 만인의 투쟁과 경쟁과 거기서의 혐오와 배제라면, 더는 그 길로 가서는 안 된다는 것을 가르쳐 준다. 오히려 가던 걸음을 멈추고 방향을 바꾸어 우리 삶과 정치와 교육의 지향을 새롭게 해서 우리 '정신'과 '마음'에로 그 최우선의 관심을 돌리고, 그것을 중심 주제로 삼아서 서로 간의 다름과 차이에도 불구하고 긴밀히 연결되는 하나 됨의 네트워크를 찾아가야 할 것이다. 그 과정에서 퇴계 선생이 '정치를 경륜하는 근원', 오늘 우리의 이해로 하면, 각자 생업을 통해서 호구도 해결하고 공적 삶을 살 수 있는 연원도 바로 이 '마음'과 '정신 공부'(大學, 큰 학문)에 있다고 했다면, 이제 이 일에 몰두해 보는 것이 어떤가? 또한 오늘 21세기의 우리가 매우 물질주의적으로 치우쳐서 산다고 해도 그 모든 활동의 궁극적인 목적도 여전히 '천인합일'(天人合一)이라는 큰 수직적 상승의 추구 안에 포괄됨을 인정하지 않을 수 없으므로,[38] 이 천인합일의 성취를 위해서 우리 마음의 일을 보다 잘 할 수 있도록 삶을 재구성하는 일이 바람직한 선택이 될 것이다.

이 일이야말로 진정한 '초월적 면역'을 획득하는 길이 될 것이고, 일시적인 면역책을 얻지 못했다고 해서 자살하거나 반생명적 방향으로 자포자기하는 것이 아니라 더욱 근원적인 방책을 찾아 나서는 일이 남아있음을 믿는 일일 것이다. 퇴계 선생은 이 일(큰 학문, '大學圖')을 위해서 더욱 섬세하고 정치하게 우리 마음의 일, 감정과 의지와 참된 사유의 판별을 위한 세세한 길잡이를 '심통성정도'(心統性情圖)와 '인설도'(仁說圖), '심학도'(心學圖)와 '경재잠도'(敬齋箴圖) 등으로 풀어냈고, 젊은이들이 모여서 그 일에 보다 정진할 수 있도록 함께 모여 배우는 학문 공동체 삶의 규칙을 말하는 '백록동규도'(白鹿洞規圖)를 제시했으며, 이러한 일이 바로 우리 삶의 모든 일상이 되도록 '숙흥야매잠도'(夙興夜寐箴圖)로 마지막을 밝히셨다. 그의 '성학십도'의 마무리로서 이른 아침부터 일과의 모든 경우에 그리고 늦은 밤이 되어 잠자리에 들어서도 우리 마음속의 지극한 선을 잃지 않도록 하는 '경외'(敬畏)의 집중을 말씀하셨다. 이런 공부야말로 오늘의 젊은이들에게 진정으로 유익한, 그들의 시대적 절망을 뛰어넘을 수 있는 참 인간적 백신이고, 진정한 종교적 가르침이며, 큰 사람이 될 수 있는 위대한 배움의 길이라고 여긴다.

2. 참된 초월적 백신으로서의 '한국 인학(仁學)'과 언어(言)

퇴계 선생은 그의 '성학십도' 제7도를 '인설도'(仁說圖)로 제시하면서 우리 존재의 초월적 근거인 마음과 정신(理, spirit)의 으뜸 원리로서 '인'(仁)을 들었다. 그러면서 그 설명을 『중용』과 주자의 '천지생물지심'(天地生物之心)이라는 언어를 가져와서 "천지가 만물을 낳는 마음이요, 사람이 그것을 받아서 마음으로 삼은 것"이고, "생명의 본성"(生之性)이며, "사랑의 원리"(愛之理)라고 밝힌다.[39] 우리 마음의 '덕'(德)이나 '도'(道)로도 표현되는데, 그 이전의 제6도 '심통성정도'(心統性情圖)에서는 우리 마음의 본체(理)와 그 감정적 나타남(氣)을 5가지 항목으로 드는 바, '仁·禮·義·智·信'이 그것이다. 여기서 '仁' 또는 '측은지심'(惻隱之心)이야말로 그러한 모든 덕의 출발점이고 근원이며, 그 모든 것을 포괄하고 관통하는 으뜸 원리와 덕이라고 한다. 그렇다면 오늘 우리의 언어로 하면 우리가 정신과 마음을 통해서 얻을 수 있는 최고의 면역력이 바로 이 인이라는 사랑의 생명력인 것은 더 말할 것도 없고, 그런 맥락에서 퇴계 선생도 그 '인설도' 설명의 마지막에 옛 제왕들의 가장 큰 공부(大學)가 이 "仁에 머무는 것"(止於仁)이었고, 그리하여 우리 공부가 전심을 다 해서 "인을 체득하는 묘법"(體仁之妙)을 구하는(求仁) 공부여야 함을 역설하였다.[40]

19세기 청나라 말기의 사상가 담사동(譚嗣同, 1865~1898)은 청일전쟁 등을 겪으며 점점 몰락해 가는 나라를 구하기 위해서 동아시아 유가 전통의 핵심 언어인 그 '인'(仁)을 새롭게 밝혀 갈 길을 제시하고자 했다. 그의 '인학'(仁學)을 말하며, 거기서 그는 인(仁)이라는 글자가 두 '이'(二) 자와 사람 '인'(人) 자가 모여서 된 글자임을 지적하며 가장 중요한 뜻이 '통'(通)이라고 밝힌다. 또한 '仁' 자가 시작을 말하는 '元'(원)이나 없음의 '无'(무)와도 상통하는 동일한 구성의 글자임을 역설하며 이 세 글자가 모두 존재의 근본을 지시하는 언어라고 말한다.[41] 퇴계 선생이 '仁·禮·義·智·信' 또는 '仁·義·禮·智'라고 밝힌 인간 마음의 다섯 가지, 혹은 네 가지의 원리와 덕목을 설명하는 글("心統性情圖")에는 인의 '애지리'(愛之理)인 측은과 사랑의 원리와 예의 '경지리'(敬之理)인 사양과 겸양의 원리, '의지리'(宜之理)인 의의 부끄러움의 원리, '별지리'(別之理)의 옳고 그름을 판단하는 원리인 지와 더불어 그 마무리인 '실지리'(實之理)로서 끝까지 밀고 나가는 성실(誠實)의 신(信)이 있다. 이 다섯 가지의 나열이나 순서, 또는 그 설명의 언어는 많은 것을 시사해 주고 있다. 먼저 앞에서 누차 강조했듯이 존재와 생명은 본질이 '관계'이고 '사이'이며, 그래서 '사랑'(仁)이야말로 만물의 창조 원리이고, 거기서 탄생한 생명은 서로를 존숭하고 예(禮)를 지켜야 하고, 그럼에도 불구하고 상대방을 겸양으로 인정하지 못하고 남의 것을 빼앗을 때 부끄러움을 느낄 줄 알아야 하며(義), 거기서 무엇이 옳은지 그른지를 판별하고 아는 것(智)과 더불어 그 예와 의의 옳은 판단을 끝까지 밀고 나가는 성실과 신뢰(信)의 관계가 관건이라는 설명이겠다.

여기서 본인에게 '信'이라는 덕목이 '實之理'와 '성실지심'(誠實之心)으로 표현된 것이 특히 다가왔다. 信이라는 글자가 인간의 '人' 자와 그 언어의 '言' 자가 합해져서 이루어진 글자라는 것도 시선을 끄는 것이거니와, 그것은 '믿음'이야말로 우리가 삶에서 내리는 모든 예와

의의 판단을 끝까지 고수하여서 마침내 인간성(仁)과 세상의 만물 속에서 표현되는 초월(性·理)의 거룩(聖)을 구체적으로 실현해내는 실천적 힘이라는 것을 말해주기 때문이다. 또한 제7도 '인설도'에서 퇴계 선생이 모든 창조와 생명, 사랑의 원리인 仁을 체득하는 방법이 다시 '공'(公), 즉 '관계'와 '사이'라는 것을 분명히 하셨다면("公者 所以體仁 猶言克己復禮爲仁也"),[42] '信'이라는 글자 구성은 다시 인간의 관계 맺음에서 '언어'(言)가 중요하고, 인간은 그 언어를 통해서 사유하고 상상하며 미래를 마련한다는 것을 가르쳐준다. 그러므로 한 인간 삶의 반경에서 언어가 부패해 있고, 그것을 잘 배우지 못하며, 또한 그 말의 약속이 진실하고 성실하게 지켜지는 경험을 잘하지 못할 때, 그의 인간적인 사고력과 행위력, 실천력은 길러지기 어렵고, 미래에 대한 상상과 희망과 소망도 기대하기 어렵다는 것을 말해준다. 그런 의미에서 인간 '信'이라는 덕목을 '實'와 '誠'의 이치와 덕목으로 푼 것은 탁월하고, 여기서 그 信의 원리라고 밝힌 '誠'이라는 글자가 다시 '인간의 말과 생각, 상상'(言)을 '실제로 성취해 내는'(成) 인간 정신의 힘(誠)을 가리키고 있기 때문에 "그 誠이 곧 하늘의 도"(誠者 天之道也)이기도 하고, "그것을 따르는 것이 인간의 길"(誠之者 人之道也)이라고 가르치는 『중용』 20장의 메시지는 오늘 팬데믹 이후에 우리 종교와 교육이 어디로 향해야 하는지를 잘 밝혀준다고 하겠다.

오늘 한국 교육에서 언어교육이 얼마나 파행을 겪고 있는지에 대한 지적은 새롭지 않다. 한나 아렌트나 '탈학교 사회'를 강조한 이반 일리치와 같은 인류 문명의 대안 사상가들도 한결같이 강조하듯이 마지막 남는 것은 우리의 '언어'(language)이다. 그래서 인간의 나아갈 길을 바로잡기 위해서는 우리 언어 속에 담겨 전해지는 과거 인간성의 흔적들을 다시 찾아내는 일이 중요하고, 그것을 상고(詳考)하여 그 언어로부터 지혜를 얻어서 현재를 갱신하며 미래의 시간을 마련하는 일이야말로 참으로 긴요한 인간적인 생명의 길이라는 것을 가르치는 것이다. 우리가 많이 들어서 어쩌면 상투어처럼 들리기도 하는 그 '온고이지신'(溫故而知新)의 능력이야말로 참으로 중요하고, 공자도 그런 맥락에서 그 일을 할 수 있는 사람이면 바로 '스승'(師)이 될 수 있다고 지적하셨다.[43] 그런데도 오늘 우리 삶과 교육의 현장에서 여러 가지 이유로 아이들의 모국어 형성 기회가 박탈되고 있고, 그에 비례해서 어린이 언어치료실은 문전성시를 이루고 있는 현실이 오늘 한국의 정황이다. 세종대왕 덕분에 한국인들의 문맹률은 1% 이하로 낮지만, 공동체 구성원 서로 간에 진정한 소통을 가능하게 하고, 상식과 사고가 역할을 하면서 함께 공동체의 미래를 구상하고 희망하게 하는 '문해력'(literacy)은 OECD 국가 중 거의 최하위라는 지적은 우리의 언어생활이 얼마나 부패해져 있는지를 잘 말해준다.[44]

그런데 이것은 단순히 표면으로 드러나는 학교 교육에서의 국어교육이나 독서교육, 인문교육 등의 문제만은 아닐 것이다. 더욱더 근원적으로 앞에서 우리가 성찰한 인간 공동체 삶에서의 각종 불의(不義)와 불인(不仁)이 그 밑바닥에 있을 것인데, 특히 종교와 정치, 검찰과 언론, 스승과 지도자 위치에 있는 사람들의 불의와 무사유(無思惟)의 악이 있고, 그들의 언어가 진실되지 못하고 자신들의 사적 이익을 위해서 사실과 역사를 왜곡하면서 거짓된 의견으로 사실과 진실을 흐리는 일이 가중되면서 공동체 구성원 누구나가, 특히 자라나는 세대가 그 인식의 토대로 삼을 수 있는 진실이 흔들리는 것을 지적하고자 한다.[45] 그래서 공자도 정치의 시작과 기초를 '정명'(正名), 이름과 말과 언어를 바로 하는 일이라고 보셨고, 또한 한 사람을 신뢰할 수 없다면 그의 쓸모가 어디에 있는지 알지 못하겠다고 하신 것이 아닐까?(人而無信不知其可也)[46]

VII. 마무리하는 말: 참된 '인간세'(人間世, Anthropocene)의 시작과 한국 종교교육

이런 가운데서 우리 언어와 말을 깊이 생각하고 또 생각하면서 한글이 지닌 하늘의 뜻을 밝혀내어 전하는 일에 몰두한 한국 통합적 종교사상가 다석 유영모(多夕 柳永模, 1890~1981) 선생의 사유가 생각났다. 그는 '믿음'(信)이라는 언어와 '그리스도'라는 말의 뜻에 대해서 매우 독특한 해석을 내놓았는데, 앞에서 퇴계 선생의 이해와 많은 연결점이 있는 것을 본다. 그는 '믿음'(信)이란 '민다'(推)라는 말에서 나온 것이라고 보았다. 그러면서 그것은 곧 위에 계신 하느님을 향해서 '자신을 밀어 올린다'라는 뜻으로서 "자기 생각을 밀고 밀어서 그것이 툭 터질 때 비로소 믿음(信)이 생길 수 있다"라고 보았다.[47] 소리글자 한글의 '믿음'이라는 말소리에 대한 매우 독창적인 해석인데, 이러한 성찰은 퇴계 선생이 위에서 '信'을 '實之理'와 '誠實'의 마음으로 푼 것과도 매우 상통한다. 또한 '글'과 '그리스도'라는 한글 소리로부터 다석은 "글은 말 그대로 글이자 그리스도"이고, "글을 그리는 것이 그리스도를 그리워하는 것과 다르지 않다"라고 하였는데, 이러한 성찰은 "학교에서 배우는 글이 결국 그리스도를 그리는 데까지 진척되어야 마땅한 일"이라는 해석을 낳았다.[48] 매우 의미 있는 연결이고, 이러한 연결은 오늘의 한국 기독교 내지는 종교에서 탈각된 인간 사유적 성찰이 왜 중요한지를 잘 밝혀주고, 동시에 오늘의 교육, 인간 교육과 학교 교육이 그 잃어버린 초월적 차원을 회복하여 다시 진정한 인간교육으로 거듭나는 일이 어떻게 긴박한지를 밝혀준다.

한국 기독교는 '그리스도'를 실체론적으로, 탈지성과 반지성으로, 초형이상학적으로 독점화하면서 오늘의 부패를 불러왔고, 그에 대한 치유의 한 방편으로서 여기서 특히 동아시아 신유교 전통의 '경학적'(經學的/敬學的) 내재 영성의 의미를 살펴보았다. 그것은 훨씬 더 보편적으로 초월과 거룩의 영역을 확장하면서 특히 서구 근대식 교육에서 나누어져 있던 종교와 교육, 신앙과 사유의 영역을 더욱 긴밀히 연결할 가능성을 얻기 위해서였다. 하지만 그러한 초월의 내재화가 불러오는 사각지대도 또한 있다. 그것은 자칫하면 과격한 인간주의적이고 자연주의적인 환원이 되어서 초월과 내재, 신과 인간, 정신과 몸 등의 이원적 긴장성이 해소되고, 초월의 고유성과 독자성이 훼손되어 오늘날처럼 특히 물질주의와 그와 연결된 자연주의가 만연한 상황에서는 인간성 내지는 인간 정신성 자체가 다시 단지 세상과 자연의 산물로만 절하되면서 인권의 마지막 보루가 흔들리는 경우를 맞이할 수 있다. 철저히 탈종교화된 유교나 유물론적 마르크시즘이 불러오는 재앙을 생각해 볼 수 있겠다.

따라서 어떻게 동서의 두 종교 전통을 서로 관계시키고 통전시켜서 오늘 큰 위기에 빠진 지구 생명 삶을 위해서 보다 열려진 공통의 새길을 찾는가가 긴요하다. 그러한 일 중에 가장 중요한 항목 하나는 '종교'와 '교육', 이 두 가지 일을 동시에 보듬고 연결하고 서로 보완하고 자극이 되는 관계로 만드는 일일 것이다. 그리고 그 일을 본인은 우주 문명사적으로 과거의 '천동설'(天動說)이나 '지동설'(地動說)이 아닌, 그것을 넘어서 '각자가 태양을 자기 속에 가져오는 일인 '인동설'(人動說)의 시간으로 나아가는 일이라고도 표현하고자 한다. 그것은 각자의 인격과 정신이 우주의 중심인 것을 깨달으면서도 부단히 자기를 초극하고 초월하는 인간 정신을 토대로 천지를 하나의 큰 우주적 가족으로 보는 일이라고 표현할 수 있겠다.[49] 또 다른 표현으로 하면 서구 기독교적 언어인 '神 · 身 · 信'과 동아시아적 표현인 '聖 · 性(姓) · 誠'의 사고를 서로 깊이 연결하는 일을 시도하는 것이다.[50] 이것은 오늘의 서양 생태학이 인간이 온 지구 생태계를 과도하게 점령해 버렸다고 비판하는 불의한 '인간 중심주의'로서의 '인간세'(人類世, Anthrocene)가 아닌 우주에서의 인간의 진정한 역할과 위치를 회복하고, 거기서의 인간 정신의 참된 뜻을 다시 자각하는 일이라고 여긴다.

이제 이 글을 마무리하면서 마지막으로 드는 생각은 예전 퇴계 선생이 "성학십도"를 지어 선조에게 바치며 마무리로 언급하셨던 "근포지성"(芹曝之誠), "미나리와 햇볕을 올리는 정성"에 대한 것이다. 그것은 '미나리'나 '햇볕'처럼 하찮고 평범한 것을 바치지만, 그 정성만을 보아주시라는 겸허하고 간곡한 표현이었다고 하는데,[51] 필자는 여기서 더 나아가서 얼마 전 재미 영화감독 정이삭과 윤여정의 영화 〈미나리〉에서 '미나리'가 소박하고 바로 우리 곁에 있는 평범한 것으로서 큰 역할을 했듯이 그렇게 소박하고 평범한 것이 진정 온 생명을 살리는 기초가 됨을 지시하는 의미로 생각해 본다. 코로나 팬데믹 이후 시대를 위해서 한국 종교 교육학이 그런 역할을 담당해 주기를 기대한다.

참고문헌

『경전으로 본 세계종교』. 서울: 전통문화연구회, 2001.

권오봉. 『퇴계 선생 일대기』. 서울: 교육과학사, 2018.

김일수 외. 『한국사회 정의 바로세우기』. 서울: 세차미디어, 2015.

니콜라스 A. 베르다예프/이신 옮김. 『노예냐 자유냐』. 서울: 늘봄, 2015.

담사동/임형석 옮김. 『인학仁學』. 서울: 산지니, 2016.

루돌프 슈타이너, 최혜경 옮김. 『젊은이여, 앎을 삶이 되도록 일깨우라-인류 발달에 관한 정신과학적 연구 결과』. 서울: 밝은누리, 2013.

마리 루이제 크노트/배기정·김송인 옮김. 『탈학습, 한나 아렌트의 사유방식』. 서울: 산지니, 2016.

백영서 엮음. 『팬데믹 이후 중국의 길을 묻다』. 서울: 책과함께, 2021.

李信/이은선 · 이경 엮음. 『슐리얼리즘과 영靈의 신학』. 서울: 동연, 2011.

이원재 ㅁ 최영준 외 지음. 『코로나 0년 초회복의 시작』. 서울: 어크로스, 2021.

이은선. 『사유하는 집사람의 논어읽기』. 서울: 도서출판 모시는사람들, 2020.

______. 『동북아 평화와 聖 · 性 · 誠의 여성신학』. 서울: 동연, 2020.

______. 『통합학문으로서의 한국 교육철학』. 서울: 동연, 2018.

______. 『생물권 정치학시대에서의 정치와 교육-한나 아렌트와 유교와의 대화 속에서』. 서울: 도서출판모시는사람들, 2015.

______. 「해학 이기의 신인(神人/眞君) 의식과 동북아 평화", 『儒學硏究』제50집 (충남: 충남대학교 유학연구소, 2020.2.

______. 「왜 오늘 다시 인격인가?-우리 시대의 인학(仁學)과 신학(信學)", 「에큐메니언」 '사유와 信學'4, http://www.ecumenian.com, 2021.03.21.

______. 「참된 인격주의와 휴머니즘의 차이는 무엇인가", 「에큐메니언」 '사유와 信學' 5, http://www.ecumenian.com, 2021.04.04.

이정배. 『유영모의 귀일신학歸一神學』. 서울: 밀알북스, 2020.

이찬석. 「어디로? 코로나-19 속으로!" 「샘」 제45호(2020.12).

이황(李滉)/이광호 옮김. 『성학십도』. 서울: 홍익출판사, 2001.
페터 슬로터다이크/문순표 옮김. 『너는 너의 삶을 바꿔야 한다』. 서울: 오월의봄, 2020.
프란시스코J. 바렐라/유권종 ㅁ 박충식 옮김. 『윤리적 노하우-윤리의 본질에 관한 인지과학적 성찰』. 서울: 갈무리, 2009.
한나 아렌트/이진우 · 박미애 옮김. 『전체주의의 기원 1, 2』. 서울: 한길사, 2006.
______/이진우 · 태정호 옮김. 『인간의 조건』. 서울: 한길사, 2001.
한병철. 『피로사회』. 문학과지성사, 2012.
"정희진의 융합 23",「한겨레 신문」, 2021.5.11.

레비나스 철학에서 자연, 집, 노동의 의미*

김선하

감리교신학대학교 객원교수

I. 들어가는 말

근대 이래, 인간 이성에 대한 신뢰는 자연에 대한 인간의 우위를 자연스러운 사실로 받아들였다. 이것은 인간이 중심이 된 동일성의 철학과 한 궤적을 그리면서 쉴 새 없이 자연을 타자로 대상화시켰다. 황폐화된 자연은 이제 인간의 생존을 위협하기에 이르렀고, 이러한 인간과 자연의 깨어진 관계에 대한 많은 논의와 대안들이 쏟아지고 있다.

레비나스의 철학은 자연(타자)을 대하는 근대적 사고방식을 넘어서는 전혀 다른 관점을 가지고 있다. 이 글은 그 점에 주목하고, 이를 부각시켜 보고자 하는 의도로 시작되었다. 구체적으로 현대 자본주의

* 이 글은 「현대유럽철학연구」 제68집(2023)에 게재된 글입니다.

사회에서 물질로 환원되지 않는 삶의 양식이란 어떤 것인지, 집을 가진다는 것이 어떤 의미를 갖는지, 노동한다는 것이 인간에게 무슨 의미인지를 레비나스의 통찰을 통해 살펴보고자 한다. 이러한 논의들은 레비나스의 철학에서 자아(나)와 타자(세계)의 관계에 대한 설명으로부터 출발할 수 있다.

오랫동안 집은 재산 증식을 위한 최적의 수단으로 인식되어왔다. 그리고 오늘날 노동은 생존을 위해 불가피한 일로써 여겨지며 여가의 중요성에 자리를 내주었다. 그만큼 노동 자체의 중요성은 거의 거론되고 있지 않다. 고대 그리스 사회에서 삶의 필수적인 요소들을 생산하는 노동을 노예에게 전가함으로써 삶에서 노동을 분리하려는 시도가 있었던 것처럼, 현대 자본주의 사회에서는 자본에 의한 불로소득이 노동을 통한 근로소득보다 더 각광 받고 있는 것이 사실이다. 여기서 집은 큰 몫을 담당하고 있다. 현재 우리 욕망의 대상들로 가득 찬 세계에서 노동과 집은 축제를 앞두고 얼른 끝나기를 바라는 의례나 벗어나고 싶은 장소처럼 되어버렸다.

우리가 관습처럼 받아들이는 이 같은 사실들에 대해 레비나스는 재차 다른 관점을 주장한다. 레비나스가 보는 세계는 내 욕망의 대상이 아니라 나와 관계 맺음으로써의 소유할 수 있는 대상이다. 자연 세계의 불확실한 요소들이 사물로서 실체성을 갖는 것은 나와 소유관계를 형성하면서부터이다. 그런데 사물을 소유하기 위해서는 노동을 해야 한다. 신체적, 의식적 활동으로서의 노동은 우리가 자유로울 수 있는 세계를 건설하는 것이다. 이러한 노동은 집에 거주하는 거주자에게만 가능한 일이다. 이때 집은 땅 위에서 나와 세계의 경계를 형성하고 내가 세계와 관계 맺는 것을 가능하게 하는 장소이다. 요컨대, 세계 요소(존재자의 존재)의 독립성을 중지시키고 그 요소를 포획(prise) 또는 파악(compréhension)하여 세계 속에 사물을 출현케 하는 것은 거주와 노동을 통해서이다. 거주와 노동은 모든 거주자의 자발적이고 이론에 앞서는(préthéorique) 활동이다.[1]

II. 실체로서의 자아

아리스토텔레스에 따르면 실체(우시아, ousia)는 두 가지 의미를 가진다. 하나는 다른 어떤 주어의 술어가 될 수 없는 궁극적 개체라는 의미이고, 다른 하나는 '이것'이라고 지시할 수 있는 독립된 존재라는 의미이다. 이 같은 실체는 여러 사물 안에 들어 있으며 이 사물들의 존재 원인이 되는 제1의 사물이다.[2] 한편, 스피노자는 "실체란 자신 안에 있으며 자신에 의하여 생각되는 것이라고 이해한다. 즉, 실체는 그것의 개념을 형성하기 위하여 다른 것의 개념을 필요로 하지 않는 것이다."[3] 레비나스에 따르면 자아는 실체(substance)이다. 습관과 성격처럼 삶 속에서 우리 자신이라고 말할 수 있는 모든 것이 바뀌어도 변하지 않고 남는 무엇이 있다면 그것은 자아라고 레비나스는 말한다. 다시 말하면, 삶이 우리 존재를 형성하는 모든 내용을 바꾸면서 남기는 흔적들이 무엇이든 간에 자아는 변치 않는 실체적 동일성을 가진다. 그러므로 이러한 실체인 '나'는 파괴할 수 없는 하나의 점이다. 이 점으로부터 행위들과 생각들이 흘러나오는데, 이때 이 점, 곧 '나'는 그 행위들과 생각들의 변화와 다양성으로부터 작용을 받는 일이 없다. 말하자면 '나'는 우연적 사건들 바깥에서 그 모든 것을 인식하는 동일자이다.

'나'는 역사의 변화 속에서 스스로를 동일한 것으로 유지한다. '나'는 역사 속에서 있는 한 대상으로서 영향을 받지만, 역사가 존재로서의 '나'에게 영향을 주지 못한다. 이렇게 '나'의 동일성이 유지될 수 있는 것은 '나'는 의식이기 때문이다. 그리고 그 실체(la substance)는 전형적인 의미에서 주체(sujet)이다.[4]

이러한 레비나스의 자아 이해는 전통적으로 동일률에 근거한 관념론과는 거리가 멀다. '나'의 동일성에 대한 관념론적 해석은 논리적으로 A=A라는 동어반복을 통해서 이루어진다. 이러한 동일성은 '있음'의 익명적 잡음으로부터 분리된 이름의 고유성일 뿐이다. 반면에 레비나스는 익명적 존재의 한복판에서의 존재자의 자리 자체를 말한다. 그것은 동사 '존재하다'의 고유성이다. 그 동일성은 주체(sujet)의 동일화라는 시간적 사건 속에서 정립되기 때문에 논리적으로 동어반복적 동일성 개념을 통해서는 설명할 수 없다.

다시 말하면 자아는 자신의 변화들 속에서도 여전히 동일하다. 이것은 1인칭 자아가 자신을 3인칭 타자로서 바라볼 때도 여전히 동일하다는 의미를 품고 있다. 자아는 자신이 생각하는 것에 귀 기울이며, 그 자신이 독단적이고 자기에게 낯설다는 점에 스스로 놀란다. 그러나 자아는 이러한 타자성 앞에서도 동일자다.[5] 나의 동일성은 주체가 현재 속에서 자기(soi)에 대해 맺는 관계를 통해 정립된다. 나로 존재함(être moi)은 자기에게 결부되어 있음을 함축하며, 이 타자 같은 자기를 없앨 수 없음을 내포한다. 자기(soi)는 스스로를 타자로 여기는 나의 타자성을 의미한다.[6] 말하자면 자아로 존재한다(être moi)는 것은 자기에 대해 존재함(être pour soi)일 뿐 아니라 자기와 함께 존재함(être avec soi)이다. 주체는 자기로부터(à partir de soi) 존재하며, 이미 자기와 함께 또는 자기에게 대항하며 존재한다.[7] 요컨대 실체로서의 자아의 동일성은 남(타자) 같은 자기로서 존재함을 함축한다. 다시 말하면 자아가 자아 자체로 머물러 있는 것이 아니라 자신을 남(타자)처럼 받아들이고 남 같은 자기로서 살아가면서 갖게 되는 동일성을 의미한다. 이것은 레비나스 형이상학의 단초이다. 말하자면 자아가 '타자로서 자기 자신'[8]으로 타자(세계)를 만나는 과정이 레비나스의 형이상학이자 윤리학이다.[9]

III. 타자를 향한 형이상학적 욕망

실체(hypostase)로서의 동일성을 지닌 자아가 자기 바깥을 향하게 되는 계기는 욕망이다. 그래서 레비나스에게 욕망은 형이상학적이다.[10] 그에게 형이상학은 친숙한 세계('자기 집')로부터 출발하여 낯선 자기 바깥(저쪽)으로 나아가는 운동이다. 형이상학적 욕망의 대상은 낯선 이(타자)이다. 즉, 형이상학적 욕망이란 전적으로 다른 것, 절대적으로 다른 것으로 향하는 것이다. 그런데 욕망에 대한 관습적인 접근은 레비나스의 이 욕망의 독특한 요구를 잘 설명할 수 없다. 왜냐하면 일반적으로 욕망이라 하면 결핍에 기초한 욕구를 생각하게 되는데, 이것은 끊임없이 만족을 추구하는 가난하고 불완전한 존재 또는 한때 영광에서 실추한 존재를 함축하기 때문이다. 이때 의미하는 욕망은 잃어버린 것에 대한 향수 내지 복귀를 갈망하는 의식과 거의 일치한다. 그럼으로써 오직 자신에게만 관심이 집중되어 있고, 타자인 것에 대해서는 생각조차 하지 않는다. 반면에 레비나스가 말하는 형이상학적 욕망은 복귀를 열망하는 운동이 아니다. 그것은 우리가 태어나지 않은 땅에 대한 욕망이다. 태어나지 않았기 때문에 가질 수도 없다. 하물며 그 땅은 온갖 자연에 낯설다. 조국이었던 적이 없으며, 결코 옮겨가지 못한 곳으로서 혈족 관계에 의존하지도 않는다. 그래서 그것은 만족될 수 없는 욕망이다.

그러므로 형이상학적 욕망에서 욕망된 것(le Désiré)은 결코 채워지지 못하고, 욕망하는 자의 욕망을 깊어지게 할 따름이어서 전체성의 단초가 되는 자기 중심성을 허물어뜨린다. 달리 말해 그 욕망은 욕망된 것과 욕망하는 자의 거리를 좁히지 않은 채 욕망하는 자의 자기만족에 안주하지 못하게 한다. 그렇다면 죽을 수밖에 없는 존재인 욕망하는 자에게 그 한 번도 본 적이 없는 대상에 대한 욕망은 절대적이다. 그러나 이 볼 수 없음은 관계의 부재를 가리키는 것이 아니다. 오히려 거기에 대한 어떠한 관념도 존재하지 않는, 주어지지 않은 것과의 관계를 함축한다. 한마디로 이 욕망은 절대적 타자에 대한 욕망이다. 레비나스에게 이 타자성은 타인(Autrui)의 타자성으로, 지고(Très-Haut)의 타자성으로 받아들여진다. 그래서 상향적 초월(transcendance)의 운동이라고 말한다. 높이의 차원 자체가 형이상학적 욕망에 의해 열린다. 이 높이는 더 이상 천국과 같은 것이 아니라 볼 수 없는 것(l'invisible)이다. 이런 사태가 높이의 고양 자체이고 높이의 고귀함이다. 볼 수 없는 것을 위해 죽는 것, 이것이 형이상학이다.[11]

1. 자아와 타자의 분리

한마디로 말해, 레비나스에게 형이상학적 욕망은 무한을 향한 상향적 초월의 운동이다. 그런데 이 같은 형이상학적 욕망이 자아에게 어떻게 일어나는가? 이에 대한 대답은 자아와 타자의 철저한 분리로부터 찾을 수 있다. 레비나스에 따르면 타자가 근본적으로 이질적인 것으로 존재함은 그 타자가 한 항과의 관계에서 동일자로 환원되지 않고 계속 타자로 남는 경우에 한해서다. 따라서 이 타자와 관계 맺는 한 항은 본질적으로 이 관계의 출발점이고, 그 관계 속에 들어감에 있어서 상대적으로가 아니라 절대적인 면에서 동일자로 존재하는 것이다. 이를테면 동일자에서 타자로, 타자에서 동일자로의 오고 감이 전혀 불가능하고, 그 사이의 거리도 메워지지 않기 때문이다. 만일 관계 맺음의 구도에서 어느 한 항이 절대적으로 낯선 것이라면, 그에 대한 다른 항도 마찬가지일 것이다. 그 이유는 어느 한쪽이 다른 쪽으로 스며들거나 무화되어 버린다면 이 관계 자체가 와해되어 버릴 것이기 때문이다. 그러므로 절대적 타자와의 관계의 출발점은 오직 나(Moi)라고 레비나스는 말한다.[12]

여기서 동일자(même, 자아)의 동일화는 동어반복의 공허함이나 타자(Autre)에 대한 변증법적 대립이 아니라 에고이즘이 구체적인 것으로 나타난 것이다.[13] 이것은 형이상학이 가능하기 위해서 중요하다. 왜냐하면 변증법적 대립 구도에서 동일자가 단순히 타자에 대립함으로써 자기를 동일화한다면, 그것은 이미 동일자와 타자를 포괄하는 전체성의 일부가 되는 셈이기 때문이다. 그러나 욕망하는 자(형이상학적인 자)와 형이상학적인 것(타자)의 분리는 에고이즘으로서 생산되는 가운데 관계 속에서 유지된다. 레비나스에 따르면 코기토의 분리는 사유 속에 반영되는 것이 아니라 사유에 의해 생산된다.[14] 그 분리는 이 관계의 단순한 이면이 아니다.[15] 다시 말해 이 분리는 형이상학적 관계를 가능하게 하는 근원적인 것이다. 자아의 힘으로는 이 형이상학적 타자와의 간격을 넘어설 수 없다. 형이상학적 타자는 일상적인 세계의 형식을 갖지 않는다. 그 타자성은 동일성의 단순한 이면도 아니고 동일자에 대한 저항에서 형성된 것도 아니다. 그것은 동일자의 모든 주도권과 동일자의 모든 제국주의에 앞선 타자성이다. 한마디로 타자의 내용 자체를 구성하는 타자성을 지닌 타자이며, 동일자를 한계 짓지 않는 타자성을 지닌 타자이다. 그 이유는 동일자를 한계 짓는 타자는 엄격하게 말해서 타자가 아닐 것이기 때문이다. 그 경계의 공통성 탓에 그러한 타자는 체계 내부에 접하고 있을 것이고, 그래서 여전히 동일자일 것이다. 그러므로 낯선 자와 공통 개념을 갖지 않는 나 또한 그와 마찬가지로 유(genre) 없이 존재한다. 그런 의미에서 우리는 동일자와 타자라고 레비나스는 말한다. 여기서 접속어 '와'는 첨가를 가리키는 것이 아니며, 한 항이 다른 항에 미치는 힘을 가리키는 것도 아니다. 레비나스는 이 완전한 분리를 무신론(athéisme)이라고 부른다.[16] 그렇다면 이렇게 철저히 분리된 두 항 사이에서 관계 맺음은 어떻게 가능한 것인가? 레비나스는 동일자와 타자 사이의 관계는 언어, 곧 대화(discours)로서 가능하다고 말한다.[17]

정리하면 타자는 절대적 타자로 있으면서 나와 대화의 관계를 맺을 수 있다. 대화는 나와 타자 사이의 거리를 유지하며, 전체성의 재구성을 방해하는 근본적 분리를 유지한다. 이러한 분리는 초월의 운동을 일으킨다. 그 출발점이 나(moi)이다. 반복해서 말하지만 이러한 주장은 레비나스 철학에서 매우 중요하다. 왜냐하면 전통적으로 서양 철학이 추구해온 존재 이해는 타자를 동일자로 가져오는 존재론이었기 때문이다. 그러한 존재론은 타자에 대한 형이상학적 욕망을 부정하고 외재성의 경이로움을 부정하지만, 레비나스는 외재성에 대한 존경으로서 철학을 주장하기 때문이다. 그의 이론은 자아의 독단론과 자발성을 문제 삼으면서 타자를 동일자로 환원하지 않고, 동일자의 실행을 문제시한다. 그런데 동일자의 자기중심적 자발성 안에서는 행해질 수 없는 동일자에 대한 문제 제기가 타자에 의해서 행해진다. 이렇게 타인의 현전이 나의 자발성을 문제 삼는 것을 레비나스는 윤리라고 한다.[18] 그러므로 레비나스에게는 형이상학적 욕망이 윤리와 연결될 수밖에 없다.

2. 무로부터의 창조와 자연

레비나스에 따르면 성서 창세기에서 신은 인간을 자신과 다른 타자 존재로 창조했음을 밝히고 있다. 존재 자체인 신이 자신에게 없는 무로부터의 세상을 창조했다는 것은 신이 자신과 다른 것으로서의 세상을 만들었다는 것을 증명한다고 레비나스는 말한다.[19] 다시 말하면 무로부터의 창조는 창조에 의해 분리되어 피조된 존재가 아버지에게서 유래했을 뿐 아니라 아버지와 절대적으로 다르다는 것을 의미한다.[20] 이것은 무한이신 신이 스스로가 포함하지 않는 자기 바깥의 어떤 존재를 허용하였다는 것이다. 또 창조되면서 분리된 존재와의 관계를 통해 신의 무한성 자체를 성취한다는 역설이 창조에 숨겨진 무한의 역설이라고 레비나스는 말한다.[21] 따라서 무한과 양립할 수 있는 분리되어 피조된 존재가 인간과 자연이다. 전지전능한 신이 마음대로 할 수 없는 분리된 존재를 창조했다는 것은 피조된 존재들에 대한 신의 선한 의도로밖에 볼 수 없을 것이다. 신이 자신을 떠날 수도 있는 타자로서 인간을 창조했다는 사실은 인간을 그 자체로 완결된 존재로 만들었음을 함축한다. 곧 신의 관여 없이 살아갈 수 있는 무신론적 인간이 가능하다는 것이다. 레비나스에 따르면 심적인 내면성의 차원에서 분리된 영혼은 본래 무신론적이다. 우리는 신 밖에서 자기에게서 살아간다. 또 그에 따르면 우리는 자아이고 에고이즘이다. 무신론을 취할 수 있는 존재로 세웠다는 점이 창조자에게는 큰 영광이라고 레비나스는 말한다. 이 존재는 자기 원인(causa sui)[22]이었던 적이 없으면서 독립적 시선과 말을 가지며, 자기에게서 존재한다. 자기 원인이 아니면서도 자신의 원인에 의해 살아가는 방식을 레비나스는 의지라고 말한다. 그리고 심성(psychisme)은 의지를 가진 존재의 가능 근거이다. 심성은 향유의 요소인 감성으로, 에고이즘으로 분명한 모습을 드러내며, 향유의 에고이즘 속에서 의지의 원천인 에고가 떠오른다.[23]

더욱이 인간뿐만 아니라 세계 요소들(자연)도 무로부터 창조되었으므로 신에 대해 인간과 똑같은 관계에 있다고 보아야 한다. 말하자면 천지창조의 과정 마지막에 창조된 인간은 전체 자연과 함께 살도록 창조되었고, 이렇게 피조된 자연과 인간은 창조자에게 타자로서 존재한다. 따라서 인간이 자기 앞에 마주한 그 자연을 자기 욕구의 대상으로만 삼을 수 없는 이유가 분명해진다. 자연은 신에 의해 인간에게 무한한 타자로서 존립할 근거를 가진다. 자연과 인간(자아), 이 분리된 존재들의 무신론적 독립은 무한의 관념에 대립하여 정립되지 않지만, 무한의 관념과 맺는 관계를 가리킨다. 언급했듯이 이 무한과의 관계는 분리된 존재의 독립에 의해서만 가능해진다. 다시 말하면 무한이 변증법적으로 분리된 존재를 야기하는 것이 아니라 오히려 무한 관념은 무신론적 분리를 요구한다. 왜냐하면 무한이신 창조주는 피조물에게 절대적으로 바깥에 있는 외재성이기 때문이다. 그 역도 마찬가지이다. 그러므로 동일자와 타자 사이의 관계에서 절대 타자로서 무한 관념은 분리를 무효화하지 않는다. 오히려 분리는 무한 관념을 향한 자아의 형이상학적 욕망(초월) 속에서 입증된다.[24]

요약하면 인격적 삶을 부여받은 자아, 즉 아무런 부족함이 없고 어떤 운명으로도 통합되지 않는 무신론을 가진 무신론자인 자아는 타자, 곧 신과 자연의 현전으로부터 그에게 오는 욕망 속에서 스스로를 넘어선다. 이 타자를 향한 욕망은 이미 행복한 한 존재 안에서의 욕망이다. 그래서 레비나스는 타자로의 욕망을 이미 행복한 자의 불행이라고 말한다. 그 욕망은 끝없이 채워도 채워지지 않는 결핍에 대한 것이 아니라 이미 행복한 자아가 가질 수 있는 호사스러운 욕구이다.[25]

Ⅳ. 분리와 노동과 소유

1. 분리의 구조: 뒤에 오면서 앞섬

레비나스에 따르면 분리되어 있다는 것은 분리되어 어딘가에 거주한다는 것이다. 다시 말하면 분리는 어딘가 자리 잡음으로써 확실히 이루어진다. 이러한 분리에서 영혼과 신체는 별개가 아니다. 거주하면서 분리된 존재에게 있어서 신체는 영혼에 우연한 것으로서 붙어있는 것이 아니다. 전통적으로 영혼은 영속성을 가진 것으로, 반면에 개별적인 신체는 사멸하는 것으로서 인식되어왔다. 그러나 분리되어 거주하는 존재 양상에서 비록 나의 신체가 여러 사물 가운데 한 사물로 재현되어 나타나더라도 신체는 공간적이지만은 않은 한 존재의 실존 방식을 이루고 있다. 신체는 기하학적, 물리적 연장에서 벗어나지 않으면서도 한 존재가 분리되어 실존하는 분리의 체제(régime)를 이룬다. 곧 집에 거주하면서부터 분리가 이루어지기 때문에 거주로부터 신체의 연장이 이해되어야 하지 그 반대가 아니라고 레비나스는 말한다.[26] 달리 말하면 공간을 차지하는 신체를 가지고 있다는 것은 구체적으로 집에 거주한다는 사실로부터 이해되어야 한다는 것이다.

그러므로 자아의 동일성은 신체를 가진 자아와 세계의 구체적 관계에서 출발해야만 한다고 레비나스는 말한다. 자아에게 낯설고 적대적인 세계는 자아에게 영향을 미치고, 자아를 변화시키기 마련이다. 그러나 세계와 자아 사이의 참되고 근원적인 관계는 세계 속에 머무르면서 이루어진다. 세계라는 타자를 맞서는 자아의 방식은 세계 속에 자기 집에 실존함으로써 머무르고 자신을 동일화하는 데에 있다. 처음부터 타자인 세계 속에서 자아는 그럼에도 불구하고 토착민이다.[27] 집에 거주하는 자아는 세계 요소들에 잠겨 있으면서도 자신 스스로를 자연에 마주 놓는다. 이를테면 나는 내가 거기에서 요소들을 통해 살아가고 있지만, 그 요소들 또한 나와 맞서 있는 것이기도 하다. 나와 타자(요소)와의 분리는 이런 식으로 생산된다.[28]

이러한 분리는 재현적 사유의 특징인 지성주의적 거리두기와는 다르다. 엄격한 지성주의의 요구는 삶을 재현에 종속시킨다. 말하자면 의욕하기 위해서는 의욕하는 것을 미리 재현해야 하고, 욕망하기 위해서는 욕망의 목표를 재현해야 하며, 느끼기 위해서는 느낌의 대상을 재현해야 하고, 행위하기 위해서는 행해야 할 바를 재현해야 한다. 그러나 레비나스의 견해에 따르면 대상에 대한 냉정한 관조로부터 의욕, 욕망, 느낌, 행위의 목적성을 도출하는 것은 불가능하다. 삶에 대한 재현은 이론적으로 차후에 이루어지는 것이다. 이론적인 것은 요소의 향유와 노동과 뒤섞이지 않는다. 즉, 요소 속에 파묻혀 비-아(non-moi)가 갖는 직접적인 향유나 요소를 포착하고 획득하는 노동은 이론적인 관조와는 거리가 멀다. 이론적 관조는 단지 피상적으로만 이 삶의 에너지를 표현할 뿐이다.[29] 중요한 것은 재현이 삶에 의해 조건 지어진다는 것이다. 재현이 추구하는 초월의 요구는 존재 속에 이미 뿌리박혀 있는 삶을 끊임없이 허위로 드러낸다. 재현은 현실 속의 이 삶을 사후(事後)에 재현하고자 하며, 이로써 현실 자체를 구성하고자 한다.

한나 아렌트가 지적하듯이 행위와 언어는 외적으로 인지할 수 있고 인간 존재를 표명하지만, 그 기반이 되는 사유와 함께 그것의 실재성은 절대적으로 타인의 현존에 의존한다. 즉, 행위, 언어, 사유가 사실, 사건 그리고 어떤 사상이나 관념으로서 실재성을 획득하려면, 그것을 기억하는 타인이 현존해야 하고 또는 기록이나 문서 등의 사물로 변형시킬 수 있어야 한다. 그러한 사물화가 없다면, 살아있는 활동으로서의 행위, 언어, 사유는 그 과정이 끝나는 순간 실재성을 상실하고 사라져 버리게 된다.[30] 이런 맥락에서 보면 인간 영혼은 신체라는 사물화를 필요로 한다. 그렇지 않다면, 영혼의 사유는 마치 존재한 적이 없었던 것처럼 사라져 버릴 것이다. 그런데 사물화를 통해 실재성과 영속성을 갖게 되는 것과 삶을 재현하는 것은 전혀 다른 차원이다. 삶을 재현한다는 것은 행위, 언어, 사유 등의 매개를 통해 삶을 사후에 표명하는 것이다. 따라서 삶과 그것을 재현하는 매개체는 지속적으로 있는 것인 반면, 재현 자체는 사후적으로 이루어진다. 즉, 삶의 재현은 그것을 재현하기 위해 모종의 매개를 통해 삶을 추상적으로 단절시킨 것이다.

사후에 구성되는 재현과 달리, 분리는 어떤 경우에서건 추상적 단절로 해석되어서는 안 된다. 재현의 방식은 집에 거주하는 자가 그 장소에서 뿌리 뽑힘을 근본적인 특징으로 갖는다. 그러나 집에 거주하는 자아는 요소들에 잠겨 있으면서 동시에 자연 앞에 마주하여 자리 잡는다. 내가 마주하고 있는 요소들은 또한 내가 거기서 살아가고 있는 것이기도 하다. 곧 세계의 한 장소에 집을 짓고 벽과 문과 창문을 통해 경계지어 살면서 요소들을 향유한다는 이 사실은 뒤에 이루어지지만 앞서는(antérieure postérieurement) 것이라고 레비나스는 말한다. 곧 삶을 사후적으로 단절시키는 재현과 달리, '뒤에 오면서 앞섬'은 분리의 존재론적 구조이다. 이 분리의 구조는 분리의 생산이 시간과 결부되어 있다는 점을 보여준다. 즉, 분리는 삶 가운데 있으면서 시간 속에서 자체적으로 생산되는 것이지, 회상처럼 우리에게 나중에 부차적으로 생산되는 것이 아니다. 재현은 단지 이러한 분리의 존재론적 구조를 드러낸 것일 따름이다.[31]

2. 세계와의 관계: 재현이 아니라 소유

재현은 동일자가 타자에 의해 규정되지는 않으면서 타자를 규정하는 것이다. 이 정의에 의하면 재현은 항들이 맺는 상호적 관계를 배제한다. 그러므로 내가 향유하고 사는 것을 재현한다는 것은 내가 그것들과 상관없이 밖에 있다는 뜻이 될 것이다. 그러나 현실적으로 나는 내가 살아가는 그 공간을 떠날 수 없다. 그렇다면 내가 할 수 있는 유일한 것은 그것을 소유하는 것이라고 레비나스는 말한다. 이때 사물들을 소유한다는 말은 사물 곁에 있는 것과 사물로부터 물러남을 변증법적으로 의미하는 것이 아니다.[32] 여기서 소유는 내가 세계와 맺는 관계를 의미한다. 한마디로 세계 요소들의 불확실성이 나와의 소유관계를 통해 사물로서 실체성을 획득하게 된다. 한나 아렌트가 지적하듯이 자연 세계에서 인간 존재들의 탄생과 죽음이 없다면, 무한 반복되는 불변의 영원회귀 외에는 어떤 것도 존재하지 않을 것이다. 자연의 산물들은 인간의 세계로 들어갈 때만 개별적 사물로 생각될 수 있다.[33] 이런 뜻에서 의미 없이 거저 있는 세계 요소들은 나와 소유관계를 맺음으로써 의미를 갖게 된다. 이것은 집에 거주하는 존재에게만 가능하게 된다고 레비나스는 말했다. 왜냐하면 거주로부터 출발하는 소유는 단지 세계 요소를 향유하는 것과는 구분되기 때문이다. 이를테면 거주의 상태와 달리 향유는 비분리의 상태이며 비아(non-moi)의 단계라고 할 수 있다.

향유하는 자아가 집을 짓고 요소들을 소유하기 위해서 하는 노동은 향유하는 자아를 고양시키지만, 반면에 요소(존재자의 존재)를 중립화하고 요소의 독립성을 중지시킨다. 이러한 중지에 의해 소유는 존재자의 존재를 함께-잡으며/이-해하며(com-prendre) 사물을 출현케 한다. 이런 의미에서 물질의 가늠할 수 없는 모호성에 접근하는 방식은 무한의 관념이 아니라 노동이라고 레비나스는 말한다.[34]

3. 거주와 노동: 신체적 삶과 시간

이러한 맥락에서 자기 집에 거주한다는 것은 세계의 요소들과 거리두기이면서 자기 자신에 집중하는(se recueillir) 것을 의미한다. 거기서부터 세계 요소와의 관계 맺음인 노동이 가능하게 되고 세계를 발견하게 된다. 타인을 받아들이는 환대도 철저한 분리를 전제한다. 달리 말하면 분리는 타자를 맞아들이는 환대의 조건이다. 곧 분리에서 확인할 수 있는 근본적 타자성이 없다면 맞아들임도, 환대도 없을 것이다. 그러므로 자기 집에 있음은 문 닫기를 뜻하는 것이 아니다. 그것은 타자의 초월을 향한 욕망의 자리를 뜻한다. 즉, 근본적으로 분리되어 있는 타자를 욕망할 수 있는 장소가 집이다. 집에 거주한다는 사실에서 인간이 뿌리내리고 있는 자연적인 것이라고 주장할 만한 것은 아무것도 없다. 인간은 다만 '자신의' 집에 받아들여져 머물고 있는 것일 뿐이다. 즉, 레비나스에게 집, 가정, 거주는 자연적인 것이 아니라 선택에 의해 할당된 것이다. 그러므로 자기 집에 있음이 문 닫기를 뜻하는 것이 아니듯이 세계 요소와의 분리는 고립을 뜻하는 것이 아니다. 오히려 분리는 노동과 소유를 가능하게 한다. 분리와 노동과 소유는 인간이 자연과 맺는 관계를 의미하는데 이것은 일종의 종속 관계가 아니다. 이 관계 맺음은 자연이 인간에게 분리된 타자임을 전제하고 이것은 자연이 인간을 초월한 무한자임을 함축한다. 결과적으로 집에 거주하는 것은 세계 요소에의 몰아적 향유를 중지시킨다. 이러한 중지는 요소들과 맺는 자아의 관계를 무화시키지 않고 오히려 분리를 통해 자연 요소들의 타자성을 드러낸다. 즉, 거주의 기능은 몰아적 요소의 충만함을 중지시키고 자신이 분리되어 나온 요소에 대해 자기식의 관계 맺음을 가능하게 한다.

이제 요소들은 취하든지 버리든지 자아의 처분에 놓인다. 그럼으로써 노동은 요소들에서 사물들을 추출할 것이고 그렇게 하여 세계를 발견할 것이다. 이러한 원초적 포착(com-prendre), 노동의 지배력은 사물들을 야기하고 자연을 세계로 변형시킨다. 이 지배력은 사건의 관조와 마찬가지로 자아가 자신의 거주 안으로 스스로를 거둬들인다는 것을 전제한다. 다르게 말하면 노동할 수 있는 힘은 집에 거주하면서 자기 자신에 대한 묵상으로부터 나온다고 해석할 수 있다.[35] 레비나스는 거주 안에서 머묾에 의해 성취되는 새로운 상황이 이 안에서의 힘(en-ergie)으로부터 나온다고 말한다. 한마디로 세계의 잠재적 탄생은 추상적 사유에 의해서가 아니라 거주로부터 생산된다. 그러므로 한 존재에게 자기 집을 짓게 하고 그에게 내면성을 열어주며 그것을 보장해 주는 운동은 타자와 분리된 존재로 하여금 스스로를 거둬들이게 하는(돌아보는) 운동 속에서 구성된다.[36]

한편 향유는 시간도, 염려도 없는 천국과 같은 것이다. 거기에는 능동성과 수동성이 구분이 되지 않는다.[37] 향유는 바깥으로부터 기인하지만, 전적으로 지배력(souveraineté)을 가진다. 향유의 지배적 주권은 어떤 것으로부터도 영향을 받지 않는 자기 원인의 자유도 아니고, 그렇다고 하이데거식의 바깥으로 내던져져 있음(Geworfenheit)의 상태도 아니다. 즉, 내던져져 있으면서 타자로부터 고통받는 상태가 아니라 거기서 숨 쉬고 보고 느끼는 즐거움 속에서 만족해하고 타자를 통해 기쁨을 누리는 것이다. 그런데 그 기쁨의 터전인 타자(요소들)는 애당초 인간을 위해 있는 것도, 그에 반해 있는 것도 아니다. 이 향유의 최초 관계는 '타자'의 억압도 아니며, 타자와의 화해도 아니다. 어떤 떠맡음도 이 관계를 특징짓지 못한다. 그러나 향유 속에서 자아는 환경에 영향을 받는다는 점은 분명하다. 말하자면 향유하는 존재가 향유 속에서 스스로 그 자신이 아닌 것에 의해 규정된다는 점을 발견할 수 있다. 곧 향유의 존재는 환경의 산물로서 나타난다. 다만 그 존재는 충족된 채 향유 속에 잠겨 있다. 레비나스는 이 상태를 토착성(autochtone)이라고 표현하는데, 이것은 주권의 속성을 나타내면서 동시에 복종의 속성을 보여준다. 이 두 속성은 동시적이다. 이 토착성은 소리 없이 침투하는 중독성처럼 삶에 스며든다. 여기서 삶이 내부로부터 소외되는 것을 본다. 말하자면 토착적 삶 속에서 자유는 애매한 것으로 드러난다. 이 애매함을 살아가는 실존의 형태가 신체이다. 결과적으로 향유하는 주인은 타자에 대한 의존으로 살아간다. 그러므로 타자로부터 영양을 공급받는 향유의 주권은 요소들의 배반의 위험을 감수한다. 마치 땅을 적시는 단비가 계속되면 홍수로 범람하는 것과 같다.

그러므로 자연 속에서 살아가는 인간이 자연과 관계 맺음을 주권과 복종의 역설로 표현할 수 있다면, 그렇게 살아가는 실존의 형태가 신체적 삶이다. 그 신체는 충족적인 고유한 신체일 뿐 아니라 물리적 힘들이 작용하는 장이다. 신체로 사는 삶은 신체-주인이 신체-노예로 전도되는 것이 언제나 가능하다는 것을 증언한다. 예를 들자면 건강한 몸이 병든 몸으로 바뀔 수 있다. 그러므로 신체로 있다는 것, 그것은 한편으로는 스스로를 유지한다는 것이고, 다른 한편으로 타자에 의존하고 있다는 것이다. 결과적으로 자신의 신체로 인해 불편하다는 것이다. 그러나 역설적으로 이러한 불편은 행복을 낳는다. 살아남기 위해 내 실존에 필요한 것은 내 실존을 흥미롭게 한다. 가령 피로를 느낄 때 갖는 휴식 시간이 재충전의 시간을 의미하듯 신체로 인한 고통 속에서 나는 즐거운 독립으로 나아가며 내 실존을 내면으로부터 이끌어 낸다. 달리 말하면 자기 자신과 다른 것으로 살아가면서 자기 자신이라는 것, ~로 산다는 것은 신체적 실존 안에서 구체화된다.[38]

정리하면 자기와 다른 것들 가운데서 살아가면서 자기 집에 있다는 것은 신체를 가지고 있다는 것으로 구체적으로 드러난다. 자기 자신과 다른 것이면서 자기 자신으로 구체화되는 것이 신체적 삶이다. 또 무엇으로서 산다는 것이 신체적 실존을 통해 구체화 된다. 마치 사유가 문자로 기록될 때 구체성과 실재성을 획득하듯이 신체적 삶 속에서 사유는 육화된다. 달리 표현하자면 '육화된 사유'(la pensée incarnée)는 욕구의 행복한 의존 속에서 자신의 독립을 확증하는 분리된 실존으로서 생산된다. 그러므로 분리에 있어서 사유와 신체 중 어느 것도 결정적 우위에 있지 않으며, 이 둘의 동시성이 신체적 삶을 구성한다.

언급했듯이 집에 거주하는 것은 요소의 획득과 노동을 가능하게 함으로써 향유 속에서 나타날 수 있는 요소들의 배반을 중지시키거나 연기시킨다. 이렇듯 삶의 불안전성을 잠정적으로 멈추게 하면서 집에 거주하는 것은 삶이 침몰할 위험에 놓이는 시한을 끝없이 연기하는 것이다. 이를테면 죽음을 의식하는 것은 그 종말에 대해 본질적으로 무지한 채 죽음을 끝없이 미루는 것이다. 그런데 거주함으로써 위험이 닥치는 것을 미루는 이러한 연기에서 노동하는 신체로서의 향유가 시작된다. 그리고 이 연기가 시간의 차원 자체를 연다. 이것은 거주하는 존재가 세계 속의 다른 사물들과 구별되는 이유이기도 하다. 앞서 언급했듯이 세계에서 태어나고 죽는 개인이 없다면, 세계에는 불변하는 영원회귀 외에 어떤 것도 존재하지 않을 것이라고 한나 아렌트는 말했다. 자연 세계의 지속 속에서 '삶'이라는 말은 탄생과 죽음 사이의 시간적 간격을 지시할 때 다른 의미를 가진다. 즉, 영원히 반복되는 생물학적 과정의 순환 속에서 탄생과 죽음의 직선적 시간은 사건들로 가득 찬 삶의 출현과 소멸을 의미한다. 이것을 아리스토텔레스는 단순한 생명을 의미하는 조에(zoe)와 구별해서 실천(praxis)으로서의 삶(비오스, bios)이라고 불렀다.[39] 레비나스는 이 삶의 시작과 종말에서 죽음을 끝없이 미루는 의식이 시간의 차원을 연다고 말한다. 노동과 향유가 생존의 필연성에서 벗어나 있지는 않지만, 언제 닥칠지 모르는 종말의 도래를 부단히 연기한다. 죽음에 대한 의식은 그 기한에 대한 본질적인 무지 속에서 죽음을 끝없이 미루는 의식이다. 다시 말하면 노동하는 신체로서의 향유는 이런 최초의 연기에 자리 잡는데, 이 최초의 연기가 시간의 차원 자체를 연다고 레비나스는 말한다.[40]

삶의 과정 속에서 기다림은 불가피하다. 그것은 한편으로 거주자에게 또 다른 고통으로 다가온다. 이 기다림의 인내는 순수한 수동성이면서 그 지속에 대한 열림이고 미룸이다. 이 인내 속에서는 실패의 임박함과 실패에 대한 거리가 공존한다. 달리 말하자면 소멸에 임박해서 소멸과 거리두기를 삶 속에서 지속하는 것이다. 이러한 소멸과 지속 사이에 놓여 있는 신체의 애매성이 곧 의식이라고 레비나스는 말한다. 여기서 말하는 신체는 물리적으로 장소를 차지하고 있으면서 자연의 필연성에 따라 소멸되는 신체만을 의미하는 것이 아니다. 지속되는 반복의 주기 안에 있으면서도 삶을 머물게 하고 연장시키는 노동하는 신체, 곧 나의 고유한 신체를 함축한다. 거주는 이 모든 것을 가능하게 한다. 또한 삶이 노동을 통해 획득하고 사용하는 세계는 물질적 세계이면서 노동은 죽음을 유예하는 익명적 힘들의 놀이로 해석될 수 있다. 그러나 거처를 가진 존재가 물질적 세계의 사물들과 구별되는 것은 바로 그 자신에게 그 유예를 허락하기 때문이다. 곧 나의 신체를 통해 노동을 하면서 나의 종말을 늦추기 때문이다.[41]

4. 노동과 집의 의미

집에 거주한다는 것은 '~으로 사는 삶'을 가능하게 한다. 이를테면 여자/남자로, 부모/자식으로, 선생/학생으로 사는 삶은 신체와 세계 사이의 상호 작용 문제와 관련된다. 특히 노동은 이렇게 '~로 사는 삶'을 가능하게 하는 활동이다. 그런데 이 '~로 사는 삶' 속에서는 자기 원인(causa sui)으로서의 자유라는 도식은 찾아보기 어렵다. 여기서 레비나스가 삶의 자발성에 대해 문제 삼는 것은 아니지만, 실상 집에 거주하면서 삶이 타자와 맺는 관계에서 갖는 자유는 내용이 없는 자유다. 왜냐하면 삶이 근원적이라면, ~로 산다는 것은 그 삶에 연루된 것으로서 그 안에서 가질 수 있는 자유는 부차적일 뿐이기 때문이다. '~으로 산다'는 것은 스스로를 상실할 수 있는 위험에 노출되어 있다. 그에 반해 삶 자체는 스스로 방어하고 자기 집에 거주하는 것으로 세계에 항시 있다. 이때 세계의 실재적 요소와 '~으로 사는' 삶을 연결하는 작은 고리가 되는 것이 신체이다. 신체는 세계를 포착하고 노동을 가능케 하는 것이다. 그러므로 자유롭다는 것은 독립적이고 자기 원인으로서의 자유를 의미하는 것이 아니라 신체를 가지고 노동을 하면서 우리가 자유로울 수 있는 세계를 건설하는 것이다. 즉, 물리적 실재인 세계 요소와 마주하고 있는 존재는 자기 집에 거주하면서 노동이라는 형태로 '~로 사는 삶'으로써 세계와 관계 맺는 가운데 자유로울 수 있다. 이러한 사실을 통해 의식이 단순히 신체로 전락하지 않는다는 것을 알 수 있다. 달리 표현하면 인간은 노동을 하면서 물리적 결정론으로부터 벗어난다. 노동하는 거주자에게 의식은 신체로 환원되지 않는다. 언급되었듯이 사유가 신체적 삶 속에서 육화(la pensée incarnée)된다고 할지라도

의식(conscience)은 육화되지 않는다. 오히려 의식은 탈육화(désincar-nation)라고 레비나스는 말한다. 곧 물리적 신체의 신체성(corporéité)을 미루는 것이 의식이다. 한편, 의식이 미루는 신체성은 추상 속에서가 아니라 거주와 노동의 전적인 구체(具體)로서 생산된다.

그러므로 의식을 갖는다는 것은 신체를 가진 삶의 양태와 같이 홀로 존재하는 것이 아니라 세계 여러 존재하는 것들과 관계를 맺는 것이다. 곧 '~로 사는 삶'을 통해 신체가 세계와 맺는 관계와 달리, 연기와 유예의 형태로 우리가 정착하고 있는 요소에 대해 관계를 맺는 것이다. 즉, 존재하는 것들이 현재 완결된 것이 아니라 연기와 유예의 형식으로 아직 성취되지 않았다는 듯이 관계한다는 것이다. 그러므로 의식을 갖는다는 것은 다름 아니라 시간을 의식하는 것이다.[42] 그것이 요소들의 미래와 관계 맺듯이 거주의 모든 자유는 거주자에게 언제나 남아 있는 시간에 연결되어 있다. 그 가운데 시간은 환경이 가지고 있는 파악 불가능한 틀과 관계한다. 실상 집에 거주하면서 안전하게 거리를 둔 요소라고 할지라도 그것이 자아를 위협하는 일이 얼마든지 일어날 수 있다. 그런 일은 오직 미래에만 일어난다. 현재는 위험에 대해 의식할 뿐이다. 그때 규정되지 않은 요소의 미래가 파악 불가능한 환경의 틀에 연루되어 전형적인 감정인 두려움을 불러일으키게 된다. 하지만 이것이 역으로 시간을 이용할 수 있는 가능성이 된다. 이때 노동은 현재와 거리를 두면서 미래를 결정하는 의지를 특징짓는다. 말하자면 요소로부터 위협당하지만, 그 위협을 예방하기 위해 시간을 이용하는 존재를 특징짓는 것이 노동이다. 결과적으로 무언가를 의욕한다는 것은 위험을 예방한다(prévenir)는 것이고, 미래를 생각한다는 것은 불상사가 일어나지 않도록 미리 예방하는(pré-venir)[43] 것이다. 한마디로 노동한다는 것은 자신의 쇠퇴를 지연시키는 것이다. 여기서 신체의 애매성을 발견할 수 있다. 곧 노동하는 거주자는 오직 신체를 가지고 타자와 관계 맺는 자인 동시에, 시간을 의식하면서 나와 관계 맺는 타자가 나와는 전적으로 다른 타자라는 것을 아는 자이다.[44] 이런 의미에서 자아는 언제나 저편이 아닌 이편에서(d'en deça), 즉 바깥이 아닌 내부로부터 온다고 레비나스는 말한다.[45] 다시 말하면 자연의 지속성과 위협에 대항해 생존의 필요에 따라 노동하지만, 거기에서 그치는 것이 아니라 세계(타자)와 관계 맺는 주체로서 자신과 세계(타자)를 발견하고 만들어가는 과정이 노동이다. 그러므로 한나 아렌트가 꼬집듯이 노동이 자연의 과정에 맞서서 세계를 보존하기 위해 매일 반복되는 일상적 싸움이라고 하더라도,[46] 레비나스는 노동이 자발적이고 존재론에 앞서는 세계를 만나는 하나의 존재 방식임을 말한다. 그런데 오늘날 노동의 가치를 돈으로 환산해서 그 양으로 노동을 평가하는 것은 레비나스의 존재론에 따르면 비자발적이고 산업자본주의가 낳은 결과라고 보아야 할 것이다.

정리하면 노동과 신체의 의미는 세계와 집의 관계로부터 확인된다. 세계는 우리가 소유하고 획득하고 내적인 것으로 삼아야 할 것인데, 이것은 집에 거주하면서 가능해진다. 이러한 자기중심적인 최초 경제 활동은 초월도 아니고 표현도 아니다. 노동은 실체들을 재화로 취하는 것이다. 이 재화들은 운반 가능하고 비축되며 집에 저장되는 것이다. 따라서 세계로의 접근은 거주의 유토피아를 출발점으로 삼아 공간을 두루 돌아다니며 세계 요소들을 포착하고 가져오는 운동 속에서 생산된다. 이로써 어떤 것에도 결부되어 있지 않은 요소의 불확실한 미래는 집의 네 벽 사이에 고정되고, 소유되면서 진정되고 중지된다. 소유는

노동의 산물을 시간 속에서 영속하는 것으로, 즉 실체로 정립한다.[47]

그러므로 레비나스 철학에서 물질의 가늠할 수 없는 모호성에 접근하는 방식은 무한의 관념이 아니라 노동이다. 언급했듯이 노동을 통해서 세계를 획득하고 자기 것으로 소유하면서 세계와 관계를 형성하는데 이것은 집에 거주한다는 사실로부터 일어난다. 따라서 집은 기타 소유물과 다르다. 소유를 정초하는 집은 소유 가능한 것들과 동일한 의미에서의 소유물이 아니다. 집이 소유되는 것은 집이 이미 그 소유자를 환대하기 때문이라고 레비나스는 말한다. 이것이 우리를 그 집에 거주하는 거주자로, 맞아들여지면서 맞아들이는 자로 만드는 집이 가진 본질적 특성이다.[48] 이것이 신체적 실존 속에서 ~로 살아가는 분리된 존재를 생산하는 집의 독특성이다. 그러므로 집의 주인이 되는 것과 그 집에서 거주자로 사는 것은 다른 의미이다. 레비나스가 말하는 거주지로서의 집은 투자할 대상으로서의 집이 아니다. 집을 가진다는 것은 집에 거주함으로써 세계에서 한 주체로서 자기 삶을 영위한다는 것을 의미한다. 그러므로 집은 세계에서 한 개인으로 살아가기 위한 존재의 기반 같은 것이다. 따라서 집을 삶의 영위를 위해서가 아니라 경제적 이윤을 위해서 도구화하는 것은 집의 본질적 의미를 벗어나는 것이다. 아무리 자본주의가 심화된다고 해도 레비나스가 말하는 집의 의미가 퇴색되지는 않을 것이다. 고대 그리스인들이 자기 몫을 넘어서 타인들이 가져가야 할 몫까지 넘보는 것을 탐욕[49]이라고 보았다면, 지금도 여전히 자기 이익을 위해 집의 의미를 수단화하는 것은 그러한 비판에서 자유롭지 못할 것이다.

V. 나가는 말

글머리에서 언급했듯이 이 글은 자연을 대하는 근대적 사고방식을 넘어서는 레비나스의 통찰에 의거해서 현대 자본주의 사회에서 물질로 환원되지 않는 삶의 양식과 집의 가치, 노동의 의미 등을 살펴보았다. 글을 마치며 사족을 덧붙인다.

안데르센의 단편 동화 〈성냥팔이 소녀〉는 어린 시절 누구나 접하게 되는 이야기이다. 소설의 배경이 12월의 추운 겨울인데 신발도 없이 누더기를 걸치고, 성냥을 구걸하듯 팔고 있던 어린 소녀가 동사하는 장면은 비참한 현실에 대해 일갈하는 바가 있다. 창문을 통해 들여다본 따뜻한 집의 크리스마스트리와 만찬이 소녀의 마지막 성냥불의 환상으로 나타났다. 소설은 집안의 사람들이 창밖을 내다보기만 했어도, 몸을 녹일 수 있는 잠깐의 환대만 있었더라도 소녀의 비참한 죽음은 막을 수 있었을 것이라는 안타까움을 남긴다.

성서는 이러한 안타까움에 대해 단도직입적으로 말한다. 자기 집 앞에서 구걸하다 죽은 거지를 지옥에서 만난 부자 이야기에서다.[50] 그 부자는 부자라는 것 외에 어떤 잘못도 없었다. 단지 그가 지옥에 간 이유는 자기 집 앞에서 구걸하던 거지가 죽었다는 것이다. 성서는 자기 집 밖으로 나가지 않은 부자의 무관심이 문제임을 지적한다. 레비나스의 사유를 따라가다 보면, 성냥팔이 소녀의 죽음의 원인과 부자의 잘못이 무엇인지 발견할 수 있다. 그것은 자기 집에 거주하는 자아가 자기 밖으로 나가는 자발적인 운동을 스스로 차단했다는 것이다. 레비나스의 존재론에 따르면 세계 요소 속에서 향유하면서 살아가는 존재가 집에 거주하면서 노동과 소유를 통해 세계와 관계를 맺을 때, 그 주체인 자아는 타자를 향하게 되어 있다.[51] 그렇지 않다면 레비나스의 존재론이 윤리학으로 귀결되는 일은 없었을 것이다. 그에 따르면 주체의 실체화(hypostase)에서 더 이상 존재의 용어로 말해지지 않는 절대적인 것의 바깥(en-dehors)을 우리는 예감한다. 우리가 주체를 말함으로써 사유할 때, 최종적으로 말함이 나아가는 곳은 주체에 의해 주제화되거나 전체화된(동일화된) 존재 너머다.[52] 그럼에도 집(자아) 밖으로 나가지 않는 것, 그럼으로써 타자의 고통에 무관심한 것은 인간의 고차적인 본성(형이상학적 욕망)을 거부하는 것이며, 윤리적으로는 나의 자발성을 문제 삼는 타인의 현전[53]에 대해 응답하지 않는 것이고, 종교적으로는 초월자를 믿지 않는 것이다.[54]

> 내가 주릴 때에 너희가 먹을 것을 주지 아니하였고 목마를 때에 마시게 하지 아니하였고 나그네 되었을 때에 영접하지 아니하였고 헐벗었을 때에 옷 입히지 아니하였고 병들었을 때와 옥에 갇혔을 때에 돌보지 아니하였느니라 하시니 그들도 대답하여 이르되 주여 우리가 어느 때에 주께서 주리신 것이나 목마르신 것이나 나그네 되신 것이나 헐벗으신 것이나 병드신 것이나 옥에 갇히신 것을 보고 공양하지 아니하더이까. 이에 임금이 대답하여 이르시되 내가 진실로 너희에게 이르노니 이 지극히 작은 자 하나에게 하지 아니한 것이 곧 내게 하지 아니한 것이니라 하시니 그들은 영벌에, 의인들은 영생에 들어가리라 하시니라.[55]

참고문헌

김도형. “레비나스, 시간 그리고 역사(1) — 레비나스에서 시간의 문제” 「철학연구」 제159권(2021).

김선하. “레비나스의 자아론: 타자로서 자기자신” 「현대유럽철학연구」 제64집 (2022).

김헌중. “책임, 세계, 제삼자 — 레비나스의 철학에서의 얼굴 너머” 「현상학과 현대철학」 제94집(2022).

데리다, J./문성원 옮김. 『아듀 레비나스』. 문학과지성사, 2016.

스피노자/강영계 옮김. 『에티카』. 서광사, 1990.

아리스토텔레스/이종훈 옮김. 『형이상학』. 동서문화사, 2019.

_______/천병희 옮김. 『니코마코스 윤리학』. 숲, 2018.

한나 아렌트/이진우 외 옮김. 『인간의 존건』. 한길사, 2000.

Levinas, E. *De l'existence à l'existant*. Librairie Philosophique J. Vrin, 1963. (서동욱 옮김. 『존재에서 존재자로』. 민음사, 2003.)

_______. *Le Temps et l'autre*. fata morgana, 1979. (강영안 옮김. 『시간과 타자』. 문예출판사, 2001.)

_______. *Autrement qu'être ou au-delà de l'essence*. La Haye: Marinus Nijhoff, 1974. (문성원 옮김. 『존재와 달리 또는 존재성을 넘어서』. 그린비, 2021.)

_______. *Totalité et Infini -Essai sur l'extériotite*. Martinus Nijhoff, 1971. (김도형 외 옮김. 『전체성과 무한 — 외재성에 대한 에세이』. 그린비, 2018.)

인간 중심주의를 넘어 연결된 존재로서의 여성으로 거듭나기

최순양

감리교신학대학교 객원교수

I. 들어가는 말

여성을 여성이 되게 하는 방식은 인식론적으로 여성이라고 지칭하는 방법과 여성이 지니고 있는 현실적 특징(혹은 여성의 몸이라고 하는 현존 자체가 보이는 특징)을 일컬어 여성이라고 지칭하는 방법으로 크게 두 가지로 나눌 수 있다.

인식론적으로 여성을 정의 내리고 지칭하는 관점이 가진 문제점은 여성을 서구 백인 남성의 타자로 인식한다는 것이다. 즉, 서구 백인 남성이라고 하는 주체로 일반화된 존재의 반대적 특성을 가진 존재로 대치시켜서 이해한다는 것이다.

생태여성주의도 여러 흐름이 있겠지만 그중에 남성과 여성을 이분법적으로 나누었던 서구 형이상학의 분류법을 그대로 따르는 방식이 있다. 이들은 남성은 문명화되고 이성적 존재이며 합리성을 지니고 있다고 본 휴머니즘을 적용하여 여성들은 이들과 반대로 자연에 가깝고 이성적이기보다는 감성적이고 비합리적이라고 간주하는 그 인식론을 여성에게 여과 없이 적용시킨다. 이들은 '휴머니즘적 페미니즘'을 따르고 있다고도 볼 수 있다. 즉, 인간은 보편적 존재이며 개체 인간은 모두 공통적 특징을 가지고 있다고 전제한다. 보부아르 같은 여성을 해방하고자 하는 철학적 전제를 발전시킨 이들도 여성은 모든 여성으로 대변되어야 한다고 보았다.

생태계의 파괴나 인간의 동물에 대한 폭력의 문제를 고민할 때도 이러한 휴머니즘적 페미니스트들은 생태계를 파괴하고 제국주의적 착취를 감행한 것은 이성적이고 합리적이라고 간주된 남성들이었기에 자연에 가까운 여성들은 착취와 파괴를 감행하지 않고 돌봄과 평화를 불러올 수 있다고 간주하였다.

그러나 문제는 인간 중심주의, 즉 인간은 이성적이고 합리적인 동물이라고 간주하든, 혹은 돌봄적이고 평화적 여성을 인간으로 간주하든 이러한 전제는 결코 생태계, 즉 비인간 존재와 인간이 평화로운 관계를 구축하는 데 도움이 되지 않는다는 것이다. 오히려 인간의 죽음, 인간은 이제 스스로 그림자를 드러내고 있다고 하는 문제의식과 자각이 인간이 아닌 존재들과의 관계를 논하는 데 있어 더 희망적일 수 있다.

따라서 이글에서 필자는 여성과 자연을 남성의 타자로 부정적으로 바라보았던 이분법적 인식론을 극복하면서 여성을 '되어가는' 존재로 상상하면서 어떻게 비인간 존재들과 연결된 존재로 새롭게 인식할 수 있을 것인가에 대한 논의를 해 보고자 한다.

이를 위해 먼저 생태여성주의가 아직도 여전히 이분법적 차이를 근거로 여성을 상정하고 있으며, 그렇기 때문에 배태되는 문제는 무엇인가를 살펴보고, 이를 극복하기 위해 등장한 차이의 페미니즘에 대해서 살펴볼 것이다. 소위 포스트휴먼 페미니스트라고 할 수 있는 로지 브라이도티와 도나 해러웨이의 논의들을 통해서 여성들이 어떻게 인간중심주의적 인식론을 넘어 인간과 비인간의 경계를 흐트러뜨리고 연결된 존재로 스스로를 자각해 나갈 수 있는지에 대해서 서술해 보고자 한다.

II. 생태여성주의에 대한 개괄과 그 문제점

1. 생태여성주의 중 급진주의 페미니즘의 주장

생태여성주의 운동은 자연이 문명과 분리되고 (자연) 환경이 오염되면서 생태계 보호의 필요성이 늘어남과 동시에 이러한 이슈들을 여성주의와 연관 지어 이해하면서 등장했다고 볼 수 있다. 제일 먼저 제도와 규범의 개혁을 주장하면서 생겨난 자유주의 페미니즘은 가부장적인 사고방식을 고민하면서 등장했지만, 여성과 생태의 연관성을 심각하게 고민하기 시작한 것은 급진주의 페미니즘(Radical feminism)이라고 볼 수 있다.

이들은 소위 남성성과 여성성에 대한 탐구를 하면서 여성성이 남성성에 비해 열등한 특징으로 평가되었다고 보면서 이런 점에서 문명에 대한 생태, 남성성에 대한 여성성은 그 궤도를 같이하여 왔다고 파악하였다.

사회에서 노동의 가치로 높게 평가되는 남성의 역할에 비해서 노동의 가치로 전환되지 않는 여성의 사적인 노동, 즉 출산과 양육의 역할이 자연의 특징과 크게 다르지 않다는 것이다. 따라서 생태여성주의에서는 이토록 저평가되어왔던 여성성과 자연은 그 가치가 재평가되어야 하며, 남성성과 여성성, 공적인 영역과 사적인 영역, 인간의 영역과 자연의 영역이 동등하다고 여겨져야 한다고 주장하였다.[1]

급진주의 페미니즘은 여성의 생물학적 특징이라고 사회에서 인식해왔던 출산과 양육이 자연의 생명력과 유비될 수 있다고 보고, 이에 대한 우월한 가치를 부여하고자 했다. 나아가서 여성성의 특징, 즉 생명을 탄생시키고 키우며 돌보는 역할이 자연의 가치를 재평가하는 잠재력을 지닌다고 하였다.

이들이 이러한 주장을 하는 이유는 여성이 출산과 육아를 담당하면서 남성보다는 자연의 기능, 즉 생명의 탄생과 돌봄과 비슷한 역할을 해 왔다는 것이다. 그러나 이러한 견해의 문제점은 여성이 곧 자연과 같다고 보는 본질주의적 시각이 아니라 해도 남성과 여성을 구별해서 남성보다는 여성이 더 출산과 양육에 적합하다고 하는 시각을 재생산하기 때문이다. 이들이 말하는 여성성은 자연을 닮을 '여성성'인데, 이 여성성은 과연 여성이 태어날 때부터 지닌 특성이라고 볼 수 있을까? 이러한 여성성 특히 '모성성'은 여성의 생물학적 특징, 즉 태어날 때부터 타고난 여성성이라고 확정하기는 어렵다. 이에 대해 다음 장에서 자세하게 논해 보고자 한다.

2. 여성성과 모성성의 귀착에 대한 문제 제기

자연과 여성의 유기성을 주장하는 학자들이 공통적으로 합의하는 지점은 자녀의 출산과 양육이라는 역할을 여성이 오랫동안 담당해

왔기 때문에 여성성을 '모성성'으로 규정하는 것이 당연하다는 것이다. 그러나 여성의 대표적 특징으로 규정되어 온 모성성은 생물학적 특징이라기보다 공사 이분법에 따른 이데올로기의 결과라고 보는 것이 적절하다.

공적인 세계와 사적인 세계가 분리되어 있다는 관념은 17~18세기에 들어 강화되기 시작하였다. 공적인 세계는 남성의 영역으로 소위 바깥일, 노동 가치가 있는 일로 여겨지고, 사적인 세계는 여성의 영역으로 집 안에서 일어나는 일을 담당하는 것이다. 이러한 공사 분리 관념에 따르면 여성이 담당하는 출산과 양육 그리고 돌봄이라는 역할은 가족 구성원에게 정서적 지원과 안정을 주지만 노동 가치로는 환산되지 않는다.[2] 노동 가치로 환산되지 않는다는 것은 여성은 사적인 역할을 하면서도 동시에 경제적 부양 능력은 가지고 있지 않기에 경제적 부양 능력을 가진 존재에게 의존하게 된다는 것을 의미하기도 한다. 따라서 여성이 자연의 역할, 즉 출산과 돌봄을 감당하는 존재들이라고 습관적으로 생각하는 것은 자연과 여성의 가치를 문명과 남성의 가치만큼 중요하게 여기게 되는 것 같지만 사실은 여성을 경제적 가치로 환산하지 않는 자리에 머물도록 하는 경향이 있다. 더 중요한 것은 이러한 생각이 18세기까지는 대부분 여성을 대변한다고 볼 수 있겠으나 21세기의 여성들은 더 이상 출산과 양육의 역할을 하는 여성보다는 다른 역할을 하는 이들이 늘어나고 있다. 비혼 여성이 증가하고 있고, 활발하게 여성들이 소위 남성의 세계라고 간주되어온 '공적인' 세계로 들어서고 있다.

생태여성주의자들 중에서도 여성의 생물학적 구조(women biology, 즉 신체적으로 나타나는 특징)와 '여성성'(women nature)은 구분해야 한다고 보는 이들이 늘어나고 있다. 여성의 특징이라고 간주되어온 돌봄과 양육이라는 것은 신체적으로 타고난 것이 아니며 사회화된 관념이라고 보아야 한다. 예를 들어 프렌티스(Susan Pretice)와 같은 학자는 자연과 동일시되는 여성성(돌봄과 양육)이 사회화되기 이전의 여성의 신체적인 특징으로 전제하는 것은 오류라고 비판한다.[3] 생태주의에서 이렇듯이 여성을 신체적 특징 혹은 생물학적 특징으로 자연과 동일시할 경우, 여성은 또다시 사적인 영역과 수동적 역할에 머물러야 하며 이는 사회적 제약을 가져올 수 있음을 비판한다. 여성과 자연이 모두 서구 백인 남성이라고 하는 허구적 주체의 타자로 간주되어왔다면, 타자로서의 여성의 특성을 본질화하고 고정화할수록 그 대상화의 자리에서 벗어나기가 어렵게 된다.

III. 차이의 페미니즘과 생태여성주의

여성과 남성의 생물학적 성차를 강조하면서 여성성을 강조하는 생태여성주의가 가지는 문제점은 여성과 남성이 바꿀 수 없는 성차를 가지고 있다고 봄으로서 성별화된 위치에 여성을 제한하게 된다.

혹은 앞에서 살펴본 바와 같이 서구 백인 남성이 이성적이며 문명화된 존재들이기에 여성과 자연은 감성적이며 비문명화되었다고 하는 이분법을 낳을 수 있다. 이러한 이분법이 가진 문제점은 개별자들이 서구와 비서구, 남성과 여성이라고 하는 집단적 개념에 다 담을 수 있고 규정지을 수 있다는 착각을 불러일으킬 뿐 아니라 비서구, 비남성의 범주에 속한 사람들을 열등한 대상으로 여김으로 그 독특성을 상실하게 한다는 것이다.

예를 들어 서구 백인 남성이 이성적이고 영혼적인 존재들이라고 간주하였고, 유색인종이나 여성들은 영적인 능력이 모자란다고 생각하는 경향이 있어 종교적 지도자의 자리에서 배제되어온 역사가 있었다는 것이다.

따라서 여성성을 대표적 특징으로 본질화하지 않으면서도 남성과 여성은 차이를 가지고 있는 존재임을 설명할 수 있는 여성주의의 등장이 절실히 요청된다. 여성성을 제거하거나 남성과 같은 존재라고 볼 경우, 남성성이 인간의 기준으로 작용하여 여성이 남성처럼 되어야 정상적 인간이라고 보는 경향이 존재하기 때문이다.

예를 들어 여성의 특징을 '모성성'으로 둔다고 할 때, 여성의 특징으로 '모성성'을 부정하는 입장은 모성은 여성을 억압하는 기제라고 보면서 여성이 모성성을 없애야만 사회에 진출하고 자아실현을 할 수 있다고 생각하게 된다. 그러나 남성이 가지고 있지 않은 특징을 여성이 가지고 있다는 측면에서 '모성성'을 찬양하게 되면, 모성을 자연스러운 것으로 간주하고 여성은 누구나 다 어머니가 되어야 한다고 봄으로써 여성에 대한 억압을 이중적으로 강요하게 된다.[4]

이런 점에서 여성의 특성을 일반화하여 규정하지 않으면서도 여성과 자연은 서구 백인 남성의 타자로 대상화되고 억압되어왔다는 관점을 가지고 여성과 자연의 주체화를 논하는 이론이 필요하다.

Ⅳ. 로지 브라이도티의 차이의 페미니즘

이탈리아 출신인 로지 브라이도티는 페미니즘적 여성 주체라는 새로운 정체성을 상정하고 여성 주체의 인식론적 근거를 정립하고자 했다. 브라이도티는 여성의 육체적 특징을 기존의 인간 중심주의의 이분법을 따라 특징짓는 것이 아니라 다양한 여성들이 나타내는 체현에 초점을 두었다. 기존의 철학적 인식론과 달리 그녀는 자아와 주체에 있어서의 '육체적 뿌리' 혹은 '육체의 물질성'에서 주체를 설명하려 하였으며, 이를 정치 기획으로 작동시키고자 한다. 이를 위해 브라이도티는 철학에서 정의 내려온 여성성을 거부하며, 분열되고 흘러 다니며 다중심적인 정체성으로 여성성을 제시하고자 하였다.

브라이도티가 바라보는 여성 주체성은 기존의 인식론을 따르지는 않지만, 여성의 현실적 특징을 나타낼 수 있는 어떤 것이다. 여성 주체의 뿌리는 "여성이 누구인가"를 정의 내려온 인식론에 있기보다는 차별화되거나 고정화되어온 여성의 육체적 체현에서 찾을 수 있다. 브라이도티는 고정화된 여성성을 넘어서기 위해서 성차를 거부하는 것이어서는 안 된다고 보았으며, 오히려 성차를 하나의 기획으로 삼을 것을 제안한다. 이를 '유목적 정치 기획'으로 부르며, 여성들이 체현하는 차이를 강조하는 것은 남성 대 여성의 차이만 논하는 성차와는 다르다고 보았다. 현실을 살아가는 여성들이 보이는 모든 복잡성 속에서 여성 주체성을 재정의하며, 여성이 누구인가를 다양성과 복잡성으로 자리매김한다.

성차의 페미니즘은 여성들이 탈육화된 존재로서가 아니라 육체적인 존재로 볼 것을 주장한다. 여성들의 존재론적 욕망에 대해서도 적극적으로 긍정하면서 다양한 여성을 모두 여성 주체로 위치시키고자 하기에 이는 정치적 기획이 될 수 있다. 브라이도티가 설명하는 유목민으로서의 여성이라는 것은 그동안 여성을 가두었던 '여성'이라고 하는 성차로부터 탈주하면서 그 경계를 넘어서고자 하는 욕망을 가진다는 것이다. 유목민 여성은 다양한 여성들이 놓인 상황 속에서 "연결하고 순환하고 움직여 간다."[5] 그 출발점은 여성들의 산 경험, 육체로서의 여성이 겪는 다양한 경험에 있으며, 육체적 경험보다 선행하는 인식론에서 도출되는 것은 아니다. 브라이도티의 성차의 페미니즘 이론은 따라서 여성들의 현실을 끊임없이 주장하며 언표해 나가는 과정이기에 정치적으로 작용할 수 있다.

"세상에 존재한다는 것은 성차화되었다는 것"이라는 말에서처럼 브라이도티에 따르면 성차는 근본적으로 존재를 설명하기 위한 인식론이라고 할 수 있다.[6] 세상에 존재하기 위해서 모든 존재는 남성과 여성이라고 하는 성차를 거부할 수 없다. 성차는 타자로 간주된 이들은 열등함과 폄화로 특징 지워질 수 있는 이분법적 대립의 산물이기도 하다.

성차는 주어진 사실이긴 하지만 이것이 결정론적인 의미에서 바꿀 수 없다는 것을 의미하지는 않는다. 따라서 브라이도티는 여성이라고 인식된 정체성만을 여성으로 간주하는 것이 아니라 주체, 계급, 인종 등의 차이로 다양하게 정의되는 인식론적이면서도 정치적인 존재로 여성을 재정의하고자 한다.[7] 브라이도티에 따르면 '여성이다' 혹은 '여성이 된다'는 것은 사회의 기호를 따라 여성이라고 인식하는 것이 아니라 여성이 스스로를 주체로 주장하는 것을 의미한다. 인식론에 따라 존재를 의식하는 것이 여성이 여성의 존재를 주장한다는 점에서 존재론적인 것이다. 기존의 여성들을 설명하는 인식론에 기인해서 여성이 누구인가를 말하는 것이 아니라 여성들의 실제 삶을 통해서, 여성들의 육체가 경험하는 삶을 통해서 여성을 정의하는 것을 브라이도티는 여성의 주체되기[8](becoming a woman)로 연결한다.

이는 그동안 인식론에서 정의되어왔던 것처럼 서구 백인 남성이라고 하는 허구적 주체의 부정적인 반대자 혹은 타자로서 여성을 설명하는 것이 아니라 구체적이고 상황적이고 현실적인 삶을 살아가는 여성들을 여성의 주체로 설명하고 세우려는 정치적인 기획이다.

V. 괴물로서의 여성을 상상하기

브라이도티는 기존의 사회적 질서에 따른 남성과 여성이라고 하는 이분법적 젠더를 비판하면서 '여성 되기'라고 하는 실천을 여성성으로 가져오려고 한다.

여성은 기존의 인식론에 따르면 남성이라고 하는 규범적 인간에 비해 열등하며 남성의 욕망을 실현하는 수단적인 존재로 여겨져 왔다. 그 대표적 예가 아마도 출산이라고 할 수 있다.

남성성을 인간 규범으로 설정하는 아리스토텔레스는 생명을 생기게 하는 원리는 배타적으로 정자에 의해서만 가능하며, 여성의 생식기는 인간 생명을 낳는 수동적인 그릇일 뿐이라고 보았다.[9] 아리스토텔레스에게 여성들은 합리적인 영혼을 부여받지 못했으며, 이상적이고 정상적인 남성의 변형된 형태의 존재이다. 열등화되고 폄하된 차이로서 여성이라는 주제는 서구 사상에서 무질서하고 꼴사나운 존재로 여겨져 왔다.[10] 조금 더 직설적으로 말하자면 여성은 이상화된 인간 남성에 비해 비인간이며 반칙이며 비정상적이기에 '괴물'처럼 보인다.

여성이 이렇듯이 괴물처럼 여겨지는 이유는 그 신체 형태가 변형되기 때문이다. 임신 및 출산이라고 하는 '그릇'으로서의 여성 역할이 여성의 신체를 변형시킨다는 것이다.

변형된 신체로서의 여성은 변하지 않으며 정상성을 가진 남성에 비해 열등화되고 혐오의 대상으로 여겨질 수 있다. 그러나 브라이도티는 이런 괴물스러운 여성이야말로 정상성에서 벗어난 신체들과 연결될 수 있는 지점이 있다고 본다. 여성의 신체를 규범과 정상에서 벗어난 신체적 실체로 정의한다면, 여성의 신체는 매혹과 공포를 동시에 야기하는 괴물들과 독특성이라는 특권을 공유할 수 있다.[11] 이분법적 차이로서의 차이가 아니라 복잡하고 다양한 차이를 지닌 존재로 말이다. 여성성을 괴물성으로 다시 주목할 수 있는 이유는 남성성만이 정상이자 이상이라고 보는 인간 중심주의를 비판적으로 보기 위함이다. 이성적이고 합리적인 남성 그리고 그 반대의 특성으로, 즉 비합리적이고 자연에 가깝고 돌봄과 관계성인 존재로 여성을 해석하는 생태여성주의의 한계는 남성성만을 정상으로 보는 인간 중심주의를 해체할 수 없다는 것이다. 여성을 괴물로 보게 되면, "무한한 것의, 양가적인 것의, 혼합된 것의 기호로서, '~이 아닌 다른 것'으로서 끊임없이 은유화되는 과정"[12] 속에서 여성을 상상해 나갈 수 있다.

이분법적 차이는 존재를 둘로'만' 나누었다. 즉, 정상성으로 여겨진 존재는 우월하고 규범적이라고 간주하면서 그의 타자는 비정상이며 열등하고 비규범적이라고 여겼고, 따라서 혐오의 대상이 되어왔다. 그러나 이러한 이분법적 차이를 넘어 정상과 규범이 되는 존재를 상정하지 않은 채 다양성과 복잡성으로 차이를 생각하게 된다면 존재자들은 비교되거나 혐오스럽게 간주되지 않는다. 브라이도티는 여성을 포함한 타자들을 이러한 이분법적 차이 넘어 다양성과 독특성을 가진 존재로 상상해 볼 것을 우리에게 권하고 있다.

VI. 여성화된 기계: 인간 욕망을 충족시키는 존재/비인간

여성들을 남성이라고 하는 규범적 정상성의 반대로 상정하지 않으면서 차이와 다양성의 존재로 생각하게 된다면 우리는 이 사회에서 우리와 함께 존재하는 수많은 '비인간'과의 연결성을 상상해 볼 수 있게 된다. 가장 근접한 예로 생각해 볼 수 있는 것은 과학기술의 발전으로 인해 인간의 몸을 기계와 접속하게 되는 것이다. 사실 우리는 인간과 기계의 경계와 점점 더 희미해져 가는 시대를 살고 있다. 장애를 극복하기 위해 사람의 다리와 유사한 기능을 하는 의족을 사용하기도 하고, 외양적 아름다움을 추구하기 위해 보형물을 통해 신체적 구조를 변화시키기도 한다. 로봇(인공지능)은 동물의 모습으로 탄생되기보다는 인간의 모습으로 만들어져 인간의 기능을 대신한다. 이렇듯이 인간은 기계를 신체에 접합시키고, 기계는 인간의 모습을 닮아있는 모습으로 만들어진다.

그런데 이러한 기계의 인간화에서 발생하는 문제는 기계가 인간 중에서 차별되어온 인간의 역할을 대신하거나 그러한 인간처럼 대상화되기 쉽다는 점이다.

인간화된 기계 중에서 인간의 기능을 대체하는 기계가 여성적으로 구현되는 경우가 많은데, 예를 들어 인공지능 비서나 도우미 역할을 하는 기계를 같은 경우이다. 여성들이 하던 감정 노동을 기계가 대체하게 되는 경우 인공지능 로봇은 여성성을 흉내 내도록 만들어진다. 여성을 닮은 기계가 나타나는 것이 주로 영화에서 많이 찾아볼 수 있는데 영화 〈그녀Her〉의 '사만다'나 〈엑스마키나〉의 로봇 '에이바'가 그 사례에 해당한다.[13]

> 에이바는 여성 로봇이고, 사만다는 주인공 남성의 동료이자 애인 역할을 하는 인공지능 프로그램이다. 두 경우 모두 인간 여성과 흡사한 존재이다. 이들은 인간을 위해 만들어진 존재이지만 마치 진짜 인간인 듯 인간 여성의 소임을 수행하고, 인간이 원하는 것을 너무나 잘 충족시킨다. 두 경우 모두, 여성의 신체를 가지거나 신체를 가지고 있지 않더라도 인간 남성이 인간 여성에게 기대하는 모든 역할을 하고 있다. 사만다는 주인공 남자와 사랑에 빠지고 자신의 욕망을 실현하고 싶어 하면서 소위 사회에서 여성이라고 간주하는 존재처럼 그려진다.[14]

이렇듯이 기계가 인간 중에서 여성화되는 것도 문제지만 더 심각한 인간과 기계의 접합에서 나타나는 문제점은 바로 여성성의 도구화이다. 남성과 여성의 성적 결합에 의해서 아이가 출산되는 것 이외에 '인공 자궁'이라든가 여성의 난자를 추출해서 다른 신체 기관을 통해 아이를 출산하게 되는 일이 나타나고 있다.

로지 브라이도티 역시 오늘날의 시험관 아기들은 자가-수정하는, 여성 신체를 사용하지 않고 재생산을 할 수 있다고 믿는 남성 중심적 욕망의 과학적 실현이라고 보았다.[15] 재생산 테크놀러지의 도움으로 발생하는 일련의 일들—예를 들어 복제인간, 인공 자궁, 동물 실험 등—은 남성들이 여성의 도움을 받지 않고 스스로의 힘으로 자가 발생이 가능하다고 하는 환상이 실현되고 있음을 의미하기도 한다.

인간의 몸보다 더 비정상적인 괴물스러운 존재들을 의료화와 과학기술 발전의 실험 대상으로 자연스럽게 사용하기 시작했다. 여성뿐 아니라 동물, 기계 등의 비인간적 신체들은 이제 더 이상 경외의 대상이 아니라 의학적, 과학적 발견을 위해 "읽히고 해석되어야 할 텍스트"[16]로 전락한 것이다.

예를 들어 복제인간은 보존하고 싶은 인간, 소멸하도록 놔두기에는 아까운 인간을 복제하여 만들어진 존재라고 할 수 있다. 그런데 이런 현상은 인간에게서만 나타나는 것이 아니라 이미 비인간적 존재인 동물에게서 먼저 나타났다. 생명복제라고 할 수 있는 이 현상은 1997년 복제 양 '돌리'를 시작으로 여러 다른 동물에게 실험되었다. 복제 양 돌리는 난자를 제공한 양, DNA를 제공한 양, 대리모 역할을 한 양 이렇게 세 마리의 양을 복제해서 탄생한 양이다. 줄기세포를 이용해 생명을 복제하는 가능성을 증명했기 때문에 작게는 연구소가 생존할 수 있었지만, 더 큰 의미로는 이 실험의 성공은 머지않아 인간까지 복제할 수 있다는 희망을 주었다고 한다. 돌리는 여섯 마리의 양을 분만하였고, 그중 네 마리를 기르는 데 성공하였지만 여섯 살에 폐 질환으로 안락사가 결정되어 사망했다고 한다.[17] 복제 기술이 성공했기는 했지만, 과연 건강하게 자신의 생명을 맘껏 누리며 살 수 있는가의 물음에 대해서는 긍정적인 답을 할 수 있는 현실은 아니다.

이렇듯이 과학기술의 발전은 여성의 신체, 즉 어머니의 깊숙한 곳뿐만 아니라 우주에 살고 있는 생명체, 나아가서 인공지능 존재들에게까지 인간의 통제가 확장되고, 생명과 죽음을 관장하는 권력을 인간이 행사하는 시대가 도래했음을 의미한다.

VII. 비인간 존재들과 고통을 나누기: 되어가는 여성

인간의 향상과 보다 더 강하고 오래 살 수 있는 인간을 위해서 희생되는 존재는 복제 양 돌리에 그치지 않았다.

인간의 유전자를 변형하여 이것을 복제하고 또 이 유전자를 실험하기 위해서 인간이 아니라 쥐에게 이식하는데 이를 실험용 쥐 온코마우스(Oncomouse)라고 한다.

이 실험용 쥐는 특허를 받은 동물이지만 인간의 복제 기술로 인해 발명된 특허품이라고 할 수 있다. 이 쥐는 인간이 암을 이겨낼 수 있는지 없는지의 가능성을 실험해 보기 위해 인간을 대체하는 희생물이라고도 할 수 있다. 온코마우스는 이런 목적으로 보자면 인간을 위해 쓰이는 동물이다. 많은 경우 여성의 유방암 치료를 목적으로 실험되기 때문에 인간 중에서도 여성들은 특히 온코마우스와 연결되어 있다.

이 문제에 대해서 여성을 괴물로 사이보그로 보면서 기존의 여성에 대한 인식론을 해체하고자 시도한 도나 해러웨이가 인간을 위해 희생되는 동물에 대한 관점을 소개한 것은 상당히 흥미롭고 시사하는 바가 크다.

해러웨이는 낸시 파머는 〈재앙이라는 이름의 소녀〉라는 소설을 통해 인간과 동물 간의 공생(함께 살아감)의 방법에 대해 소개하고 있다. 이 소설은 강제 결혼을 피해 달아난 소녀가 어느 과학자의 집에 머물 때 일어난 일에 대해 서술하고 있다. 이 과학자는 체체파리가 인간에게 수면병을 옮기는 현상을 실험하면서 궁극적으로 인간의 사망률을 낮추기 위한 실험을 하는데, 이 과정에서 이 과학자는 체체파리가 기니피그의 피를 빨아 기생하게 한다.

하지만 이 과학자는 체체파리가 기니피그만을 물게 하는 데 그치지 않고, 자신의 팔을 체체파리의 통속에 집어넣음으로 자신의 팔도 피투성이가 되도록 내버려 둔다. 이 과학자는 평소 자신을 위한 의료 행위를 거부하면서 다른 생명체의 희생을 막고자 하는 종교적 신념을 가지고 있었다. 그러나 그러한 신념이 무색하게도 이 사람은 한 편으로는 체체파리로 인해 수면병에 걸려 죽는 사람들을 구하기 위해 체체파리를 희생시키는 일에도 가담해 있었던 것이다.

이런 상황에서 이 과학자의 행동은 기니피그를 고통받지 않도록 구원하는 거창한 일을 하는 것은 아니지만 적어도 기니피그의 고통을 자신도 경험하기 위해 기꺼이 자신의 팔을 체체파리 통 속으로 집어넣은 것이다. [18]

여성들의 사망 원인 중 1위를 차지하는 질병이 유방암이며, 시간이 흐를수록 유방암의 발병률은 증가하고 있다고 한다. 연구를 거듭해서 원인을 찾아내고 유방암에 걸리는 여성들의 숫자를 낮출 긴급한 필요가 여기에 있다. 그러나 역설적이게도 여성의 생명을 위협하는 유방암을 줄이기 위해서 온코마우스는 '여성을 위해서' 희생되고 있다. 그러나 이러한 현상을 바라보면서 '쥐 따위 인간을 위해서 희생되어도 된다'라고 생각하는 것과 인간 여성을 위해서 희생되는 쥐에 대해서 죄책감을 느끼며 그 아픔을 조금이라고 공감해 보려는 것은 전혀 다른 태도라고 할 수 있다. 온코마우스나 복제 양 돌리 그리고 기니피그들이 인간을 위해서 희생되고 있는 것은 결코 당연시되어서는 안 된다. 해러웨이는 인간이 자신의 건강을 위해서 이익을 위해서 다른 비인간 존재들을 희생하는 것이 현실이지만 그렇다고 해서 인간이 비인간 존재들을 희생하는 것을 정당화해서는 안 된다고 이야기한다.[19]

인간의 입장에서 이러한 희생의 과정들을 당연하고 정당한 것이라고 볼 것이 아니라 비인간 존재의 입장에서 이들은 인간 못지않게 자신의 생명을 존중받을 권리를 가지고 있다는 것을 끊임없이 자각해야 한다.

새로운 형태의 페미니즘은 인간 중심주의에 입각해서 남성과의 이분법적 차이를 향유하는 존재로 여성을 이해하기보다는 인간 욕망의 실현을 위해 희생하는 동물이나 기계들과의 연속성을 더 찾으려고 노력할 필요가 있다. 이런 점에서 로지 브라이도티 역시 자신은 인간이 동물이나 기계보다 우월하다고 하는 휴머니즘 이상이 아니라 장기와 세포를 착취당하는 비인간 유기체들과 더 가깝다고 보았다.[20] 의도적으로 자신을 견고한 인간이라고 하는 허위적 테두리와 경계를 너머의 존재로 상상하고자 한다. 이는 유목주의를 지향한다고도 표현될 수 있다. 예전에는 나와 연결되어 있다고 생각하지 못했던 존재들과 연결되고 움직이고 자리를 바꾸며,[21] 타자의 자리에 놓여 있던 존재들(비인간 존재들)의 처지에서 생각하고 체험해 보고자 노력하는 것이다. 탈인간적(post human) 세계관 속에서 그럼에도 불구하고 인간은 어떤 존재여야 하는지를 묻는다는 것은 육체와 정신을 연결 지으려 하고, 인간과 비인간을 연결 지으려 하는 것일 수도 있다.

수많은 인권운동을 통해서 우리는 비장애인이 장애인의 문제를 자신의 문제처럼 여기며 확장된 존엄성을 주장하는 과정들을 밟아왔다. 이제 이러한 확장의 범위가 인간 내에서만 이루어지는 것이 아니라 인간과 비인간 사이에서도 이루어져야 할 필요성이 더 깊어진 것이다. 그런 의미에서 인간이 자신을 중심으로 여기는 중심주의를 벗어나서 비인간적 존재와 연결되어 있고, 그들이 없다면 인간도 존재하지 않는다는 생각을 깨우칠 때 우리에게는 희미하나마 희망이 아직도 존재한다고 할 수 있다.

VIII. 나가는 말: 비인간-되기의 신학

전통적이며 이원론적인 기독교 이해에 따르면 '여성'은 열등한 존재로 혹은 '죄인' 혹은 '악의 근원'으로 간주되어왔다. 페미니스트들은 이러한 위계적이며 이원론적 구분이 기독교 '본질적'인 성격을 가진 것이 아님을 근거로 여성의 새로운 정체성을 말해 가기 위한 재사유 작업을 수행해왔다. 신학적으로는 이러한 작업이 여성 역시 하나님의 형상을 가지고 있다는 주장으로 이어졌다. '여성' 또한 하나님의 창조된 존재들로서 하나님의 모습에서 그 존엄성과 정체성을 찾을 수 있다. 여성 신학자들은 이러한 시도의 하나로 다양한 신의 이미지, 특히 여성의 모습을 상징하는 하나님의 모습을 제안하기도 했다. 그러나 이러한 여성의 모습을 한 하나님의 모습 혹은 여성의 역할을 하는 하나님의 형상은 여성과 하나님을 '여성적'이라고 하는 전통적 이미지에 가둘 위험이 도사리고 있다. 단지 여태껏 '남성적'인 것으로 여겨졌던 특징의 반대 이미지로 하나님을 상상하는 것이 여성의 모습을 한 하나님이라고 이해했던 것이다. 그러나 이러한 남성과 여성의 이분법적 차이에 근거한 모습보다는 이러한 이분법적 차이를 넘어선 다양한 하나님의 모습을 상상해 볼 필요가 있다.

앞에서 살펴본 것처럼 로지 브라이도티의 '새로운 여성되기'라는 것은 여성들의 '신체적 뿌리를 재고하는 것'이면서도[22] 동시에 다른 종들과의 경계를 흐트러뜨리고 자신의 위치를 옮겨갈 수도 있는 것이라고 보았다.[23] 새롭게 구상되는 여성은 이제 흔쾌히 별종이 될 수 있고 괴물이 될 수 있음을 뜻한다.

인간 중심주의를 넘어서 여성을 상상해 본다는 것은 전통적으로 묘사했던 하나님의 이미지를 해체하고 '신비' 혹은 '무'(無)로 이해한다는 것이다. 이를 달리 말하면 하나님과 존재자들은 오직 '특정한 이미지로 가둘 수 없음', '인간의 언어로 이해할 수 없음'을 통해서만 닮아있다는 것을 말할 수도 있다. 알 수 없음이라는 것은 한 편으로는 한 위치와 정체성에만 고정할 수 없다는 것을 뜻하며, 이는 신과 존재자들은 규정 내려지지 않으면서 그 신비를 통해서 서로 연결되고 유비되는 존재이다. "근원이며 지탱시키는 힘이며 세계의 목적인 하나님의 신비는 어느 하나의 이미지에 갇힐 수 없고, 모든 이미지를 초월한다"[24]라고 한 엘리자베스 존슨은 '신비'이신 하나님을 어느 특정한 이미지로만 기호화하는 것은 우상숭배라고 지적하였다.

포스트모던 신학, 해방 신학, 여성신학을 통해 우리는 타자들의 정체성을 통해 하나님을 상상하고자 하는 시도를 해왔다. 그러나 이러한 시도는 전통적 '남성성'에 근거해서 그 반대의 특징을 가진 것을 '여성성'이라고 보았다. 마찬가지로 서구 유럽 백인 남성이 가지고 있는 특성의 반대의 특성을 유색인종, 식민 지배를 받은 사람들의 특징으로 보기도 했다.

이제는 인간의 다양성만을 이야기하는, 즉 이분법적 성차에 근거하는 이미지 혹은 어떤 특정한 인종이나 계급의 정체성을 통해서 하나님을 서술하기보다는 비정상적이고 괴물적인 특징까지도 하나님을 상징한다고 하는 급진적 시도를 할 필요도 있다. 하나님을 다양한 인간의 모습으로만 상상하기보다는 다양한 몸의 이미지들을 통해서 하나님의 신비를 말하는 것도 좋은 시도가 될 수 있다.

신비주의 신학이라는 도구를 통해 하나님을 이야기하는 학자로 케서린 켈러(Catherine Keller)를 예로 들 수 있다. 켈러는 하나님을 '테홈'(Tehom)이라고 하는 기표 아닌 기표로 상상한다. 창세기 1장 1절에서 나오는 '흑암'에 해당하는 개념이긴 하지만 테홈은 존재자들 이전부터 존재했던 하나님이다. 엄밀하게 말하자면 인간의 언어 이전에 있었던 신적 존재로 인간의 언어로 고정할 수 없는 존재이기도 하다. 이 테홈으로서의 하나님은 일방적으로 존재자들에게 생명을 부여하고 자신은 관여하지 않는 이신론적 존재가 아니라 존재자들과의 상호 관계 속에서 '계속되는 창조'(creatio continua)를 누리게 한다.[25] 이러한 창조 신앙 안에서는 인간만이 세상의 중심이 아니며, 현존하는 모두가 창조의 과정 속에서 참여하며 협력한다. 따라서 이제 포스트휴먼 주체를 상상해야 한다면 하나님을 인간의 모습으로만 상상하기보다는 다양한 비정상성을 지닌, 그래서 대상화되거나 상품화되는 다양한 육체성을 지닌 존재의 모습과도 연결 지어 하나님을 말해 볼 수 있을 것이다.

다양한 존재들의 모습을 담고 있는, 그래서 어떤 특정한 종으로 고정화시킬 수 없는 신비로서의 신을 케서린 켈러는 '사이의 성육신'(Intercarnations)을 통해서도 또한 제안한다. 기존의 이분법에 따라 남성과 여성을 분리하고, 인간과 비인간을 분리하고, 후자에 속한 존재들은 열등하다고 보는 관점을 폐기하고서 신성을 상상해 볼 것을 권한다. 신비적 얽힘(entanglement)을 통해서 세상을 바라볼 때, 모든 존재자는 얽혀 있고, 연결되어 있다는 것을 기억하게 된다. 신성이 물질성이나 육체성으로부터 분리되지 않고, 비인간 존재 또한 영적 존재가 아닌 것은 아니다. 이런 관점에서 보자면 모든 다양한 몸들은 예수의 신성이 실체화되는 성육신적 존재들이 될 수 있다.[26]

이는 유대인 남성 예수를 넘어 혹은 여성 예수, 흑인 예수를 넘어 인간의 모습이 아니더라도 예수의 성육신적 사건이 일어날 수 있음을 의미한다. 신은 '어떤 모습으로도 우리에게 올 수 있는 존재'라고 하는 다양성과 개방성을 가지고 상상할 때, 우리는 어쩌면 함께 살고 함께 구원받고자 하는 공감 능력을 조금이라도 가질 수 있을는지도 모른다.

기니피그들에게 고통을 주는 인간의 이기적 행동들을 멈출 수 없다면 그들의 아픔을 공감해 보고자 자신의 신체적 고통을 감수하는 사람처럼, 온코마우스의 희생을 통해 여성들의 암 발병률이 줄어드는 것 때문에 온코마우스는 우리의 예수와 같다고 바라본 여성들처럼 우리는 '관계적' 존재로 우리를 다시 인식해 나가야 한다. 우리가 누구의 희생과 고통과 연루되어 있는지, 또 우리의 삶과 죽음이 비인간 존재들에게 이어지는 원과 같은 과정 중에 있다는 것을 깨달으며, 그것이 하나님의 창조된 존재들로서 살아가는 임무와 같다는 것을 더 늦기 전에 알아야 한다.

참고문헌

김건우. "포스트휴먼의 개념적, 규범학적 의의." 『포스트휴먼 시대의 휴먼』. 서울: 아카넷, 2016.

도나 해러웨이/최유미 역. 『해러웨이, 공산의 사유』. 서울: 도서출판b, 2021.

로지 브라이도티/박미선 옮김. 『유목적 주체』. 서울: 여이연, 2004.

______/이경란 옮김. 『포스트휴먼』. 서울: 아카넷, 2015.

머천트 캐롤린/허남혁 옮김. 『래디컬이콜로지』. 서울: 이후, 2007.

박미선. "로지 브라이도티의 존재론적 차이의 정치학과 유목적 페미니즘." 「여성이론」 (2001. 12.)

박예은 · 조미라. "포스트휴먼 시대의 여성 주체성." 「철학탐구」 56호(2019. 11.), 153-179.

엘리자베스 존슨/박총·안병률. 『신은 낙원에 머물지 않는다』. 서울: 북인더갭, 2007.

이연정. "여성의 시각에서 본 모성론." 「여성과 사회」 6호(1995).

이재경 외. 『여성학』. 서울: 미래 M&B, 2007.

최순양. "캐서린 켈러의 과정신학적 부정신학." 한국여성신학회 엮음. 『21세기 세계 여성신학의 동향』. 서울: 동연, 2014.

Catherine Keller. *Intercarnations: Exercises in Theological Possibility*. New York: Fordham University Press, 2017.

"세계 최초의 복제 양 돌리 탄생 후 25년." 「*THE SCIENCE TIMES*」 2022. 3. 4일자.

미주

1부 _ 포스트 코로나와 생태 문명

김준우 ㅣ "우리가 죽게 되었습니다"(마가 4:38) — 0.3도 상승에 달린 인류의 운명

[1] https://gml.noaa.gov/aggi/aggi.html.

[2] 김준우, 『인류의 미래를 위한 마지막 경고: IPCC 6차 보고서(2023)와 그리스도인의 과제』 개정판 (고양: 생태 문명연구소, 2023).

[3] Pope Francis, *Christ in the Storm: An Extraordinary Blessing for a Suffering World* (Nortre Dame, IN: Ave Maria Press, 2020), 9-18. 교황은 "뜻밖의 폭풍 속에서 우리는 모두 한배에 타고 있습니다. 우리 모두가 연약하고 방향을 잃었습니다. 또한 우리가 함께 노를 젓고 서로 위로하도록 부름받았습니다"라고 말한 후, 우리의 근본 죄를 고백한다. 주님이 우리에게 요청하는 믿음은 "사람들이 하나가 되도록" 하기 위한 믿음이며, "우리 곁에 계신 주님"에 대한 부활절 신앙이며, 십자가 신앙은 "권력 추구와 소유욕 대신에 새로운 형태의 환대, 우애, 연대가 필요하다"는 믿음이라는 것을 밝혔다.

[4] 복음화가 가장 먼저 필요한 곳이 '물신주의와 폭력'이 넘쳐나는 세상이라기보다 오히려 '자아도취와 자기만족,' '껍데기뿐인 영성과 사목으로 치장한' 교회와 사목자들이 듯이(회칙 "복음의 기쁨," 95), 또한 경제적 불평등과 생태 위기 앞에서 가장 먼저 회개해야 하는 것이 '경탄과 경외,' '찬미'를 잃은 교회의 '생태적 회개'이다(회칙 "찬미받으소서," 85, 217).

[5] 공장식 축산에서 생겨나는 항생제 내성 박테리아로 인해 해마다 70만 명씩 사망하는 현실뿐 아니라 박테리아 유전학으로 33세에 노벨상을 받은 조슈아 레더버그가 지적한 것처럼 인구증가와 경제성장을 통해 모든 동식물을 그 서식지에서 몰아내는 지금의 현실은 호모사피엔스의 "실질적 경쟁자인 바이러스가 결국에는 승리할 수 있다"는 위협도 받고 있다(Farred Zakaria, *Ten Lessons for a Post-Pandemic World,* NY: W. W. Norton & Company, 2020, 20, 23).

[6] 이도영, 『코로나-19 이후 시대와 한국교회의 과제』(서울: 새물결플러스, 2020)는 공생과 생태 친화적 문명을 촉구한다.

[7] 장기비상사태란 (1) 현재의 코로나-19와 같은 공중보건 위기(바이러스, 대기오염과의 전쟁), (2) 기후 위기(화석연료를 통해 이윤을 보는 세력과의 기후 전쟁), (3)

정치경제적 위기(1% 대 99%의 전쟁) 그리고 (4) 문화심리적/종교적 위기(영적 전쟁)가 장기간에 걸쳐 더욱 악화되는 것을 말한다.

8 생태 문명으로 전환하기 위한 신학의 이론적 과제는 토마스 베리 신부가 『지구의 꿈』과 『황혼의 사색』에서 밝힌 '기능적 우주론,' 프란치스코 교황이 회칙 "찬미받으소서"에서 밝힌 통합생태론 그리고 최근에 대니얼 카스티요의 "정치적 생태론"과 캐서린 켈러의 "지구의 정치신학"에서 잘 설명하고 있다고 보아 이 글에서는 생략하겠다.

9 91명의 과학자가 집필하고 6,000개의 논문을 인용한 이 보고서는 예를 들어 섭씨 2도 상승할 경우 산호초는 99% 죽게 되지만, 1.5도 상승하면 70-90% 죽게 될 것으로 예측한다. 1.5도 상승 억제는 가능하지만, '전대미문의 변화'를 요구한다. https://www.ipcc.ch/2018/10/08/summary-for-policymakers-of-ipcc-special-report-on-global-warming-of-1-5c-approved-by-governments/.

10 Bill McKibben, "I told you so." 2023/7/16.
https://substack.com/@billmckibben?utm_source=substack&utm_medium= email

11 슬라보예 지젝/강우성 역, 『팬데믹 패닉』 (서울: 북하우스, 2020), 20. 지젝이 말하는 '새로운 야만'은 이윤 중심의 시장 자본주의 체제가 봉쇄와 격리를 반대하며 산소호흡기와 병상 부족을 이유로 노인들과 약자들의 죽음을 방치하며, 자국 우선주의를 주장하는 가장 잔인한 '적자생존' 정책들이 독재체제와 결합되는 것이다. 반면에, '새로운 일상'은 현재의 시장 자본주의 체제의 모순, 특히 '재난 자본주의'를 극복할 '공산주의 재발명,' 즉 "누구나 능력에 따라 (일하고) 누구나 필요에 따라 (얻는다)"는 마르크스의 슬로건을 따르는 '공동체주의'와 '생태주의 투쟁'을 통한 '전 지구적 협력' 체제로서의 '재난 공산주의'이다(슬라보예 지젝, 위의 책, 15, 56, 89, 114, 135).

12 위의 책, 136-137, 152, 171. (강조는 필자의 것)

13 세계종교의회가 2015년 처음 사용한 생태 문명이라는 말은 생명 다양성 확장과 평화, 정의, 지속가능성이 보장되는 세계를 뜻한다. 한윤정 편, 『생태 문명 선언』 (서울: 다른백년, 2020), 27.

14 하랄트 슈만 외/김호균 역, 『글로벌 카운트다운』 (서울: 영림카디널, 2009), 268.

15 2019 World Energy Outlook, Noam Chomsky 외, *Climate Crisis and the Global Green New Deal* (New York, NY: Verso, 2020), 136-37.

16 기후 변화의 중요한 임계점들은 (1) 거대한 빙상의 붕괴, (2) 해양 순환의 거대한 변화, (3) 온난화가 더 큰 온난화를 불러오는 되먹임 과정, (4) 장기적으로 강화된 온난화 등인데, 과학자들은 기온 상의 임계점 최소치를 섭씨 3도 상승으로 계산한다. 윌리엄 노드하우스/황성원 역, 『기후카지노』 (파주: 한길사, 2017), 86-95.

[17] 하랄트 벨처/윤종석 역, 『기후전쟁: 기후변화가 불러온 사회문화적 결과들』(서울: 영림카디널, 2010), 155.

[18] 영국 틴데일 기후변화센터의 케빈 앤더슨 교수의 예측처럼 2050년에 90억 명에 이를 인류는 현재의 온도상승 추세대로 2100년까지 "섭씨 4도 상승하면, 5억 명 정도만 살아남을" 가능성이 있다. Joanna Macy & Chris Johnstone, *Active Hope* (Novato, CA: New World Library, 2012), 22에서 재인용.

[19] Thomas Berry, *The Dream of the Earth* (San Francisco, CA: Sierra Club Book, 1988).

[20] *The Guardian*, 2020/9/10.

[21] 기후 변화와 지하수 과잉 추출로 인해 "지구 표면의 38%가 사막화 위협"에 직면해 있으며, 또한 "지표면토 20cm가 인류의 생존과 멸종을 판가름하게 된" 현실이다. Farred Zakaria, 앞의 책, 22.

[22] Bill McGuire, *Hothouse Earth: An Inhabitant's Guide* (London: Icon Books, 2022), 132.

[23] 나오미 클라인/이순희 역, 『미래가 불타고 있다: 기후재앙 대 그린 뉴딜』(파주: 열린책들, 2021), 384-385.

[24] 정태인, "온실가스 순배출 제로 시대," 「경향신문」 2019년 12월 24일.

[25] 제현주, "우리의 3.5%는 어디에 있을까?," 「경향신문」 2020년 1월 31일.

[26] 「경향신문」 2019년 10월 9일.

[27] Naomi Klein, *This Changes Everything* (New York, NY: Simon & Schuster, 2014), 62-63.

[28] 필자는 1988년 여름, 산성비와 기후 변화로 인해 수많은 약한 생명체 종자들부터 멸종되고 있다는 PBS 너덧 시간짜리 프로그램을 시청한 후 토마스 베리 신부의 *The Dream of the Earth* (1988)와 빌 매키븐의 *The End of Nature* (1989)를 읽고, 민중해방 신학에서 생명해방 신학으로 신학적 패러다임을 바꿀 필요성에 관해 학위논문을 쓰게 되었다(1992). 그 후 기후 변화로 인한 종자 학살과 지구 학살에 관한 글들을 쓰기 시작했으며, 주로 과학적 예언자들의 경고를 정리한 책 『기후재앙에 대한 마지막 경고』(2010), 『기후 붕괴의 현실과 전망 그리고 대책』(2012), "기후 변화와 대멸종 시대의 예수의 복음"(2015), 팸플렛으로 만든 "'기후비상사태' 선포와 '기후비상내각' 설치를 위한 긴급 보고서"(2020), "네오파시즘과 예수의 길"(「샘」지 45호, 2020년 12월) 모두에서 기후 위기의 위급성을 강조하면서 '최악의 시나리오'를 소개한 것 때문에 다소 비관주의적인 인상을 남겼다.

[29] 크레인 브린튼이 『혁명의 해부』에서 밝힌 것처럼 "공산주의, 나찌즘, 파시스트들

이 온건파들을 이기고 성공한 것은 많은 사람들이 참여해서 이룬 것이 아니다. 그 모두는 소수의 훈련받은 광신자들에 의해 이루어졌다." Crane Brinton, *The Anatomy of Revolution* (New York, NY: Random House, 1965), 154-155. Chris Hedges, American Fascists: The Christian Right and the War on America (New York, NY: Free Press, 2006), 19에서 재인용.

30 특히 2016년부터 발간하기 시작한 "생태 문명 시리즈"에서 매튜 폭스, 래리 라스무센, 울리히 두크로, 짐 안탈의 저술을 출판한 이유가 바로 그런 감축과 적응 목표 때문이었다.

31 클라이브 해밀턴에 따르면 코펜하겐 회의를 앞두고 2009년 9월 말에 전 세계에서 100여 명의 기후학자들이 영국의 옥스퍼드에 모여 사흘 동안 "4도 이상 상승의 의미"를 주제로 회의를 했다. 참석한 학자들 사이의 대체적인 합의는 지구 평균온도가 섭씨 4도 상승할 것으로 예상하는 것이 '현실적'(realistic)이며, 섭씨 5~6도 상승할 것으로 예상하는 것은 '비관적'(pessimistic)이며, 7~8도 상승할 것으로 예상하는 것은 '놀래키는 것'(alarming)이라고 판단했다. Clive Hamilton, 앞의 책, 192.

32 영구동토층에 묻혀 있는 약 5000 탄소 기가 톤의 메탄가스는 온실효과가 이산화탄소의 20배 이상인데, 지구 역사상 가장 많이 '장전'되어 있고, 이런 메탄가스가 기하급수적으로 방출될 경우 온도를 더욱 상승시키는 '시한폭탄'으로 작용할 것이다. James Hansen, Storms of My Grandchildren: The Truth about the Coming Climate Catastrophe and Our Last Chance to Save Humanity (New York, NY: Bloomsbury USA, 2009), 163.

33 대륙붕과 툰드라 지역에서 발생하기 시작한 메탄수화물의 '탈주 효과'는 궁극적으로 지구에 '금성 신드롬'(Venus syndrome)을 초래할 수 있다는 것이 10여 년 동안 금성의 대기권을 연구한 제임스 핸슨이 가장 크게 우려하는 것이다. 현재 대기 중의 이산화탄소가 97%에 달하는 금성도 처음에는 지구와 비슷한 화학적 구성요소를 갖고 있었으며 바다도 있었지만, 태양이 점차 밝아져 지표가 더워지고 물이 증발함으로써 수증기로 인한 온실효과로 인해 바다가 끓게 되는 '탈주 효과'가 나타나 땅속의 모든 이산화탄소가 대기로 방출된 때문에 섭씨 450도에 이르게 되었다. 핸슨은 지구 평균기온이 현재 섭씨 15도에서 100도(2525년?)를 향해 나아갈 수 있다고 우려한다. James Hansen, 앞의 책, 225, 260.

34 Michael Mann, 앞의 책, 251.

35 Noam Chomsky 외, 앞의 책, 145.

36 영국의 히드로공항 확장 계획을 철회하도록 만든 시민들의 소송은 파리협약을 근거로 했다. 강금실 외, 『지구를 위한 법학』 (서울: 서울대학교출판문화원, 2020);

리처드 라자루스/김승진 역, 『지구를 살린 위대한 판결』 (서울: 메디치미디어, 2008).

[37] 리처드 로어/김준우 역, 『불멸의 다이아몬드』 (고양: 한국기독교연구소, 2015), 26, 역자주 6.

[38] Gwynne Dyer, *Climate Wars* (Oxford: Oneworld, 2010), 159.

[39] Naomi Oreskes and Erik M. Conway, The Collapse of Western Civilization (New York, NY: Columbia University Press, 2014), 25.

[40] 그들은 29가지의 지표를 근거로 "지난 40년 사이 10년마다 전 세계 인구는 15.5% 증가한 반면, 산림 면적은 49.6%, 아마존 열대우림은 24.3%씩 감소했다. 이산화탄소 배출량은 10년에 17.9%꼴로 증가한 반면, 남극의 빙하 면적은 1조 2300억t 씩 감소했다. 화석연료 소비량도 석유 11.9%, 석탄 22.5% 증가하는 등 여전히 대체 에너지로의 전환이 이뤄지지 못하고 있는 실정"이라고 지적했다. 이들은 "1992년 리우 정상회의, 1997년 교토의정서, 2015년 파리협약 등을 성사시켰지만, 온실가스 배출량은 여전히 빠르게 증가하고 있다"고 지적했다. William J. Ripple, et al., "World Scientists' Warning of a Climate Emergency," *BioScience*, 05 November 2019.https://academic.oup.com/bioscience/advance-article/ doi/10.1093/ biosci/biz088/5610806.

[41] David Wallace-Wells, The Uninhabitable Earth: Life After Warming (New York, New York: Tim Duggan Books, 2019), 65

[42] 결국 그린란드 빙상만 다 녹아도 해수면은 6미터 상승하게 되어 마이애미, 뉴욕, 런던, 상하이, 방콕, 뭄바이 등 세계적인 대도시들이 물에 잠기게 되며, 남극 빙하가 녹으면 60미터 상승하게 될 것으로 학자들은 예상한다. David Wallace-Wells, 앞의 책, 61, 65.

[43] 조천호, 『파란 하늘 빨간 지구: 기후변화와 인류세, 지구 시스템에 관한 통합적 논의』 (서울: 동아시아, 2019), 74.

[44] David Wallace-Wells, 앞의 책, 4.

[45] James Hansen, 앞의 책, 38.

[46] James Hansen, 앞의 책, 84.

[47] James Hansen, 앞의 책, 46.

[48] James Hansen, 앞의 책, 39.

[49] Michael E. Mann, 앞의 책, 44; 나오미 클라인, 앞의 책, 386.

[50] Clive Hamilton, Requiem for a Species: Why We Resist the Truth About Climate Change (London: Earthscan Ltd., 2010), 195.

[51] Bill McKibben, Eaarth: Making a Life on a Tough New Planet (New York,

NY: Times Books, 2010), 79-80.

52 이처럼 기후재앙이 전 세계적으로 "점차 더욱 심각해지고, 더욱 자주 발생하며, 더욱 가속도를 내고 있는" 현실 때문에 미 국방성은 미국의 군사전략에 끼칠 영향들을 자세하게 분석하고 구체적 대응 전략들을 정리해서 발표한다. 특히 2017년에는 5등급의 강력한 허리케인이 세 차례(하비, 일마, 마리아) 미국 동남부를 강타해서 매번 군대를 동원해야만 했었다. Michael Klare, All Hell Breaking Loose: The Pentagon's Perspective on Climate Change (New York, N.Y.: Metropolitan Books, 2019). 37.

53 https://www.theguardian.com/environment/2021/jun/08/carbon-dioxide-levels-pandemic-emissions

54 Michael E. Mann, 앞의 책, 213.

55 David Wallace-Wells, 앞의 책, 28.

56 환경부에 따르면 한국도 2020년 온실가스 배출량이 6억 4,860만 톤으로 2019년 대비 7.3%, 2018년(7억 2,760만 톤) 대비 10.9% 감소했다(「경향신문」 2021년 6월 9일).

57 만일 2050년 탄소중립에 실패할 경우에는 최악의 시나리오처럼 현재 추세로 메탄의 탈주로 인한 피드백을 계산하지 않는다 하더라도 대기 중 이산화탄소 농도가 2085년에 550ppm에 도달하여 결국 섭씨 4도 상승하게 되어 한반도 중/북부 가뭄이 매우 심각해지며, 2100년에는 575ppm에 도달하여 결국 섭씨 5도 상승하고, 2150년에 700ppm에 도달하면 장마전선이 제주도 이남에 머물러 한반도 사막화가 진행될 정도로 기후 파국을 피하기 어렵게 될 것이다.

58 Michael Mann, 앞의 책, 182-183.

59 Michael Mann, 앞의 책, 255.

60 Lester Brown, World on the Edge: How to Prevent Environmental and Economic Collapse (New York, NY: W. W. Norton & Co., 2011).

61 Michael Mann, 앞의 책, 184.

62 David Wallace-Wells, 앞의 책, 33.

63 5천억 달러에 달하는 새로운 유전개발을 도모하는 러시아가 기후 변화 자체를 부인하는 트럼프의 선거를 도왔으며, 심지어 그레타 툰베리를 '악'으로 매도한다. Michael Mann, 앞의 책, 39.

64 David Wallace-Wells, 앞의 책, 42.

65 빌 게이츠, 앞의 책, 216-17.

66 세계 곡물 생산량은 1950년부터 2000년까지 세 배 증가했지만, (1) 인구증가,

(2) 소득 증대로 인한 육류 소비 증가(곡물의 약 35%가 사료로 사용된다). (3) 바이오 연료 생산에 많은 곡식이 사용되어 곡물 가격은 계속 상승하고 있다. 2000년 이후 식량 생산이 감소하는 원인은 (1) 고성능 펌프 사용으로 지하수 고갈, (2) 표면토 유실과 사막화, (3) 기후재앙, (4) 경작지 감소 때문이다. Lester R. Brown, World on the Edge (NY, NY: W. W. Norton, 2011), 36, 47, 169.

67 이 문제에 대해 마이클 만은 언급하지 않고 있지만, 제임스 러브록은 실험을 통해 확인한 것이다. 제임스 러브록/이한음 역, 『가이아의 복수』 (서울: 세종서적, 2008), 63, 91.

68 Michael Mann, 앞의 책, 213.

69 그린란드와 서남극의 빙상의 해빙이 1.2도 상승에서 그 임계점에 거의 도달했다는 점뿐 아니라 이미 북대서양 해류 순환 벨트가 약해지기 시작했다는 것도 관측되었다. https://www.theguardian.com/environment/2021/feb/25/atlantic-ocean-circulation-at-weakest-in-a-millennium-say-scientists

70 Michael Mann, 앞의 책, 185. 그러나 IPCC 보고서는 2010년 이후 가속화되고 있는 메탄가스 방출에 대해 수학적으로 계량할 수 없기 때문에 보고서에 포함하지 않았던 것이다.

71 Bill McKibben, Eaarth, 251.

72 Bill McKibben, Falter, 34.

73 이미 멕시코 만 일부, 나미비아 앞바다는 산소 부족으로 죽은 바다가 되었고 독가스인 황화수소가 솟아나고 있는데, 황화수소는 2억 5천만 년 전 대멸종 당시 결정적인 역할을 했던 독가스였다. David Wallace-Wells, 앞의 책, 97.

74 James Hansen, 앞의 책, 164.

75 Michael Mann, 앞의 책, 195-196.

76 Bill McKibben, Falter, 68-70.

77 조천호, 앞의 책, 122.

78 "미국 국립대기연구센터는 대기 중 이산화탄소 농도가 지금까지 예상대로 오는 2100년까지 2배로 증가하면 지구의 기온이 5.3℃ 더 더워질 수 있다고 예측했으며, 미국 에너지부 역시 5.3℃를 예측했고, 영국 기상청 산하 해들리센터는 이보다 더 높은 5.5℃, 프랑스 연구진은 5℃에 근접한 4.9℃를 예측했다. 그리고 캐나다 연구진은 모든 결과 중 가장 높은 5.6℃의 상승을 예측했다." 「서울신문」 2020년 2월 17일.

79 137억 년의 우주 역사와 46억 년의 지구 역사 그리고 35억 년의 생명의 역사는 수많은 우연성과 필연성이 교차하면서 전개된 역사이지만, 기적과 같은 우연성이 더 많이 작용한 역사일 것이다. 목성의 역할, 토성의 형성, 생명의 생성, 운석의

충돌로 인한 공룡의 멸종 같은 기적적인 우연성이 지구를 우주의 오아시스로 만들었고 인류를 등정시켰기 때문이다. 그러나 인류 역사에서는 우연성보다는 필연성이 더 많이 작용했던 역사일 것이다.

80 "한국인 절대다수(개신교인 94.2%, 비개신교인 92.5%)는 환경문제와 기후위기 문제를 심각하게 생각하고 있"지만, "인류 자신의 멸망을 초래할 심대한 상황이라는 인식은 개신교인이나 비개신교인이나 20%가 채 되지 않는다." 「기독교사상」 731호 (2019년 11월호), 20-21.

81 프란츠 알트/손성현 역, 『생태주의자 예수』 (서울: 나무심는사람, 2003), 20.

82 신학적 재구성에 관해서는 졸고, "기후변화와 대멸종 시대의 예수의 복음," 샐리 맥페이그,/김준우 역, 『기후변화와 신학의 재구성』 (고양: 한국기독교연구소, 2019), 310 이하; "네오파시즘과 예수의 길," 「샘」 45호(2020), 14 이하를 보라.

83 "포이어바흐가 종교를 비판한 것과 완전히 일치하게도 제자들은 도전에 맞설 능력을 자신들 속에서 찾아내지 못했다…. 제자들은 그런 능력이 예수 안에만 있다고 생각한다…. 믿음이 없다고 그들을 힐난하면서 예수는 그 문제를 그들에게 되돌린다. 월터 윙크/한성수 역, 『참사람: 예수와 사람의 아들 수수께끼』 (고양: 한국기독교연구소, 2014), 282-284.

84 Mellisa Raphael, The Female Face of God in Auschwitz (London: Routledge, 2003), 81, 118-127.

85 에디트 에바 에거/안진희 역, 『마음의 감옥에서 탈출했습니다』 (고양: 위즈덤하우스, 2021), 116-121.

86 Rosemary Reuther, in The Task of Theology, ed., by Anselm Min (Maryknoll, NY: Orbis Books, 2014), 203.

87 Karen Armstrong, The Lost Art of Scripture (New York, NY: Alfred A. Knopf, 2019), 221.

88 Suzanne Simard, Finding the Mother Tree: Discovering the Wisdom of the Forest (New York, NY: Alfred A. Knopf, 2021), 숲의 사회적 성격을 규명한 이 책은 어미나무가 어떻게 다른 나무들을 돌보며 키우는지를 보여준다. 또한 정부희, 『곤충들의 수다』 (상상의 숲, 2015) 역시 곤충들과 식물들 사이의 놀라운 상호의존성을 보여준다.

89 Michael Mann, 앞의 책, 236-237.

90 Noam Chomsky et al., op. cit., 151.

1 데이비드 월러스 웰즈/김재경 역, 『2050년 거주 불가능한 지구』 (추수밭, 2020).

2 이를 좋게 말해서 '서양다움의 상실'이라 보는 시각도 있다. 백영서 엮음, 『팬데믹 이후 중국의 길을 묻다』 (책과 함께, 2021), 15.

3 이번 방미 과정에서 문재인 대통령과 바이든 대통령 간에 본 사안이 깊게 의논되었다. 미국의 백신 기술과 한국의 반도체 산업이 협력하여 시너지 효과를 낼 수 있기를 바란 것이다. 반도체 생산을 선도하는 삼성 관계자를 바이든이 여러 차례 만난 것도 이런 이유에서였다.

4 토마시 할리크, "질병시대의 그리스도교", 필자는 이 글을 가톨릭 수녀님으로부터 받았다. 프라하의 카를대학교 사회학 교수라 한다. 현재 체코 그리스도교 아카데미 회장을 역임 중이다. 템플턴상 수상자이기도 하다.

5 에큐메니칼 평신도 신학자 오재식의 책, 『내게 꽃으로 다가온 현장』(기독교서회 2010)도 이반 일리치 신부와 같은 뜻을 전했다.

6 빌게이츠에 따르면 매년 발생되던 510억 톤의 탄소 총량 중 5% 정도가 감소되었다고 한다. 이는 탄소제로 사회를 만들기 위해 인류가 얼마나 힘든 여정을 겪어야 할지를 예견토록 한다. 빌 게이츠, 『기후 재앙을 피하는 법』, 김민주/이협 역, 김영사 2011, 22-23.

7 이 두 열쇠 말은 10여 년 전 경복궁 옆 기무사 터에 국제 미술관이 지어져 개관할 때 내 걸었던 주제였고 이 개념에 멋진 전시회가 열렸다. 동서, 정신과 물질, 회화와 건축, 남과 여가 연결되었을 때 펼쳐진 새로운 세계를 상상토록 한 것이다.

8 이 역시 「한겨레신문」 에서 읽었던 내용이나 출처를 밝히지 못해 유감이다.

9 이는 신학자 기독교 중심의 선교학자 유동식과 대립각을 세웠던 종교학자 정진홍의 기본 생각이다. 종교학자의 혜안이 더 옳을 듯싶어 걱정(?)이다. 선교란 기독교가 하는 듯 보이지만 사실은 민족의 기초 이념이 기독교를 수용하는 것이라고 정진홍은 말했다.

10 L Scheider, *Beyond Monotheism — The Theology of Multiplicity*, Routledge: Abingdon, 238-266 이에 대한 상세한 논의는 이정배, "이웃종교를 보는 세계교회협의회의 시각 — 10차 부산대회 의미를 생각하며", 『축의 시대와 종교 간 대화』, KCRP 종교 간 대화위원회 편, 모시는 사람들 2013, 159-186, 특히 178 이하 내용 참조.

11 이정배, 『귀일신학 — 팬데믹 시대에 「다석 강의」 다시 읽다』, 밀알북스 2020. 특히 마지막 부록 논문을 보라. 필자는 귀일신학의 과도기적 형태로서 유교를 언급하고

싶다. 다석은 유학 역시 '없음이 곧 있음'(무극이 태극)을 말하는 종교라고 생각했다. '무'를 회복한 유교를 통해 세계의 궁극성, 관계성 그리고 부정성을 아우를 수 있다고 판단한다. 하지만 귀일신학이 실재하는 유학(교)과 일치한다는 말뜻은 아니다.

12 코로나 사태로 미국을 위시한 전 세계가 돈을 풀어(양적 완화) 경기를 부양하고 있다. 달러 유동성이 향후 세계를 불행으로 치닫게 할 공산이 크다. 미국국가 채권을 담보로 기존 화폐량의 절반에 가까운 돈을 새롭게 찍어냈는데 국가 인플레를 방지하기 위해 조만간 회수를 위해 달러 금리를 올릴 수밖에 없을 것이다. 그럴 경우 코로나 이전보다 빈부격차가 가중되고 도산되는 나라들이 더 많이 생겨날 수 있다. 이런 방식으로의 회복은 인류 미래에 불행을 가중시킬 뿐이다. 필자의 글은 이런 개연성을 염두에 두고 이런 결과에 이르지 않기를 바라서 쓴 것이다.

13 자크 엘룰/최홍숙 역, 『도시의 의미』(한국로고스연구원, 1992).

14 이를 일명 '협동 거버넌스'라고도 일컫는다. 시민사회와 정부 간의 새로운 결속을 뜻한다. 백영서 역음, 위의 책, 28.

15 이에 더해 불교 사상가인 미산 스님은 '마음 방역'이란 말까지 사용했다. 그의 글 "팬데믹 감염병 시대에 부처님이 오신다면", 2565년 부처님 오신 날 봉축사, 1-3.

16 이는 국내 최고의 생태학자 최재천 교수의 의견이다. 각주 13에서 밝힌 미산 스님의 '마음 방역(백신)'과도 연결되는 개념들이다.

17 이 점에서 코로나 발원지였으나 권위적 방식으로 위기를 극복한 중국의 경우가 주로 해당된다. 물론 세계적인 추세일 수도 있을 것이다. 그렇기에 국가의 개입에 개입하는 집단적 민주 세력이 더욱 요청되는 상황이다. 백영서 엮음, 위의 책, 30-32.

18 이 점에서 코로나바이러스 및 기후 위기 극복에 남다른 관심을 보였던 빌게이츠가 기술 낙관주의 입장을 대변한 것이 못내 안타깝다. 빌 게이츠, 위의 책, 3장 내용 참조.

19 이 말에 대한 출처를 밝히지 못해 유감이다. 페북에 실린 한 논문에서 봤는데 자료를 찾을 수 없어 기억에 의존했다. 과정사상의 자연관을 적극 수용해온 중국 학계의 입장이라 생각한다.

20 흑사병이 중세 봉건 체제를 종식시키고 근대세계의 발판이 되었던 것을 참고해도 좋을 것이다.

21 조현 기자와 인터뷰한 최근 「한겨레신문」 종교란에 "코로나바이러스는 마귀 짓이다"란 신학자 유동식의 말이 제목으로 뽑혀 있었다. 「한겨레신문」 2021. 2. 18. 20면 참조.

22 필자가 상임대표로 있는 ICE(국제기후 종교 시민네트워크)에서 '탈성장' 세미나를 개최했는데 그 자리에서 탈성장과 더불어 탈인간, 탈종교, 탈서구를 주창하는 글을

발표했다. 이런 네 개의 '탈'은 내용적으로 상관성이 아주 깊은데, 본고 전체 내용도 실상 이런 4개의 '탈'의 시각에서 작성되었음을 밝힌다.

23 백영경, "탈성장 전환의 요구와 돌봄이라는 화두", 「창작과 비평」. 2020 가을(189), 36-48.

24 앞의 글, 43.

25 슬라보예 지젝 · 이광택 공저, 『포스트 코로나 뉴노멀 — 이광택 묻고 지젝이 답하다』 (비전 C&F 2020); 이정배, "유물론의 기독교적 이해 — 새로운 보편성을 추구하는 지젝의 유물론적 신학," 『신학, 타자의 텍스트를 읽다』 (모시는 사람들, 2015), 167-224.

26 피터 슬로터다이크/문순표 역, 『너는 너의 삶을 바꿔야 한다』 (5월의 노래, 2020), 696-710.

27 H. Jonas, *Das Prinzip Verantwortung, versuch einer Ethik fuer die technologische Zvilisation* (Franfkurt: Inselverlag, 1979). 이에 대한 필자의 글은 이은선과 공저한 『현대이후주의와 기독교』 (다산글방, 1993)에 실려 있다.

28 J. 리프킨/이경남 역, 『공감의 시대』 (민음사, 2009). 이정배, 『세상 밖에서 세상을 걱정하다』 (신앙과 지성사, 2019), 359-367.

29 칼 바르트는 자신의 『교의학』 3권 창조론에서 슈바이처의 생명 외경론을 비판했고, 슈바이처 또한 자신의 동료들과의 서신 교환을 통해 바르트 창조론을 인정하지 않았다. A. Schweitzer · F, Buri, *Existenzphiosophie und Christentum, Albert Schweitzer und Fritz Buri, Briefwechsel* 1935-1964 (Muechen: C.H Beck, 2000). 이 책 도처에 두 사람 간의 논쟁이 소개되어 있다.

30 이 점에서 뤼트허르 브레흐만/조현욱 역, 『휴먼 카인드』 (인플루엔셜, 2020)를 보라. 특히 이 책 10장과 514-516쪽이 중요하다. 투쟁을 강조한 홉스보다 자연(협동)을 강조한 루소가 옳다는 견해를 밝힌 책이다. 하지만 저자는 공감보다 연민이란 단어를 소중하게 여긴다. 그러나 이런 차이를 부각시키는 것에 큰 의미를 두고 싶지 않다.

31 「한겨레신문」 2021년 3월 27일자 15면; 게리 스나이더의 저서 『야생의 실천』 (문학동네, 2015)를 보라.

32 Albert Schweitzer · Fritz Buri, 위의 책 참조.

33 이에 대한 반론도 있다. 중국학자들 경우 '일시동인과 적자생존'의 두 말로 자신들 중국과 서구의 방역을 구별했다. 모든 사람을 어질 '인'의 관점에서 동일하게 본 중국과 환경에 따라 적자가 생존한다는 서구식 방역 정책을 대별하여 자신들 우월성을 역설한 것이다. 하지만 이 역시 한국과 견줄 때 전체주의적 정부형태에 힘입은 바 클 것이다. 이 점에서 본 주장은 서구는 물론 우리 역시도 동의하기 어렵다.

무엇보다 내부 고발자에 대한 중국 정부의 통제는 이해가 쉽지 않을 것이다. 공공의 이익을 위해 통제는 어쩔 수 없었다는 논리는 세계적 차원의 역병이 창궐하는 상황에서 이해할 여지가 없지 않다. 하지만 이것 역시 낮은 '인권 의식'에 토대를 둔 발상일 뿐이다. 오히려 '높은 인권 의식'이 생존을 위협했다는 반론을 제기했기에 문제가 더욱 크다. 쎄마오쑹, "거국체제 방역의 정치학", 『팬데믹 이후 중국의 길을 묻다』, 129-170, 본 논문의 1장과 5장을 보라. 같은 책에 실린 친후이의 글(206-247) "전염병 이후의 전지구화-코로나-19 사태와 '도'의 문제"란 글에서는 '낮은 인권의 우위'란 말이 언급되었다. 이 표현을 통해 저자는 통제 중심의 중국 방역을 적극 변호코자 했다. '인권'과 '생명권' 중에서 하나를 택하라 한다면 후자가 가치론적으로 우선한다는 확신의 표현이었다. 그렇다고 "빵보다 자유가 우선한다"는 서구의 인격 가치가 코로나 방역을 통해 무너질 수도 없을 것이다. 방역 현실에서 난제이긴 하겠으나 생명권이 인권보다 중하다는 직설적 선언은 참으로 위험하다. 이를 근거로 저자는 중국과 서구의 '제도'의 차이를 인정하라 요구하며 상호 배울 점이라 말하고 있으나 선뜻 동의 되지 않는다. 이런 시각은 결국 미·중 간의 정치적, 경제적 장벽만을 높게 쌓는 결과를 초래할 것이다. 그럼에도 불구하고 포스트 서구 중심주의 시대로의 진압은 불가피할 것으로 생각된다.

34 이은선, 『다른 유교, 다른 기독교』, 모시는 사람들 2016 참조.

정애성 | 여성, 동물권, 육식 이야기

1 제레미 리프킨 지음/신현승 옮김, 『육식의 종말』 (시공사, 1993), 25 이하.

2 예로, 2014년 12월 21일자 「오마이뉴스」, 이화영의 기고문 "살이 찢기고 피가 튀고… 쌓여가는 사체: 2011년 가축 살처분 현장, 아직도 잊지 못합니다."

3 오늘날 동물권과 동물복지를 주장하는 사람들 사이에 사용되는 '인간 동물'과 '비인간 동물'이란 대안적 명명 역시 동물에 대한 인간 중심주의적 시각을 극복하려는 노력의 일환이다.

4 피터 싱어/김성한 옮김, 『동물 해방』 개정완역판 (연암서가, 2012), 23. (원서 첫판은 1975년).

5 할 헤르조그/김선영 옮김, 『우리가 먹고 사랑하고 혐오하는 동물들: 인간과 동물의 관계, 그 모든 것에 관하여』 (서울: 살림, 2011).

6 멜라니 조이/노순옥 옮김, 『우리는 왜 개는 사랑하고 돼지는 먹고 소는 신을까: 육식주의를 해부한다』 (모멘토, 2011).

7 같은 책, 13-16.

8 개는 영리하고 감정이 풍부한 반면, 돼지는 더럽고 게으르다는 생각이 인간의 통념적 인식 틀을 보여주는 한 예다. 실제로는 돼지가 개보다 더 영리하고 돼지가 진창에서 뒹구는 것은 땀샘이 없어 몸을 식히기 위해서다.

9 같은 책, 20-25.

10 피터 싱어/김성한 옮김, 『동물 해방』, 3장에서 공장식 농장의 현실을 상세히 설명한다.

11 드레이즈 검사란 토끼나 개를 실험대에 눕히고 사지와 몸을 차꼬로 고정한 다음(눈을 만지지 못하도록), 동물 눈 속꺼풀 사이로 실험 물질을 투여하는 것을 말한다. 3주 동안 실험을 반복하면서 동물 눈의 부기와 고름, 병균 감염도, 출혈 등의 증상을 관찰한다. 동물은 극심한 고통을 겪게 되고, 각막에 심각한 상처를 입어 완전히 시력을 잃은 동물은 도살된다. 구강 독성 검사로 빈번히 사용되는 LD-50검사는 특정 동물 집단의 50%를 죽이는데 필요한 특정 물질의 치사량을 알아보는 검사이다. 동물에게 립스틱, 치약, 종이 따위의 실험제품을 강제로 먹인 후 제품의 독성에서 일어나는 구토, 설사, 근육마비, 경련, 체내 출혈 등 일반 증상들을 14일에서 6개월에 걸쳐(그때까지 살아 있다면) 조사하는 실험이다. 동물 실험 실태와 그것을 둘러싼 논쟁에 관해서 같은 책, 제2장을 보라.

12 「경향신문」 2013년 8월 8일자.

13 피터 싱어/김성한 옮김, 『동물 해방』, 323-324.

14 같은 책, 330-331.

15 피터 싱어/김성한 옮김, 『동물 해방』, 335.

16 에리카 퍼지, 『동물에 반대한다』, 137.

17 임신 초기 단계에 투약된 탈리도마이드가 태의 정상적 발육을 저해하는 바람에 1950년대 후반에서 1960년대 초반에 수천 건의 끔찍한 출산 장애를 가진 아기들, 곧 '탈리도마이드 아기들'이 태어났다.

18 앤드류 린지/장윤재 옮김, 『동물 신학의 탐구: 같은 하나님의 피조물』 (대장간, 2014), 63. 여기서 "인간 중심적이고 위 중심적"이라는 용어는 동물이 인간의 필요를 충족시키는 목적으로만 존재한다는 기존의 신념을 빗댄 것이다. 린지는 다른 종들이 오직 인간의 허기진 위를 채우는 것에 불과하다는 사고방식에 탄식한다.

19 같은 책, 69.

20 같은 책, 74.

21 같은 책, 176.

22 같은 책, 178-179.

23 캐럴 J. 아담스/이현 옮김, 『육식의 성정치: 페미니즘과 채식주의 역사의 재구성』

(미토, 2006), 20 이하를 보라.

한인철 | 코로나-19와 기독교의 미래

1 "교회는 코로나-19 잘 대응했다, 목회자 79.7% VS 비개신교인 12%," 기독교연합신문 「아이굿뉴스」 2021. 4. 16.

2 "코로나-19 사태 개신교인들의 인식 변화," 「크리스천 노컷뉴스」 2020. 4. 10.

3 "코로나-19 이후, 아예 주일예배 드리지 않는 개신교인 증가세!," 「한국기독신문」 2020. 11. 3. 목회데이터연구소가 제시한 자료에 따르면 대면 예배이든 비대면 예배이든 주일예배를 아예 드리지 않는 교인이 2020년 4월에는 13%였다가, 2020년 7월에는 18%로 증가했다고 한다.

4 "코로나-19로 헌금 · 출석교인 모두 감소," 「연합뉴스」 2020. 6. 15

5 "예장통합목회자 68.8% 코로나-19 이후 헌금 줄어," 「NEWS&JOY」 2020. 6. 15.

6 대면 예배를 강행한 한 설교자는 이렇게 언급한다: "예배를 드리면 천국 가고, 예배를 안 드리면 지옥 가는 겁니다…. 예배를 드려야 코로나가 없어지는 겁니다." 「오마이뉴스」 2020. 8. 30, "카뮈도 상상 못한 설교, 페스트 때보다 퇴화한 코로나 시대 종교," 2020. 9. 8. 참고로 인터넷에 올라와 있는 몇 목회자의 설교 중에 예배 관련 부분을 인용한다. "예배드리는 사람은 기독교인이고, 예배드리지 않는 사람은 기독교인이 아닙니다." 대한예수교장로회 열린교회, 김** 목사 설교, 2020. 8. 23. "교회가 지켜내야 할 가장 기본이 되는 '필수적인 것'은 예배다." 미국 뉴욕 플러싱제일교회, 김** 목사 기고, 2020. 4. 30. 이런 표현은 코로나-19 이전에도 흔히 강조할 수 있는 대목이지만, 코로나-19 상황에서 이 점이 더욱 강조되고 있는 것은 예배가 개신교회 위기의 근본임을 암시하고 있다.

7 "코로나-19 확산은 하나님의 심판," 「민중의 소리」 2020. 2. 23. 미국의 대중적인 기독교 저술가 존 파이퍼 목사는 그 대표적인 인물이다. "코로나-19에 대한 기독교적 응답," 「뉴스앤조이」 2020. 7. 6. 참조.

8 정** 목사 설교, "코로나-19 풀무불 시련을 이깁시다," 「뉴스파워」 2020. 3. 25.

9 "복음의 본질로 돌아가자," 연합감리교뉴스, 김** 목사 기고, 2020. 4. 30.

10 "코로나-19: 일부 교회가 '대면 예배'를 포기하지 못하는 이유," *BBC* 'NEWS' 2021. 1. 12. 본 기사에서는 당국의 집합 제한 명령을 어기고 대면 예배를 강행한 사례들을 제시하고 있다.

11 "감리교 목사, '예배당 닫으라 명령 말라'… 대면 예배 촉구,"「연합뉴스」 2020. 9. 12. 기독교대한감리회 서울연회 원** 감독은 "우리에게 예배를 드려라, 드리지 말라 명령하실 분은 오직 창조자이자 구원자인 주 하나님 한 분뿐"이라며, "방역 당국은 우리에게 그리스도인의 고유한 신앙과 믿음에 대한 명령을 내릴 위치에 있지 않다"고 주장했다.

12 "보수개신교단체 '대면 예배 금지는 헌법 위반'…헌법소원, 행정소송 제기,"「한겨레」 2021. 2. 17. 보수 개신교인 모임인 "예배 회복을 위한 자유시민연대" 실행위원장 박** 목사는 대면 예배 금지를 "헌법에 보장된 종교의 자유를 짓밟는 것"으로 규정하고 있다.

13 삼위일체 교리는 예수와 하나님을 동일 본질로 규정한 니케아신조를 발전시켜 예수와 성령과 하나님은 모두 동일 본질이라고 규정한 교리로, 381년 콘스탄티노플공의회에서 결정되었다. 예수와 하나님을 동일 본질로 규정한 것은 니케아회의였지만, 한국 개신교인들은 이 회의를 잘 모르고 있고, 주로 삼위일체 교리를 통해 예수와 하나님은 본질상 동일한 분이라고 믿고 있다.

14 필자는 연세대학교 교목으로 재직하는 동안, 다양한 개신교단에서 온 학생들이 매주 교회에서 어떤 설교를 듣는지 알아보기 위해 5년 동안 서울 경기 일원의 개신교회들을 번갈아 방문한 적이 있다. 이때 방문 결과, 설교의 표현은 다소간 차이가 있지만, 거의 대부분의 교회가 사영리의 틀을 갖고 설교하고 있다는 것을 확인할 수 있었다.

15 한국 갤럽, 『한국인의 종교와 종교의식 — 제3차 비교조사』 (서울: 한국갤럽, 1998), 67.

16 여기에서 "예수처럼 산다"는 말은 예수가 했던 말과 행동을 문자적으로 반복하는 것을 뜻하는 것이 아니라 과거에 예수가 했던 말과 행동 속에 관철되었던 '예수의 길'을 따라 우리 시대에 우리의 언어와 행동 방식으로 예수와 같은 길을 가는 것을 의미한다.

17 이제 소개할 한국 개신교인들의 세 가지 자기 신앙 논리는 필자가 1973년 감리교신학대학에 입학한 이래, 교회, 학교, 사회에서 만난 수많은 기독교인과의 대화 속에서 듣고 확인한 것을 요약한 것이다.

18 로버트 펑크, 『예수에게 솔직히』 (서울: 한국기독교연구소, 1999), 460. "예수 세미나"를 주도하는 로버트 펑크, 존 도미닉 크로산, 마커스 보그 등은 미래의 바람직한 기독교는 예수의 가르침과 삶에 기초를 두어야 한다는 점에 의견을 같이하고 있다.

19 혹자는 역사적 예수 연구는 이미 실패로 끝났다고 말하지만, 1885년에 창립된 "예수 세미나"는 기독교의 기초를 역사적 예수에 둘 수 있을 만큼 충분한 연구 결과물을 생산해내었다. 한국기독교연구소는 1995년 이후 "예수 세미나"(Jesus Seminar) 회원들

의 주요 연구 결과물을 지금까지 30여 종 번역해 내었고, 동 연구소 이외에서도 20여 종 안팎의 번역서들이 소개되었다. 필자는 2016년에 그동안의 역사적 예수 연구 결과들을 망라하여, 『예수, 선생으로 만나다』라는 책을 발간한 바 있다.

20 마커스 보그, 『예수 새로 보기』 (천안: 한국신학연구소, 1997), 97.

21 참조. 한인철, 『예수, 선생으로 만나다』 (서울: 연세대학교 출판문화원, 2016), 115-116.

22 마커스 보그, 『예수 새로 보기』, 181. 마커스 보그는 예수의 가르침과 삶을 관통하는 예수의 목회 정신은 "함께 아파하는 마음"이라고 했는데, 이는 다른 사람의 아픔을 나의 아픔처럼 여길 줄 아는 공감의 감수성을 일컫는다.

23 복음서 안에 예수가 질병으로 고통받는 삶을 치유한 사례는 19회나 등장한다. 참조. 한인철, 『예수, 선생으로 만나다』, 149.

24 마태복음 9:2; 마가복음 2:5; 누가복음 5:20.

25 예수는 안식일에 제자들이 밀이삭 잘라 먹은 것과 자신이 손 오그라든 사람을 고쳐준 것을 비난하는 바리새파와 율법 학자에 대해 이를 정면으로 받아 정당화한 적이 있었고, 복음서는 이 때문에 바리새파 율법 학자들이 예수를 죽이고자 모의를 했다고 전한다. 여기에서 바리새파 율법 학자가 문제 삼은 것은 밀이삭을 잘라먹은 것과 손 오그라든 사람을 고친 것 자체가 아니라 이런 일들을 안식일에 했고, 이처럼 안식일법을 어긴 것을 예수가 죄가 아니라고 생각했다는 것이다. 참고. 마태복음 12:1-8; 마가복음 2:23-28.

26 존 도미니크 크로산/한인철 역, 『예수는 누구인가』 (서울: 한국기독교연구소, 1998), 122-123 참조. 크로산은 예수의 치유의 궁극적인 목표는 환자를 다시 공동체 안으로 돌아오게 하는 것이라는 점을 특별히 강조한다.

27 예수는 태어나면서부터 눈먼 사람이 누구의 죄 때문에 그렇게 되었느냐고 묻는 제자들의 질문에 분명하게 "이 사람이나 그의 부모가 죄를 지은 것이 아니다. 하나님께서 하시는 일을 그에게서 드러나게 하시려는 것이다"라고 분명하게 대답한다. 참고. 요한복음 9:1-12.

28 참조. 「통계프리즘」 2020 겨울호, "코로나-19와 안전취약계층," 24-35.

29 "심장이 머리 위에 있는 느낌이었다," *PharmNews* 2020. 4. 7.

30 "코로나-19 '회복자'가 전하는 고통스러운 '후유증'들," 「YTN」 2020. 8. 19.

31 "20대 女가 전한 코로나 완치 후기… 퇴원 후 진짜 고통," 「이데일리」 2020. 9. 2.

32 "나도 피해자인데… 코로나-19 낙인이 더 고통," 「KBS」 'NEWS' 2020. 12. 9.

33 위의 기사.

34 "완치돼도 따가운 시선이 더 아프다," 「Chosun Biz」 2020. 11. 23.

[35] 위의 기사.

[36] "나도 피해자인데," 「KBS」 'NEWS' 2020. 12. 9.

[37] "완치돼도 따가운 시선이 더 아프다," 「Chosun Biz」 2020. 11. 23.

[38] "'이성주의 건강편지' 코로나-19 대구, 분투하던 의료진이 이런 일이," 「NATE」 '뉴스' 2020. 5. 28. '이성주의 건강편지' 코로나-19 발생 초기 대구 의료진들의 경험담을 담은 다음 책을 근거로 하고 있다. 이재태, 『그곳에 희망을 심었네』 (대구, 학이사, 2020).

[39] 인터넷상에 의료진을 위해 구체적인 행동을 취한 사례는 여의도순복음교회 하나뿐이다. 여의도순복음교회(담임목사 이영훈)는 2020년 4월 10일 연세의료원을 방문해 의료지원금 1억 원을 기부했다. 동 교회는 이뿐 아니라 2020년 3월 3일 코로나-19 감염 확산으로 고통받는 대구시민을 위로하고, 확산 방지 및 환자 치료를 위해 애쓰는 공무원과 의료진을 위해 10억 원의 긴급 의료지원금을 대한적십자사를 통해 전달한 바 있고, 3월 4일에는 대구 경북지역 확진자의 증가에 따라 경증 환자들을 위해 파주시 소재 영산수련원 2개 동을 생활치유센터로 제공하겠다는 뜻을 밝히기도 했다. 또 코로나-19 확산 초기에 마스크 구매에 어려움을 겪는 독거노인, 저소득층 가정, 국내 체류 외국인, 군종 목사, 미혼모 가정 등에 마스크 6만 장을 기부하기도 했다("국민 건강 지켜려 분투하는 의료진들에게 큰 힘 주었다," 「티에프뉴스」 2020. 4. 15). 그 외에 사랑의 교회, 광림교회 등 일부 대형 교회가 교회 소유 수양관이나 기도원을 생활치유센터로 제공하려는 뜻을 밝힌 바 있다("대형 교회들 코로나 환자에 수련원 제공… 신천지 수용 여부는 정부가 결정," 「중앙일보」 2020. 3. 4).

[40] 1998년 한국갤럽조사연구소가 발표한 "한국인의 종교와 종교의식"에 보면, 과거에 개신교인이었다가 비종교인이 된 사람은 19.3%, 다른 종교로 개종한 사람은 4.4%로, 과거에 개신교인이었다가 개신교를 떠난 사람은 총 23.7%였다. 이는 당시 한국의 개신교인 20.3%보다 많은 수치로, 한국의 개신교는 개신교인들도 그다지 신뢰하지 않는다는 것을 간접적으로 보여주고 있다. 한국갤럽조사연구소, 『한국인의 종교와 종교의식』, 55, 64-66, 72-73 참조.

2부 _ 생태 문명으로의 전환을 위한 세계관의 전복

김정숙 | 성례전적 존재론 — 생태학적 위기의 시대에 제안하는 생태·여성신학적 세계관

[1] 이타적인 생명 공동체의 특성과 사후 이기주의적인 종교적 특성의 형성은 샤롯 퍼킨스 길만(Charlotte Perkins Gilman)이 자신의 저서 *His Religion and Hers*를

통해 주장한 이론을 근거로 할 것이다.

2 마르치아 엘리아데/이용주 옮김, 『세계종교사상사1: 석기시대부터 엘레시우스의 비의까지』 (서울: 이학사 2010), 23.

3 앞의 책.

4 마르치아 엘리아데, 『세계종교사상사1: 석기시대부터 엘레시우스의 비의까지』, 이용주 (서울: 이학사 2010), 23-24.

5 앞의 책, 24, 54.

6 앞의 책, 24.

7 앞의 책, 23.

8 앞의 책, 31.

9 앞의 책.

10 앞의 책, 31, 32.

11 앞의 책, 31.

12 앞의 책, 42.

13 로즈마리 래드퍼드 류터, 『성차별과 신학』, 안상님 (대한기독교서회, 1985), 236.

14 앞의 책.

15 Charlotte Perkins Gilman, His Religion and Hers: A Study of the Our Fathers and The Work of Our Mothers (New York & Oxford: AltaMira Press, 2003), 46.

16 위의 책, 46-47.

17 Charlotte Perkins Gilman, *His Religion and Hers*, 46.

18 로즈마리 래드퍼드 류터, 『성차별과 신학』, 236.

19 Charlotte Perkins Gilman, *His Religion and Hers*, 46

20 Peter C. Hodgson & Robert H. King eds., *Christian Theology An Introdcution to Its Traditions and Tasks* (MN: Minneapolis, Fortress, 1994), 334, 336.

21 Charlotte Perkins Gilman, *His Religion and Hers*, 47.

22 찰스 테일러, 『자아의 원천들: 현대적 정체성의 형성』, 권기돈, 하주영 (서울: 새물결, 2015), 241.

23 앞의 책, 245.

24 Michael Saler, "Modernity and Enchantment," *American Historical Review* vol. 111(2006), 695.

25 Jeffrey E, Green, "Two meanings of Disenchantment: Sociological Condition

vs. Philosophical Act-Reassessing Max Weber's Thesis of the Disenchantment of the World," *Philosophy and Theology* 17, 1&2(2005), 52.

[26] 위의 책, 52.

[27] 위의 책, 56.

[28] Michael Saler, "Modernity and Enchantment," 693.

[29] 위의 책, 696.

[30] Th. W. 아도르노 & M. 호르크하이머, 『계몽의 변증법』 (서울: 문학과 지성사, 1994), 62.

[31] 앞의 책, 41. 괄호 안의 첨가어(마술, 주술)은 필자 본인이 삽입한 것이다.

[32] Marek Sullivan, "Cartesian Secularity: 'Disengaged Reason,' the Passions, and the Public Sphere Beyond Charles Taylor's A Secular Age," *Journal ofthe American Academy of Religion* (December 2019), Vol. 87, No. 4, p 1052.

[33] Eugene McCarraherarter, "The Enchantments of Mammon: Notes toward a Theological History of Capitalism," *Modern theology* 21:3(July 2005), 430.

[34] 로마서 8장 22절 공동번역.

[35] 임형권, "급진 정통주의 신학에 대한 개혁신학적 평가와 비판: 존 밀뱅크를 중심으로," 「개혁논총」 29권 2014, 169.

[36] Catherine Pickstock, *After Writing: On the Ligurgical Consummation of Philosophy* (Oxford: Blackwell, 1988), 64; 제임스 K. A. 스미스/한상화, 『급진정통주의 신학』 (CLC, 2011), 252 재인용.

[37] 앞의 책.

[38] 제임스 K. A. 스미스/한상화, 『급진정통주의 신학』 (CLC, 2011), 118-120.

[39] John Webster, Kathryn Tanner and Lain Torrance eds., *the Oxford Handbook of Systematic Theology* (Oxford: Oxford University press, 2010), 269.

[40] 위의 책.

[41] Hans Boersama and Matthew Levering eds., *The Oxford Handbook of Sacramental Theology* (Oxford: Oxford University Press, 2018), 605.

[42] John Webster, Kathryn Tanner and Lain Torrance eds., *the Oxford Handbook of Systematic Theology*, 270.

[43] 피터 C. 하지슨/로버트 H 킹 엮음/윤철호 옮김, 『현대 기독교 조직신학』 (한국장로교출판사, 2015), 430.

장왕식 | 포스트 코로나 시대의 생태 기독교 — 종교철학적 접근

1 영상으로 이루어지는 비대면의 예배가 낳은 부정적 효과로 꼽는 것들은 다음과 같은 것들이다. 목회자 위상의 약화, 직접적 종교 활동의 위축, 교단 의식의 퇴색(다양한 집회를 영상으로 참여하기에 생겨나는 부수 효과) 등이다. 반면, 대면 예배를 그리워하는 경향이 팬데믹 이후 교회를 부흥시킬 수 있는 전망도 없지는 않다. 이렇게 찬반양론이 공존한다. 따라서 필자는 종교와 교회의 쇠퇴를 예측하는 입장이나 팬데믹과 상관관계에 있는 요소들을 다루는 것보다는 조금 더 근본적인 요인으로서 시대적 요소를 꼽으려 한다. 이는 이하에서 탈근대주의에 대한 분석에서 더욱 강조될 것이다.

2 북미의 기독교 (인구 중 65%를 차지한다)에서는 세 가지 특징을 보인다. 북미의 3대 종파는 복음주의, 가톨릭 그리고 무종교이다. 놀랍게도 오늘날 복음주의 교세도 약화되고 있다는 평가가 많으며, 점점 무종교인이 증가하고 있는 것은 사실이다. 유럽에서는 특히 기독교 중심의 제도적 종교의 지배력이 가파르게 쇠퇴하고 있다. 물론 그들 사이에 신앙적 경향이 아직은 살아 있다고 말할 수는 있으나, 이마저도 교회는 나가지 않으면서 새로운 영성을 추구하는 사람들이 늘고 있다는 분석이 많다. 이는 전 세계적인 현상이다. 오로지 예외는 아프리카이다. 거기서는 출산율이 저하되지 않고 있으며, 따라서 종교인구도 증가하고 있다. 문제는 가톨릭이 1위라는 것이다.

3 김재인, 『뉴노멀의 철학』 77-80.

4 한국의 세속 인문학계에서 최근 가장 많이 읽히는 철학 저서들은 개인이 누리는 세속적 향유가 종교적 가치보다 우선한다는 것을 강조하는 철학자들의 것으로서 예를 들어 스피노자와 니체가 바로 그들이다. 자신의 자유로운 정서와 감정에 의지해 행동하고 삶을 향유하라는 한 대중 철학자의 스피노자 책은 무려 20만 부의 판매고를 기록했다. 강신주의 저서, 『강신주의 감정수업-스피노자와 함께 배우는 인간의 48가지 얼굴』이 바로 그것이다.

5 다음의 유튜브 강좌를 참조하라. Edward Cadbury Lectures, "Values are the New Religion: Culture Wars."

6 나는 바디우의 주체 철학이 지닌 특징들에 대해 여러 곳에서 소개하면서 비록 그의 철학이 매력적 대안을 제공하고 있지만 그것이 제대로 된 효과를 지니려면 유신론적 입장으로 보충되어야 한다고 주장해왔다. 이를 참조하기 위해서 다음을 보라. "진리의 추구와 주체의 모험," 「신학과 세계」 95호. 2018.

7 줄리언 바지니, 『빅퀘스천』 (서울: 필로소픽, 2011), 1, 2장

8 줄리언 바지니, 『빅퀘스천』의 같은 곳.

9 제인스 윌리엄스(James Williams)는 『들뢰즈의 차이와 반복』에서 지적하기를

(268-269), 예를 들어 '완전한 수술'이라는 이상(ideal)이 있어야만 더 낳은 수술 절차를 통해 보다 독성의 문제를 덜 남기고, 가능한 한 정상적인 삶으로 빨리 복귀하도록 만드는 수술적 실험이 가능하게 된다고 한다. 왜냐하면 어떤 수술도 완벽하지 않기 때문이다. 그러므로 언제나 현실적 세계의 불완전성이라는 상황은 완전함이라는 이상이 있을 때 한해서, 현실 세계에서 갖게 될 절차와 과정을 보다 더 나은 방향으로 전개되도록 만들 수 있다고 한다.

10 이는 지젝도 마찬가지다. 지젝은 기독교는 지상에 나타난 인류의 종교 중 가장 위대하다고 하는데 그것은 무한자가 유한자를 통하지 않으면 자신을 정립할 수 없다는 헤겔의 정식을 가장 잘 표현한 종교이기 때문이라 한다. 그는 불교 등의 다른 고등 종교보다 기독교를 최고의 종교 운동으로 친다.

11 위계질서는 반드시 부정적인 면만 가지고 있는 것은 아니며, 심지어 동물과 같은 약육강식의 세계에도 위계질서가 한 공동체의 안정을 유지하는 데 중요한 역할을 담당하고 있다는 것은 상식이다. 따라서 우선 위계질서가 만들어 내는 부정적인 면에 대한 비판에 집중하고, 동시에 어떻게 우주 내에서는 코스모스와 카오스의 양자가 마치 음양의 조화처럼 함께 병존할 수밖에 없는지의 관점에서 토론해 나가면 좋을 것이다.

12 나는 이를 다음의 글에서 상세하게 토론한 바 있다. "물리적 자연주의와 새로운 목적론" 「신학과 세계」 97호. 2019.

13 이는 이른바 과정신학이 말하는 신의 이상적 목적에 대한 것이다. 이에 대한 토론으로는 다음을 보라. 존 캅& 데이비드 그리핀, 『과정신학』 (서울: 황소와 소나무, 2001).

이은선 | 코로나 팬데믹 이후 종교와 교육 — 한국 信學과 仁學의 관점에서

1 앤드루 류, "'중국 바이러스' 그리고 세계시장," 백영서 엮음, 『팬데믹 이후 중국의 길을 묻다』 (서울: 책과함께, 2021), 113.

2 위의 글, 117.

3 아오양, "탈중국화와 중국의 대응," 백영서, 위의 책, 179.

4 이은선, 『생물권 정치학시대에서의 정치와 교육 — 한나 아렌트와 유교와의 대화 속에서』 (서울: 도서출판 모시는사람들, 2015), 26.

5 프란시스코 J. 바렐라/유권종 · 박충식 옮김, 『윤리적 노하우 — 윤리의 본질에 관한 인지과학적 성찰』 (서울: 갈무리, 2009), 77쪽 이하; 이은선, "세월호 이후의 한국 교육 — 지성 · 인성 · 영성의 통섭에 대하여," 『통합학문으로서의 한국 교육철학』

(서울: 동연, 2018), 292 이하.

6 이은선, “해학 이기의 신인(神人/眞君) 의식과 동북아 평화,” 「儒學硏究」 제50집 (2020. 2.), 186; 이은선, 『동북아 평화와 聖 · 性 · 誠의 여성신학』 (서울: 동연, 2020), 239 이하.

7 권오봉, 『퇴계선생 일대기』 (서울: 교육과학사, 2018), 292.

8 니콜라스 A. 베르댜예프/이신 옮김, 『노예냐 자유냐』 (서울: 늘봄, 2015), 27-28.

9 위의 책, 42.

10 한나 아렌트/이진우 · 태정호 역, 『인간의 조건』 (서울: 한길사, 2001), 300.

11 李信/이은선 · 이경 엮음, 『슐리얼리즘과 영靈의 신학』 (서울: 동연, 2011), 300 이하.

12 니콜라스 A. 베르댜예프, 앞의 책, 44.

13 이은선, 『사유하는 집사람의 논어읽기』 (서울: 도서출판 모시는사람들, 2020), 8 이하.

14 페터 슬로터다이크/문순표 옮김, 『너는 너의 삶을 바꿔야 한다』 (서울: 오월의 봄, 2020); 이은선, “참된 인격주의와 휴머니즘의 차이는 무엇인가,” 「에큐메니언」 ‘사유와 信學’ 5, http://www.ecumenian.com, 2021.04.04.

15 페터 슬로터다이크, 앞의 책, 18.

16 위의 책, 142.

17 위의 책, 53.

18 위의 책, 334, 378.

19 위의 책, 94.

20 위의 책, 525, 619.

21 이은선, “종교문화적 다원성과 한국 여성신학,” 『한국 생물生物 여성 영성의 신학 — 종교聖 · 여성性 · 정치誠의 한몸짜기』 (서울: 모시는사람들, 2011), 29 이하.

22 페터 슬로터다이크, 앞의 책, 707 이하.

23 위의 책, 697, 699.

24 니콜라이 A. 베르댜예프, 앞의 책, 45 이하; 이은선, “왜 오늘 다시 인격인가? — 우리 시대의 인학(仁學)과 신학(信學)”, 「에큐메니언」 ‘사유와 信學’4, http://www.ecumenian.com, 2021.03.21.

25 루돌프 슈타이너/최혜경 옮김, 『젊은이여, 앎을 삶이 되도록 일깨우라 — 인류 발달에 관한 정신과학적 연구 결과』 (서울: 밝은누리, 2013), 134-137.

26 위의 책, 198; 이은선, “믿음(信), 교육정의의 핵심과 한국공동체 삶의 미래,” 김일수 외, 『한국사회 정의 바로세우기』 (서울: 세창미디어, 2015), 177-219.

27 이황(李滉)/이광호 옮김, 『성학십도』 (서울: 홍익출판사, 2001), 15.

28 위의 책, 161.

29 위의 책, 171.

30 마리 루이제 크노트/배기정 · 김송인 옮김, 『탈학습, 한나 아렌트의 사유방식』 (서울: 산지니, 2016), 90; 이은선, "믿음(信), 교육정의의 핵심과 한국 공동체 삶의 미래," 205 이하.

31 이원재 · 최영준 외 지음, 『코로나 0년 초회복의 시작』 (서울: 어크로스, 2021), 7.

32 이은선, "인성교육의 새로운 길, 그 길에서의 모성의 역할과 교사의 권위," 『통합학문으로서의 한국 교육철학』, 305 이하.

33 이원재 · 최영준 외 지음, 위의 책, 54 이하.

34 이찬석, "어디로? 코로나-19 속으로!," 「샘」 제45호(2020.12), 12 참조.

35 이황, 앞의 책, 27-28.

36 이은선, "한나 아렌트의 탄생성의 교육학과 왕양명의 치량지의 교육사상," 『생물권 정치학시대에서의 정치와 교육 — 한나 아렌트와 유교와의 대화 속에서』, 117 이하.

37 한병철, 『피로사회』 (서울: 문학과지성사, 2012).

38 페터 슬로터다이크, 앞의 책, 31 이하.

39 이황 지음, 앞의 책, 83.

40 위의 책, 189.

41 담사동/임형석 옮김, 『인학仁學』 (서울: 산지니, 2016), 11 이하; 이은선, "왜 오늘 다시 인격인가? — 우리 시대의 인학(仁學)과 신학(信學)," 「에큐메니언」 '사유와 信學' 4, http://www.ecumenian.com, 2021.03.21.

42 이황 지음, 앞의 책, 188.

43 『논어』, 「위정(爲政)」 11.

44 "정희진의 융합 23," 「한겨레 신문」 2021. 5. 11.

45 이은선, "사실적 진리와 정의 그리고 용서의 관계에 대하여," 『세월호와 한국 여성신학』 (서울: 동연, 2018), 54.

46 『논어』 「위정(爲政)」 22; 이은선, 『사유하는 집사람의 논어읽기』, 33.

47 이정배 지음, 『유영모의 귀일신학歸一神學』 (서울: 밀알북스, 2020), 42-43.

48 위의 책, 91.

49 이은선, "왜 오늘 다시 인격인가? — 우리 시대의 인학(仁學)과 신학(信學)," 「에큐메니언」 '사유와 信學'4.

50 이은선, "유교문명사회에서의 한국교회와 제2의 종교개혁 그리고 동북아평화이

슈," 변선환아키브 편, 『종교개혁 500년, '以後' 신학』 (서울: 모시는사람들, 2017), 510 이하.

51 이황 지음, 앞의 책, 28.

김선하 | 레비나스 철학에서 자연, 집, 노동의 의미

1 Levinas, E., *Totalité et Infini*, 170. (『전체성과 무한』, 232.)

2 아리스토텔레스/이종훈 옮김, 『형이상학』 (동서문화사, 2019), 152.

3 스피노자/강영계 옮김, 『에티카』 (서광사, 2020), 19.

4 『존재에서 존재자로』, 146.

5 Levinas, E., *Totalité et infini*, 25. (『전체성과 무한』, 32.)

6 Levinas, E., *Totalité et infini*, 25-26. (『전체성과 무한』, 32-33.)

7 『존재에서 존재자로』, 148-149.

8 참고. 김선하, "레비나스의 자아론: 타자로서 자기자신"(「현대유럽철학연구」 제64집, 한국해석학회지, 2022).

9 레비나스에게 윤리는 형이상학의 다른 이름이다. 김헌중, "책임, 세계, 제삼자 — 레비나스의 철학에서의 얼굴 너머," 「현상학과 현대철학」 제94집(2022), 46.

10 데리다의 표현으로, "자연학 다음"(μετὰ τὰ φυσικά, meta ta physika)이라는 뜻을 지닌 형이상학은 레비나스에게 있어서 자신을 통과하여 무한으로 열리는 유한의 문턱을 지나간다(자크 데리다/문성원 옮김, 『아듀 레비나스』, 문학과지성사, 2016, 94).

11 Levinas, E., *Totalité et Infini*, 23. (『전체성과 무한』, 29.)

12 Levinas, E., *Totalité et Infini*, 25. (『전체성과 무한』, 31.)

13 레비나스는 자아의 동일화의 '계기들'로서 신체, 집, 노동, 소유, 경제를 이야기한다. 이 계기들은 동일화 구조의 구체성들이다(레비나스, 『전체성과 무한』, 35).

14 레비나스, 『전체성과 무한』, 63.

15 Levinas, E., Totalité et Infini, 27. (『전체성과 무한』, 35.)

16 Levinas, E., *Totalité et Infini*, 52. (『전체성과 무한』, 70.)

17 Levinas, E., *Totalité et Infini*, 28-29. (『전체성과 무한』, 36-37.)

18 레비나스, 『전체성과 무한』, 43.

19 Levinas, E., *Totalité et Infini*, 146.

20 Levinas, E., *Totalité et Infini*, 58. (『전체성과 무한』, 79.)

21 『전체성과 무한』, 146.

[22] 스피노자는 "자기 원인이란 그것의 본질이 존재를 포함하는 것, 또는 그것의 본성이 존재한다고 생각할 수밖에 없는 것"이라고 이해하면서, 오직 신만이 자기 원인이며, 신으로부터 나온 모든 것은 존재를 포함하지 않으므로 자기 원인일 수 없다고 말한다(스피노자/강영계 옮김, 『에티카』, 서광사, 2020, 19; 53).

[23] Levinas, E., *Totalité et Infini*, 32. (『전체성과 무한』, 71.)

[24] Levinas, E., *Totalité et Infini*, 54. (『전체성과 무한』, 74.)

[25] Levinas, E., *Totalité et Infini*, 57. (『전체성과 무한』, 77-78.)

[26] Levinas, E., *Totalité et Infini*, 182. (『전체성과 무한』, 249.)

[27] 레비나스, 『전체성과 무한』, 33-34. (강조는 레비나스에 의함.)

[28] Levinas, E., *Totalité et Infini*, 184. (『전체성과 무한』, 251.)

[29] Levinas, E., *Totalité et Infini*, 184. (『전체성과 무한』, 250.)

[30] 한나 아렌트, 『인간의 조건』, 150.

[31] Levinas, E., *Totalité et Infini*, 184. (『전체성과 무한』, 250-251.)

[32] Levinas, E., *Totalité et Infini*, 185. (『전체성과 무한』, 253.)

[33] 한나 아렌트, 『인간의 조건』, 152-153.

[34] Levinas, E., *Totalité et Infini*, 170. (『전체성과 무한』, 232-233.)

[35] '거둬들인다'로 번역된 프랑스어 recueillir는 대명동사로 사용될 때 종교적 의미에서 '묵상하다', '명상하다'는 뜻이 있다.

[36] 레비나스, 『전체성과 무한』, 230.

[37] 레비나스, 『전체성과 무한』, 241.

[38] Levinas, E., *Totalité et Infini*, 177. (『전체성과 무한』, 242-243.)

[39] 한나 아렌트, 『인간의 조건』, 152.

[40] Levinas, E., *Totalité et Infini*, 178. (『전체성과 무한』, 243.)

[41] Levinas, E., *Totalité et Infini*, 178. (『전체성과 무한』, 243.)

[42] Levinas, E., *Totalité et Infini*, 179. (『전체성과 무한』, 244.)

[43] 프랑스어 pré는 '앞서'라는 뜻의 접두사이고, venir는 '오다'를 뜻하는 동사이다.

[44] 타자와 시간에 대한 이런 논의는 의식 철학에 대한, 의식의 현전성을 강조한 종래의 철학적 전통에 대한 전면적인 거부라 할 수 있을 것이다. 레비나스에서 시간은 의식으로 환원되지 않는 절대적 타자성과 맺는 관계에서 비롯한다(김도형, "레비나스, 시간 그리고 역사 (1) — 레비나스에서 시간의 문제," 「철학연구」 제159권, 2021, 9).

[45] Levinas, E., *Totalité et Infini*, 180. (『전체성과 무한』, 245-246.)

[46] 한나 아렌트, 『인간의 조건』, 156.

[47] Levinas, E., *Totalité et Infini*, 172. (『전체성과 무한』, 236.)

[48] Levinas, E., *Totalité et Infini*, 168-169. (『전체성과 무한』, 232-233.)

[49] 아리스토텔레스는 분배 문제와 관련하여 끊임없이 더 많이 갖고자 하는 것을 악덕(플레오넥시아 pléonexia)라고 규정한다(아리스토텔레스/천병희 옮김, 『니코마코스 윤리학』, 숲, 2018, 177).

[50] 누가복음 16장 19-31절. 성서에 거지 나사로의 이름은 언급되는데 부자의 이름은 없다. 이것은 익명적 있음(Il y a)의 단계에서 타자와의 관계로 나아가지 않은 부자의 상태를 암묵적으로 드러낸 것이라고 레비나스의 사유에 기대어 확대 해석해 볼 수 있다.

[51] Levinas, E., *Totalité et Infini*, 170. (『전체성과 무한』, 232.)

[52] Levinas, E., *Autrement qu'être ou au-delà de l'essence*, 35. (『존재와 달리 또는 존재성을 넘어서』, 47.)

[53] 레비나스, 『전체성과 무한』, 43.

[54] 이런 경우 신약성서는 천국에 들어갈 수 없다고 말한다(마태복음 26장 41-46절).

[55] 마태복음 26장 41-46절. 대한성서공회, 『성경전서 개역개정판』 (2005년 11월, 제4판).

최순양 | 인간 중심주의를 넘어 연결된 존재로서의 여성으로 거듭나기

[1] 머천트 캐롤린/허남혁 옮김, 『래디컬이콜로지』 (이후: 2007), 131-135.

[2] 이재경 외, 『여성학』 (미래 M&B, 2007), 184.

[3] 머천트, 같은 책, 300.

[4] 이연정, "여성의 시각에서 본 모성론," 「여성과 사회」 6호(1995), 165.

[5] 로지 브라이도티/박미선 옮김, 『유목적 주체』 (여이연: 2004), 78.

[6] 박미선, "로지 브라이도티의 존재론적 차이의 정치학과 유목적 페미니즘," 「여성이론」 (2001. 12.), 183.

[7] 로지 브라이도티/박미선 옮김, 『유목적 주체』, 71.

[8] 박미선, "로지 브라이도티의 존재론적 차이의 정치학과 유목적 페미니즘," 184.

[9] 로지 브라이도티/박미선 옮김, 『유목적 주체』, 138.

[10] 같은 책, 139.

[11] 같은 책, 140-141.

[12] 같은 책, 143.

[13] 김건우, "포스트휴먼의 개념적, 규범학적 의의," 『포스트휴먼 시대의 휴먼』

(아카넷, 2016), 34.

14 박예은 · 조미라, “포스트휴먼 시대의 여성 주체성,” 「철학탐구」 56호(2019. 11.), 163.

15 로지 브라이도티/박미선 옮김, 『유목적 주체』, 149.

16 로지 브라이도티, 같은 책, 151.

17 “세계 최초의 복제 양 돌리 탄생 후 25년,” *THE SCIENCE TIMES* 2022. 3. 4.

18 도나 해러웨이/최유미 역, 『해러웨이, 공산의 사유』 (도서출판b: 2021), 105-107.

19 도나 해러웨이, 앞의 책, 108.

20 로지 브라이도티/이경란 옮김, 『포스트휴먼』 (서울: 아카넷, 2015), 107.

21 로지 브라이도티, 『유목적 주체』, 157.

22 로지 브라이도티/박미선 옮김, 『유목적 주체』 (서울: 여이연, 1994), 30.

23 앞의 책, 156.

24 엘리자베스 존슨, 『신은 낙원에 머물지 않는다』 (북인더갭, 2007), 156.

25 최순양, “캐서린 켈러의 과정신학적 부정신학,” 한국여성신학회 엮음, 『21세기 세계 여성신학의 동향』 (서울: 동연, 2014), 249.

26 Catherine Keller, *Intercarnations: Exercises in Theological Possibility* (New York: Fordham University Press, 2017), 78.

소비 문명에서 생태 문명으로
— 기독교 신학의 관점에서

2023년 11월 20일 처음 펴냄

지은이 김선하 김준우 김정숙 송순재 양명수 이은선
이정배 장왕식 정애성 최순양 한인철
엮은이 변선환아키브
펴낸이 김영호
펴낸곳 도서출판 동연
등록 제1-1383(1992. 6. 12.)
주소 서울 마포구 월드컵로 163-3, 2층
전화/팩스 02-335-2630, 02-335-2640
전자우편 yh4321@gmail.com
인스타그램 https://www.instagram.com/dongyeon_press

ISBN 978-89-6447-974-2 03230